戦前期北米の日本商社

在米接収史料による研究

上山和雄・吉川 容【編著】

日本経済評論社

序　在米接収史料と商社史研究

はじめに

　明治から現在に至る日本の発展に、海外諸国・地域との貿易が果たした、大きな決定的な役割について改めて述べる必要はないだろう。その貿易を担ったのは総合商社を中心とする商社であった。さらにアメリカ合衆国を主とする北米が、日本の貿易相手として重要な地位を占めていたこともぜい言を要しない。本書は、アメリカ合衆国国立公文書館（U.S. National Archives and Records Administration、以下、NARA）に残された、日本の主要な貿易商社の史料により、多様な視点から明治～昭和戦前期の北米地域における商社活動に焦点を当てようとするものである。

　商社史は、日本経営史・経済史研究において、重要な研究テーマとなっており、各商社の発展過程、日本経済の成長過程での商社の役割、日本において総合商社が形成された理由などが探求され、分厚い研究史が積み上げられてきた。その一方で、従来の研究は、利用可能な史料の大半が、商社本店レベルに集約された史料であったことにより、最前線である支店の具体的な活動や、支店と本店との関係、支店相互の関係などは、十分には明らかにされていなかった。

　こうした状況に風穴を開けたのが、NARAが所蔵する戦前期日本商社関係の接収史料であった。日本商社関係接収史料を用いた最初の本格的研究は、川辺信雄『総合商社の研究――戦前三菱商事の在米活動――』（実教出版、1982年）であった。その後、接収史料は部分的に利用されるにとどまっていたが、近年、『横浜市史Ⅱ　資料編6――北米における総合商社』（上山和雄執筆、1997年）、麻島昭一『戦前期三井物産の機械取引』（日本経済評論社、2001年）、三輪宗弘『太平洋戦争と石油』（日本経済評論社、2004年）、上山和雄『北米に

おける総合商社——1896~1941年の三井物産』（日本経済評論社、2005年）と、同史料を基礎史料とした商社関連の実証研究が次々と発表され、戦前期における三井物産や三菱商事の在米支店の活動実態の解明が進んできた。そうした一連の研究によって、本社側史料から構築されてきた商社像について見直し、ないしは精査を要する点が発見されてきた。また、商社の取り扱う商品は多岐にわたり、その機能も多様であり、未だ分析の及ばぬ分野も多く残されている。本店側からの史料と支店側からの史料とをつきあわせる作業も緒に就いたばかりである。戦前期の米国においては、三井物産、三菱商事以外にも多くの商社が活躍していたが、それらの活動の分析もごく一部しか進められていない。

　本書の執筆者一同は、こうした課題意識を共有して、NARA所蔵接収史料の調査活動と同史料を利用した共同研究を積み重ねてきた。本書は、その成果の一部をとりまとめたものである。

接収史料について

　まずはじめに、本書各章で利用される、NARA所蔵接収史料についてその概要を説明しておきたい。

　在米日系企業接収文書が含まれているRecord Group 131 は、1917年に設置された敵性外国人財産管理事務所（The Office of Alien Property Custodian）という部局に属する文書であり、第一次世界大戦期のドイツ関係文書なども含まれている。1941年7月、米国は在米日本資産を凍結し、日系と認定された企業の活動は停止された。そして開戦後、これら企業や個人の資産は接収され、その中に大量の文書も含まれていた。資産価値のない文書も計画的に押収され、文書は司法省戦時部戦時経済課の管轄のもとにおかれ、日本の戦時経済の分析に用いられた。とくに日本の軍需工業能力を調査することが最大の狙いとなり、機械類の輸入に圧倒的な割合を占めた三井物産・三菱商事・大倉組・安宅商会4社のニューヨーク（以下、紐育）支店から押収した機械関係の書類がその対象になり、日本の機械工業に関する包括的・個別的分析のレポートが作成された。三井物産なども含め、機械関係以外の文書はおそらくそのまま放置され、

戦後アメリカ合衆国国立公文書館の管轄下に入った。

　NARA は、同館にとって「価値」の低い接収企業文書を持て余していたと思われ、一部企業への返還の打診や、廃棄の動きがあったようである。NARA の書庫に入り、最初に包括的なメモを残したのは当時ニューヨーク州立大学の教員だった阪田安雄氏であり、その後留学生として三菱商事のシアトル・サンフランシスコ（以下、桑港）店を分析した川辺信雄氏の研究（前出『総合商社の研究――戦前三菱商事の在米活動――』）によってその存在が広く知られるようになった。

　同文書には14商社5銀行の史料が含まれており、著名な銀行・商社以外に、資源の開発輸出に携わった日本企業の現地法人や、繊維・織物・雑貨などの輸入を行っていた中小商社などが含まれている。残された各企業の史料の特色は、各企業の進出の時期が異なっているためさまざまであるが、大手商社・銀行の場合、第一次世界大戦から1920年代の史料は基本的な史料や人事・租税・紛争などに限定され、1930年代になると日常的営業活動の史料が残されている。日米関係が悪化してくると、在米支店は国交断絶・資産凍結を考慮しながら、しかし必要な資材の輸入とそのための米貨獲得を図らねばならなかったため、文書の整理などを行う余裕はなかったのであろう。

　日本国内に残され、我々が閲覧できる企業史料は、一般的には企業内の何段階ものチェックを経た、精選された本社史料であることが多い。しかしこの在米接収企業史料は、営業を継続していたときの史料がそのまま残されている、という点で大変ユニークなものである。

各章の概要

　次に、本書各章の概要を述べよう。

　第1章（上山和雄）は、太平洋戦争前、絹織物輸出専門商社として知られた堀越商会の、1933年頃までの米国における活動を検討する。同社は紐育にショールームと在庫を擁し、売り子が米国の主要地域を巡回して生地屋や加工業者に売り込んでいた。同社は業績安定のために、英・仏・豪に加え中南米への

支店設置、絹織物以外の取扱商品の拡大、さらに自動車部品など日本への輸入業務に進出していった。しかし個人商社が、取扱商品や業態の多様化を図るのは困難であり、絹織物に回帰してゆく。戦間期、市場が大きく変動していた時に世界恐慌が襲う。堀越は、ドラスティックな手段によって恐慌に対処し、需要が増しつつあるファンシーグッズに活路を求め、破綻を免れたことを明らかにしている。

第2章（高村直助）は、20世紀初頭から1930年代初頭にかけての三井物産・東洋棉花の米綿取引の動向、綿関係日本商社の活動を検討する。三井物産は、紐育における買付から産地買付へと転換し、現地法人を設立する。第一次世界大戦期には、金融難に乗じて欧州に進出し、日本向けを上回る輸出を実現し高い利益を上げた。しかし大戦末期の大量の買い持ちにより、大戦直後には巨額の欠損を出すに至った。20年に東棉が設立されるが、この巨額の欠損がどう処理されたのか明らかでないという。20年代後半には大紡績の優位は確固としたものとなり、販売価格が仕入れ価格を下回る「走り」が常態化するなど、商社間競争が激化した。東棉は独自の対応を図りつつ、共倒れを避けるための綿花3商社間の協調を成立させ、恐慌期を乗り切っていったことを明らかにしている。

第3章（老川慶喜）は、1910〜20年代における三井物産在米店（桑港店・シアトル店）における米材取引の実態と、その取扱高増加が同社の木材取引にどのような影響をもたらしたかを検討する。桑港店とシアトル店が競合しつつ増加させてきた米材取扱を調整するため、本店からの出席も得て桑港で会議が開催され、シアトル店を主店とすることが決定される。また米材の増加は、北海道材を中心に展開してきた物産木材部の営業に影響を及ぼし、米材取引の統合や本部の移転など木材部の組織や制度の改革が日程にのぼったが、実現にはいたらなかった。そのため、木材部は北洋材取扱の主店にすぎないという状況が続いた。そして、米材取引については、大阪に米材主店が置かれ、本店業務課が木材取扱い全体を管轄する役割を果たしたことを明らかにしている。

第4章（大豆生田稔）は、1920年代における北米小麦・小麦粉の対東アジア

輸出を担った日系商社のうち、三菱商事シアトル支店の活動について検討する。シアトル支店は、米大陸西岸の小麦・小麦粉を東アジア市場へ輸出する取引を拡大させ、1920年代半ばには同支店最多の取引額であった。同支店は、現地穀物輸出商からの有利な条件での仕入れに依存していたため、北米小麦の対欧輸出を目的とする「国際小麦取引」の計画は、輸出商との取引に与える影響を危惧して実現にいたらなかった。1920年代末、本店穀肥部の指示により、再度「国際小麦取引」が計画され、実現することになるが、それは産地における直接仕入を必要とし、穀物輸出商との関係を清算するに至ることを明らかにしている。

第5章（市川大祐）は、1930年代における、三菱商事による魚粉輸出商売の開拓・拡大過程を跡づけ、その要因を解明している。三菱商事は、1931年に朝鮮産鰯粕の一手販売契約を結び、その販売をほぼ独占したが、同時期は内地肥料市況が悪化しており、魚粉輸出が有力な販売先として期待された。同社は、北米太平洋岸市場では大きなシェアはとれなかったが、欧州・北米大西洋岸を中心に輸出増加に成功する。産地朝鮮との緊密な関係、製造業者への融資による関係強化、船腹確保、欧州向けに優良品質の魚粉を確保しえたこと、などが明らかにされた。これらは総合商社としての強みを発揮したものであり、また三井物産に対しては先行者としての優位性が大きかったことが指摘されている。

第6章（岡部桂史）は、1930年代以降の三菱商事北米支店の工作機械取引の動向、日産自動車の工作機械買付の特徴などを考察する。三菱商事は1920年代の不況期に代理店契約の多くを手放したこともあり、30年代前半の需要拡大期に、三井物産や安宅商会などの後塵を拝していた。この状況を打開したのが、日産自動車の大量買付であった。日産自動車は工作機械・工場設備の一式を三菱商事経由で買い付け、商事も金融面でのサポートなど、大量買付を支える体制を構築した。三菱商事の大量買付は米国メーカーの関心を惹き、一手販売権の獲得に大きく貢献した。さらに一手販売権に関する日産、商事、安宅商会三社間の交渉・取引関係を検討し、工作機械取引が多様な人的ネットワークを基礎として展開されたことを明らかにしている。

第7章（中村尚史）は、大倉組の事例を通じて、北米における日本商社の支

店開設の経緯、明治期における鉄道用品輸入のプロセス、という二つの問題を考察する。大倉組紐育支店の初代支店長山田馬次郎が同地に橋頭堡を築き、ロンドン支店など大倉組内部と紐育在留邦人など多彩な外部ネットワークの双方を駆使し、ビジネス・チャンスを獲得してゆく経過を、残された書簡などによって明らかにする。競争入札が多い鉄道用品取引については、メーカーからの見積書の取得や製品の納期などに際して、メーカーの興廃、生産国の需要動向に大きく左右されたことを指摘する。しかし日本からの発注は、こうした動向とは無関係に、しかも前例に準拠して行われるため、ミスマッチが生じ、北海道鉄道部の事例により、落札者である大倉組が対応に苦慮する経緯を明らかにしている。

　第8章（落合功）は、1940年前後における、大倉商事紐育支店の動向、とりわけ、米国による対日経済制裁への日系企業の対応を、同社紐育支店を事例に検討する。大倉商事紐育支店では、米国の経済制裁が強まる中でも、目賀田支店長のもと日本向け輸出に積極的に取り組んでゆく。一つは日系人現地雇用や新会社設立などにより、同社が得意とする重化学工業分野の日本への輸出を維持すべく積極的な取り組みがなされ、いま一つは、中南米貿易など、紐育支店を基軸とした国際貿易の展開も模索された。またアルゼンチンへの資金移動も試みられたが、実現には至らず、対日資産凍結により挫折したことが明らかにされる。

　第9章（大島久幸）は、三井物産と三菱商事を事例として、両大戦間期の総合商社におけるリスクの変化とそれに対応した管理体制のあり方を検討する。第一次世界大戦期から戦後恐慌までの時期においては、見込商売によって生じるリスクへの対処如何が、商社経営を破綻に導きかねない重要課題であったが、1920年代になると、取引先の破綻による損失が増大し、取引先信用リスクの管理がより重要な課題となってきた。また、この時期に外国間取引が拡大することにより、外国取引先の信用状況把握の必要性が高まった。こうしたリスクの変化に対応すべく、三井物産では調査課、三菱商事では商品本部において、信用情報の蓄積と審査管理能力の強化が図られた。両社を比較すると、三井物産

において、取引先信用リスク管理体制が、いち早く、より徹底して確立されたことが明らかにされる。

　第10章（吉川容）は、三井物産の店内検査制度の概略を紹介し、それが支店統制において果たした役割について考察する。1910年に制定された店内検査制度は、第一次世界大戦期には、業務ならびに諸報告の事後チェックという本店側が期待していた役割を果たすことができなかった。1920年代に入ると、具体的な検査手順が指示されるなど店内検査制度の強化が図られた。同時に、各店の勘定掛員を店内検査の担当者に指定し、支店業務全般の検査者として位置づけた。1920年代末から30年代初頭にかけては、店内検査制度が一応定着し、本店側に十分な情報が必要な速さでは伝わらない可能性を前提として、なおかつ不測の事態を生じさせないような監督の仕組みが各支店内に形成されたことが明らかにされた。

本書の成果

　これまで見てきたように、本書各章は、いくつかの商社を対象に、さまざまな商品や機能をとりあげ、また対象とする年代も多様である。分析は、時には個別取引にまで掘り下げられ、細部にわたるものとなっている。そうしたわけで、本書全体の成果を簡潔にまとめることは難しいが、いくつかの重要な成果を指摘しておきたい。

　第一は、支店レベルの史料分析によって、第一線での取引や商社間競争の実態が、商品毎に鮮明に描きだされたことである。小麦・小麦粉取引（第4章）における仕入先の性格（このことが外国間取引を開始する際には重大なネックとなった）、魚粉取引（第5章）における輸送手段確保の重要性（これが他社に対する競争上の優位性をもたらす一要因となった）など、本店レベルに集約された史料では判明しない事実が明らかとなった。

　第二に、支店レベルでの史料分析によって、これまで本社側史料から構築されてきた商社像について見直し、ないしは精査を要する点が発見された。休戦後の需要減少を見越して慎重な経営方針をとり1920年恐慌の影響も比較的軽微

に切り抜けることができたと考えられてきた三井物産は、第2章の分析が明らかにしたように、この時期に綿花取引で莫大な損失を発生させており、その損失はこれまで本店側史料では十分把握することができていなかった。東洋棉花分離もからむ複雑な過程で、この損失がどのように処理されたのか、現時点では解明されつくしてはいないが、こうした巨額の損失が（場合によっては逆に利益が）、一時的には支店レベルで保持されうるということを、商社の経営分析を行う際には、つねに念頭に置く必要があることも明らかとなった。

　第三に、本店・支店関係、支店相互関係の分析が深化した。商機をつかみ、商売を拡大して行く上で、本店・支店間、支店相互間の緊密で迅速な連携の重要性が、多くの事例で明らかとなった。同時に、東洋棉花本店の他社綿買入のように、本店・支店間での利害の対立する局面も浮彫りとなった。

　第四に、両大戦間期に重要性を増す外国間取引に関して、なぜ必要とされたのか（綿花の場合）、いかなる困難を伴ったのか（小麦の場合）、どう条件整備がされたのか（信用調査）など、多彩な論点が提示された。

　第五に、具体的な姿が見えにくかった商社海外支店の創設について、大倉組紐育店の貴重な事例が提示された。そこでは、大倉組内部はもとより、さまざまな外部ネットワークをも活用しながら、北海道鉄道部入札という機会を機敏に捉え、支店商売の基礎を築く姿が、生き生きと描かれている。

　第六に、総合商社に比べて研究が薄い専門商社の分野で、堀越商会についての事例研究がなされ、総合商社とは異なるユニークな業態、専門商社ならではの経営戦略が明らかとなった。専門商社は、取扱品目や営業区域がそれぞれ異なるため、単純に一般化できず、総合商社とも簡単には比較できない。専門商社の研究、貿易史における位置付けなどは、今後のケーススタディの積み上げを待つ必要があるが、その端緒を開く成果をあげた。

　第七に、上記五、六で指摘した第7章、第1章の事例分析は、いずれも、書簡史料を駆使した研究となっている。NARA所蔵接収史料中には大量の書簡が含まれる。大倉や堀越の場合は、残されている史料の大半が書簡である。書簡史料は、断片的であったり、当事者間で共有される了解事項が叙述されてい

なかったりするため、使いやすいものではないが、これらの事例研究は、書簡史料の持つ可能性を指し示すものとなっている。

今後の課題（接収資料を用いた研究の可能性）

本書各章において、部分的に論究されてはいるが、商社史研究としてなお不十分ないくつかの点を指摘しておこう。

接収史料は支店史料であり、支店の活動や特定商品の仕入れ、販売の流れを明らかにする研究は積み重ねられつつある。しかしそれのみではなく、現地市場により密着した研究が可能である。各商社の史料には多くの書簡が含まれているが、それらは顧客や仕入れに関する多くの情報を含んでおり、販売先や仕入先の市場の状況と関連させつつ研究を行うことが可能である。結果としての数値ではなく、また抽象的な戦略方針ではなく、現地市場の在り方、変化に応じて、どのような戦略を立てていったのかといった、商社活動の最前線を明らかにすることができると思われるのが第一の点である。

本書で扱った商社は、堀越を除くと本社史料があり、また財閥の一部分を構成する商社の支店である。いくつかの章では本社史料との突合せを行いつつ分析がなされているが、支店活動の実態解明にとどまらず、商社本体と直接連関する研究が不可欠となっている。さらに財閥全体の中での位置付け、財閥研究に資するような視点からの研究が求められているといえよう。支店史料から、本社・財閥研究に広げてゆく研究を行うことができるというのが第二の点である。

第三は外国取引である。三井物産の諸統計において外国取引の大きさは認識されていたが、海外店の具体的な活動が明らかになる中で、その取引の重要さが改めて注目される。総合商社の業態を維持するためには外国取引は不可欠であり、またそれが貿易依存度の高い日本経済の発展に大きな役割を果たしていたと思われる。外国貿易の本格的な研究は、在外支店史料によってのみ可能なのかもしれない。

第四は貿易金融である。現在閲覧が可能な接収史料は、米国と豪州であるが、

両国とも商社だけでなく、横浜正金銀行の接収史料が残されている。本書では金融についてほとんど論究することができなかったが、海運と並ぶ重要な通商インフラである貿易金融についても、商社史料と銀行史料の突合せによる研究が求められている。

さらに第五として、通商政策、外交政策に関する研究も求められている。在外商社員たちは、現地の外交官やその他の邦人たちとネットワークを形成し、日本の通商・外交政策や二国間の外交関係に強い関心を持ち、一定の影響力を行使しようとさまざまな努力を重ねている。彼らから見た日本の政策のあり方、彼らの民間外交とでもいうべき活動も研究する必要があろう。

本書の執筆者たちは、2005（平成17）年、在米日系企業接収文書の調査・研究を主な目的とする北米史料研究会を立ち上げた。さまざまな形ですでに在米接収史料に基づいて何らかの研究を行っているもの、商社の海外活動に関心を持っている者らが集まり、国内にもたらされている在米接収史料に関する情報収集、在米史料の調査・収集、商社の研究を目的に活動を開始し、2006年には科学研究費の助成を得て、本格的な調査・収集を開始した。その詳細な経過と成果については、「在米日系企業接収文書の総合的研究」（研究代表者上山和雄、課題番号18402025「基盤研究（B）海外学術調査」研究成果報告書）に記している。さらに、2010年からは、新しいメンバーも加え、「戦前期在米日本商社の総合的研究」（研究代表者吉川容、課題番号22402028「基盤研究（B）海外学術調査」）というテーマで科学研究費の助成を受けることができた。第二期が第一期と大きく異なる点は、米国に加え、オーストラリアの接収史料の調査・収集を本格化したことである。

私どもは、調査・収集を主にしつつ、成果の学会への報告を意図し、2008年には経営史学会第44回全国大会において「在米日系企業接収文書の研究」というパネル報告を行い、また、2012年には社会経済史学会第81回全国大会において「戦前期日本商社の外国間貿易」というパネル報告を行い、多くの方々からさまざまなご意見を頂戴した。この論文集は、こうした活動の成果の一つであ

る。

　私どもは研究会としての活動に加え、研究会組織以前から個人的な努力によって情報を集め、さまざまな手段によって接収史料自体も蓄積してきた。これらの情報・史料をもとに研究を進めるとともに、学会共通の財産とするため、三井文庫を核として公開できるよう準備を進めている。

　この研究会の継続に際しては、多くの方々にお世話になっている。とくに、國學院大學大学院生であった、吉田律人氏（現、横浜市史資料室員）、手塚雄太氏（現、鎌ケ谷市博物館学芸員）、立教大学大学院生の菊池航氏らには、研究会の運営に関し、多くの助力を得た。

　本書の出版に際しては、2012年度の科学研究費補助金（研究成果公開促進費）の助成を受けた。本書の出版に際しては、日本経済評論社の栗原哲也社長、出版部の谷口京延氏にお世話になりました。心から感謝いたします。

目　　次

序　在米接収史料と商社史研究……………………………………i

第1章　絹織物輸出商社、堀越商会の経営
　　　　　——1894〜1933年——……………………上 山 和 雄　1

　　はじめに　1

　　第1節　絹織物輸出の動向と堀越商会　2

　　第2節　世界恐慌前の堀越商会　10

　　第3節　大恐慌の中で　20

　　第4節　恐慌からの回復　29

　　おわりに　32

第2章　第一次大戦前後における米綿取引の諸問題
　　　　　——三井物産・東洋棉花の場合——………高 村 直 助　35

　　はじめに　35

　　第1節　三井物産の内地買付と南部物産設立　35

　　第2節　大戦景気の激変と東洋棉花設立　41

　　第3節　20年代半ば以降の競争激化　49

　　第4節　競争激化への対策　58

　　おわりに　63

第3章　三井物産在米店の米材取引
　　　──1910〜1920年代を中心に──………老川　慶喜 67

　はじめに 67

　　第1節　米材輸入の動向 68

　　第2節　三井物産の米材取引 71

　　第3節　米材仕入をめぐるサンフランシスコ店とシアトル店 82

　　第4節　木材部の再編問題 90

　おわりに 93

第4章　三菱商事シアトル支店の北米小麦・小麦粉取引
　　　──1920年代における東アジア向け輸出の拡大──
　　　………………………………………………大豆生田　稔 99

　はじめに 99

　　第1節　第一次大戦後の北米小麦・小麦粉輸出
　　　　　　──東アジア市場── 100

　　第2節　シアトル支店の小麦・小麦粉取引 106

　　第3節　国際小麦取引の構想 119

　おわりに 124

第5章　三菱商事北米支店と魚粉取引…………市川　大祐 131

　はじめに 131

　　第1節　魚粉輸出の開始と三菱商事の鰯粕取引参入 133

　　第2節　販路開拓と輸出拡大 140

第3節　一手販売の終了と清津魚粉生産の本格化　158

　　　おわりに　163

第6章　三菱商事北米支店と日産自動車　………　岡部 桂史　169

　　　はじめに　169

　　　第1節　工作機械取引と北米支店　170

　　　第2節　日産自動車の北米における工作機械買付　179

　　　おわりに　198

第7章　大倉組ニューヨーク支店の始動と鉄道用品取引
　　　　……………………………………………　中村 尚史　207

　　　はじめに　207

　　　第1節　大倉組のニューヨーク進出　209

　　　第2節　鉄道用品取引の実態
　　　　　　　　──北海道鉄道部機関車納入の事例──　217

　　　おわりに　230

第8章　1935～41年における大倉商事ニューヨーク支店
　　　　……………………………………………　落合　功　239

　　　はじめに　239

　　　第1節　1935～41年における大倉商事紐育支店の動向　240

　　　第2節　米国の対日経済制裁と大倉商事紐育支店　247

　　　第3節　資産凍結令と大倉商事紐育支店　252

　　　第4節　大倉商事紐育支店の閉鎖　256

おわりに 258

第9章 両大戦間期総合商社のリスク管理
　　　　　　　　　　　　　　　　　　　　　　大島 久幸 263

はじめに 263

第1節　1920年代以降における取引先信用リスクの増大 265

第2節　取引先信用限度制度の確立 274

おわりに 290

第10章 三井物産本店による支店モニタリング
　　　　　——店内検査制度について——　……　吉川　容 295

はじめに 295

第1節　店内検査制度の制定 296

第2節　店内検査制度強化の試み 300

第3節　店内検査の実施状況 308

第4節　1930年代末の状況 316

おわりに 319

凡　例

1．本書では、アメリカ合衆国国立公文書館（U.S. National Archives and Records Administration、以下、NARA）カレッジパーク分館（The National Archives at College Park, Maryland）所蔵のレコードグループ131（以下、RG131）に属する戦前期在米日本商社の接収文書を中核史料として用いている。注記の際、RG131史料については、所蔵館名・レコードグループ番号を省略し、Entry 番号と Container 番号を、「E63/C1307」のように記した。

　RG131史料については、2012年春より、NARA の手で、史料のリボックス（rebox）作業が進められている。その作業では、Entry 番号は基本的に維持されている（一部統廃合もある）が、Container 番号は付け直されている。本書での注記は、リボックス前の旧 Container 番号で行っている（ただし、Container 番号の末尾に＊を付したものは新 Container 番号）。リボックス作業の際に Entry 内での史料の配列が変更されていない場合には、旧 Container 番号から新 Container 番号を推測することが可能である。リボックス作業に関する情報も含めて、RG131史料の利用に関する情報は、今後、三井文庫の WEB サイトにて適宜公開して行く予定である。

2．三井文庫所蔵史料については、各章初出時に「三井文庫所蔵・物産75」のように記し、その後は、「物産198-2」のように略記した。
3．外国国名の一部を漢字で略記した箇所がある（米国、英国など）。
4．米国の地名・店名を漢字で表記（紐育、桑港など）した場合がある。
5．史料引用にあたっては、旧字は原則として通用の字体に改めた。また適宜読点を付した。引用史料中の地名・店名などは、原則として史料表記を尊重したが、通用の表記に改めた場合もある。
6．引用史料中の筆者注は〔　〕で示した。

第 1 章　絹織物輸出商社、堀越商会の経営
―― 1894～1933年 ――

上 山 和 雄

はじめに

　本稿は、太平洋戦争前、絹織物輸出商社として知られた堀越商会の、第一次世界大戦期から恐慌回復期、即ち1933年頃までの、主として米国における活動を分析する。

　日本の貿易商社に関する研究は、貿易に占める比重、業態のユニークさを反映し、三井物産など総合商社を中心になされてきた。日本の貿易商社の多くは総合商社を目指し、輸出入双方への進出、取扱品目の多角化、店舗網の拡大などを進めた。しかしそれら大部分の商社は一敗地にまみれ、破たん、消滅していった。日本の貿易において総合商社が圧倒的な優位を占めてはいるが、いくつかの分野において有力な専門商社も存在した。「総合」「専門」の区分は必ずしも截然としているわけではないが、「三綿」と称せられる綿関係商社や羊毛輸入の兼松、食料品輸出の野崎などが有力専門商社として知られている[1]。

　ここで取り上げる堀越商会も、戦前は絹織物輸出商社として広く知られていた。専門商社は、取扱品目や営業区域がそれぞれ異なるため、単純に一般化できず、総合商社とも簡単には比較できない。専門商社の研究、貿易史における位置付けなどは、ケーススタディの積み上げを待つ以外にないであろう。

　本稿で使用する史料は、書簡が大部分を占めるために限界はあるが、堀越商会の最大の拠点であるニューヨーク支店（以下、紐育）の経営方針と支店活動

の実態を明らかにすることにより、専門商社の一つの具体像を提起することはできる。

第1節　絹織物輸出の動向と堀越商会

(1)　絹織物輸出と堀越商会

　日本からのハンカチーフ（手巾）を主とする絹製品の輸出は、1873（明治6）年のウィーン万国博覧会から始まり、87年の114万円から、92年に350万円に急増するが、以後300〜500万円台で停滞的となる。手巾の生地には縮緬や羽二重が用いられるが、西陣で織られていた重目物ではなく、軽目絹織物が求められた。桐生でさまざまな努力が重ねられて10匁以下、さらに石川県では一本経の製織に成功し、絹製品に加え手巾・装飾用絹製品や絹製衣料の原料として、羽二重を中心とする絹織物が輸出されるようになる[2]。

　絹織物の輸出は87年の15万円から90年に100万円台に達したのち、92年に400万、98年に1,200万、1901年に2,000万円台と急増し、第一次大戦まで3,000万円台で推移する。日露戦後から第一次大戦までの総輸出額が4億から6億円であるので、絹織物は総輸出額の5％から10％未満を占めていた。1915（大正4）年まで絹織物輸出のうち8〜9割を羽二重が占め、95年までは米国向けが過半、96年以降はフランス・イギリスが増加し、1900年代からインド向け、豪州向けも増加し、米国向けは2割台、1割台にまで減少する。輸出を担ったのは、当初はローゼンソール、クーパー、西村・ウィルソン商会など、横浜の外国商人であったが、野沢屋絹店など邦商も次第に進出する。

　絹関係品輸入国の生糸輸入関税は無税か低率だったが、絹織物はフランスのような製品を製造輸出する一部の国を除き、国内絹織物業の保護・育成などのため、従価3割から5割を越える重税を課しており、絹織物輸出は関税の障壁を乗り越えねばならなかった。日本の絹織物は、軽目羽二重を製出することにより、絹の良さと低価格を武器に高率関税を乗り越えて欧米市場、続いてイン

ドや中南米、豪州にも輸出された。羽二重は通常の衣服原料にもなるが、衣服の裏地、多様な装飾品、防水製品などの工業用にも用いられた。

堀越善重郎は1863（文久3）年栃木県足利町の近村に生まれ、1936（昭和11）年、夫人とともに訪れていた紐育において客死する（74歳）。以下、39年に編まれた伝記により、善重郎と堀越商会の動向を記しておこう[3]。足利の有力商人木村半兵衛の援助により東京商法講習所で学び、1884年22歳のとき、やはり木村の援助により渡航費を得て、紐育に到着する。領事の紹介により、東洋雑貨を扱っていたフレッチャー商会のシカゴ店開設にかかわったのちメーソン商店に移る。メーソンは紐育の中国人商店から東洋関係品を仕入れて販売する小規模な商店だったが、堀越が木村半兵衛や桐生の佐羽吉右衛門らから手巾・羽二重・縮緬などを輸入し、大きな成功を収めた。メーソンは86年、善重郎を伴って来日し、東京京橋区に出張所を設け、善重郎がその責任者となった。

善重郎は90年には欧州に渡航し、この間に人脈を広げ、93年末、渋沢栄一・益田孝・森村市左衛門・馬越恭平・中上川彦次郎ら錚々たる実業家の出資を得て、資本金10万円の堀越商会（申合組合）を設立する。翌94年3月にはニューヨークに赴き、織物商が軒を並べている一角に支店を設け、日本から送った羽二重・甲斐絹・敷物などを売り捌き、初年度から1割5分の配当を行い、95年には資本金を20万円に増加したという。

伝記には、開業から第一次大戦勃発頃までの営業成績を記しているが、現在では全く追跡できない。米国の景気変動や関税政策の変更などにより、業績は大きく変動した。1895、96年と損失を被ったが、99年までは着実な利益を上げ、1900年から03年までは損失を続け、資本金も1万7,000円まで減少したという。04年から06年までは好況、07年からまた一転して不況となり、回復していた資本金も8万5,000円にまで減少した。12年から回復し始め、13、14年と順調に利益を挙げ、大戦勃発後、一時は恐慌となったが、需要・価格とも回復し、「波乱重畳、浮沈極りなき翁の半生も、欧州大戦を画期として頗る順調の域に達することになった」（『伝記』147頁）という。この間、99年にはパリ支店、07年にロンドン支店、リヨン出張所、08年には豪州にも渡航して販路を開拓した。

表1-1　絹織物輸出と堀越商会の割合

(単位：千円)

	絹織物輸出額	堀越輸出額	堀越の割合（％）	羽二重割合（％）	米国割合（％）
1894年	8,489	451	5.3	85.5	63.7
1895年	10,060	988	9.8	83.0	66.5
1896年	7,438	444	6.0	94.8	31.8
1897年	9,852	780	7.9	96.7	37.1
1898年	12,786	1,078	8.4	94.3	33.3
1899年	17,447	1,539	8.8	90.6	23.4
1900年	18,603	1,204	6.5	93.7	23.7
1901年	25,627	946	3.7	93.3	20.3
1902年	27,878	513	1.8	88.5	22.2
1903年	29,091	863	3.0	94.6	19.2
1904年	39,099	1,180	3.0	96.0	27.5
1905年	30,259	1,045	3.5	92.7	36.3
1906年	35,679	1,192	3.3	91.8	30.0
1907年	31,639	1,320	4.2	92.1	27.3
1908年	30,370	1,375	4.5	92.4	20.7
1909年	28,923	1,614	5.6	89.2	16.5
1910年	32,796	1,361	4.1	88.4	13.5
1911年	34,334	1,886	5.5	88.5	12.5
1912年	30,100	1,648	5.5	89.3	12.0
1913年	39,347	1,762	4.5	88.7	14.4
1914年	34,022	2,825	8.3	90.8	22.0
1915年	43,219	2,654	6.1	89.2	21.7
1916年	50,631	3,693	7.3	81.5	31.0
1917年	62,857	3,594	5.7	75.5	33.9
1918年	117,532	5,295	4.5	59.7	23.9
1919年	162,476	5,877	3.6	62.3	45.9
1920年	158,416	6,112	3.9	57.6	26.4
1921年	89,935	6,053	6.7	48.4	37.3
1922年	107,928	6,267	5.8	49.6	24.7
1923年	92,318	5,693	6.2	41.5	23.0
1924年	125,840	3,953	3.1	45.6	18.8
1925年	116,984	5,298	4.5	31.5	18.0
1926年	133,070	5,579	4.2	27.6	19.7
1927年	139,615	4,765	3.4	27.3	13.0
1928年	134,059	4,896	3.7	24.6	11.5
1929年	149,954	4,658	3.1	20.2	9.8
1930年	65,775	3,545	5.4	24.1	9.8
1931年	43,053	2,251	5.2	15.2	10.5
1932年	50,287	1,632	3.2	12.6	7.6
1933年	63,544	3,037	4.8	10.7	8.8

出典：『横浜市史　資料編二（増訂版）統計編』、堀越の輸出額は本文注4）の史料その他による。
注：1）　金額は単位未満切捨て、％は表記以下を四捨五入。
　　2）　羽二重の割合は絹織物輸出額に対して。米国割合は21年までは羽二重輸出額に対する米国羽二重輸出額、22年以降は絹織物輸出額に対する米国絹織物輸出額の割合。

表1-2　堀越商会の品目別・国別輸出割合

	輸出額 (円)	羽二重 (%)	絹手巾 (%)	麻真田 (%)	貝釦 (%)	米国 (%)	英国 (%)	仏国 (%)	豪州 (%)	カナダ (%)
1907年度	1,320,991	81.6	14.1			59.3	13.8	26.8		
1908年度	1,375,764	88.5	8.7			47.6	11.0	39.4		
1909年度	1,614,459	92.2	6.2			34.0	18.0	46.9		
1910年度	1,361,919	93.0	6.3			28.8	28.6	37.5	5.1	0.1
1911年度	1,886,833	84.6	10.7			23.3	29.3	36.1	9.2	1.1
1912年度	1,648,378	90.1	7.8	0.2	0.1	26.0	28.9	27.8	16.1	1.2
1913年度	1,762,879	80.8	11.3	8.5	2.2	32.2	23.9	23.4	18.8	1.7
1914年度	2,825,596	86.2	4.4	7.1	2.0	48.6	17.8	15.7	15.8	2.0
1915年度	2,654,298	83.5	1.2	7.8	5.3	52.0	21.7	2.5	17.2	6.0
1916年度						43.4	6.6	3.4	27.3	17.7

出典：本文注4)による。
注：空欄は不明。

　表1-1に堀越の輸出額を示した。「絹織物輸出額」は全国の輸出金額、「堀越」は同商会の全輸出金額である。前者は暦年、堀越は年度という違い、堀越のなかに1～2割の絹製品や雑貨が含まれているが、堀越のおおよその位置がうかがえる。創業直後より1900年まで、全絹織物輸出額の5～9％を占め、福井・金沢に出張所を設け、出身地ともいうべき足利・桐生の有力商人とは緊密な関係を結んでいた。さらに福島県川俣が羽二重産地となったのも善重郎の功績と言われ、堀越は絹織物輸出の有力商社となったのである。また善重郎は、ワシントン会議や移民排斥問題等、日米間の軋轢に際して、渋沢栄一らとともに財界代表として日米友好に努めたことでも知られている。

(2)　第一次大戦期の堀越商会と絹織物輸出

　表1-2は堀越商会の品目別・国別輸出金額の割合である。羽二重が8割から9割、絹手巾は1914（大正3）年までは数％から1割強だったのが15年以降急減する。絹手巾の減少を補ったのが麻真田と貝ボタン、敷物などである。日本の羽二重輸出は、80年代中期まで米国向けが主であったが、仏・英向けが増加し、日露戦後にはこの三カ国が鼎立し、大戦直前には、仏・英・印・米・豪という順位になる。堀越は6割強を占めていた対米輸出が08年以降減少する中

で、仏・英向けを増加させ、さらに豪州・カナダ向けも増加させる。堀越は全国に比較すると、米国向けが高かったため、07以降の米国不況の影響が大きかった。インドはよく知られているように入り込む余地が少なく、新興輸出先としては豪州・カナダに力を注いだ。堀越商会の年度設定のため、大戦などの影響は暦年より少し遅れて現れる。15年度から仏、16年度から英が激減する一方、豪州が27％、カナダも18％に増加する。

1914～16年度の3カ年分に関しては、各店の資産・負債、全体の損益を知ることができる[4]。表1-3に東京本店の貸借対照表を示した。本店の資産は商品（輸出勘定を含む）と支店貸越が大部分を占めるが、支店勘定もその多くが商品である。株式を持つ福井県精練は、輸出羽二重精錬業法による福井市内精錬業者の統合企業である。負債では、この間に資本金が回復し、積立金も大きく増加する。貿易金融は横浜正金銀行に頼っていたが、この頃から台湾銀行の比重が増加する。また「福井支払手形」「金沢支払手形」とは、出張所が仕入れのために産地問屋などに出した手形であろう。紐育の資産は商品と得意先勘定の二つが大部分を占め、パリ・ロンドン支店ともある程度の資金の出入りがなされている。

表1-4は損益計算表と利益金処分の内訳である。堀越はこの時期、基本的に輸出貿易だけを行っていたので、利益は海外取引において生じ、紐育を中心に多額の利益を挙げている。本店勘定である国内では、カナダ向けは代理店向けであったためカナダ手数料として計上され、豪州・インド向けはその損益を国内勘定としている。1～2万円を計上する商品超過額は、仕入れと輸出仕切り価格との差であろうか、判然としない。積出手数料は海外支店への輸出に課していた2.5％の「買入積出口銭」である。これらの収入から営業費以下を差引き、国内においても4～5万円という安定的な利益を計上している。国内外合せて14年度15万円という多額の利益を前年度までの繰越損失に補填し、積立金充実・手持荷の価格切り下げ、店員賞与などに充て、さらに15、16年度にも多額の利益を挙げ、賞与・配当に充て、払込資本金20万円と諸積立金計25万円を有するにいたった。

表1-3 東京本店貸借対照表

(単位:円)

		1914年度	1915年度	1916年度
資産		565,064	576,050	524,412
	商品	145,714	131,923	56,955
	輸出勘定		3,868	54,539
	定期預金	60,000	60,000	
	現金	99	124	126
	福井県精練K.K.株式	5,000	5,000	5,000
	紐育支店	200,287	321,534	259,614
	倫敦支店		17,508	42,605
	リヨン支店			55,210
	金沢出張所	17,781	—	16,935
	営業家屋・地所・什器	18,399	18,610	22,344
	未決算勘定	1,594		
	諸口貸勘定	33,188	17,581	10,851
	繰越損失金	83,000		
負債		565,064	576,050	524,412
	資本主	185,000	185,000	200,000
	積立金		15,000	75,000
	諸積立			30,000
	横浜正金銀行	48,700	674	3,133
	第一銀行	16,836	15,945	31
	台湾銀行	9,094	46,303	43,036
	支払手形	88,000	70,000	12,000
	福井支払手形	62,000	71,000	18,000
	福井出張所			5,483
	金沢支払手形	45,000	33,000	7,000
	パリ支店（リヨン）	15,806	24,330	
	ロンドン支店	10,024		13,637
	福井出張所	33,563	7,484	
	諸口借り勘定	6,681	11,453	29,117
	本店留置2支店利益	744	21,754	13,155
	未決算勘定			12,198
	日本純利益	43,613	40,414	58,309

出典:本文注4)による。

　堀越は米国への羽二重輸出を核に成長を遂げ、仏・英・豪・加へも進出して経営を持続してきたが、羽二重輸出の減少と米国の不況により、第一次大戦前には多額の累積損失を抱えていた。しかし大戦勃発後、羽二重を含む米国向け

表1-4 堀越商会損益と利益金処分

(単位:円)

		1914年度	15年度	16年度
外国	紐育	111,204	108,786	184,077
	倫敦	7,861	30,884	35,745
	巴里	−9,023	−13,274	4,940
	差引損益	110,042	126,396	224,763
国内	商品超過額	26,990	24,090	11,300
	利益勘定	7,705	4,462	
	積出手数料	42,553	40,772	42,885
	カナダ手数料	2,335	3,664	19,787
	豪州取引損益	7,931	14,904	32,464
	インド取引損益		1,037	2,092
	雑収入			1,778
	営業費	30,270	33,916	41,205
	利子・割引料	13,632	14,601	10,794
	差引損益	43,613	40,414	58,309
	前期繰越		135	346
総差引		153,656	166,946	283,420
利益金処分	繰越損失填補	83,000		
	積立金	15,000		125,000
	持荷価格切落	14,000	10,000	
	機屋滞貸切捨	4,480		
	郷隆三郎退職金	10,450	1,850	
	店員賞与 (40)	17,340	12,000	20,000
	配当 (5分)	9,250	27,750	60,000
	後期繰越	135	346	3,420
	役員賞与金		25,000	45,000
	欧州諸国滞貸準備積立金		15,000	10,000
	非常準備積立金		15,000	10,000
	営業家屋什器償却金			10,000
	払込資本金			200,000
	積立金			200,000
	諸口積立金			50,000

出典:表1-4と同じ。

輸出が激増し、多額の利益を挙げた。

　この大戦中から戦後にかけての絹織物輸出の増加は、その構成の大きな変化も伴っていた。16年以降、羽二重が減少する一方、繻子・縮緬などの高級織物、

絹紬・富士絹などの低価格織物が増加する。19年の全国絹織物輸出高は1億6,000万円を超え、うち7,000万円が米国向けであった。米国へは羽二重も増加したが、とりわけ絹紬が増加する。大戦中の米国への絹織物輸出増加を担ったのは、茂木商店や久原商事など、この時期に三井物産を追って急拡大を図った商社であった。茂木は「期初〔19年11月以降〕ヨリ終始一貫強気ヲ以テシ……後半市況ノ変動ト共ニ一大頓挫ヲ来シ今ヤ其手持数百万ドル唱ヘラレ之ガ処分ニ窮シ」、久原も「昨年ノ成功ニ味ヲ占メ新進ノ勢ニ乗ジ茂木同様強気一途ニ行動シ這般思惑者ノ張本人トモ言フベク」[5]と三井物産紐育支店から評されている。

　この2社が1920年恐慌で倒れた後、絹織物輸出に進出してきたのは、零細な商社であった。1921年から22年にかけ、松文・日米生糸・南里貿易・鈴鹿など、日本の生糸商・雑貨輸出商が乗り出し、さらに茂木商店の「残党」から成る同志貿易が新興絹織物商の筆頭としてシェアーを拡大してくる。彼らは産地市場と紐育との価格を見つつ、「安見込先売」「市価ニ比シ一二割方ノ安値」によって注文を獲得した。手持ちしなかったため、「比較的小資本ヲ以テ着手」することが可能だったのである（22年上期、164頁）。

　小規模商社が先売りによって進出し得たのは、米国絹織物市場の変化が背景にあった。羽二重は全体として需要が沈滞していたが、その中でも重目の越前羽二重はシャツ地・下着用として若干の需要があるが、広幅物需要の復活がない限り「回復困難」とされ、婦人用ブラウスに使われた加賀羽二重も需要が減少し、裏地やランプシェイドなど装飾用に限定されるようになった。最も軽目の川俣羽二重は棺装飾用や裏地・レース、その他装飾用に需要を継続していた。大戦末期より、加賀・越前羽二重に代わって需要を拡大したのが野蚕糸を用いる絹紬であった。価格は綿布同様、あるいはそれ以下といわれ、紐育やシカゴなど東部ではなく、絹織物消費の少なかった中西部・南部で大量に消費された。「婦人用 Waist 家具装飾用外手巾トシテ近来莫大ノ需要ヲ喚起シ、数年前ノ加賀、越前羽二重ノ地位ヲ占メ近年日本絹物不振ノ際唯一ノ寵児」（22年下期、220頁）となった。

日本の絹織物産地では、生産者・産地問屋・仲買などが取引する「市」が立つところが多かったが、新興の絹紬に関しても、「今春横浜及福井ニ絹紬交換会ナルモノ起コリ定期取引類似ノ先物売買ヲ行ヒ」（22年下期、221頁）、先物取引類似の「市」が成立していた。

　堀越も大戦景気に乗じて輸出を大きく拡大した。14年には200万円台、16年には300万円、18年には500万円と拡大する。しかし伝記によれば、善重郎は19年夏以降の価格高騰を異常と認め、社員に買い止めと手持ち品の売却を指示したという（『伝記』148～149頁）。これは事実と思われる。三井物産の20年上期の考課状には「近来目覚シキ活動モナク怪我モセスト言フ極メテ消極的営業振」（72頁）と記され、市況の落ち着いた22年上期には「当地ニ永年ノ地盤ヲ有スル堀越商会ハ邦商中最モヨク活動シ其ノ商内振モ比較的穏健ナリ」（164頁）、さらに同年下期にも「同業者中尤モ括目ニ値スルモノヲ堀越商会トス、同商会ハ手持品モ概ネ当社ト伯仲ノ間ニアリ、市中ノ商内ハ当社ニ及ハサル如キモ地方ニハ堅実ナル地盤ヲ有シ商内振リモ甚ダ著実ナリ」（222頁）と評されているのである。

　生糸・絹織物に長い経験を有する茂木と急速に拡大した久原が破綻したのち、いくつかの小規模商社や外商は残ったが、物産は、以後の米国向け絹織物輸出は、三井物産・同志貿易・堀越商会の「三店鼎立ノ形」になろうと予測していた（22年下、222頁）。

第2節　世界恐慌前の堀越商会

(1) 多角化の模索

　堀越は創立以来東京に本店を置いていたが、震災後の1924（大正13）年秋以降、横浜に店舗を設け、本店とした。「品物ノ出入ヘム屋更紗屋等大部分ノ仕事ハ横浜ヲ中心ニシテ仕事サレ居候……新柄考案生地取入其他横浜ナラデハ得ラレヌ便益多シ」[6]と記しているように、横浜に染色・加工業者が集積し、絹

製品を製造輸出していた。

　日本など後発国の貿易業の場合、単一商品の限定的な取り扱いから出発した貿易商社が、取扱品目の多様化、輸出入兼営、さらには多国間、外国間取引へと進出し、総合商社化を目指す場合が多くみられた。絹織物輸出への特化度の極めて高い堀越の場合も、第一次大戦期とその後に、多角化を試みていた。大正初年から麻真田・貝釦の輸出を増やし、さらに敷物輸出を恒常化させ、紐育支店では3品目に絹物を加えた4商品をそれぞれ「部」とし、経費も割り当て、「部」単位の採算が明らかになる仕組みとした。

　さらに日本への輸出にも着手する。23年から26年にかけての書簡には、「紐育堀越商会輸出部」「東京本店輸入部」という名称が用いられている。堀越が扱ったのは、「今後益々改良進歩して之か需要愈々旺盛ニ可相成当方ニRADIOニ関する広告通信夥しく来る」[7] ラジオや米国製の小さな機械や部品、建築材料などであった。しかしワイヤークロスなどの建築材料の注文を堀越は「少しづゝ時々品種を注文出す」のに対し、三井や大倉の取り扱う規模ははるかに大きく、「時々品種を注文出す位テハ代理権どころでハなく値出すさヘ余りよい顔ハ為さゞる程」[8] と小規模商社にとっては、ハードルが高かった。また震災後の復興需要に際して、「建築材料に集中致す方得策の事ハ同感に御座候、千載一遇の好機に際し大いに奮発して東京輸入部の基礎を築き度く御座候」[9] と、進出の希望を持ってはいたが、実現した様子はうかがえない。

　自己勘定による米国からの輸入は、震災前後には断念していたと思われるが、日本諸企業への輸入仲介事業は継続する。自動車部品を主な事業とする日米自動車株式会社、機械・計器類を扱う東亜企業合資会社の代理店的な役割を果たしている。とくに前者とは1934（昭和9）年まで断続的に書簡を交換している。同社の依頼に応じて自動車部品の照会と調達を行うことが主な事業であった。あらゆる種類の部品の照会に加え、トラックやユニバーサル・マリーンモーター社の船舶用エンジンの一手販売権獲得なども行った。また東京市道路局が購入しようとする道路工事用機械の入札に際しても、三井・三菱・浅野などに交じり、堀越は日米と組んで応札しようとする。しかし、「右述ノ会社ハ総テ

自家ニテ船舶課ニテ運輸ノ便宜アリ、目下ノ如キ貨物不足ノ際ナレバ運賃ノ如キハ何レモ勘定ニ入レズ甚ダシキハ原価ニ喰込ム様ナ値段ヲ出ス者サヘ有」[10]と、太刀打ちできなかった。

　大戦期の好況に際して、多角化を企図するが、小規模商社にとって参入障壁は高く、早々に断念し、絹織物輸出への特化度を高めてゆく。

(2) 紐育支店のスタッフ

　紐育支店の責任者は大戦後から大正末期にかけては、善重郎の片腕ともいうべき坂野新次郎が務め、昭和初年に坂野が帰国したあとは米国人を妻とする上野道が務め、同地に赴任した善重郎の長男創とともに紐育支店を切りまわして行く。大正末期から1941（昭和16）年の閉店まで、紐育には日本人社員が数名から10名以内、帳簿等の事務を執る米国人女性が数名、オフィスボーイが数名、それにセールスマンが数名という陣容であり、さらにシカゴにも出張所を設けて日本人社員が常駐していた。

　1925（大正14）年の陣容は次の如くである。山口が釦部主任として、売子ロブソンと小僧・婦人各1人の3人を駆使して「費用ヲ節シ懸命売抜ニ努メ」ていた。会計は深見と松本が3人の米国人を監督して現金・小切手・売子口銭・受払い等を行い、会計帳簿を担当していた。加地が税関・倉庫・保険・電報を担当し、それを来米間もない山田が助けていた。日南田が釦部から絹部に移り、「絹物 Stand ノ出入監督ヲ主トシテ徹底的ニ調ベ同時ニ接客」、谷口が「染屋出入一切及ヒ店内接客」を担当していた。さらに「小林ノ廻リ居リシ紐育以西一体市俄古迄ノ旅行大ニ結果良好」だったため、今後は米人を出すとしている。この年のシカゴ駐在員は確認できないが、27年には山県三吉がいる。25年に社員として確認できる日本人は坂野を含めて7人であり、小林は所在不明である。釦部・会計以外の米人の事務担当・ボーイ、絹物・敷物担当の売子もいたが記載されていない。釦部の売子ロブソンは、毎週40ドルの前渡制で売上の3〜5％の口銭で「非常ニ熱心」に働いてきたが、日本からの釦輸入自体が少なくなって「先ヲ悲観シ」ていた。釦売り抜きのためには「是非同人ヲ必要」とす

るため、「奨励働カス」方法として、週給40ドルを保証し、加えて売上の0.5％を口銭として付加することとする。卸売り上げが月5,000ドル見当あり、ロブソンへの支払いは売上の５％にあたるとしている（25年12月15日、C316）。

27年に善重郎が加地幸一を倫敦支店長にしたいと言ってきた際の返書において、堀越創は、加地が日本からの輸入、メキシコ・キューバなどへの再輸出など税関事務一切、倉庫・保険事務一切、それ等にかかわる銀行事務などを担当しており、割くことはできないとしてロンドン移転を断っている（27年３月18日、C234）。年齢などは一切不明であるが、25年から27年までの週給給与は、坂野・上野を除く社員のうち最も高い山口が45ドル、低い松本が37ドルである。

引用文中に「接客」と記されていたが、オフィスには多くのバイヤーが訪れる。

　　　二月ハ大分地方ノ買方来紐可致彼是多忙ナルベキ積リ故且 Season 遅レ一月棚卸済ミシ廿日頃ヨリ買出シ来タリタリ、二月ハ相当小売向売行キヲ見可申見込……今日モ此ノ書ヲ認メ中三人来客アリ、上野君費府ヘ参リ居書キカケテハ止メ応接致居ル有様……三月中「ドウェル」ノ Coor 致居リシ中西部地方ヲ上野君一巡旅行小売屋ニ色物ヲ大ニ Push セン計画中（25年２月３日、C316）

米国人売子が各地を訪問するとともに、上野もフィラデルフィアや中西部の絹織物需要者、チェーンストアや絹製品小売商を巡回してセールスを行う一方、国内各地から紐育に仕入れに来るさまざまな需要者も堀越のオフィスを訪問するのである。

売子に関する記述は少ない。27年夏、「種々ノ買方ニ聞キシ処中々評判ヨキ男故商売ニナル見込」と考え、米人経営の他店にいた ERPOPE という売子を新規に雇入れ、ミルウォーキー、セントポール、カンザス、オマハなど「重ナル都会ヲ廻ラス」こととし、報酬は紐育の売子と同じストレートコミッションだとしている（27年８月３日、C234）。

敷物は嵩張り、輸送費もかかるため、ボルチモア（メリーランド）とセントポール（ミネソタ）の倉庫に手持ちし、マグ、ヘリング、レリーという３名の

売子が各地を巡回していた（29年4月11日、C239）。

(3) 紐育支店の経営方針

紐育支店は1925（大正14）年に真田部、29年に草莚部を廃止し、30年以降は絹物と貝釦の二部制とするが、取扱高・損益とも絹物部が圧倒的割合を占め、書簡の大部分は絹織物に関する内容である。

三井物産の評価にもあったように、堀越は一貫して「穏健」「着実」な経営方針を執った。絹織物の品種は多く、また羽二重や絹紬は匁付により用途・需要者が異なり、それに応じて販売方法も異なっていた。次の書簡は28年4月、紐育から本店に送ったものである。

当方にて目下大量に加賀四匁を売込み候先は I. B. Kleinert Rubber Co. ……等にて主として Dress Shield 即ち脇下の汗よけに製し大量に売行き候間……良値取り難く候へとも需要旺盛なる品なれは必す常に何人か之を欲し仮令手持ち過ぎても損して売る必要無之……越前近藤機業所製十六匁付絹紬拝見……着値五十九￠六十￠位に折り付き候ものを八十三1/2￠に売り利率良き候……四十吋十六匁羽二重は Kunst & Small の注文にて五十疋着次第引渡す約束……此の程度の値段ならは相応の数量売り得る見込みに候、米国内製袖裏地品と対抗する為……当地にては大部分の品物は四カ月以内に回転致し候へ共時々死蔵品発生するは止むを得す候、例の更紗絹紬は全部売り尽くすに二ヶ年半を要し又一昨年本店より御送付の玉糸織は……殆と全部其儘残ると申すへく、只朱子は相場急落後売行き止まり損を為しつ、少しつ、片付け居候、富士は毎に注文御履行に暇懸り候品故充分に荷物を有し候へとも非常に利率良き品故不足せさる様に注文……余り売り急ぎて儲得へき場合に損を出す事有之……当方の持ち荷を減少する事は即ち商売を縮小するか又は無理な早売りをして利益を減ずる結果と相成可申候（28年4月16日、C235）

重目の16匁羽二重のように、顧客の注文にも応じているが、堀越の特色は多様な商品を手持ちしていることである。多くの商品は4カ月以内に回転すると

しているが、手持ちの中には売却まで2年以上要する商品や日本への返送、ヨーロッパへ移送せねばならなくなる場合もあった。また16匁絹紬の紐育着値段（輸送・税込み）60¢のものが市場価格83¢と記されているように、好調なときには、利幅は極めて大きかった。商品に応じて、メーカーと品質、価格を限定しながら、紐育に安定的に送ることを求めている。更紗・玉糸織・朱子・富士なども恒常的に在荷を抱え、売り急ぎをせず、利幅の高い営業をモットーとしていることがよくうかがえよう。

　堀越が「普通一般ノ輸入業者ノヤリ方」即ち「倉渡シ式ノ薄利ノ卸売法」ではなく、「利潤モ相当ニアル」、「得意ノ要求ニ依リ或ハ之ヲ染メ、或ハ他ノ加工ヲ施シ少量ヅツヲ多数ノ御客ニ売ル方式」を採ることができたのは、「店ノ創業古クシテ全米国ニ渉リ御得意ノ数モ非常ニ多キガ故」（30年11月4日、C316）であった。こうした営業方針は他の日本商社と大きく異なっていた。

　　　三菱松文三井岩井鈴木等異口同音ニ「損を出さすハ商売にあらす」と称し先売安売りをなす猶太人ニ儲けしめ居り候、当方其猶太人より品を拾ひ買してかならす利益を得る場合有之候、誠ニ不可解なる現象（26年5月27日、C318）

　　　丁度一年間下り続けてshort売り専門の連中が幾分か儲けて居る様子にて彼等は益々図に乗り方々へ安値段……彼等と競争するには時価の五分も一割も下げて大量の注文を引受けざるべからず……当方にはとても手が出せ申さず候……岩井の如きは市場転換先高となる場合には大損をするか商売を止むるかの二方あるのみ（27年8月3日、C234）

　この時期の大部分の日本商社は、先安と見て手持ち荷を持たず、日本市場の時価よりも安値で先売りを行っていた。言うまでもなく、堀越のように大量の持ち荷を抱えた営業のリスクは大きい。1926年から27年の下げ相場に際しては、「今年の不結果ハ当方の如く持ち荷商売を専門とせし向きにハ昨春よりの引続く絹価の下落にて当然のこと」（27年8月25日、C234）と不成績であり、持ち荷の削減と先売りも開始していた。

　　　持荷過剰ニ陥ルヨリハ品枯渇セシ方寧ロ危険少ナク候、値段モ生産モ調

節デキス……従来品ヲ持チ過シ故ニ損失ヲ蒙リ遂ニ破産之悲運ニ遭遇セシ者枚挙ニ遑アラス……品不足セハ利スヘキニ利セサル憾ミアレト品不足セシカ為損ヲ為シ或ハ破産ニ陥リシカ如キ例無ク（26年5月27日、C318）

　岩井三井等と競争するの損なるハ彼らは先物の相場を作らずして現物の相場にて short を売るが故に候……同志の絹紬取扱量の大なるハ当方にて相手とせさる JC Penny、Sears Roeback 等の手合いより進んで注文を取るが為にして是等の注文は何時も損となる様子に候（27年6月4日、C238）

　この史料にあるように、大量の先買い安値需要をつくり出しているのは、J.Cペニー、シアーズ・ローバック、メーシーといった、1920年代に急成長するチェーンストアー、スーパー、百貨店といった大手小売商であった。彼らが手巾や衣服などの安価な絹製品の市場を拡大し、絹紬なども店頭で販売して絹織物の市場をつくり出していたのである。

　このような米国市場の変動は、日本の市場とも連動していた。横浜・神戸の仲買商は現物を持たず、有力産地の一つ岐阜では「織屋が先々と売約致し居る結果現物取引頗る少なく買付困難」、福井では現物の市場取引も行われたが、毎月20日渡しの先物取引が盛んで「現物買ノ方ハ一挙多数ノ買付ハ困難ナルモ先物取引ハ千二千ノ数量ハ平気ニ候」とされ、数量が少なく上質の青判絹紬は「買手多き為此頃は買手同盟を為し買手数名（又は十数名）の内一名丈け代理入札を為し以て安く買入」れ、同盟者に分配するといった方法が取られ（31年1月21日、C248）、現物市場から入手することが困難になっていた。

　このような米国市場と産地市場の変化に対応して、商品を手持ちし、売子が各地を訪問して売り込んだり、紐育を訪問するバイヤー相手の商売を中心としていた堀越も、需要が拡大していた絹紬においては先売りを導入していった。

(4) 資金繰り

　堀越の本支店にとって、円滑な資金繰りは商品戦略とならぶ重要な課題であった。1930（昭和5）年のナショナル・シティバンク（以下、NCB）への報

告によれば、堀越は正金・台銀から各10万円、第一銀行から30万円、三菱銀行から5万円の「借入金枠」を有している。正金・台銀の枠は、輸出勘定の前借金、借入金額に相当する商品の存在が前提とされる輸出金融にかかわるものであったのに対し、第一と三菱は「純信用ニテ必要ナル際随時借入出来ル約束」（30年6月30日、11月4日、C316）であった。織物業者や産地・横浜の問屋・仲買からの集荷に要する多額の資金は、主に第一と三菱から得ていたのである。

紐育支店に対しては台銀から15万ドル、正金から10万ドルの信用枠が与えられており、さらに正金は紐育支店長の特別許可として限外5万ドルの枠も与えていた（24年3月18日、C318）。また27年頃から、NCBも恒常的な取引を開始し、台銀・正金と同等以上の手形振出しを認めている。

横浜本店から、正金や台銀の荷為替手形を付して紐育その他の支店に商品を送付する。絹織物の輸入税は5割前後と極めて高かったため、輸入業者は輸入品を直ちに引き取るのではなく、倉庫にとどめ、商談が成立したのちに引き取り、染色なども行って購入者に販売する。「商売最好季ニ際シテ余裕至而僅少、日々約一万ドルノ商売ヲナス為ニ税ノ支払ニ五千ドルヲ要シ又差当リ手当ヲ要スル満期手形……」（27年2月11日、C239）と、最盛期には多額の資金を要した。24年9月に、紐育支店は本店の強い要請により、6万円を送付したが、その結果「夏以来ノ仕入品手形十一月以降ニ毎月十万ドル程度期日ト相成リ十一月、十二月、一月ノ三カ月間ニ各十万ドルノ支払手形ヲ擁シ……十二月末ニハ弍万一千ドルノ延期手形」（24年9月20日、C316）を生ずることになると予測している。

前節でみた如く、本店はカナダ・インドなどへの輸出、仕入れ価格と輸出仕切り価格に鞘を取るなどの手段により、一定の利益を上げる仕組みを有していたが、後者は海外支店からの入金を待たねば実現しない利益であり、本店資金繰りは容易でなく、紐育支店に対し、頻繁に送金を求めている。

1927年3月の台湾銀行の破綻は、台銀に多くの輸出荷為替を頼っていた堀越にとり、大きな打撃であった。破綻当時、堀越は台銀に対し15万円の借越があり、第一と三菱銀行からも通常枠を6万円超える臨時借入金をしており、休業

した台銀が開業したとしても信用縮小は避けることができず、それに対応した事業再編が不可欠になろうと、紐育支店では予測している（27年4月23日、C234）。しかし台銀は救済され、紐育においても2カ月の休業後再開し、「我商会も従而何等の損害を蒙る事無く従来と変らす営業し得る」こととなった（27年5月14日、C239）。

　金融恐慌後も堀越紐育支店は台銀から15万ドル、正金から10万ドルの与信枠を得て営業していたが、29年1月、正金本店より一挙に5万円へ削減という指示がなされた。4分の1への縮小であり、正金紐育支店と堀越の交渉により、10万円まで押し戻した（29年1月7日、2月1日、C239）。貿易金融の重心を台湾銀行に移しつつあったが、正金の枠の縮小は活動縮小に繋がる恐れがあった。堀越は、27年の台銀の危機、29年の正金からの与信枠の減少などを契機に、米国の大銀行であるNCBとの関係を強めたのである。30年10月、新任の横浜支店副支配人が赴任するに際し、NCBは「横浜ニ支店ノアル以上是非共時々ハ手形買取ラセテ貰ヒ度ク絹物ノビルト言フコトニハ一切経験ナキニ付何トカ偶マニハ自分方ニテ取組ミ呉レ」（30年11月4日、C316）と横浜支店の業務拡張のためにも荷為替業務への進出を計画してきた。NCBは従来から行っていた信用状の発行と横浜支店の荷為替取組を連動させ、荷為替を取り組まなければ信用状を出さないといってきたのである。堀越は「甚寂寥ノ感」はあるが、なくてもやっていけるとし、むしろ「営業ノ最秘密トスル処ヲ常ニサラケ出シテ報告ナドセサルヘカラサル状態ハ一面頗ル煙タキ事」であり、関係がなくなれば「非常ニ気楽」と、断絶をむしろ歓迎した（31年1月15日、C248）。しかし、同年5月には取引を復活し、紐育支店はNCBとの関係を継続してゆく。

（5）他支店の状況

　前節でみたように、明治期にパリ・ロンドン支店を開設し、大戦中にバンコク・スラバヤ・シドニー・メルボルンに支店・出張所を設置したと記されているが、バンコク・スラバヤは強力なインド商人と対抗できなかったためか、早々に撤退した。表1-2で見たように、堀越の英・仏両国向け輸出は、明治

末期、米国以上に達したこともあったが、第一次大戦期に急減し、戦後英国向けは若干回復するが、仏は回復しなかった。大戦中、豪州向けは急伸したが、戦後全体の豪州向け絹織物輸出が米国を上回るほどの増加を見せる中、堀越の同国向けは停滞したままであった。

　中南米諸国へは紐育支店から再輸出していたが、中南米最大の市場であるアルゼンチンへの進出を計画する。1924（大正13）年、紐育の坂野は、最大のネックである取引先の信用問題も保険などにより克服したので、紐育支店員佐々木某を派遣して根拠地を定めるべきだと提案している（24年10月17日、C316）。26年に坂野が自ら出張してアルゼンチンのブエノスアイレスに店を構え、紐育支店が関税支払いや銀行からの荷物の引き取り資金を送金するなど、紐育の出張店のような形で開設する。

　紐育支店のみが順調、他支店が戦後の変化に対応しきれていない状況で、メーンバンクともいうべき台銀の破綻に遭遇し、堀越は営業方針と支店網の見直しを迫られる。金融恐慌勃発前、ロンドン支店に滞在していた善重郎は、前述したように、紐育の加地幸一をロンドン支店長に移籍させる案を紐育に提案するが、堀越創は、加地が紐育で税関など重要な仕事を担い、また絹物売込みの経験も不十分であるので、ロンドン滞在の経験がある松田か各地の仕事に精通している坂野を派遣してはどうかと提案している（27年3月18日、C234）。紐育の資金繰りを担当している松田は、台銀が破綻し、正金の信用のみとなれば、英仏南米すべて閉じ、豪州もブリスベーンを閉鎖してシドニー・メルボルンとし、米国・豪州のみで営業すべきだと提案する。さらに英国の営業について、現在のストック商売が不良なので昔の輸入注文を主とする営業への復帰を計画しているとのことであるが、「輸入注文を主としてハ迚も儲けの見込薄く……ストック主義にして利益を得るの見込無ければ此際苦しんで倫敦支店保存の用無し……仏国ハ今更申す迄も無之南米も亦此際中止」（27年4月23日、C234）と提案する。

　4月28日には善重郎がロンドンから紐育に到着し、対応策を協議する。台銀破綻の事後処理とともに、①ロンドン支店の不成績なのは人を得ていないため

であり、方針は従来どおりとし、紐育の加地を派遣する、②南米も成績を挙げることが可能であり、坂野を派遣して積極的経営を行う、といった諸点を決定する（27年5月2日、C239）。

ブエノスアイレスには坂野が派遣され、一時は、「生羽二重ヲ貴地［ブエノスアイレス］ニテ染メシモノ売行キ良好ニテ且利率良キ趣、永ク御辛抱相成染屋ヲ督励致サレシ甲斐アリシ次第ニテ奉賀上候」と部分的な成果も生むが、他の商人は輸入税を回避するために対岸ウルグアイのモンテビデオから「夜中川ヲ越ヘ」たり、「巨額ノ費用ヲ投シテ税関吏ヲ買収シ大額ノ商売ヲナシテ差引巨利ヲ占ムル由ニテ斯ル粗毫ナル商売」をしているものが大部分で、堀越のように、生羽二重を輸入して染色するなどの「面倒ヲ取ル」商売をしているものは少なかった（28年12月26日、C240）。結局支店を継続することはできず、他支店で販売可能な商品は日本へ返送し、南米向きの商品は同地で処分し、29年2月を期してブエノスアイレスから撤退する（29年2月9日、C240）。

後述の表1-5に示すように、紐育支店は25年から30年まで、順調に利益を挙げている。一方他支店は、「昭和二年度の結果は紐育支店のみ利益を出し居り候へとも他支店の損害を off set する事出来ず」（27年8月25日、C234）と、総じて良くなかった。

第3節　大恐慌の中で

(1) 恐慌前後の紐育支店の損益

表1-5は1926年度（25年7月～26年6月）から33年12月期（33年7月～12月）までの、紐育支店の貸借対照表・損益計算表を簡略化したものである。借方の中心は本店と支払手形であり、27年度は両者がほぼ拮抗していたが、以後本店借越が3分の2を占めるようになる。支払手形は26年度まで正金と台銀がほぼ同額であったが、28年度からNCBが登場し、正金が32年度から減少したこともあって、31年12月、32年6月、33年6月などはNCBの手形が大部分

第1章 絹織物輸出商社、堀越商会の経営　21

表1-5　紐育支店財務表（1925～33年）

(単位：ドル)

貸借対照表	25年6月	26年6月	28年6月	29年6月	30年6月	31年12月	32年6月	32年12月	33年6月	33年12月
貸＝借		801,237	665,868	637,151	594,420	370,981	296,436	268,051	285,473	379,837
顧客受取勘定		390,425	220,630	230,665	199,295	70,733	56,304	48,634	102,624	84,107
商品棚卸		387,400	424,847	378,825	353,503	247,226	201,942	169,904	158,268	284,138
支払手形		351,854	272,370	242,468	231,268	114,573	84,254	80,885	91,885	146,207
横浜本店		340,724	34,106*	323,857	322,706	231,883	205,980	180,074	174,848	190,554
損益計算書										
絹物部損益	-46,636	77,008	26,682	56,906	13,483	-21,711	-17,468	-11,716	-6,790	25,783
その他損益	52,243	-13,810	-5,332	-6,306	813	-154	757	5,476	14,768	8,103
貸倒積立等相殺	16,587	12,099	10,960	5,421			-16,116	-6,240	9,143	
純益金	22,194	75,348	32,323	56,359	13,506	-21,865	-16,116	-6,240	9,143	33,386

出典：1925、26年はC315、他はC316。
注：期間は前年7月から当年6月末まで。斜体は7月末から12月末までの半期決算。

を占める。貸方は当初、顧客受取勘定と商品棚卸がほぼ拮抗していたが、次第に後者が多くなり、恐慌期には棚卸金額が圧倒的となっている。

　表1-5の下段に紐育支店の損益を示した。1925年度は絹物部に加え、貝釦・草莚・真田の4部態勢だった。26年に真田部が消え、30年には草莚部も消えて絹物と貝釦の二部となるが、敷物の取り扱いを中止したわけではない。取扱高が減少したため、単独で損益を出さなくなったのである。25年度は絹物で多額の損失を出すが、貝釦で4万5,000、草莚で1万4,000の利益、真田で8,000の損失となり、差引2万2,000ドルの純益となる。出入りが激しいが、29年度までは絹物で多額の利益を出し、とくに草莚などの損失をカバーして、多額の利益を上げていた。しかし30年度に絹物の純益を大きく減少させ、31年12月の半期決算では2万ドルの損失を計上し、以下33年6月まで絹物は多額の損失を計上する。貝釦部は打撃から早く回復し、32年12月期（半期）、33年6月期と多額の利益を挙げ、絹物の損失をかなりカバーする。

　絹物部の損益計算の内容を示したものが表1-6である。棚卸額と第一次粗利益とも言うべき商品勘定残高の合計から、運賃・海上保険、染代等その他諸費、輸入税を差し引いたものが総益となり、そこから販売諸経費を差し引いて絹物部の純益金を算出する。運賃等の合計よりもかなり多額の染色料などを支払っている点、輸入税の多額さなどが注目される。総益から差し引くべき直接的経費は、売り子の歩合給が中心の売上費、社員の給料などから成る事務費、売上金の割引・貸倒引当・事務所費・本店への利子支払いなどからなる財務費に整理されている。30年度まで、絹物部の売り子の手数料は約2万5,000ドルである。前述した27年の高く評価されている貝釦部の売り子が、固定給（週給）と歩合給を合わせて年収3,000ドルとなっている。それを一人前の売り子の手数料収入とすれば、絹物部には8人前後の売り子がいたことになる。横浜利子は借方に計上されている本店からの与信に対する支払いであり、本店にとっては重要な収入であった。32年12月期、33年6月期には多額の為替差益が計上されているのも注目される。

第1章 絹織物輸出商社、堀越商会の経営　23

表1-6　紐育支店絹物部損益（1926～33年）

(単位：ドル)

	26年6月	28年6月	29年6月	30年6月	31年12月	32年6月	32年12月	33年6月	33年12月
当月末棚卸	327,445	378,206	355,196	318,680	212,493	173,915	149,125	134,521	178,025
商品勘定残高	689,823	427,059	445,155	402,206	79,975	128,345	59,469	112,980	4,375
運賃・海上保険	32,484	27,786	30,447	18,636	3,845	9,932	3,564	8,530	5,957
染代其他諸費	47,698	40,810	45,546	44,566	11,080	22,095	11,824	24,622	12,812
輸入税	679,643	543,354	512,196	488,856	91,991	200,027	57,386	157,798	87,184
総益	257,441	193,315	212,160	168,826	25,599	70,205	16,879	56,549	67,426
売上費（売子）	29,123	27,786	30,062	27,859	7,401	15,191	5,608	13,355	10,691
事務費（給料等）	65,961	67,716	69,366	74,632	25,251	45,127	19,979	42,824	21,404
財務費	85,347	76,129	55,824	54,997	14,658	27,355	3,010	7,159	9,547
売上値引料	46,452	32,413	27,341	23,919	3,673	6,924	2,319	5,065	4,412
貸倒見積金	17,549	14,158	7,957	5,085	929	2,925	1,718	5,328	416
家賃	7,860	7,860	7,860	8,470	4,275	8,550	4,000	7,699	3,358
横浜利子	12,946	15,827	14,802	17,692	5,119	8,120	1,976	3,299	1,775
為替差益							6,767	14,192	156
合計	180,433	166,632	155,253	157,489	47,311	87,674	28,596	63,340	41,643
絹物部純益金	77,008	26,682	56,906	11,337	-21,711	-17,468	-11,716	-6,790	25,783

出典：表1-5と同じ。
注：棚卸高と商品勘定残高を加えたものから運賃保険・加工費・輸入税を差し引いたものが総益となり、さらに売上・事務・財務費などを引いて純益となる。

(2) 市況の悪化

　1929（昭和4）年秋に始まった米国の恐慌は、直ちに絹織物市場にも影響を及ぼしてくる。同年12月4日には、「日用品は凡そ一割奢侈品に至りては殆と四五割方商売縮小」と販売量の減少に加え、価格も低下していった。低価格織物の絹紬は堀越の主力商品ではなかったが、「当方は生憎く本年初めて七千匹と謂ふ如き絹紬の大持荷をなせし為意の如く安値品を取入れ兼ね困却致居候、目下は成るべく市価迄下げて売り持荷を減しつ、少し宛補充買を行ひ居候」（29年12月4日、C235）の如く、早くも打撃を受けつつあった。シドニー支店からも「実に由々しき実況にて各地支店に多額の持荷を擁する当社の受くる影響相当大」、2万7,000ポンドに及ぶシドニーの在庫は「九分通り高値之品」（30年6月18日、C248））と報告され、恐慌はまさに世界的なものとなった。

　価格下落と市場の激変に乗じて新たな活動を展開する商人も出現し、その両者が相まって堀越に打撃を与える。

　堀越のセールスマンだったバンク（L. Bank）が、日本の絹物輸出商野沢組の代理店をしていたストラスバーガーと共同して資金を集めて独立し、堀越の顧客を奪っていった。

　　安値を出して方々を邪魔して歩き廻り良き高値を払ひ居りし客を大分にスポイルされ申……相場の最も安き時に始め、店に居りし時の経験を利用して高値の持荷ハなく費用ハ少なく当方より利ある位置にある為可成商売を妨害（30年9月10日、C238）

市況の悪化が長期化する中で、高値の在庫が経営を益々圧迫していった。

　　高値の旧荷が其儘残り居る訳にて染色羽二重の売行きが如何ニ悪敷かを表明致居……絹紬のみにてハ如何ニ巧妙有利ニ多数取扱致候ても営業費を補充する迄の利益を挙る事ハ容易ならざるべく（31年1月17日、C248）

この書簡にもある如く、絹紬は損失を生じない程度には売れ行くが、営業費を出すほどには至らず、また堀越がほぼ独占していた重目品や生羽二重では「好客あり……他店よりよき成績」（31年5月18日、C234）と利益を挙げるこ

ともあったが、決定的に足を引っ張ったのは、高値の在庫であった。不況の長期化が明らかになっていた31年8月、紐育支店は「店内高値持荷品モ決シテ売惜シミニ致居ルニハ無之、或ハ色ニ染メ或ハ再輸出ニ依リ戻税ヲ得ル方法ヲ講ジ出来ル丈損ヲ少クシ」(1931年9月3日、C234)と5,800ドルの損失を出し、損切り処分を進めていく。しかし堀越の強みの一つは豊富な持ち荷にあり、30年9月においても、「［資本が少なく］沢山荷物を持てぬ店は相場が上がり始めたら永続きハ不致」(30年9月10日、C238)、「生糸羽二重絹紬等も永久に下落致す許でなきものゝ筈」(31年5月18日、C234)と記しているように、相場が反転することを期待し、損切り処分にはなかなか踏み切れないのである。32年1月に至っても、「当方カ恰モ損失ヲ虞レテ旧荷ノ一掃ニ躊躇セルカ如ク御申込ニ候ヘ共、ソレハ当方ノ意向ト余程掛ケ離レ居候」(32年1月25日、C237)と、本店からはより一層の処分を求められていたのである。31年12月期に半期2万1,000ドルの損失を出し、この期から在庫処分を本格化している。

不況は直ちに資金繰りに影響を与える。31年9月、紐育支店の在庫は約30万ドル、9月の売上は6万ドル程度で税金や経費を払った後、手形支払いに回せる額は3万ドル程で何とか9月は切り抜けられるが、「最も懸念ニ堪ヘさるは十月の手形支払」であった。在庫の内すぐに換金可能なのは絹紬3,000疋2万5,500ドル程度に過ぎず、10月16日の支払期日に1万〜1万5,000ドル不足する可能性が高くなっていた。この不足は予測されており、第一銀行の与信枠から尚2〜3万円借入可能だと見ていたが、急遽削減され、三菱銀行の枠も英国への送金で使い切り、善重郎は「渋沢子爵より引続佐々木氏ニ至る迄三十五六年間の久しき、何等の担保を供する事なく常に我が金融を援助し来りたるに忽卒として其態度を一変し、担保を供するにあらされは此上の貸金を施し難し」と第一銀行の融資姿勢の変更を非難し、「台銀に泣付き事情を訴へて延期を願出づべからず」(31年9月14日、C316)と、台銀に緊急の貸し付けを依頼せざるを得なくなった。

豪州向け輸出は貨物書類を豪州に送付する一方、4カ月の英ポンド手形を倫敦宛に取り組み、倫敦支店が引き受け、豪州支店からの送金によって支払われ

ていた。ところが、英国の金本位制離脱によるポンド貨の下落により、堀越も6万円程の差損となる。台銀は英国向けはポンドだけでなく円貨での取り組みにも応じず、英国・豪州輸出品に対しても紐育向けドル手形を取り組むことになり、紐育支店の金融上の役割が一層大きくなっていた（31年9月25日、C261、9月29日、C274）。

　台銀紐育支店との交渉は順調に進み、担保を入れて年6分の金利で3万ドルの新規与信枠を得て手形の支払延期が可能となり、危機を脱したのであった。これらの手形は紐育支店だけのものではない。台銀からの新たな与信を得た後、紐育の会計担当者は本店に対し、「当地ニテ引受居ル豪州手形ヲ貴方ヨリノ御送金ヲ俟タズシテ代払致ス事ニ依リ決済致ス方得策」と通知し、豪州手形、英国手形を紐育で決済しているのである（31年10月31日、C234）。

(3) 紐育支店の経費節減

　紐育支店は、1930（昭和5）年春にエレベーター付き3階建ビルを借り、1階を絹物のショールーム、2、3階を事務部門と釦部など他商品取り扱いのスペースとしていた。家賃の切り下げができなかったため、30年秋頃から、ワンフロアーをサブリースに出して家賃負担を下げようとした。その最適の候補者と考えられたのが、ハリカー・バーンなる人物が経営する「Y/C」という絹物商であった。同社は手巾等を手持ちし、堀越とは「永イ間商売関係ヲ結ビ、Good Relation ヲ保持」という関係にあったため、リースを提案したところ、29年以来の損失が多額に上っており、余力があるうちにしばらく休業する意向であり、「再ビ Start スル事ニ相成ラバ直ニ堀越ノ元ニ帰復スベシ」（31年末、C234）と、断わってきた。事務所の移転や又貸しはできず、若干の賃料切り下げに終わった。

　恐慌の中で「儲ラヌモノ」になった釦部の存廃も問題になった。荷動きが著しく低下し、「Stock ヲ減ジテ金利ヲ助ケ……各種釦ヲ併セ持ツコトニ依ル余分ノ資金ニ対スル金利ヲ助ケ度候」（30年11月7日、C238）と、ストックを持つ負担を軽減するために廃止も検討したが、手持ち荷を特定商品に集中するこ

とにより、部を存続させることとした。

　30年の年末には、最大の経費である人件費のカットが具体化してくる。年俸1,500ドルあるいは2,000ドル以上の高給社員の給与1割カットが計画されたが、31年6月迄猶予して形勢を見ることとなった。

　しかし状況は好転せず、むしろ悪化する中、商会主堀越善重郎自ら、「此際同地［紐育］の組織を根本的に変更して経費を減じて経営し得るよう可致事絶対の必要件と存じ」（31年4月17日、C272）、急遽渡米を決定して31年4月14日に到着し、陣頭に立って恐慌に対処することになる。2〜4月は少額ながら利益を計上したが、7月以降への警戒感から、善重郎が取り組んだのは、本店借越し即ち高値在庫品の削減と給与の削減であった。

　31年初頭、紐育支店の本店からの借越しは33万ドルに達していたが、物価下落と売り上げ減を考慮すればその半額で足りるとして、在庫処分を進めつつ本店への送金を督励し、4月末には26万ドルになっていた。それを将来的には15万ドルまで減額し、紐育支店から本店への利子支払い、本店の第一・三菱への「巨額の債務を弁済」して利子支払いを減少するとした（31年4月21日、C316）。

　市場で動いているのはポンジー・ホーナン・ニンハイの三種だけで、それらが「利益はあらさるも春夏秋冬相続て売行の見込なれは金融を助くる事少からす、染羽二重並に前記死蔵品の多きニ拘らす割合に金融上何等の苦痛を感せさる」状況であった。死蔵品というのは、4万ドル近い「富士絹の如き厄介物」であり、染羽二重などのストックもシーズンが終われば「其売上も非常に減少」して不良在庫となった。31年6月期は営業上の損失に加え、善重郎の指示により、1万8,000ドルの旧荷の損失を計上する（31年5月8日、C316）。こうして利子支払いを減額するとともに、財務体質を強化する努力を行った。

　31年初頭には人件費削減を延期したが、3月から高給社員である八十島（本店）・坂野（シドニー・本店）・松田（ロンドン）・上野（紐育）・堀越創（紐育）・山県（シカゴ）の給与の各1割5分削減と堀越本宅への手当を減額した。さらに6月からはセールスマンを除く支店員の給与削減を図る。表1-7が各

表1-7　紐育支店員の給与

(単位:ドル)

	5月現給	6月新給	9月以降
上野	700	595	500
堀越創	500		
山県		64	58
谷口	65	55	50
松本	48	45	41
西脇	40	37	34
小寺	37	34	31
早坂	35	32	29
勅使河原	35	32	29
近藤	30	28	25
バムガーデン	75	70	63
マーフィー	60	55	50
ロブソン	50	45	41
マクエード	40	36	無給
ウェート	35	32	29
デパート	30	無給	
パチー	20	元どおり	19
ウォルター	12	〃	12
コーフォード	18	〃	18
クロッツ	14	〃	14
フェソケルスタイン	21		19
アリノー	19		18
マクレオド	15		15
ウィンター	21		21

出典:1931年5月18日付、8月24日付書簡、C234。
注:上野と堀越は月給、他はすべて週給。

人の給与である。上野・堀越創の5月現給は3月に削減済みの金額である。上野は削減前には約1万ドル程度になり、両人が隔絶した高給取りであることがうかがえる。両人を除く日本人の中では、山県はシカゴ勤務であるから谷口が最高給である。アメリカ人の3名が谷口と同程度の週給を得ており、彼らが支店の中で重要な役割を果たしていたことがうかがえる。6月に30ドルの週給から無給になるデパートは、売り子のヒルズが、口銭が減少したためやっていけないと退社したので、その顧客を回して他の売り子同様純粋の口銭とした。9月から無給になるマクエードも固定給から口銭のみの売り子に転じた（31年5月18日、8月24日、C234）。6月の減額で年間4,108ドル、9月で5,781ドル、2回でほぼ1万ドルの経費削減となった。

　善重郎は4月から紐育に滞在して経費削減を進めながら、6月にはロンドンにも赴いて同支店へのテコ入れを図り、さらに8月6日には紐育に戻り、10月15日に帰国する。しかし堀越商会の経営は、給与削減程度で改善できるようなものではなかった。すでに31年5月には、「森村組の一隅を借用して営業せる時代」に福井で買い付けにあたり、その後本店に勤務していた増田と市川という社員を、かねがね「社の利益を図るより八寧ろ出入商人を弁護するか如き形

跡あり、是即ち小生［善重郎］か専ら彼の行動を疑ふの点を生せしものなり」（31年5月25日、C316）という理由で馘首する。

さらに善重郎が帰国した後、本店番頭の位置にある八十島が紐育の上野に対し、紐育店の人員削減を求める指示を出し、それに基づき、日本人社員1名の解雇と2名の日本への召還を決定する。解雇されたのは谷口で、「能力の上がらざるは生まれ付にて本人としては正直に十三年間大きな間違もなく勤めし者……商売の都合にて解雇致す……実に気の毒千万に御座候」と記されている。日本に召喚された一人は早坂で、減給に不平を持って不真面目になり、多額の生命保険に入って「赤化」の傾向が見え、他の社員に悪影響を与えているとされたもの、他の一人は小寺健治で少々頑固で使いにくく、担当している税関・保険の仕事も減少しているとして召喚の対象となった。早坂のその後は不詳だが、小寺はのちに上海支店開設を担当しており、召喚が解雇に繋がったわけではない。本店からは、高給米国人のバムガーデンとマーフィーについても、何らかの指示がなされたと思われる。それに対し上野は、「店の利益を第一とし米人なる事を忘れ日本人と同様に自分の仕事以外にも店のインタレストの為に働くと云ふ事をプレッジ致し申候、店内の客応対染屋対〔ママ〕の仕事等に助力を得る積に御座候」（31年12月13日、C234）と記し、賃金切り下げは行いつつも、商会発展の為により積極的に働くよう求め、雇用を継続するとしている。

大幅な給与削減、営業担当米人の歩合給への移行、日本人社員の解雇・召喚等により経費削減を行った。29年7～12月の絹物部給料2万7,990ドルが、32年7～12月には1万3,480ドルにまで減少、横浜利子も8,918ドルから1,978ドルと大幅に減少する。家賃のようにほとんど減少しない支出もあったが、大幅な経費削減を断行していった。

第4節　恐慌からの回復

堀越がこの時期苦境に陥ったのは、不景気・恐慌による需要減少、価格低落という一般的な原因とともに、堀越の主要取扱商品であった羽二重需要が減少

し、より安価な絹紬にシフトしていったことも大きかった。絹紬は、薄利で倉から倉へと引き渡し、多くの店員やショールーム、ストックも必要なかった。堀越も絹紬取引へ進出するが、個々の取引では損失を出さなかったとしても、多額の営業費を賄うことはできず、大幅な赤字に陥ったのである。この赤字からの脱却は、一つは、給与を中心とする営業費の大幅削減により、低い利益率でも採算が取れるレベルにすることであり、第二は、羽二重・絹紬に加わる新商品を開拓することである。

　1931（昭和6）年3月、本店の八十島は善重郎との打合せに基づき、紐育支店に対し「新商品ヲ研究ノ件」と題する書簡を出した。そこでは、カナダのトロント方面で「品質吟味保証付堀越格」として知られている福井産生縮緬と、縦糸に絹紡糸、横糸に本絹糸を使い、顧客の好みの柄を少数製造する婦人ドレス用スパンクレープの2種の見本を送付したこと、さらに従来からの商品である縞羽二重、富士絹も加えた四種を、「新生面ヲ拓クノ意気ヲ以テ十分ニ御研究」（31年3月11日、C248）することを求めている。

　紐育支店も32年5月には、「当方モ新商品ノ開発ニハ懸命ニ有之、何トカシテ失ツタ朱子ヤ陰ノ薄イ羽二重ノTradeノ埋メ合セヲ致ス事ニ腐心」（32年5月22日、C237）として、送付された見本のハッピーコート、絹紬の更紗パジャマに関心を寄せ、7月30には「カーテン、パジャマ及小売方面に多数の売行見込に御座候」（32年7月30日、C234）と報じている。

　ただ荷動きは盛んになったが、月による損益の格差は大きく、本店では、紐育支店に対し高給を取っている上野（月給400ドルを300ドルへ）と2人の米国人のもう一段の給与削減を求めてきた。それに対し上野は、

　　　当支店にてハ万事吾々の予想通りに進み今ハ景気も大車輪にて回復しつゝあり、持荷の具合も頗る都合よく主要客との関係ハ見事にて他店の邪魔の入れ様が無くなり、将来の商売の増加は保証され居り、其上に消費税の払戻が今月早々に始まる等にて総て楽観材料のみ……一般に不景気は去りて New era of Prosperity に入りつゝある事を信じ（32年9月5日、C234）

と景気回復傾向にあることを報じ、強く抵抗している。

　米国の本格的な景気回復はなお遅れるが、明るい兆しが見え始めていたこと、日本の金本位制離脱による円貨低落の効果が32年半ばより顕著となり、販売量の増加が進んだこと、さらに係争していた輸入税問題が勝訴となり、9月から多額の払戻が始まったことも、紐育支店の強気を支えていた。輸入税返戻金は同志貿易が25万、堀越が24万、三井17万、岩井8万ドルとされている（33年5月29日、C234）。ただ同志は全額正金に差し押さえられており、堀越のみが「輸入税成金」と言われたという。

　32年12月の半期決算は、支店の強気にもかかわらず、絹物で1万1,000ドルの損失、支店全体で6,000ドルの損失となった。数字上の改善はなお見られないが、33年に至ると、変化がより明らかとなってくる。

　32年12月のロンドン支店からの書簡は、ホーナン・ニンハイ等の中国製絹織物、富士絹・絹紬等日本製絹織物の売行きが悪化する一方、ファンシーグッズは種類・口数が多くて取り扱いが面倒であるが、「月日と共に基礎が出来商売が大変遣り良く相成……普通四割より六割は有之、物に依りてハ倍以上」の利益が出、大量に売却したという。そして、「紐育消費税問題ハ有利ニ解決サレ、営業状態ハ各支店ヲ通ジテ利益ガ挙リ、円貨ハ下落シテ御財産ハ日毎ニ激増スルト言フ誠ニ御芽出度状態」（32年12月1日、C318a）と、堀越の各地支店が好調な業績を挙げていることを祝っている。

　豪州も32年後半に至って明らかな景気回復を示していた。メルボルン店は32年7～12月期に2,014ポンドの利益を挙げ、33年1～6月期の予想損失を差し引いても、年間1,800ポンドの利益と予想している。ポンジーなどの織物に加え、力を入れ始めていたファンシーグッズを中心に「特ニ有望品ニ限リ Stock 所有ノ許可」を得て、業績を上げ始めていた。

　　新奇品ハ常ニ機先ヲ制シ同業者中ヨリ早ク手ニ入レ所謂流行ノ尖端ヲ走
　　リシーズン毎ニ同一品ハ早ク見当リヲツケ……商会ノ如キ巴里、ロンドン、
　　NY ノ各地ニ支店ヲ有スルモノ、advantage ニシテ互ニ連絡通信、sample
　　ノ交換ヲ一層希望スル処ニ候（33年1月元旦、C318a）

ファンシーグッズは流行のサイクルが短いため、その動向をいかに早く読み、的確な在庫を確保するかが問題であり、世界の流行発信地に店舗を有する堀越の優位性と、本店のリーダーシップの重要性を強調している。

米国においても同様な変化が見られた。シカゴ店からの報告であるが、同店の責任者として赴任した加地幸一は、同店を切りまわしてきた山県らの報告として、「絹紬や羽二重をのみ取扱居りては到底利益を挙げる見込は無之、矢張り種々 Fancy Goods を取扱、重ニ之ニ依りて営業の基礎を作らん」と、取扱商品を戦略的に大きく変えねばならないとしている。紐育を含む米国店の従来の経営は、「季節中に絹物の営業によりて多少の利益を残した時と雖も季節終れば忽ち営業費の喰込み」となっていたが、ファンシーグッズは絹物の売行き季節である春先以外、絹疋物のオフシーズン（9月から12月）にも旺盛な売れ行きを示し、「経費を助くる事莫大」という。しかしそのファンシーグッズの取り扱いは、従来の絹疋物取り扱いと同じ態勢では不十分であった。絹織物を扱ってきた売り子は「薄利ニても何でも巨額の売上に慣れて……Fancy 等を軽蔑し成績一向挙らず」とされ、ファンシーグッズ取り扱いに興味を持つ売り子によらねばならないとする。とくに紐育では、絹織物取り扱いが主であり、ファンシーグッズは冷淡に取り扱われているという。販売先も「小売店を沢山顧客とし少量宛高値を取って商売をする事が必要」、チェーンストアやメールオーダーハウスなど大量に取り扱う顧客を当てにすることは、大量の不良在庫を抱える可能性があり、危険を分散することが必要とする（33年3月8日、C318a）。

おわりに

堀越善重郎が、紐育・シカゴにおいて東洋趣味商品の輸入販売商の店員から経歴を積み始めた1880年代後半は、絹製品・絹織物の欧米輸出が始まった時期でもあった。

堀越は羽二重を主力としつつ、より高級な縮緬・朱子・甲斐絹等にも進出し

た。紐育にショールームと大量の在庫を抱え、幾人かの売り子が米国の主要地域を巡回した。ショールームを訪問する、あるいは売り子が巡回する取引先は生地屋や加工業者であった。彼らの注文により、紐育で染色などの加工も行って販売していたのである。このような業態を営んでいた輸入商は少なかった。横浜の外商は米国商人からの委託による輸出であり、三井物産が米国への羽二重輸出を始めたのは1917年である。20年恐慌で破たんした茂木商店が、同様な営業を行っていたのであろう。

　第一次大戦まで、好不況や流行、さらには関税率の変化により、業績は決して安定的ではなかった。堀越が業績の安定のためにとった手段の一つは、世界的な展開である。米国に加え英・仏・豪に支店を設置し、中南米・東南アジアにも支店を設置する。規模の拡大という点にとどまらず、流行品の地域的・時間的な差に基づき、支店間で商品の移送も行われていた。絹織物にとどまらず、釦・敷物・真田等の「部」を設け、取扱商品を拡大した。さらに自動車部品や建築材料等、日本への輸入業務にも進出を図った。ただこれらは一部の輸出品を除き、発展しなかった。零細な個人商社が、取扱商品の多角化、業態の多様化を図るのは困難だった。ただ、それを断念したわけではない。

　戦間期の絹織物市場において、大きな変化が生じていた。羽二重需要が急減し、価格の安い絹紬や富士絹の需要が急増していた。低価格・耐久性・絹織物という利点により、アジア・中南米、欧米の中層以下の需要を引きだしたのである。大戦後、絹織物輸出に進出した新興業者は、堀越とは大きく異なる営業方法により、米国市場に進出したのであった。

　このように市場が大きく変動していたときに世界恐慌が襲ったのである。堀越は手持ち在庫の平均価格の低下、羽二重・絹紬に加える新たな絹織物の発見、ドラスティックな経費削減などによって恐慌を乗り切ることに努めた。堀越が破綻しなかったのは、こうした経費削減とともに、恐慌からの回復過程で、世界的に需要が増しつつあるファンシーグッズにもう一つの途を求めていったところにあった。

　1933年以降の、堀越商会の世界的な展開については、稿を改めて論じること

とする。

注
1） 総合商社の研究史については、拙著『北米における総合商社の活動』（日本経済評論社、2005年）、春日豊『帝国日本と財閥商社』（名古屋大学出版会、2010年）などを参照。兼松商店に関しては、天野雅敏『戦前日豪貿易史の研究』（勁草書房、2010年）などを参照。
2） 亀井新次郎「本邦絹物貿易について」上・中・下（『交易』153、154、155頁、昭和10年5、6、7月）、『横浜輸出絹業史』（1958年）等による。
3） 加藤清忠『堀越善重郎伝』（1939年）。以下、本書からの引用は本文中に頁数のみを示す。
4） 「堀越商会営業報告」第21（大正3年度）～第23回（大正5年度）（NARA/RG131/横浜正金銀行紐育支店/C31）。
5） 三井物産「紐育支店考課状」1920年度上期（『横浜市史Ⅱ資料編6　北米における総合商社』72頁）。以下、本書からの引用は本文中に考課状の年次と同書の頁数のみを記す。
6） 堀越商会紐育支店1924年10月24日、東京本店支配席宛書簡（NARA/RG131/E26/C316）。以下、堀越商会の紐育支店と本店との書簡の引用は本文中に年月日とコンテナ番号のみを記す。差出人・受取人に意味のある場合、および他支店との書簡はそれぞれ本文中に記す。
7） 紐育堀越商会輸出部1925年4月18日付、日米自動車株式会社宛書簡（NARA/RG131/E26/C315）。
8） 堀越商会紐育支店輸出部1922年5月12日付、東京本店輸入部宛書簡（同前）。
9） 上野道1923年12月21日、東京本店輸入部宛書簡（同前）。
10） 紐育堀越商会輸出部1922年7月6日付、日米自動車株式会社宛書簡（同前）。

第2章　第一次大戦前後における米綿取引の諸問題
——三井物産・東洋棉花の場合——

高村　直助

はじめに

　本章は、20世紀初頭から1930年代初頭にかけての三井物産・東洋棉花の米綿取引の動向を検討する。先行研究としては『東棉四十年史』(1960年)、『三井事業史』第3巻上(1980年)があるが、何れも簡単な記述にとどまっている。
　以下、利用する史料は、米国国立公文書館 RG 131の ENTRY 148〜160 "Southern Cotton" 関係史料、『東棉四十年史』関係史料[1]、三井物産『支店長会議(諮問会)議事録』[2]などである。米綿取引の動向を跡づけるなかで、従来の貿易商社史において問題とされてきた、日本商社の現地主義、外国間貿易への進出、メーカー優位下での相互競争などの論点に関して、多少とも新たな知見を加えることを期したい。

第1節　三井物産の内地買付と南部物産設立

(1) ニューヨーク買いから内地買付へ

　三井物産の米綿取引は、1888(明治21)年に試験的輸入が始められ、93年以降本格化したが、ラリー社への依存度が高かったようである。そのラリー社が米綿取引から撤退したのを機に、藁谷英夫が紐育(ニューヨーク)店出張員と

して1904年オクラホマで内地買付に着手した。その狙いは良質綿を比較的安価に入手することにあったようである。

1907年の支店長諮問会での次のようなやり取りは当時の取引の様子を伝えている。

>　　藤野〔亀之助大阪支店長〕藁谷氏ノ買付方法ハ予メ所要ノ高ヲ八九月乃至十月ニ買付ケ倉庫ニ入レ置キ、夫レ丈ケハ定期売リヲ為サス除キ置キ、之ヲ得意先ニテ買入ヲ為サントスル時ニ値段ヲ定ムルコト、セハ、不定不変ノ品質ノモノヲ得ラルヘシ、……大阪紡績等ハ成行注文ヲ為シ呉レタリシカ、……岩原〔謙三〕理事……紐育ニ於テ大阪ヨリ注文ヲ受ケタル場合ニハ之ヲ「マクファーデン」ニモ引合ヒ又或ハ藁谷氏ニモ引合ヲ為セリ、而シテ藁谷氏ハ常ニ「マクファーデン」ト同様ノ直段ナラハ相当ノ高マテハ引受ヲ為シ、……尚ホ二十五仙位ノ「マーヂン」アルナリ（『支店長諮問会議事録』1907年7月、288～290頁）。

ここからは、内地買付の有利性とリスクという二要素がうかがえる。良質綿を比較的安く買い付け得ることで、紐育現物相場以下でも利益を上げる余地が生じる。一方で、現物買付と紡績への先物売りとに時差が生じることから、成行発注の場合以外は、相場変動のリスクを負担しなければならず、定期市場へのヘッジ等のオペレーション（操作）が必要になるのである。

(2) 内地買付本格化

米国における内地買付は、1906/07（明治39/40）年に1万俵以上規模になり、09/10年には紐育店扱いの規模を超え米綿買付の中心形態になった（表2-1）。日本綿花株式会社は1906年紐育出張所を開設、10年にフォートウオース出張所を置き内地買付を開始し、05年設立の江商合資会社も06年オースチンのクロフォード・バーン商会と直取引を始め、12年に利益折半でクロフォード・ゴーショー商会を設立、内地買付を開始した[3]。

1909年の日本への米綿輸入量の内訳は、三井物産30.3％、日本綿花21.2％、江商7.4％で、3社で60％近く、内商合計で90.2％を占めた。また同年の物産

第2章 第一次大戦前後における米綿取引の諸問題 37

表2-1 三井物産米綿買付高内訳と損益

年 期	買付高（俵）			損益（円）				担当たり損益（銭）		
	紐育支店	南部出張員	大阪販売主店輸入	紐育支店	南部出張員	大阪販売主店	損益計	紐育支店 a	南部出張員	大阪販売主店
1905下/06上	72,457	3,850	76,307	52,901		3,462	56,363	18.5		1.2
1906下/07上	52,797	22,936	75,733	35,694		42,629	78,323	12.6		15.0
1907下/08上	78,642	14,391	93,033	2,352	16,751	134,307	153,410	0.8	31.0	38.5
1908下/09上	31,917	22,464	54,381	20,854	43,743	37,190	101,787	17.4	51.9	18.2
1909下/10上	17,566	19,841	37,407	34,122	61,223	11,290	106,635	51.8	82.3	8.0

出典：「オクラホマ出張員棉花買付歩合」、「米棉取扱高及純損益表」（東棉社史史料）。
注：1俵＝3.75担。
　　1905下/06上の出張員買付高は、正確ではない。
　　a当初の2年は買付高に南部分を合算した。

の各種綿花輸入量の内訳は、インド綿64.0％、米綿23.9％、中国綿9.2％、エジプト綿2.8％であった[4]。

米綿取引の各店別損益（表2-1）では、南部店は当初紐育店に包含されていたが、1907/08年から独自の損益を計上、仕入店として紐育店と並立することになり、販売店兼統括店である大阪主店との3店が、それぞれ損益を計上している。

共通計算制度のもと、統括店以外には「棉ノ計算方法ハ仕入店販売店ハ請負ノ方法ニ依リツヽアリ、仕入店ハ一担二十銭販売店ハ二十五銭ノ口銭ヲ収ムルコトヽ定メ、……」られていた（『支店長諮問会議事録』1907年7月、287頁）。仕入店・販売店は「口銭」から経費を差し引いて余剰があればその店の利益となり、「口銭」を差し引いた販売損益は統括店に計上されるシステムであった。

取扱1担当たり損益は、紐育店では08/09年までは20銭の枠内それも20銭に近く、堅実順調であり、09/10年は枠の2倍以上の利益となるのはオペレーションによるのであろう。南部店では07/08年から枠以上の利益を上げ、さらに年々増額して枠の4倍を超えており、安値買付とオペ成功によるものかと見られる。大阪店では25銭以上は07/08年だけであり、売込に際しての安売り競争のためかと見られる。

日露戦後、紡績会社の自己資金の充実に伴って紡績の信用力が増大し、綿花販売に際して商社間の競争が激しくなることは一般に指摘されているが、物産

をめぐる状況は次のとおりであった。

　　藤野〔大阪支店長〕〔販売の約半数を占める〕鐘紡ニ於テハ絶ヘス成行注文若クハ仕入店ヨリノ申越ヲ殆ト直切リタル事ナク其侭承諾スル有様ナリ、然ルニ他ノ紡績会社ニ至リテハ仕入店ヨリ報告シタル直段ニテ直ニ買入ヲ為スコトハ殆ト希有ノ事ニテ、概ネ時価ヨリ直切リタル直段ニアラサレハ取引デキス、……亜米利加棉ノ如キハ最モ安キ直段ノモノヲ買入ルルコト、シ之ヲ他ノ紡績会社ニ供給シツ、アリ（同上、1906年7月、195～196頁）。

　　藤野……米綿ニ付テハ今日ハ全然「スペキュレーション」ニテ……甚シキハ亜米利加市場ヨリ四円モ安直ニ売約シタルモノモアリシナリ、……会長〔渡邊専次郎専務理事〕……日本内地ノ紡績業者ハ其実価ヲ見スシテ只外見上ヨリ非難ヲ為スカ如ク考エラル、……其実質ニ於テハ如何ニ宜キモ色ノ悪シキモノハ悪評ヲ受ケタルコトアリ（同上、1907年7月、284、291頁）。

　品質重視で成行注文してくれる鐘淵のような紡績もあるが、品質に無知なまま安値を求める動きが強く、商社間で安売り競争が生じているというのである。品質への無知については、内地買付米綿につき「藤野……何分色ノ悪キ為メ一般ノ需要ニ向カス、細糸屋ニ勧メ居レト未タ値打ヲ認メ呉レス、今日ノ所日本内地ニテハ先ツ色白モノカ第一ニテ毛足ノ長キハ第二ナリ」（同上、1908年8月、224頁）とも指摘されている。

(3) 南部物産設立と南部店の位置付け

　三井物産の現地法人として、南部物産会社 Southern Products Company が1911（明治44）年7月6日設立された。取締役は福島喜三次（物産社員）、ブライアン Guy M. Bryan、ハント W. S. Hunt の3人で、資本金は10万ドル、1,000株の内訳は福島998株、外国人各1株であった。本社はヒューストンに置かれたが、12年7月ダラスに移転した。1917（大正6）年8月25日、50万ドルに増資、取締役は福島、嶋専吉（物産社員）、スイー Harry L. Seay の3人で

あった[5]。

　現地法人形態をとることは、米国会社同様の法的な権利を持ち、税法上の不利を回避する意義があった。三井物産の名が使えない信用面での不利について福島は、「欧羅巴商売ニハ多少差支ヲ生スルコトアルヲ以テ、或ル場合ニハ三井物産会社ニ於テ保証セリト公言シ居レリ」(『支店長会議議事録』1913年7月、233頁) と述べ、また「必要ノ場合ニハ紐育ノ三井ニ保証シ貰フコトモ容易」であり、米国銀行は1社に対する貸出額制限があるが、紐育宛手形も「ツーネーム」にできるので、ギャランティー・トラストから、物産紐育店と南部物産は2社として借りることができる (同上、1918年6月、81～82頁) とも指摘している。

　南部店は棉花本部 (1911年11月に大阪支店内設置) から紐育支店経由で指示を受けていたが、1914年11月1日紐育支店内に棉花支部 (支部長は支店長) が置かれた。16年11月支部名がダラス支部と改称され、ダラス店責任者は支部出張員首席とされ、紐育には支部附属員 (金融などの業務) が置かれた (同上、17年6月、50、531頁)。

(4) 内地買付と米綿損益の動向

第一次大戦直前1913 (大正2) 年の米綿買付状況は次のようであった。

　　藤野〔棉花部長〕……ダラスノ仕入地ハ「オクラホマ」〔オクラホマ州〕、「ウエコ」、「サンアントニオ」、「アビリン」、「ヒューストン」〔以上テキサス州〕ニシテ買入先ハ「コットン、ミル」或ハ「コットン、ヂン」ニシテ百姓ヨリ直接買入レス、而シテ買集メタルモノハ紐育ノ定期ニ繋キ、常ニ定期ト睨ミ合セ現物ヲ取リテハ定期ニ繋キ、……福島〔南部出張員〕他ノ物産会社支店ト異ル点ハ大部分外国人カ業務ニ当リ居ルコトニテ、外国人ナラサレハ間ニ合ハサル次第ニテ、……我々カ数量値段ヲ限リ其範囲内ニテ自由ニ契約スルコトヲ許シ、又現物受渡ハ最モ肝要ナレハ其者カ代表シテ之ヲ為シ代金ノ支払ニ付テモ其者ノ振出シタル手形ヲ我々カ引受ヲ為セリ、是レハ皆ナ「ドッキュメンタル、ドラフト」ナリ……内地買付者ニハ

表2-2　三井物産綿花取引の店別損益

(単位：円)

部・店	1912年 下	1913 上	1913 下	1914 上	1914 下	1915 上	1915 下
営業部	31,537	15,336	13,430	21,270	28,936	12,001	
大阪支店	99,230	78,053	△58,054	119,005			
棉花部					△83,591	960,179	250,913
名古屋支店		16,633	26,714	84,642	33,068	4	3,220
神戸支店	154	2,439	249	1,425	4,753	1,550	5,303
長崎支店		630	27	127	89	207	486
三池支店	854	2,155	584	1,816	1,004	1,839	1,451
台南支店						13	28
京城支店	355	797	500	479	47	130	1,733
釜山出張所						328	131
仁川出張所							389
ハルピン出張所							471
大連支店	284	26			220		
天津支店	4,814	4,637	787	2,477	8,438	7,879	1,994
上海支店	30,981	13,165	△24,713	18,248	△6,831	39,511	
漢口支店	11,201	24,077	14,998	7,759	△4,834	7,222	
香港支店					2,355		890
シンガポール				400	456		
ジャワ・バンコック・ラングーン			2,194	1,665			
ボンベイ支店	88,722	62,021	17,345	123,363	△327,715		
ロンドン支店	823	2,664	676	2,160	240	570	45
ペテルブルグ出張所			78				
紐育支店	19,672	78,587	△23,080	49,444	△36,620		
綿花　計	288,627	301,220	△28,265	434,280	△379,985	1,031,433	267,054

出典：「物産会社資料雑綴（其三）」、「支店長会議諸表」（物産322、400）。
注：△欠損。

　　口銭ハ与ヘサレトモ「ボーナス」ヲ成績ニ依リテ与ヘツヽアリ（同前、1913年7月、149、237～239頁）。

　インドでの直買は実棉で、繰棉に加工する際の「出目」に甘味があった[6]のに対して、米国では繰棉での買付けで、繰棉はテキサス、オクラホマに散在する50程度のコンプレスに集中し、鉄道で主にサンフランシスコに積出していた。パナマ運河が開通すればヒューストンが集散に便利かと予想していた（同上、233、240頁）。

物産棉花部設置に伴って共通計算制度がどのように改変されたかは不明である。米綿取扱高とそれに対する損益は、11年下135万4,301円に対し利益6,211円、12年上1198万9,934円に対し欠損4万1,707円とされていた[7]。

　綿花取引の店別損益（表2-2）は、紐育店（南部店含むか）は12年下～14年下のうち13年下、14年下欠損、年間では各年とも利益となっている。他種綿花と合わせた大阪店・棉花部・全店合計は、13年、14年とも下期に損失を出すが年間では利益となっている。

　15年上（14年11月～15年4月）から紐育店・孟買（ボンベイ）店は現れなくなる。棉花支部損益が本部に統合されたためであろう。ただし上海店などは損益を計上している。全体的に15年上からは好調であり、大戦好景気到来を反映していよう。

　児玉一造棉花部長は綿花支部設置につき「孟買及紐育ヲ棉花支部ニ改メ損益ヲ棉花本部ニ全部負担スル事トナシ及掛員ヲ全部支部員ニ改メタル結果意思ノ疎通充分トナリ……非常ニ好結果ヲ挙ケツヽアリ」と評価する一方、「反対商トノ競争ハ非常ニシテ常ニ本国相場ノ下走リヲナシ売約スルニ非サレハ商売成立セス其程度ハ通常百斤ニ付五十銭乃至一円五十銭ニ及ヒ……実ニ馬鹿ケ切リタル事トニフ可シ」（同上、1915年7月、47～49頁）と嘆いている。

第2節　大戦景気の激変と東洋棉花設立

(1) 内地買付の拡大と金融

　1916～18（大正5～7）年の大戦好況期には内地買付が全面化し、約140人の外国人がこれに従事するようになっていた。

　　藤瀬〔政次郎常務・会長〕当社ノ棉花直買ハ米棉印棉共ニ非常ノ発達ヲナシ印度棉ノ如キハ約九割ヲ当社直買ニヨリ米棉ハ殆ト全部直買ナリ……
　　福島〔ダラス出張員〕……棉仲買人ヨリ値段ヲ定メテ買取リ之ヲ或ル必要ノ地点ニ集中シ其品質ヲ鑑別シ……（『支店長会議議事録』1916年6月、

62、67〜68頁）。

　　福島……日本人ハ「ダラス」支部ニ十七名程アリ、其他ニ外国人ハ米国人ヲ主トシ英吉利人、仏蘭西人其他合計百四十名程ヲ使用シツヽアリ、……買付地ハ「テキサス」、「オクラホマ」諸方面ニ十ケ所ノ出張所アリ、其他「ルイジアナ」州ニテハ「ニューオリアンス」市、「シュリーブポート」市、「アーカンソー」州ニテハ「パインブラフ」市、「テンネシー」州ニテハ「メンフキス」市、「ジオージヤ」州ニテハ「サバナ」市等ノ棉産地ノ主要地ニハ出張員ヲ派遣シ、其買付ヲ為シ、而シテ其販売ニ付テハ紐育ニ店舗ヲ有シ金融及定期取引以外ニ現物ノ販売ヲ為シ、又「ボストン」ニハ前年来店舗ヲ開始セリ、最近ニ至リ米国内ノ商売発展ノ為加奈陀「モントリオール」ニ出張員ヲ設置シタルカ……（同上、1918年6月、82〜83頁）。

　このような展開を支えたのは、紐育支店長瀬古孝之助が、米綿取引の「発展ノ主ナル原因ハ第一三井ノ金融、信用」（同上、1917年6月、527頁）と述べているように、三井銀行を基軸とする金融力であった。

　　福島……棉花本部ノ融通金七百五十万円許ノ内、二百余万円ハ大抵紐育店ニ融通シ居リシ為メ実際五百万円許ノ補助ヲ得、之ニ我々ノ資本金百万円アリ、其他ニ「ダラス」店ニ於テ「レザーブ」シアルモノヲ加ヘ約七八百万円ノ資力アリ、其他「エキスポート、アッカウント」ニテ三井銀行、台湾銀行ヨリノ借入レ其他ニテ一千万円ノ金融力ヲ有セリ、此ノ金融力ヲ土台トシテ専ラ米国銀行ノ金ヲ利用シ商売スルノ方針ニ依リ一億円以上ノ商売ヲ為シ得ル次第……（同上、1918年6月、76頁）。
　　米国各店ノ金融ハ之ヲ紐育店ニ於テ集中スル方針ヲ採リ、……棉花為替手形ヲ以テ償却スルモノ〔荷為替前貸〕Guaranty Trust Co. 五百万乃至六百万弗ノ見当、Ocean Disc & Trust Co. 限度ナシ目下七万五千弗融通、Asia Banking Corp. on 限度ナシ目下十五万弗融通、National Shawmut Bank 限度ナシ目下七拾五万弗融通　以上ノ銀行ニ対シテハ全部三井ノ保証ヲ必要トシ、総テ担保ヲ差入レサル〔ヘ〕カラス、……ダラス棉花支部ノ棉為替ノ欧州向ノモノハダラス店ニ於テ直接引合ヲナシ、日本向ノ為替

ハ時トシテ社内ニ買取ルコトアリ[8]）。

(2) 欧州向け輸出と米綿輸出での位置

すでに大戦前から、内地買付と関連して欧州向け輸出が開始されていた。内地買付の維持のためには、ある程度以上の取扱規模が必要であり、またさまざまな品質を性格の異なる市場に振り向ける必要があったからである。ダラス店福島は、「内地買付ヲ為ス順序上是非欧州向商売ヲ為サ、レハ立行カス、必要ニ迫ラレ開始シタルモノナルカ、其後幸ニシテ左程蹉跌モナク、又是レカ為メニ別段損失モナク却テ基礎ヲ鞏固ナラシメタル次第ナリ」（『支店長会議議事録』1913年、234頁）と述べ、大戦期にはリバプールを拠点に欧州輸出を拡大、「英国ニ於テハ「ダラス」店ノ使用人ヲ派出シ仏、露、西等ノ諸国ニ於テハ各代理店ヲ介シテ引合ヲ為シ」（同上、1916年6月、67頁）と報告している。

大戦期の伸びを可能にした条件として綿花金融の問題があった。戦時の金融難に欧州企業が苦しむなか、有利な金融条件を提供できる商社は競争においてきわめて有利な立場に立てたのである。ダラス店の嶋専吉は、「今日ノ棉ノ取扱ハ殆ト金融ノ競争ニシテ、多少値段高クモ金融タニ為シ遣ラハ幾許ニテモ棉ノ買入ヲ為スヘシト云フ紡績会社少カラス、……随ッテ小資本ノ「シッパー」〔荷主〕ハ概ネ戦争ノ為ニ殆ト駆逐セラレ、比較的金融力豊富ナル立派ナル棉屋ノミカ互ニ競争スルニ至リシ次第ナリ」（同上、1917年6月、512～513頁）と述べている。

三井物産在米店からの米綿輸出高は年々増加して1918（大正7）年度に50万俵近い水準に達したが（表2-3）、16年度までは欧州向けの伸びが大きかった。全米綿輸出のなかで物産の比重は7％、対日輸出では35％、対欧輸出では4％の比重を占めた[9]）。対欧州輸出は16年度には物産の米綿販売全体の3分の2強を占めたのであるが、以後は日本向けが伸び18年度には過半を占めた。一方米国内では「国家的偏見等モアリテ」紡績への販売は困難であった[10]）。

大戦好況期においては、米綿輸出において物産は貿易商社中1、2を争う存在になった。

表 2-3 米綿の国別販売高

(単位：俵)

販売先	1915/16年	16/17	17/18	18/19	19/20	20/21
日　本	152,451	123,690	185,751	277,150	199,870	169,200
イギリス	73,621	167,053	114,369	69,224	45,607	8,879
フランス	68,624	62,000	67,449	55,600	12,796	9,500
スペイン	40,600	47,925	36,850	22,566	9,909	16,134
イタリア		2,900	9,300	8,900	1,698	2,615
ドイツ					10,317	19,432
ロシア	18,257	4,000				
ベルギー				2,664	5,537	3,450
その他	9,452	16,800	8,652	7,350	12,257	2,997
欧州計	210,554	300,678	236,620	166,304	98,121	63,007
米国内	3,218	12,428	17,387	52,328	7,550	2,621
合　計	366,223	436,796	439,758	495,782	305,541	234,828

出典：「米綿国別販売高」(東棉社史史料)。
注：綿花年度は 8～7 月。

　福島……保険会社ヨリ聞込ミシ所ニテハ輸出商トシテハ米国ニ於テ〔16年度〕「ダラス」店カ第一位ヲ占メ、……本年ハ我々以外ニ「アンダソン、クレイトン」社ナル者我々以上ノ取扱ヲ為シタル模様……日本ノ反対商ハ日本棉花会社、江商ノ如キ双方トモ「ダラス」付近ニ於テ営業シ居ルモ未タ欧州商売ニ着手セス、……其買付高モ日本棉花二十万俵、江商十四五万俵ナルヘク、両者ヲ合スルモ遙カニ我々ニ劣レル状況ナリ、(同上、1918年 6 月、75～76頁)。

(3) 強気取引と休戦の激震

　児玉一造棉花部長が、「絶対見込ニヨル商売ナレハ取扱高ノ増加ハ危険ノ増加ヲ意味スルモノナレハ尚更数量ノ増加ハ希望セス即数量主義ヲ排シ実益主義ヲ採用スル考ニシテ」(『支店長会議議事録』1915年 7 月、50頁) と述べたように、一方では「走り」対策として、他方では好景気継続と見て、棉花本部は積極的オペレーションの方針をとっており、その主導権をダラス店に与えるようになっていった。

　　児玉……大正六年度ハ強気ヲ以テ進退スル考ナリ……〔国内の販売は〕

表2-4 ダラス店営業成績

年　期	取扱綿花（俵）	うち対日（俵）	利　益（円）	間接経費（円）	純益（弗）	為替（弗）	純　益（円）	年純益（円）	年純益a（千円）
1914下・15上	200,000				110,000		♯220,000		
1915下・16上	366,941	164,850			169,006		♯338,000		
1917上	228,919	72,370			209,211	50.75	391,638		
1918下	168,267				872,253	54.00	1,615,283		
1919上	463,036	261,802	△		△711,527	51.25	△1,388,346		
下	145,758	54,440	△4,755,036	611,747	△		△5,366,784		
1920上	243,256	154,855	300,000	564,180			＊△264,180	年	年
下			1,005,521	461,374			＊544,147	279,967	1,305
1921上	129,257	102,538	680,365	476,472			＊203,893	年	年
下	120,750	94,088	1,480,414	335,767			＊1,144,647	1,348,540	2,161
1922上	118,558	79,979	1,018,088	410,054			608,033	年	年
下	126,619	60,112	846,609	375,989			470,620	1,078,653	1,079

出典：ダラス店「考課状」（E160/C54）。aは表2-6。
注：△：欠損。
　　♯：為替50弗として算出。
　　＊：利益－間接経費として算出。

　常ニ本国相場ヨリ一円五十銭位ハ安値ニ売ラサルヘカラス……是ニハ紐育ノ定期ノ「ヘッジ」ヲ使用シ其作用ニヨリ利益ヲ得ルモノニシテ、今日既ニ本年十月ヨリ明年一月積出米綿ヲ八万俵程売約セル有様ニシテ、……見返リトシテ紐育ノ定期ヲ買入レ、而シテ一方ニ現物売約ヲ為スモノニシテ……此辺カ天井ナルヘシトノ予想ヲ為シ、之ニ近ツキタル値段ニテ定期ヲ売投シ、利益ヲ見テ再ヒ相場ノ下向キトナリタルトキヲ窺ヒ、改メテ現物ヲ買入レ買埋メヲ為ス方法ニ依ル……

　瀬古〔紐育支店長〕近来棉花商売ニ付テハ紐育支店ヨリハ寧ロ「ダラス」ニ重キヲ措キ、……南部ニ於テ紐育ノ変動ヲ迅速ニ且ツ完全ニ知ルニ至リ、加フルニ天候、作柄等ハ紐育ヨリモ寧ロ南部ニ在ル方却テ能ク知リ得ヘク、……南部出張員ノ相場上ニ於ケル意見ニ重キヲ措キ居ル次第ニテ、南部出張員ノ強気、弱気意見ヲ棉花部全体ノ方針決定ノ標準ノ重ナルモノトスルノ必要アルハ自然ノ変化ニ非スヤト思惟ス（同上、1917年6月、507〜508頁、343頁）。

　そのダラス店の営業成績であるが（表2-4）、判明する限り大戦期には純益が拡大しつつあった。この決算尻は本部に付け替えられることになっていたが、

現地法人南部物産の損益決算はこれとは別立てで処理されていた。1918（大正7）年12月2日付児玉部長宛ダラス支部勘定掛書簡は、18年下決算につき、本部に付替えるべき総金額は87万2,253ドル（54替えで161万5,283円）であり、ダラス・クレディット・ノートで49万1,562ドルを送付済みで、残額は近日送付する。当支部発表〔南部物産〕純益は25万385ドルであるが、「貴本部とは何等の関係無き数字」であると記している[11]。

また1920年7月ダラス店嶋専吉宛取締役武内尚一書簡は、19年末までの「利益（損失は大阪へ付替たればSPの帳簿上は損失なし）及surplusに対し」現地で所得税約10万ドルが課されたとしている[12]。

1918年11月の休戦以後も、国内では戦後景気が激しい投機を呼んでいる一方で、米国のダラス店は19年上に南部物産資本金50万ドルをも上回る大欠損を出し、19年下にはさらに500万円超という巨額の欠損となり、加えて20年上も小幅ながら欠損を出した（表2-4）。それは、好況継続予想による多大の買持の失敗によるものであった。

ダラス店福島は、19年上の大欠損につき、「旧冬以来私が強気意見を持ちまして過大の買持を致しました所予期に反し市況沈静Basisの暴落に逢ひ不幸此の始末を見るに至りました……当支部制限の六千俵内外は当支部商売の機能を完全に尽し得ぬ事は本店並に本部に於ても承知して居られる事と思ひ……許可なしに多大の買持ちを致しました」[13]と述べている。また、「買持チ十余万俵ノ現棉ハ其見返リタルベキ定期モ実際ニ於テ「繋ギ」トナラス遂ニ本季ノ失敗ヲ招ク……空前ノ不成績」[14]とも報告されている。休戦で「米国軍用綿布ノ大注文ハ続々取消」しとなり、米綿「相場ハ底抜ノ惨状」で、19年2月には20セント割れになったという[15]。19年上末現在の物産の在庫高は、綿花合計で5,000万円、うちダラス店が3,500万円に上っていた（『支店長会議議事録』1919年9月、313～314頁）。

下期についてダラス支店は、「不幸にして前季持越荷夥しく且処分の方法として欧州へ委託せしもの平和条約批准行悩の結果欧州不況の影響を受けて……Basis暴落の最中に処分の必要起り損失を莫大ならしめたるは遺憾とする処な

り」[16] と報告している。

(4) 東洋棉花設立と当初の成績

1920（大正9）年4月15日、三井物産棉花部を継承して資本金2,500万円（払込1,250万円）の東洋棉花株式会社が設立された。会長は物産常務藤瀬政次郎、専務は児玉一造で、50万株（50円、半額払込）のうち、三井物産44万5,470株、他は東棉上級社員が所有していたが、以後東棉関係者への分譲が進んでいった。

東棉分離に際しての両者間の契約書は、20年3月末現在の棉花部貸借対照表に準拠して引継ぎ（19年11月以後の損益は未決算のまま引継ぎ）、物産は2,000万限度で金融保証し支店網・金融力・運輸手段を東棉に利用させるとしている[17]。分離の理由としては、『東棉四十年史』は、綿関係品取引はリスクが大きいので、現状では損失が物産全体に影響する恐れがあること、また利益を得るには独自の機敏性が必要であり、他社との対抗上自己資金力が必要であることを指摘している[18]。支店長会議では、専門的人材養成と独自処遇の必要が強調されている。

米国店大欠損のなかで発足しただけに、当初はその事後処理に追われた。21年6月児玉専務は、「大恐慌ノ尻ハ本年四月ノ決算ヲ以テ一段落ヲ告ケ〔21年上無配だが〕資本金ノ無事ナルヲ報告シ得ルハ不幸中ノ幸ナリ……他ノ同業者ハ先ツ殆ト全滅ニシテ僅ニ以前ノ勢ヲ以テ業務ヲ為シツヽアルハ日本棉花、江商、東洋棉花ノ三社ノミ」（三井物産『支店長会議議事録』1921年6月、250～251頁）と報告している。

19年の大欠損がどのように処理されたか不明であるが、東棉発足直後の20年上の純益と繰越内部積立金は463万4,225円であり、棉花部外から損失補填がなされたのではないか（表2-5）。20年下には公表では純益を出しているが、正味ではまたも大欠損であり、21年上末に正味内部留保はマイナスになっている。日本での20年春の戦後恐慌勃発に伴う綿糸布相場大暴落の影響が現れていると言えよう。

その後、発足時の700万円弱の内部留保を回復するのは24年上であった。こ

表2-5　東洋棉花の正味損益と内部留保

(単位：円)

年期		正味		公表				正味
		純損益	純損益	賞与、償却、臨時費	株主配当	諸積立増	後期繰越増	期末諸積立金 b
1920	上 a	2,767,850	2,617,850	150,000	312,500	1,200,000	1,105,350	6,939,575
	下	△4,501,708	32,516	100,000	—	—	32,516	2,337,867
1921	上	△2,765,597	△2,765,597		—	1,000,000	1,765,597	△427,729
	下	3,790,699	1,609,199	481,500	500,000	60,000	1,049,199	2,381,469
1922	上	1,164,471	1,084,471	280,000	500,000	110,000	474,471	2,765,940
	下	1,970,981	1,288,981	482,000	550,000	130,000	608,981	3,704,921
1923	上	3,265,242	1,704,812	760,430	600,000	650,000	454,812	5,609,734
	下	824,323	783,323	156,000	600,000	150,000	33,323	5,678,057
1924	上	3,528,055	1,276,255	951,800	600,000	650,000	26,255	7,654,313
	下	3,112,579	1,721,579	791,000	600,000	1,150,000	△28,420	9,375,892
1925	上	3,229,549	1,782,549	597,000	750,000	1,150,000	△117,450	11,258,442
	下	2,035,955	1,700,266	747,652	750,000	1,150,000	△199,733	11,796,745
1926	上	1,526,261	1,699,099	577,000	750,000	650,000	299,099	11,996,007
	下	△615,572	1,277,598	690,000	600,000	650,000	27,598	10,090,434
1927	上	1,617,101	1,097,101	320,000	600,000	650,000	△152,898	10,787,536
	下	1,193,316	903,316	290,000	600,000	650,000	△346,683	11,090,852
1928	上	69,105	70,721	698,383		50,000	20,721	10,461,573
	下	1,156,315	696,315	460,000	450,000	150,000	96,315	10,707,889
1929	上	1,580,460	781,850	448,601	450,000	200,000	131,858	11,389,747
	下	984,125	661,125	323,000	450,000	150,000	61,125	11,600,873
1930	上	178,871	154,939	173,940	—	—	154,939	11,605,805
	下	629,880	641,020	358,860	450,000	150,000	41,020	11,426,825
1931	上	1,250,173	621,173	373,674	450,000	150,000	21,173	11,853,324
	下	△673,960	△673,960		—	—	△673,960	11,179,364
1932	上	1,196,720	782,045	270,000	450,000	150,000	182,045	11,656,084
	下	4,142,789	1,453,789	1,411,056	600,000	650,000	203,789	13,787,818
1933	上	626,491	825,491	191,000	600,000	150,000	75,491	13,623,309
	下	2,672,751	1,262,726	410,025	600,000	600,000	62,726	15,286,036
1934	上	3,070,861	1,280,861	840,000	600,000	600,000	80,861	16,916,897
	下	2,165,736	995,664	1,120,071	600,000	350,000	45,664	17,362,562
1935	上	1,285,596	1,247,596	466,425	900,000	350,000	△2,403	17,281,733
	下	988,201	908,201	650,000	600,000	100,000	208,201	17,019,935
1936	上	330,657	702,657	278,000	5,600,000	△4,900,000	2,657	11,472,592
	下	478,207	670,209	308,000	625,000	50,000	△4,790	11,017,801

出典：「当社創立以来成績並損益処分」（東棉社史史料）。
注：△：マイナス。
　　a：4月15～30日。
　　b：原史料において、前期末のそれに当期純損益を加え、社外流出分（賞与等、配当金）を差し引いて算出されている。

の間、一転して「堅実」主義がとられたようであり、23年上について、「日綿、江商ハ強気ノ為メ季初ヨリ膨大ノ買持ヲナシ競争激甚ナリシモ之レニ対シ当社ハ努メテ堅実ノ方針ヲ以テ対抗シ常ニ薄利多売主義ヲ採リ……平穏ノ内ニ本期ヲ了レリ」[19]と報告されている。

東棉発足半年後の1920年9月15日現在、ダラス店勤務の社員は13人(うち2人は紐育出張員)であった[20]。この頃、売買ポジションは3日ごと大阪に報告することとされ[21]、オフィスの一部又貸し、掛の統合など厳しい緊縮方針がとられており、「3月以降雇入11人(月給約1,100弗)、解雇27人(約4,800弗)」で、ボストン事務所は閉鎖された[22]。その結果、21年上には、来期の人員は日本人14人、外国人87人とされた[23]。児玉専務は同年6月、「最近米国ニ於テ棉ノ買付地ヲ七八ケ所減シ九十人程淘汰シ」と報告していた[24]。

緊縮方針のもと、米綿販売高は減少、とくに欧州向け、米国内において大きく減じたが(表2-3)、成績は回復に向かい、ダラス店は20年下に全社より一年早く黒字に転じた。1期10万俵強程度の扱いであるが、21年下には純益100万円台、以後22年下まで順調な成績を収めた(表2-4)。

1923年7月東棉支店長会議において本店本部は、前期・本年上期とも成績良好なのは孟買・ダラス・上海・本店(綿花)であるとし、本店棉花掛は、ダラスは孟買とは対照的に消極的だが、「目先ノ相場ヲ張ツテ貰ヒタシ」と要望するようになっていた[25]。

第3節　20年代半ば以降の競争激化

(1) 南部物産から南部棉花へ

1924(大正13)年8月15日ダラスにおいて南部棉花会社 Southern Cotton Company が設立された。資本金100万ドルの出資者は、豊田利三郎75万ドル、嶋専吉11万ドル、原田立之祐・井上治一各5万ドル、荒川重太郎3万ドル、ハンディー F. J. Handy 1万ドルであった(27年9月27日豊田の持株のうち3万

ドルを F. Kawasaki 名義に)。1929年1月1日に次のように変更された。general partner として大下真吉25万ドル、嶋専吉25万ドル、荒川3万ドル、special partner として豊田利三郎40万ドル、リチャード J. Rechard 5万ドル、ウォール G. A. Wall 1万ドル、ウィルソン C. Wilson 1万ドル。

一方、南部物産は1925年8月30万ドルに減資、1927年8月15日解散した。その倉庫業務を引き継いで同日に、南テキサス・コンプレス会社 South Texas Compress Company が設立され、営業部をダラスとガルベストンに置いた。資本金10万ドルの内訳は、トーマス B. W. Thomas 9万9,000ドル、スイー Harry L. Seay 500ドル、トゥームス A. S. L. Toombs 500ドルであった。同9月、役員・出資者は次のように変更された。社長野田洋一1万2,500ドル、篠原好雄1万ドル、トーマス500ドル、スイー500ドル、トゥームス500ドル（以上、取締役）、荒川重太郎5万5,000ドル、山内秀夫1万ドル、南里英俊1万ドル、ウォール G. A. Wall 500ドル、ウィルソン Claude Wilson 500ドル。

27年8月12日電信為替 TT で、ナショナル・シティー・バンク大阪経由で9万8,500ドルを荒川宛送金、30年11月18日30万ドルに増資される際に、その資金20万ドルは「貴店〔本店〕他社御買附棉値極差金入金額」を流用している[26]。少なくとも日本人名義の出資金は、東洋棉花本店が供給していたことが確認できる。

このように別会社がつくられたのはどのような理由によるのであろうか。24年渡米し南部物産社長になった野田洋一（もと物産紐育店、23年東棉入社）は、当時の同社は「単にガルベストンの倉庫の管掌と従前からの米国法人税関係の処理に当たる」だけであったという[27]。実は23年夏頃から在米店に内国歳入庁の税務調査がなされており、26年頃まで、17年に遡り損益査定を行った[28]。日本国内での戦後恐慌処理のため20年に綿糸布先物取引の総解合（一定の棒値で清算）が行われたが、それに伴う紡績会社の膨大な綿花買持ちを東棉経由で紐育定期にヘッジ、21年に定期暴落で紡績は巨額の利益を上げたが、その利益が東棉に帰属するものとして課税される恐れがあった。

ダラス店嶋は25年11月2日付本社宛書簡で、定期売は米綿買付ヘッジとの説

表 2-6　東洋棉花綿花取引の店別「総利益」

(単位：千円)

年	綿花取引「総利益」					総利益 合計（D）	C/D（％）	A/2＋B
	大阪店（A）	ボンベイ店	ダラス店（B）	上海店	計（C）			
1920	3,491	2,092	1,305	499	7,443	570	1305.7	3,050.5
1921	△1,468	632	2,161	240	1,748	3,106	56.3	1,427.0
1922	707	1,160	1,079	513	3,626	5,201	69.7	1,432.5
1923	1,828	1,331	756	550	4,572	7,285	62.8	1,670.0
1924	2,289	1,949	400	1,098	6,357	9,050	70.2	1,544.5
1925	1,776	2,036	567	1,137	5,764	8,379	68.8	1,455.0
1926	△567	1,696	179	178	1,763	2,870	61.4	△104.5
1927	802	865	394	728	3,050	2,657	53.9	795.0
1928	△367	619	526	558	1,600	3,471	46.1	342.5
1929	411	1,460	621	382	3,153	5,118	61.6	826.5
1930	△239	252	△125	1,197	1,319	2,270	58.1	△244.5
1931	△702	1,078	540	837	2,002	2,629	76.2	189.0
1932	△646	△635	1,691	1,211	1,918	5,328	36.0	1,368.0
1933	1,088	△516	1,433	497	746	4,992	14.9	1,977.0
1934	△546	318	1,760	802	2,593	6,881	37.7	1,487.0

出典：東棉社史史料（籠谷直人『アジア国際通商秩序と近代日本』39頁）。
注：原史料ではダラス店は「純損益」。A/2＋Bは算出。

明には無理があり、「現在ノ貴方定期建玉ニ対シ仲買店へ東棉ノタメ S.C. 社ガ立替払ヒツ、アル追証拠金ハ実ニ百参拾五万弗ノ多額ニ達シ、当社トシテ払込資本ノ全部ヲ超過致居候、……東棉 SC 社相互ニ独立ヲ強説スベキ今日ノ場合ニ於テ最モ誤解ヲ招キ易キ現象ト存候」[29]と述べている。結局は数年後、不課税と結論されたものの、この課税問題が未解決の時点では、過去とは無関係に実務に専念できる組織が必要であり、そこで南部物産の業務を倉庫業を除いて継承したのが南部棉花だったのである。なお、東棉『営業報告書』の所有有価証券には、南部物産はあるが、南部棉花はない。

(2) 1920年代の米綿損益

東棉の綿花取引の店別「総利益」が判明するが（表 2-6）、ダラス店に限っては「純損益」であるとされている（表 2-4 と照合すると、1922年以降は一致するが、それ以前は「利益」である）。ダラス店の成績を見ると、1925年ま

では純益は概ね50万円を上回る水準にあるが、26～31年は、50万円以下の年が再三で30年には欠損になるなど不安定で水準が低位になっている。

大阪店の損益にも米綿扱いによるものが含まれるはずなので、きわめて大胆な仮定ではあるが、その半分が米綿によるとし、ダラス店と合算して米綿利益と見なしたのが右端列である。25年までは連年140万円以上の利益水準で、安定的である。26年以降は26年と30年が欠損で、利益が100万円を超す年はなく、50万円を超すのも2年だけである。

これには欧州向けの不振も一因になっている。欧州向けは、大戦中一時は日本向けを上回ったが、その後減少した。21年リバプールに原田立之祐が駐在、25年7月現在棉花「限度表」では、ダラス店1万俵、欧州委託1万俵とされていた[30]。28年の会議で「欧州向引合」につき嶋は、「1916/7～1923ハ商売サヘスレハ利アル時代ナリキ而シテ最近一／二年ハ結局損ト思フ（取扱ノ減少ニ依ル経費ノ損、良品積出ニ依ル品質ノ損）」[31]と述べている。立て直しのため、29年4月5日欧州向け拠点として大陸棉花会社を設立（ブレーメン）するがうまく行かず、31年12月26日に廃止している。

(3) 綿花3商社の経営成績

東棉・日綿・江商という綿花3商社の経営成績を見よう（表2-7）。1921（大正10）年度上期までは3社とも戦後恐慌の事後処理で大欠損を出している。

21年下～26年上の10期平均純益率は、東棉20.3％、日綿21.0％（欠損1期）、江商8.5％（無配3期）であり、東棉は公表欠損はなく高位安定といえる。26年下～31（昭和6）年上の10期は、東棉7.1％と低いが欠損もなく相対的に安定している。日綿は30年上・下に巨額欠損を出し、平均△23.8％、江商は3期欠損、4期無配、平均3.2％という有様である。この間、日綿・江商は投機に依存し無理な配当をしていると、しばしば指摘されている。これに対して東棉は、相対的には堅実主義で安定的だが20年代半ばから不安定化、不振の傾向が見られた[32]。なお26年下は8％配当だが、実は欠損で内部留保200万円近くを取り崩していた（表2-5）。

第2章 第一次大戦前後における米綿取引の諸問題 53

表2-7 綿花3商社の経営成績

年期		東洋綿花（4、10月）				日本綿花（3、9月）				江商（3、9月）			
		払込資本(千円)	純益(円)	純益率(%)	配当率(%)	払込資本(千円)	純益(円)	純益率(%)	配当率(%)	払込資本(千円)	純益(円)	純益率(%)	配当率(%)
1920	上	12,500	2,617,850	60.0	0.6	19,603	26,302,754	278.9	60.0	15,000	4,625,619	74.0	60.0
	下	12,500	32,516	5.2	—	20,000	3,165,458	31.7	32.0	20,000	△1,916,852	△22.3	—
1921	上	12,500	△2,765,597	△44.2	—	20,000	△3,396,002	△34.0	22.0	20,000	△2,564,043	△25.6	—
	下	12,500	1,609,199	25.7	8.0	20,000	3,619,870	36.2	22.0	20,000	1,054,172	10.5	—
1922	上	12,500	1,084,471	17.4	8.0	20,000	1,273,501	12.7	22.0	20,000	837,671	8.4	8.0
	下	15,000	1,288,981	17.2	8.0	20,000	2,594,333	25.9	22.0	20,000	1,112,617	11.1	8.0
1923	上	15,000	1,704,812	22.7	8.0	20,000	3,064,803	30.6	22.0	20,000	1,405,390	14.1	10.0
	下	15,000	783,323	10.4	8.0	20,000	△1,450,697	△14.5	16.0	20,000	1,074,276	10.7	8.0
1924	上	15,000	1,276,255	17.0	8.0	20,000	2,230,636	22.3	16.0	20,000	1,295,930	13.0	10.0
	下	15,000	1,721,579	23.0	8.0	20,000	2,696,691	27.0	16.0	20,000	127,041	1.3	—
1925	上	15,000	1,782,549	23.8	10.0	20,000	2,553,360	25.5	16.0	20,000	334,456	3.3	—
	下	15,000	1,700,266	22.7	10.0	20,000	2,591,456	25.9	16.0	20,000	374,733	3.7	—
1926	上	15,000	1,699,099	22.7	8.0	26,000	2,186,268	18.2	16.0	20,000	910,802	9.1	8.0
	下	15,000	1,277,598	17.0	8.0	26,000	265,432	2.0	12.0	20,000	1,011,314	10.1	8.0
1927	上	15,000	1,097,101	14.6	8.0	26,000	2,219,093	17.1	12.0	20,000	1,036,911	10.4	8.0
	下	15,000	903,316	12.0	8.0	26,000	2,192,919	16.9	12.0	20,000	1,016,129	10.2	8.0
1928	上	15,000	70,721	0.9	—	26,000	2,106,957	16.2	12.0	20,000	982,158	9.8	8.0
	下	15,000	696,315	9.3	6.0	26,000	1,509,192	11.6	10.0	20,000	936,351	9.4	8.0
1929	上	15,000	781,858	10.4	6.0	26,000	1,768,593	13.6	10.0	20,000	72,948	0.7	—
	下	15,000	661,125	8.8	6.0	26,000	1,207,404	9.3	8.0	20,000	△809,979	△8.1	—
1930	上	15,000	154,939	2.1	—	26,000	△8,699,092	△297.7	—	20,000	△138,793	△0.1	—
	下	15,000	641,010	8.5	6.0	10,400	△2,550,370	△28.0	—	20,000	△1,578,416	△15.8	—
1931	上	15,000	621,173	8.3	6.0	10,400	72,242	1.4	—	15,500	507,604	5.7	12.5
	下	15,000	△673,960	△9.0	—	10,400	△1,170,243	△22.5	—	15,500	＊1,705,944	11.0	8.0
1932	上	15,000	782,045	10.4	6.0	10,400	51,979	1.0	—	15,500	＊1,705,944	11.0	8.0
	下	15,000	1,453,789	19.4	8.0	10,400	141,724	2.7	—	15,500	＊	—	—
1933	上	15,000	825,491	11.0	8.0	10,400	36,753	0.7	—	15,500	＊	—	—
	下	15,000	1,262,727	16.8	8.0	10,400	207,680	4.0	—	15,500	＊1,047,798	6.8	5.0
1934	上	15,000	1,280,862	17.1	8.0	10,400	341,892	6.6	—				
	下	15,000	995,664	13.3	8.0	6,882	316,970	6.1	4.0				

出典：『日本綿花株式会社五十年史』、『江商六十年史』、『東棉四十年史』、東洋棉花『営業報告書』各期。
注：＊：1年決算。

27年7月、本店本部武内尚一は、次のように述べている。日綿は純益多いがそれ以上に配当、商品で400万、投資で600万損の模様である。江商は重役更迭以来堅実になり、幾分良好である。また本店棉花掛小林孝之助は、「反対商ハ不景気ノ結果段々消極的ニナリ……当社ハ寧ロ消極的ニヤッタニモ不拘取扱ノpercentageハ近来ニナイ数字ニノボッタ……各棉屋共近来ハ取扱数量ヲ考ヘズニ思惑ヲ当テル方ニ意ヲ注イデ居ル」(『支店長会議議事録』27年7月、5、31～32頁) と述べている。

山崎一保専務は30年上について、成績不良だが有価証券償却で純益を出し、無配当とした、上海・ダラスは相当の利益だが、本部・綿花・綿布で49万円の損となった、日綿は3,900万円の損、江商は14万円の損、タタ大阪支店400万円の損で閉店したと報告している[33]。30年下については、日綿230万円の損、江商150万円の損で買入れ減資決議 (実は250万の利益あったが不良債権処分)、「同社一流の背水的大思惑主義は会社の性質上我社にとりては到底納れられざる所のものにして我社は全然堅実主義を「モットー」として進むべきものなることを銘記せられたし」[34]と述べている。

(4) 紡績の原綿政策

戦後恐慌処理を画期に、資金力に富む大紡績の商社に対する優位は確固としたものになったが、1920 (大正9) 年代後半には綿花、なかでも米綿に対する紡績の要求は厳しくなっていった。製糸の高番手化で米綿消費が増加し (輸入額で27年以降、輸入量で27年と31年以降1位)、高番手化と紡績機ハイドラフト化に伴い綿花品質につき商社の上を行く研究が進み、品等Grade (色と夾雑物) や毛筋Staple (繊維の長さと強さ) についての要求が厳格化した。不況対策も加わって価格・品質双方で商社への要求が厳しくなり、場合により、得意先であった綿花3商社以外からも積極的に購入するようになった。

その状況は支店長会議での次のような発言からうかがうことができる。

〔本店棉花掛小林〕細番カ増加シテ居ルカラ米棉ノ需要ハ大体トシテ増加スルモノト思フ……原則トシテ棉ノ商売ハ日本デハ売込ニ尽力シ本国ノ

店デ儲ケテ貰フ様致シ度イト思フ（『支店長会議議事録』1927年7月、32〜33頁）。

〔小林〕紡績モ亦最近東棉、日棉、江商ノ三社ノミガ敢テ品質良シトモ限ラヌト考ヘル様ニナリ東洋紡ノ如キ従来三社以外ニハ買付ケナカツタモノガ最近大阪デ現物ヲ漁リ加之大阪ノ中小棉屋ガ時ニ思ヒ切ツタ走リ売リヲヤル為ニ三社モ亦自然之ニ引ヅラレテ走リ売リヲ余儀ナクサレル場合多ク益々商売困難ニ陥ル有様……（同上、1928年8月、14頁）。

これに加えて本店本部武内は、アンダーソン、インド綿二流商の進出、伊藤忠・伊藤秀の印度進出に注意を喚起している。翌年には、本店棉花掛塚田公太取締役が、「中ニハ棉屋ノ知ラヌ事迄研究ガ行キ届イテ居ルモノモアリ、其結果トシテ品質上ニ何等ノ甘味アル商売ガ出来ナクナツタ事〔近来能率増進努力の影響として〕殊ニ毛足ニ付テノ苦情ガ非常ニ増加セル事」（同上、1929年8月、33頁）を指摘している。

また1930年には上海支店が次のような意見を具申している。「ハイドラフトの採用と棉花研究の結果毛筋に対する注文審査頗る厳格となりたり此点に関し仕入店の概念未だ添はざる……名柄にのみ囚はれて実質に無頓着なるの憾みなきや販売地に於て激烈なる走り売りの競争をなしおる際出来るだけ之を軽減する為には仕入店の専門的智識に因る有利なる買付に俟つの外なし」[35]。

(5) 綿花商社間競争「走り」

商社間競争は、外資系の進出も加わって、東洋紡のような従来の良好得意先を含めて全般化した。その状況は1927（昭和2）年以降、支店長会議で毎度のように問題とされている。

〔本店棉花掛小林〕昨年ハ紡績採算ガ苦シイ為例年ナラバ年ニ二度ヤ三度ハ右左ノ商売デ引合フ時機ガアルニモ不拘近来ハ一度モソンナ事ハナクノミナラズ其走ル程度モ例年ノ二三円程度ニ比シ¥1.50ヨリ¥5.00迄モ走ラナケレバ常ニ商売出来ヌ様ナ有様ダッタ（『支店長会議議事録』1927年7月、31頁）。

〔小林〕最近ハ本国相場ヨリモ堂シテモ米棉デ担二円印棉デ担五円モ走ラネバナラヌトイフ有様故仮リニ最少担当リ平均一円本国相場ヨリ安ク売ルトシテ半期廿五万俵取扱フトシテ約九十万円ノ損失ハ避クベカラザルモノトナルガ此ノ損失ヲ cover スルニハ堂シテモ仕入レ店ニ於テ儲ケテ貰フヨリ外致方ナシト思フ、……此ノ走リ売ハ日本綿花モ江商モヤリ居リ……彼等ハ非常ニ大キナ思惑ヲヤリ居ルニ非ズヤト思フ……米棉商売ノ方デハアンダーソン、マクファーデン、米国農業組合等ガ日本ニ代理店ヲ置キ中小棉屋ト直接引合ヒ安売スル為非常ニ商売ガヤリ難クナツタ之等ノ B. Shipper カラハ本店トシテハ原則トシテダラス店ニ於テ割安買付出来兼ヌル棉及非常ニ割安ノ場合ニ限リ買付ル事ニシテ居ル（同上、1928年8月、12〜14頁）。

〔本店棉花掛塚田〕棉花商売ヲ合理的ニ遣ツテ行クト云フ事ハ只理想ニ止マッテ、実際殆ンド不可能事ニ近イ事デアル……三ケ月間ノ〔棉花掛〕経験ニ依レバ走リ売ノ程度ハ……米印棉俵当リ平均壱円見当トナリ一年ニ米印棉各三十万俵宛取扱フモノトセバ約六十万円ノ損失ガ出ル（同上、1929年8月、33〜34頁）。

ここで「走り」とは、一般には産地国取引所相場に輸送経費を加えた価格を下回ることを指す。山崎広明氏は、米綿の日本国内（現物）相場を本国（紐育現物）相場（円換算）で除した数値を検討し、1928〜30年は110％を切ることを確認、運賃・諸掛を推定加算すれば「1926年から31年にかけて毎年、国内相場は replacement cost を下回るかもしくはそれに辛うじて達するていどの水準にあった」[36]と指摘されている。

一方、近年では籠谷直人氏が、インド綿の「走り」を検討、20年代後半には実綿を繰綿に加工する過程での「出目の発生は限界を画されたのであり、……「走り」の幅も狭められる傾向にあったと言える。20年代後半において「走り」の幅は縮小する傾向」になり、31年には無茶走りはなくなるとされる[37]。籠谷氏の議論は、仕入れ値を割る競争はあり得ないという前提に立っているが、それでは、先のような商社マンの嘆きは理解できないことになろう。

(6) 1930年前後のダラス店

　一方、仕入店側では、売り手側の知識向上などで内地買付の困難が問題とされ、直買廃止論やヒューストン移転論が現れるようになり、結局、人員整理・経費節減が図られるようになる。

　1930（昭和5）年11月27日付ダラス大下真吉宛本社取締役書簡「米棉買付方法改革貴案に付て」は次のように述べている。17日付貴電では、本社は積出品不評というが、対策としては、直買を止めBシッパーから割安買いし、クレイムは他社転嫁という方針に転換するしかない。「百姓教育された今日何程苦心しても内地買付甘味なし反対に全体として必ず欠斤及引懸り損失を予想せざる可からず此点過去と比較にならぬ一層困難と思ふ一方経費過去二ケ年間切詰め十数人首切り」と言ってきた。これに対して本社からは、18日付電で、マクファーデンや江商が常に安値だが、なぜか研究せよ。当方も走り売り多いため前期利益わずか10万円である。Bシッパー買いというならダラスは閉鎖し紐育にだけ人を出すかと、とりあえず伝えた。18日付貴電で、①産地買放棄、ヒューストン移転しBシッパーより安値買い、または②産地買継続するも、高給社員半数、その他3分の1解雇し、経費は25万弗に、との案を受け取った。「本季は昨年と異り貴方Basis常に反対商に比し高く且紡績一般買入減少の為め当社の売込高も少く引て貴方取扱高予定の半数に達せざるは特殊の現象」なので、これで将来を律するのは早計であろう。しかし研究の余地はないか、タイプT36は江商B1、日綿Bに劣る[38]。

　同年12月6日付大下社長宛小越知軏書簡「南棉社改革に就而」は、先日ダラスでの協議で一致した経費減少案は、25万俵扱いで算盤がとれるよう日本人含め人員を整理、機構を統合、出張員を整理するという内容であった。大阪はもっとダラスを支援すべきだが、「本年の如く値段に大差ある時不止得る可し」[39]と記している。

第4節　競争激化への対策

(1) 東棉の対策

このような困難に対して、東棉自体としては、次のような対策を講じていった。

① ダラス店経費節減　山崎専務は1931（昭和6）年度上期について、「三ツ矢孟買支店長及大下南棉社長が万難を排して基本経費の節減に努力し成功せられたる事は大に感謝する処なり」[40]と述べている。同年7月の支店長会議では、塚田が「米棉 tare〔風袋〕」について、米国シッパーより買えば26～27封度だが、日綿は早くより19～20封度、江商も最近軽くした、patch（つぎ布・革・金）減らした場合、汚れ・欠斤への影響を研究したいと、運賃削減のため貨物風袋の減量までも問題にしている[41]。

② 銘柄対策　一般的な綿花品質区分による銘柄ではなく、各商社独自の見本をつくり独自のタイプとして販売する動きが進んだが、なお手探り状態にあった。29年8月19日付ダラス大下宛本店塚田書簡は、「お恥ずかしき事ながら当社には未だ何等独創的の type 無之殊に茲数年来毛足物品質頗る不同にて紡績は絶対に信用せず反対商との値差協定には甚だ赤面せる次第なるも全体に今度新打合の T. 36は江商の Blackland 日綿の Brazos、T. 46は当社の H、T. 56は当社の P、T. 66は江商の B、日綿の G 同等としてのアンダースタンディングに御座候」[42]と記している。

③ 他社綿買入れ　本店は「走り」埋め合わせのため、他社より買い入れることが多くなった。それは当然ダラス店にとっては打撃であり、商社間競争は商社内競争に転化したのである。

東棉本店の米綿荷受高の内訳を見ると（表2-8）、24年までは、20年下を例外としてほぼ90％以上が社内からの入荷であった。しかし25年上以後には、需要急増対策とも見られる時期もあるが社内比が低下し、27年下から一時は三品

第2章　第一次大戦前後における米綿取引の諸問題　59

表2-8　東棉本店の社内外別米綿荷受高

年期		社内（俵）	社外（俵）	（うち円建）	三品（俵）	計（俵）	社内比（％）
1920	上	121,561	9,296			130,857	92.9
	下	78,939	37,532			116,471	67.8
1921	上	65,241	2,496			67,737	96.3
	下	100,903	4,737			105,640	95.5
1922	上	95,285	4,946			100,231	95.1
	下	59,842	6,499			66,341	90.2
1923	上	188,615	9,164			197,779	95.4
	下	76,271	18,119			94,390	80.8
1924	上	208,346	15,330			223,676	93.1
	下	121,979	12,415			134,394	90.8
1925	上	129,861	55,502			185,363	70.1
	下	105,566	18,721	330		124,287	84.9
1926	上	168,013	58,612	550		226,625	74.1
	下	74,753	99,775			174,528	42.8
1927	下	130,754	72,610	950	9,505	212,869	61.4
1928	上	134,569	67,363	7,710	4,880	206,812	65.1
	下	30,808	56,975		1,420	89,203	34.5
1929	上	178,326	19,100	1,023	3,363	200,789	88.8
	下	51,855	11,630	5,573	7,439	70,924	73.1
1930	上	158,973	34,804	402	1,252	195,029	81.5
1931	上	110,385	48,118			158,503	69.6
1932	上	297,796	25,504	…		323,300	92.1
1933	上	166,920	46,997			213,917	78.0
	下	123,603	64,366			187,969	65.8
1934	上	168,081	55,354	…		223,435	75.2

出典：東棉本店「考課状」（E160/C52、53、53A、54）各期。

取引所買いまで現れるようになる。とくに26年下、28年下には社内比が半分以下、社外はドル建が多い特徴がある。1928年8月支店長会議において、ダラス店井上治一は同年上期について次のように述べている。

　　大阪ヨリノ保証買付高廿五万俵ニ尚四五〇〇〇俵ノ不足ヲ示セリ、然シテ同期間ノ大阪ニ於ケルアンダーソン及び米国農業組合ヨリノ直接買付高ハ九八七五〇俵（内米国農業組合買付高五〇〇〇俵）ニシテ本店ノ米綿總買付高三十万俵ノ約三分ノ一……ダラス店ノ如ク元来大量取引ヲ前提トシテ組織セラレ殊ニ膨大ナル経費ヲ要スル店ニトリテハ大打撃ニシテ過去一ケ年間ハ実ニ非常ナル経営難ニ陥リタリ　而モ最近内地ノ事情変化シ品質

ニ関スルideaノ行キ渉リタル為自然買付上昔程ノ甘味ナク……(『支店長会議議事録』1928年8月、27～28頁)。

これに対して本店側の回答は次のようであった。

〔小林〕紡績買値ト本国相場トハ如何ナル場合デモ出合フ事ナシ只ア社ノ値ナラ出合フ事アリ否利益ガアル事アリ 此場合ニハア社ヨリ買付ケ右左ニ紡績ニ売ル様ニシテ居ル且ツ商売ダカラ当然デ是アッテコソ大阪ハ常ニ走ッテ売ル損ヲ少シハ軽減出来ル訳ナリ。自分ハア社トノ競争ハ悲観論者ナリ……

〔会長児玉〕アンダーソンヨリノ買付ハ万已ムヲ得ザル場合ノ外ハ主義トシテダラスヨリ買フ事トス、然シ絶対的ニア社ヨリ買ハヌトイフ事ハ不可能ナレバ(一)ダラスノポジションヲ本店ニテ気ヅカウ場合(二)其日ノ相場デ是非買ヒ度キ場合等ハ致シ方ナシト考フ、結局ハ見込ヲ当テ、儲ケタ利益ヲ現物商内ノ犠牲ニスルヨリ外ナシ[43]。

④ 積極的オペレーション　28年上は損失であったが、それは児玉専務の相場観の誤りによるものであったことを、自身が次のように認めている。

二月ヨリハ引続ク天候不順ニ基因セル彼ノ大ナル米棉ノ暴騰ヲ見誤マリ終ニ四月ノ決算ニハ二十数万円ノ損失ヲ計上……未ダ嘗ツテ彼ノ如キ失敗シタル事ナケレド思フニ其ノ原因ハ小役ガ昨年末印度ニ旅行シ世界中ニテ一番環境不良ノ地方ヲ見聞シ非常ナ弱気ニナッタ為デアル……本店ニ於テ大キナ損失ヲ出シ折角各店ニ於テ良成績ヲ挙ゲ居ルニモ不拘無配当ノ不得已ニ至リ……(『支店長会議議事録』1928年8月、1～2頁)。

しかし、通常の売買が欠損になることへの対策としてのオペレーションは、限度意識を持ちつつも積極的に実行されていった。

29年8月支店長会議において本店棉花掛小林取締役は、今期は印・米棉 straddle〔夾叉〕、三品 straddle 非常に有利に行き昨年の損もカバーできた。「大阪デハ止ムヲ得ズ走ッテ売込ニカメ、其間ノ operation ヲ甘ク遣ル事ニ依テ走リ売ノ loss ヲ cover スル事トシ度イ、半期十万円位ノ loss デ止メタラ幸イト思フ当面積極的ノ利益ハ是非仕入店ノ方デ充分挙ゲラレル様希望致シテオ

ク」(同上、1929年8月、38頁)と述べている。

31年5月大下は上期成績につき、南棉社の純益22万8,052円で、4月10日仮決算より大幅に利益が増したのは、「一に Basis 値上りと定期 Operation 殊に定期日々の売買及 Long Short の懸引に於て少くとも五万弗位の純益を挙げ得たる事が其主因」[44]と報告している。

本店、ダラス店が相互に連絡し合いながらオペレーションを行っていたことは、その外に置かれた紐育支店の次のような不満が裏付けている。「紐育に定期は任せて可なり東棉注文の定期までダラスに集め何でも本部でやらうとし派出員を生かして使用する気になれざる所がそもそも根本の間違なり」[45]。

(2) 3社協調の試み

激しい競争による共倒れを避けるため、1929(昭和4)年から30年にかけて、綿花3商社の間で協調を図る動きが生じた。

① 29年8月米綿先物売値協定(30年1月までに破綻) 本店棉花掛塚田の8月19日付書簡は、次のようにダラス店に伝えている。

　先般の対東洋紡〔品質につきクレイム〕問題にて三社団結固くお互に confidence を得たる為め現在最も苦況に立てる楠本日綿の頗る熱烈なる主張にて比較的協定のし易き米綿より売値協定してお互いに無暴な競争を避け延ひては安値せぬ為め左の覚書を作り申合せ致候　一、毎日午前十時三社代表会合の上最低値段を協定する事……　三、値段を協定せるもの以外の品種は売らぬ事　但し現物は除外す……　五、本協定は日本に於ける商内に限る事……　此協定は何時まで続くや頗る疑問なるも当事者たる日綿の楠本、江商の江南両君は小生年来の友人にて且つお互にかなりコンフィデンス持ってゐる故急には崩れまじくと存候[46]。

② 30年1月3社綿花部門合同の打診　大下宛大阪武内の1月18日付書簡は、横浜正金銀行児玉謙次頭取が次のように3社の綿花部門合同を打診してきたことを伝えている。

　数日前児玉〔一造〕会長東上の砌正金銀行児玉〔謙次〕頭取より日本棉

花の棉花部を切放し之と江商と合併の議あるが更に東棉も之に合同し所謂棉花商売の合理化が出来ざるものかとの談あり……多分正金銀行より多額の固定並に流通資金を受け目下金融上窮境にある日綿当局者の熱望と多数の江商株式を所有せる昭和銀行（近江銀行関係）の井上〔準之助〕蔵相に対する希望等に因るものかと存居候[47]」。

これに同封された同日付正金児玉宛大阪児玉書簡の写し「合理化の四方法について」は、次のように記している。1、3社売値協定　二回実行したが失敗。理由は手持ち関係相違、印棉品種雑多、種類により各社得意の差、米棉ではアンダーソン、印棉ではタタ、ラリーあり、欧米商内援助のため日本向け安売り。2、3社共同仕入機関　現各社機関と人間の処分を要す。以前アフリカ綿で提唱したができず。3、三社仕入・販売合同　理想論だが、店員の処置、綿関係以外の兼営部分。4、各社常務を交換して協定実行を監督　昨年協定の際提唱したが採用されず。結局この打診は実現しなかった。

③　30年9月6大紡績への米綿先物安売防止協定　大下宛大阪本店棉花掛の8月29日付書簡は、正式に交換した9月1日付「三者協定覚書」写しを同封している。その要点は次のとおりであった。

「三、三社が夫々鐘淵、東洋、大日本、合同、日清、富士瓦斯の六紡績会社の内一社又は数社売約せる最低値段を以て其日の仲間商内の標準値段とす」。「四、前記紡績と売約せざる三社の内他の一社又は二社（甲）が売約せる一社又は二社（乙）に同一日内に同一又は其と相当せる条件にて売約を要望せる時は事情の如何を問はず絶対に之を拒否することを得ず」。「十一、仲間商内の品種及各品種間値鞘は当事者間随時協定変更する事とし当分の内米棉 Strict Middling, Middling, Strict low Middling の平物又は Type No. 36（江商は Blackland 日綿は Brazos）、及び Californian Cotton 先物に限る　（註）先物とは本国積出前にて荷印変更可能のものを意味す」。「十三、本協定は一九三〇／三一年の Crop に限り来年更に改めて協定するものとす」[48]。

31年7月支店長会議では、3社は、1929年暮から連合通信を共同利用し電信料を3分の1にした実績があり、本年は「米棉に付ては三社間相互に一流紡績

第2章　第一次大戦前後における米綿取引の諸問題　63

表2-9　東棉扱い米綿と紡績各社

(単位：%)

A　東棉渡し米綿中の各社比

年　期	鐘淵	東洋	大日本	大阪合同	豊田a	日清	富士	合計
20上〜24下	22.9	18.8	6.6	4.6	7.8	1.3	4.2	100.0
25下〜28下	24.2	12.4	6.7	7.3	6.8	1.7	5.5	100.0
29上〜32上	23.6	9.6	7.2	2.7	7.9	4.4	4.8	100.0
合　計	23.5	13.4	6.8	4.8	7.5	2.5	4.8	100.0

B　各社消費米綿中の東棉比

年　期	鐘淵	東洋	大日本	大阪合同	豊田a	日清	富士	合計
20上〜24下	40.5	34.3	16.1	18.7	132.4	12.2	15.8	100.0
25下〜28下	67.3	30.0	22.7	36.3	96.8	11.0	26.2	100.0
29上〜32上	65.1	17.4	24.3	24.6	78.0	25.8	22.5	100.0
合　計	55.4	26.6	20.6	26.4	96.6	17.5	21.1	100.0

出典：東棉本店「考課状」、『綿糸紡績事情参考書』各期。
注：1925上、27上、30下を除く。
　　1俵＝3.75担、60.5貫として換算。
　　a：1922上〜31下は菊井紡織と合算。

への売値で同一数量を限り要求次第にて仲間にも売る義務を負はす事の協定によりて従来よりは確かに走り方が幾分でも尠くなり」(『支店長会議議事録』1931年7月)と指摘されており、協定はこの時点までは実行されていたことを確認できる。

おわりに

ダラス店は1932(昭和7)年以降150万円前後の純益を上げ、不安定な大阪を合わせても100万円以上で、20年代前半の水準に戻った(表2-6)。少し後になるが、ダラス店山内秀夫は、36年1月の支店長会議でダラス店「三ツノ強味」として、「前店長大下氏ガ昭和四／五年ノ交、人員ノ淘汰、経費ノ節約ヲ計ラレタル其効果」、「現在残リ居ル洋人使用人ハ素質ノ良好……取扱ヲ現在ノ二倍ニ増加シテモ充分遣ッテ行ケル余裕」、「内地ノ買付先モ比較的良好」を指摘している(『支店長会議議事録』1936年1月、118頁)。

東洋棉花の正味純益も、32年以降はおおむね高水準になっている（表2-5）。公表純益率も32年上以後は10％代になり、32下以後は配当8％を維持、これは無配の日本綿花、不安定な江商とは対照的である（表2-7）。三井系である強味を、金融についてはすでに指摘しておいたが、最後に綿花販売先（表2-9）について検討しておこう。

東棉渡し米綿中の各社比では、鐘淵紡績がおおむね4分の1近くで安定しており、鐘淵の米綿購入中の東棉比はむしろ恐慌の時期に高率になっている。この点、東洋紡績は対照的である。また豊田（菊井）紡織は東棉依存度が高率であり続け、東棉にとっては10％以下の比重ではあるが安定した販売先となっていることが確認できよう。

注
1）これは40年史編集に際して収集された史料メモというべきものであるが、数年前籠谷直人氏が当時の本社で部分撮影されたフイルムを、借覧させていただいた。以下引用に際しては「東棉社史史料」と称する。
2）三井物産4〜7回『支店長諮問会議事録』（三井文庫所蔵・物産197-4から197-7）、2〜8回『支店長会議議事録』（物産198-2から198-8）。
3）『日本綿花株式会社五十年史』（1943年）30〜32頁、『江商六十年史』（1967年）236〜238頁。
4）高村直助『日本紡績業史序説』下（塙書房、1971年）166頁。
5）英文書類綴（E149/C164）。
6）『支店長諮問会議事録』1907年、302頁。
7）「支店長会議関係諸表」1913年（物産400）。
8）三井物産「米国各店打合会議録」1919年9月（『横浜市史Ⅱ』資料編6、1997年、8〜11頁）。
9）ダラス店「考課状」1915年度上期（E160/C54）。
10）同上、1919年度上期（E160/C54）。
11）1918年12月2日付、大阪棉花部長児玉宛ダラス支部勘定掛書簡（E160/C53）。
12）1920年7月1日付、嶋専吉宛武内尚一書簡「引継に付て」（E148/C125）。
13）取締役・部長・部員宛福島喜三次「大正七、八年ダラス支部事業報告に就て」（E160/C53）。
14）ダラス店「考課状」1919年度上期。

15) 三井物産「事業報告書」1919年度上期（物産615-13）。
16) ダラス店「考課状」1919年度下期。
17) 三井文庫『三井事業史』第3巻上（1980年）378〜383頁。
18) 『東棉四十年史』（1961年）75〜76頁。
19) 東棉本店「考課状」1923年度上期（E160/C53）。
20) 「東洋棉花株式会社々員名簿」1920年9月15日（E160/C52）。
21) 1920年5月「棉花打合会議決議」（E148/C133）。
22) 前掲「引継に付て」。
23) ダラス店「考課状」1921年度上期。
24) 三井物産『第8回支店長会議議事録』1921年6月、252頁。
25) 東洋棉花『支店長会議議事録』1923年8月（E160/C54）10、46頁。以下、26年7月（C52）、27年7月（C53）、28年8月（C54）、同「打合決議事項ノ事」（C54）、29年8月（C54）、同「打合録」（C53）、31年7月（大阪市立大学経済研究所所蔵・笹倉文書）、同「打合録」（C53）、36年1月（C52）に開催されている。
26) 以上、東棉社史史料。豊田利三郎は、社員ではないが児玉の実弟である。
27) 日本綿花協会『綿花百年』下（1969年）660頁。
28) 上山和雄『北米における総合商社の活動』（日本経済評論社、2005年）92〜93頁。
29) 1925年11月2日付、東棉取締役宛ダラス嶋書簡（東棉社史史料）。
30) 「限度表」（E160/C55）。
31) 「ダラス店ニ関スル打合セ会議」1928年10月30日（E148/C142）。
32) 山村睦夫「1930年代における東洋棉花上海支店と在華紡」（『土地制度史学』174号、2002年1月）。
33) 山崎一保専務挨拶（総会終了報告）1930年7月10日（E151/C73）。
34) 山崎専務挨拶（総会終了報告）1931年1月10日（E151/C73）。
35) 1930年7月30日、上海支店意見（E151/C73）。
36) 山崎広明「日本綿業構造論序説」（『経営志林』5巻3号、1968年10月）45頁。
37) 籠谷直人『アジア国際通商秩序と近代日本』（名古屋大学出版会、2000年）163〜164頁。
38) 1930年11月27日付、ダラス大下真吉宛取締役書簡「米棉買付方法改革貴案に付て」（E151/C73）。
39) 1930年12月6日付、ダラス大下社長宛小越知軌書簡（E151/C69）。
40) 山崎専務挨拶（総会終了報告）1931年7月10日（E151/C73）。
41) 『支店長会議打合録』1931年7月（E160/C53）。
42) 1929年8月19日付、ダラス大下支店長宛大阪塚田公太取締役書簡（E151/C73）。

43) 「支店長会議打合決議事項ノ事」(E160/C54)。
44) 1931年5月8日付、山崎・武内宛ダラス店大下「六年上季決算の事」(E151/C73)。
45) 1931年1月20日付、紐育派出員書簡 (E151/C69)。
46) 前掲、1929年8月19日付、塚田書簡。
47) 1930年1月18日付、大下支店長宛武内書簡 (E151/C73)。
48) 1930年8月29日付、ダラス支店長大下宛本店棉花掛書簡 (E151/C59)。

第3章　三井物産在米店の米材取引
―― 1910～1920年代を中心に ――

老川　慶喜

はじめに

　本章の課題は1910～20年代の三井物産在米店（桑港店、沙都店）における米材取引の実態を明らかにし、それが三井物産の木材取引にどのような影響を及ぼしたかを検討することである。

　三井物産の木材取引の嚆矢は、1881年における伊豆七島の柘植材の取引であるとされているが[1]、同社が木材取引を本格的に開始したのは明治30年代の中頃からであった。北海道材による枕木と建築用材の中国・朝鮮への輸出が本格化したため、三井物産は1901年12月、北海道の砂川に木挽工場を開設した。当時、枕木の輸出は外商によって担われており、邦商はその下請をなすにとどまっていたが、同社はいち早く直取引を開始した。漢口領事の報告によれば、中国の漢口～秦陽間の鉄道建設工事に要する枕木のほとんどはアメリカおよびフランスから輸入するか、外商の手を経て日本産のものを輸入していたが、1902年5月から8月にかけて三井物産出張所の手を経て北海道材の枕木を蘆漢鉄道線に15万本、萍澧鉄道線に5万5,000本ほど輸入した[2]。そして、三井物産は1903年には京釜鉄道と大口約定を結び、日露戦争後の1906年からは枕木をメキシコに大量に輸出したほか満鉄や中国の主要鉄道にも供給し、中国や朝鮮方面には電柱および土木建築用材も輸出した[3]。

　三井物産は1906年12月に木材部を設置し、北海道の江別に木挽工場を増設し

たが、日露戦後恐慌に遭遇して多額の損失を被った。そこで台北支店長の藤原銀次郎が、1908年12月、木材部の損失を整理し同部を再建するため、木材部長兼札幌出張所長に転任した。そして、翌1909年12月には木材商売の発展を理由に札幌出張所を廃止し、小樽支店を設置したのである[4]。小樽高等商業学校『北海道輸出木材之調査（産業調査報告第二）』（1916年）は、こうした三井物産の動向を「本道〔北海道——引用者〕木材市場の中心地」であった小樽に「支店を置きて全道を管理」しようとしたものとしている[5]。なお、1910年前後の取扱木材の種類は、枕木だけでなくヨーロッパ向けの家具材（楢・樫など）、国内向け建築用材、パルプ材（落葉樹など）にまで広がっていた[6]。

第一次大戦期になって米材輸入が著しく増えると、「物産会社の木材部門関係者間に於ても米材商売の調査研究に着手」[7]するようになり、木材は「北海道材の輸出と内地売買及び米国材の輸入」を中心に三井物産の重要な取扱商品となった[8]。木材はその後も三井物産の重要な取扱商品の一つであり続け、とくに1934年前後から39年頃にかけて北海道材、内地材、米国材、加工材などを中心に取扱高が増加した[9]。

ところで三井物産の米材取引は、サンフランシスコ出張所（桑港店）、シアトル出張所（沙都店）の在米店によって担われていた。三井物産在米店の米材取引については、すでに上山和雄『北米における総合商社の活動——1896～1941年の三井物産——』（日本経済評論社、2008年）が桑港店や沙都店の考課状などの経営資料を駆使して言及している。しかし、上山の関心は三井物産在米店の活動全般を明らかにすることであって、米材取引に関しては在米店の活動の一部として扱われているにとどまる[10]。そこで本章では、上山の研究を念頭に置きながら、桑港と沙都に置かれた三井物産在米店の米材取引の実態を明らかにし、米材取引が同社の木材取引に及ぼした影響を検討することにしたい。

第1節　米材輸入の動向

　北米太平洋岸のオレゴン州（Oregon）、ワシントン州（Washington）、ブリ

表3-1 北米太平洋岸からの木材移輸出

地　域	1921年度 積出高（S呎）	割合（％）	1922年度 積出高（S呎）	割合（％）
カリフォルニア	978,583,129	49.8	1,580,257,610	46.4
合衆国大西洋岸	211,404,483	10.8	665,844,090	19.6
日　本	378,382,519	19.3	590,921,637	17.4
豪　州	66,155,378	3.4	159,263,848	4.7
中　国	131,915,056	6.7	154,317,783	4.5
布　哇	56,618,294	2.9	66,320,545	1.9
南米西岸	53,229,085	2.7	62,407,461	1.8
欧州（英国・大陸）	27,150,841	1.4	50,611,546	1.5
合　計	1,963,193,482	―	3,402,316,969	―

出典：三井船舶部長川村貞次郎「我海運界と北米材の積取　船主の一大楽観材料たらむ」(『大阪時事新報』1924年1月4日)。
注：「合計」には、その他も含む。

ティッシュ・コロンビア州（British Columbia）の3州で産出される米材の海外輸出は、1835年における米松の中国向輸出を嚆矢とし、第一次大戦以前にはオーストラリアへの輸出が最も多く、次いで中国、イギリス、ニュージーランド、南アフリカ、南米、日本、ヨーロッパ大陸、インド、フィリッピンの順であった。しかし、第一次大戦後の1921、22年には日本への輸出が急激に増え、表3-1にみるように日本が最大の米材輸入国となった[11]。1922年9月17日付の『中外商業新報』は、「欧州大戦中支那、印度市場は勿論遠く欧米の市場にまで輸出した本邦木材は講和後は却て米国品の輸入を見るに及び昨年の如き米材のみにて約五千万円の輸入があつた程で、本年も八月迄に約六千万円の輸入を告げ」[12]たと報じ、日本は第一次大戦後に木材輸出国から輸入国に転換したとしている。

また、当時の有力な製材会社であった秋田木材株式会社の『営業報告書』も、1921年度に「木材ノ輸出入「バランス」ガ根本的ニ変転シ、従来多年木材ノ輸出国タリシ我邦ガ一転シテ其輸入国トナ」り[13]、22年度には「如何ナル山間僻地ニモ米国材ヲ見サル無ク我材界ハ米材ノ洪水裡ニ没了セラレ」たとしている[14]。米材輸入が急激に増えたのは1920年に「木材関税率を一部改正」したことと、21年以降の「海路運賃の暴落」によって米材の価格が低落したからであ

図3-1 米材輸入量（石）

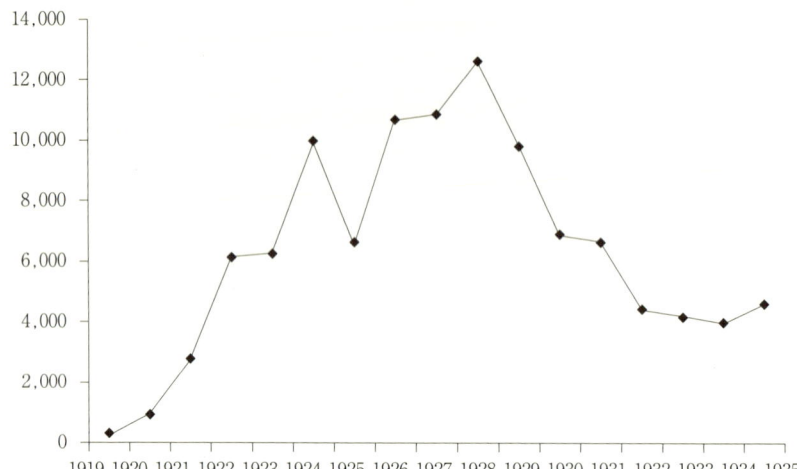

出典：日本米材協議会編『米材百年史』1986年、152頁、165頁。

ったが[15]）、そればかりでなく米材の用途が「建築材料トシテハ勿論、鉱山用、橋梁用、船舶、飛行機、楽器、木煉瓦、馬車等ノ製造材料ニ供セラレ、其ノ範囲頗ル広汎ニ亘ル」[16]）ようになったからでもあった。

　1923年9月1日に関東地方を襲った関東大震災は、こうした米材輸入の動向に拍車をかけた。米材は、関東大震災後「厖大な数量の復旧用材を必要とすべし」という予測のもとに「官民競うて」輸入したため、1923年度の輸入額は6,629万3,000円であったが、24年度には1億905万3,000円となった。問題は、関東大震災後の復旧事業が終わりを告げても、図3-1にみるように米材輸入はそれほど減少しなかったことである。関東大震災の翌年の1924年度の輸入量は992万5,491石に増加し、25年度には653万3,855石に落ち込むが、その後は再び増加に転じ、26年度は1,065万8,979石、27年度は1,084万6,194石、28年度は1,260万1,514石で、米材は内地材、北洋材と並ぶ「三大重要取引材」となった[17]）。

　ところで米材は、北海道材や樺太材のように「季節的に仕入が出来なくなる」

ということがなく、「何時でも、又量的にも制限なく買付け」ることができ、しかも「規格が一定して居る」ので「木材其ものに就ての大した専門的知識を必要と」しなかった。そのため「木材取扱の経験の無い商社や素人が一儲しようと無統制に輸入し始め」[18]、日本の米材市場では三井物産、三菱商事、鈴木商店、岩井商店、安宅商店、範多商会、秋田木材、山長木材、興業商会などの輸入業者がしのぎを削るようになった[19]。

第2節　三井物産の米材取引

(1) 第一次大戦期以前のサンフランシスコ店

　三井物産は発足当初から米材を取り扱っていたが、それは「雑貨商売の片手間仕事」で、「長崎の三菱造船所とか神戸の川崎造船所や車輌会社等へ造船車輌材料として売込」むという程度のものであった[20]。また、1902年4月の「支店長諮問会議録」によれば、三井物産の「材木商売ハ輸出入ニ分レ居リ輸入ニ於テハ米国オレゴンパインヲ取扱ヒ相当ノ結果ヲ得タルコト」があったが、「両三年来此商売ハ中絶シ…略…今日ハ輸出材木商売一方ノミ」となり、「其取扱品ハ鉄道枕木ヲ主タルモノト」なった[21]。三井物産は1900年前後にオレゴンパイン、すなわち米松を取り扱っていたが、1902年には同商売は中断し、もっぱら鉄道枕木を主とする北海道材の輸出を行っていたのである。

　米松の取り扱いはすぐに復活するが、1907年7月の「支店長諮問会議録」での天津支店長安川雄之助の発言によれば、三井物産は天津の輸入木材のうち枕木の53%、丸太類の64%を取り扱っていたが、角材の取り扱いは米松や米国からの輸入材を含めて27%ほどであった[22]。しかし、「「オレゴンパイン」ハ誠ニ立派ナル柾ノ角材」で、天津市場では「北海道材ハ今日以上ニ騰貴スルコトアラハ最早「オレゴンパイン」ノ勢力範囲ニ移」るとみられていた[23]。

　三井物産の米材取引を担っていたのは、第一次大戦以前においてはもっぱら桑港店であった。しかし、米材は桑港店の主力商品であったわけではない。桑

表3-2 三井物産桑港店の木材取扱高

(単位:円)

期		北海道材			米 松		
		枕 木	楢材・他	合 計	日本向け	清国向け	合 計
1905	下			34,479			
1906	上	51,459	17,500	68,959			
	下	108,673	6,421	115,094			
1907	上	35,936	187	36,123			
	下	35,500	14,490	49,990			
1908	上			94,890	94,890		
	下	177,040	3,724	180,764	106,992	192,348	299,340
1909	上	63,943	30,163	94,106	70,732	16,756	87,488
	下	107,352	3,724	111,076			
1910	上	49,854		49,854			31,548
	下						
1911	上		86,644	86,644	19,180		19,180
	下		103,925	103,925	30,000		30,000
1912	上		207,400	207,400	14,070		14,070
	下		35,208	35,208		61,300	61,300
1913	上		120,000	120,000			
	下		61,400	61,400	74,199	95,254	169,453
1914	上		189,056	189,056	72,413	104,504	176,917
	下		265,050	265,050	57,926	242,656	300,582
1915	上		242,600	242,600	14,600	222,990	237,590
	下		239,222	239,222	40,525	137,385	177,910

出典:『桑港出張所考課状』各期、71/1478。
注:1)上期は5月から10月まで、下期は11月から翌年4月まで。
2)円未満は切り捨てた。

港店では1906年上期に輸入商買が減少し、硫黄、セメントおよび「枕木、木材ノ新商品」などの「輸出商売ニ就テ一大発展ヲ」遂げたのである[24]。1905年下期から15年下期までの桑港店の木材取扱高を示すと表3-2のようで、桑港店は1905年下期から08年上期まではもっぱら枕木、楢材などの北海道材を取り扱っており、米松を取り扱うようになったのは1908年下期からであった。そこで、北海道材(枕木、楢材)、米材の順に、桑港店における木材取引の実態について検討しておこう。

枕木輸出が活況を呈したのは、メキシコや米国で鉄道線路の敷設が伸張したからであった。米国では鉄道会社が競って線路を伸張したため、「枕木ノ需要

ハ殆ンド測知スベカラザル多額ニ上」り、米国の木材業者だけでは需要に応じることができなくなった。また、メキシコの枕木需要も1906年には50万本に達すると見込まれ、桑港店は「北海道産枕木ノ輸出ヲ料リ」、1905年下期に10万本、06年上期に20万本の約定を結んだ[25]。

しかし北海道産枕木の取引は、その後必ずしも順調に進展したわけではなかった。1907年下期には太平洋沿岸で産出される「オレゴンパイン、レッドウッドノ市価低落ニ低落ヲ重ネ殆ンド停止スル所ヲ知ラザル有様」となったため、米国の太平洋沿岸の鉄道会社やメキシコの鉄道会社は「比較的割高ナル本邦枕木購入ヲ大ニ躊躇スル」ようになった[26]。また、メキシコの鉄道会社が反対商と契約をし、「日本枕木ノ大部分ガ前々半季並ニ前半季ニ到着シテ荷物ノ堆積ヲ見」ることになった。しかし、それでも桑港店はメキシコの諸鉄道会社が「将来益々多量ノ枕木ヲ需要スルハ火ヲ見ルヨリ明カ」であるとし、「今後同方面諸鉄道所用楢木注文ノ大部分ヲ当社ノ手ニ収ムルコト敢テ至難ノ業ニ非ル可シ」と枕木取引に期待を寄せていた[27]。事実桑港店は、ソノラ鉄道、ロサンゼルス電気鉄道、サンタフェ鉄道、中央鉄道という「新需要者」を獲得することに成功した[28]。

北海道楢材も1905年下期以来「輸出ノ途ヲ講ジ」、06年上期には「一荷試売ノ運ニ至リ……略……其前途ハ誠ニ有望」とみられていた[29]。アメリカ太平洋沿岸で需用される楢などの堅木材は、「家具製作用ニ非ズシテ主トシテ家屋内部ノ工作用等」で、「寸法ノ大ナルモノニシテ品質上等ノモノ」でなければならなかった。日本産の楢材はこの点で劣り、「販路ヲ拡張スルコト」ができなかったのである。また、楢角挽材も「品質苦情決定ノ困難、取扱費ノ増大並ニ当地木挽場ノ不完全ヨリ生ズル諸種ノ不便」があり、「製材輸入ノ方遥ニ見込アラン」と考えられていた[30]。それでも楢材取引の将来性は高く見込まれ、1908年上期には10万呎の売約が成立し[31]、同年下期には77万呎の売約をみた。楢材の売約高が大幅に増加したのは、「本邦在荷嵩ミ当市場不要ノ寸法材ノ供給ナリ得タルト東洋行米松積帆船ノ帰航ヲ利用シ安運賃ヲ得タルガ為メ」であった。こうして楢材の取引も、「常ニ当市場向寸法材ヲ供給スルコトヲ得バ本

商売ハ太平洋沿岸全般ニ至リ頗ル有望ノモノ」となった[32]。

その後も北海道産楢材の輸出は順調に推移し、1911年下期の考課状は「本商売ノ経過ハ約定、受渡共ニ凡テ順調ニシテ本商売ノ将来益々有望」となったとしている。とくに挽材が「品質ノ優良ナルガ為メ益々好評ヲ博シツヽア」り、角材に取って代わるかのごとき勢いを示していた[33]。しかし、こうしたなかで1912年上期に突如挽材輸入税問題が発生した。米国の税関が「当社挽材ノ輸入ヲ欣バザル方面ノ中傷的報告等ニヨ」って「楢ノ性質ヲ故意ニ曲解シ」、三井物産が取り扱う挽材に対し「マホガニー、其他ノ貴重材ト同等ノ高税ヲ課セント」したため、やむを得ず「挽材積出中止」となった[34]。

その後第一次大戦が勃発すると、桑港店における北海道材の取引は不調となった。欧州市場が途絶したため、これまで太平洋沿岸では取引をしていなかった木材業者が「北海道木材ノ投売ニ来」たり、開戦とほぼ同時にパナマ運河が開通したため、米国の東部で産出する楢材が「従来ノ鉄道運賃ニ比シ約四割安ノ汽船便ニテ」輸送されるようになり、「我社木材売込ノ上ニ甚敷不便ト不利益ヲ及ボ」したのである[35]。

桑港店は、こうしたなかで「徒ラニ拱手傍観成行ニ放任スベキノ時ニアラズ」として、木材部と協力をしながら「此際多少ノ犠牲ヲ払フモ従来ノ顧客ハ是ヲ死守スルト共ニ更ニ安値ヲ利用シ出来得ル限リ積極的ニ販路ノ拡張ヲ計」った[36]。しかし、1915年上期にはさらに競争が激化し、桑港店は「此等同業者ノ競争ニ対抗シ断乎タル処置ヲ執リ木材部ト協力相俟ツテ充分ノ実果ヲ収メン」としたのであった[37]。

桑港店が取り扱う米松には、表3-2にみるように日本向けと清国向けとがあり、取扱高では清国向けの方が日本向けを上回っていた。また、米松の取扱高は期ごとの変動が激しく、1908年下期、13年下期および14年下期には北海道材の取扱高を上回っていた。桑港店は1905年下期に「「オレゴン」松材ノ輸入ヲ試ミ」[38]、07年下期には石炭・硫黄・木材商売などの業務を中心に「佳良ノ成績ヲ」あげ、とくに「米松（Oregon Pine）ノ大口引合ヲナスニ至」った。三井物産が大蔵省所管の神戸築港材料の一部をなす米松の供給を一手に収め、

桑港店は全米の6分の1を占めるオレゴン州の林層を「前途頗ル有望」とみて、「今後充分各店ノ助力ヲ仰キ本邦ハ勿論支那方面ニ漸次此販路ノ拡張ヲ計」ったのである[39]。

こうして1908年上期には「木材ノ商売ノ着々途ニ就」き、木材は小麦や麦粉とともに「本邦及支那ニ於テ最モ大ナル需要ヲ」見出した。往航で石炭を積んできた船に、帰航荷として小麦、小麦粉、米松などを積むようになり、「米松ノ商内ハ幸ニ各店ノ助力ニヨリ徐々発達ヲナシ」て、1908年上期には「上海ニモ一満載荷ヲ約定」することができた。1908年上期の売約高は上海・牛荘・広東402万6,666呎、日本各地63万3,920呎、合計466万586呎で、「市価低落、船舶過剰ト相俟ツテ異常活況ヲ呈シ」た。こうして桑港店は、米松商売の基礎を「本邦並ニ清国各地市場に樹立」したのである[40]。

しかし、米松商売がその後も順調に発展したわけではない。1908年下期には「米松モ前季約定品ノ積出ヲナシタル外東洋各地市況沈静且右荷潤沢ノ為メ聊カ意ノ如クナラザリシ」という状況に陥った。すなわち、「前半季ニ於テ異常ノ成約ヲ見タル本商売ハ清国各市場ニ於ケル各国木材ノ堆積ニ因レル市価暴落、銀塊相場ノ逆順並ニ日本政府ノ事業繰延等ノ為メ本季成約高ニ著敷減少ヲ見」て、成約高は日本各地60万呎、上海35万呎、合計95万呎となり「巨大ノ減少」をみたのである。しかし桑港店は、成約高が減少したとはいえ「日本各地ノ注文ハ殆ンド総テ当社」が引き受けており、しかも「清国市場ノ沈静ハ決シテ永久ノモノ」ではなく「早晩再ビ活気ヲ呈スルニ至」るとし、三井物産の米松取扱高は「益々発展ス可キヲ確信」していた[41]。

1909年上期の米松の成約高は日本向けの43万9,000呎のみで、1908年下期に日本・中国向けで95万呎の成約高があったのと比べると、51万呎の減少であった。また、1908年下期には日本向けだけで60万呎の成約高があったので、1909年上期には日本向けだけでも16万1,000呎の減少をみたことになる。清国市場については「多少ノ恢復ヲ予期シタ」が、「銀塊相場ノ多少順境へ入リシニ係ハラズ在荷ノ堆積意外ニ巨大ナリシタメ一ノ手合モナク空シク終」わった。日本市場も同様に「在荷潤沢需要僅少」となり、「僅ニ諸官庁納入」があっただ

けであった。しかし桑港店は、「東洋ニ於ケル米松市場ハ今日ノ状態ハ永続スベキニアラズ早晩恢復ノ期アルベキ」と楽観的な見通しをもっていた[42]。

(2) 第一次大戦～関東大震災期のシアトル店

第一次大戦期になると、三井物産はシアトル付近で米松を大量に買い付け、銑鉄や綿花の積取船の甲板を利用して輸送するようになった。そのため、沙都店で買い付けた米材は大連や天津、日本各地に積み出すだけでは到底さばききれず、上海、シドニー、さらにはエジプトのアレキサンドリアなどにも積み出していた[43]。

三井物産の米材商売はアジア市場で地歩を固めていった。第一次大戦中の1916年に開催された第4回支店長打合会議で平田木材部長は、天津、孟買などアジア市場での木材商売において、木材部は「北海道材ノ輸出ヲ為シ得ル余地アルト同時ニ北海道以外ノ材木ニ対シテモ取扱ヲ開始スル様切望スル處ナリ殊ニ『オレゴン、パイン』ニ対シテハ最必要ナリト信ス」[44]と、米松など北海道材以外の木材の取扱にも手を拡げるべきであると主張した。そして1917年の支店長会議では、「『オレゴン、パイン』商売ハ是非之ニ力ヲ入レ、必要アリト考ヘ」[45]ると、米松商売の重要性が主張された。

第一次大戦期には日本国内の米松需要が拡大した。すなわち、「鉄船材料ノ輸入困難ト海運界活躍ノ余波ハ木造船建造ヲ喚起シ日本ニ於ケル米松ノ需要ハ三倍ヲ計スルニ」いたったのである[46]。この点については、1918年上期の三井物産『事業報告書』も「米松ハ本邦ニ於テ造船材、支那ニ於テハ建築用材トシテ需要激増シ」と述べていた[47]。このように、米松は日本市場では主に造船材として需用され、1918年下期には「本邦造船筋ノ見越買ニヨリ売約高二百四十四万九千円、販売決済高二百四十七万円ニ上」ったが[48]、19年度上期には「造船界ノ悲境ヲ受ケ相場崩落ノ為メ手合激減」となった[49]。

しかし、1919年下期になると「前季ノ悲境漸ク本季ニ入リ反動的見直ノ観」がみられ、「休戦后極端ニ買イ控エタル需要者一斉ニ買進ミ角材挽材ノ引合急ニ現レ遠ク印度方面ヨリノ需要現レ相当ニ活況ヲ呈」するようになった[50]。そ

して、1921年上期には「米国材ハ市価暴落ト太平洋運賃非常ニ低落ノタメ日本ヘノ輸入尠シク従来ノ記録ヲ破ラントスルニ至」り[51]、21年下期には「格安ナル米国材ノ入荷尠シク本年度輸入高三百三十万石ニ上リ米国太平洋沿岸積出高ノ七割ニ当ル多量ナリシモ尚売行旺盛ヲ極メ当社内地売約済高モ三百六十万円ヲ産シ内地材ヲ圧倒」するようになった[52]。三井物産木材部シアトル支部の1921年下期の考課状によれば、「日本内地ニ於ケル米松値段ハ運賃ノ漸落ニ依リ遥カニ日本材ノ下位ニアリシト米国材ガ一般ニ其真価ヲ知ラレタルタメ漸次其ノ需要数ヲ増シ」、沙都店の契約高は「前季千七百万スーパー呎ヨリ一躍四千四百万スーパー呎ノ新記録ヲ示」したのである[53]。

表3-3 ポートランド、シアトル方面における反対商

【ポートランド方面】
Dunt & Russell Inc.
Pacific Export Lumber Co.
鈴木商店
American Trading Co. (S. F.)
Bolfour Guthrie
Robert Dollar
Wilcox-Hays
Western Spor Co.
Dw Dates Lumber Co.
5. Ban
Eastern & Western Lumber Co.

【シアトル方面】
Ocean Lumber Co.
Mitsubishi Shoji Kaisha（三菱商事）
Jrving & Dorthey
Hayama Shoten（羽山商店）
Slove Export Lumber Co.
M. Nakata（仲田商店）
Seattle Trading Co.
Japanese American Commission Co.
Takata & Co.（高田商店）
Carstern & Earies Inc.

出典：三井物産株式会社木材部シアトル支部『大正十年下半季木材考課状』E71/1438。

一方、こうしたなかで「米国材ノ取扱業者ハ恰モ雨後ノ筍ノ如ク簇生シ東洋材界ニ於ケル米国材ノ競争ハ愈々熾烈トナ」った[54]。米材取引における三井物産の反対商は表3-3のようであったが、1921年下期になると「日本ヨリ産地視察乃至ハ直接買附ノタメ渡米スルモノ非常ニ多ク」なった。とくに秋田木材株式会社は「米国材研究ノタメ特ニ研究生ヲ派」遣し、また天龍木材株式会社の重役、福川林業、神戸畑野商店、伊藤良三らは直接米材の製造工場（Mill）に接近し、そのほか「当社ノ知ラザルモノ」も多数あり、「官庁方面ヨリ太平洋岸米国山林取調ノタメ、嘱託、技師ノ派遣セラル、モノ」も増加した[55]。

こうして三井物産の米松取り扱いは「原則トシテ右左商内」をもって進み、

1920年上期には日本国内に約6万石、大連、青島、天津などの中国市場内に約15万5,000石を売約した。とくに、「大連方面ノ如キ殆ンド当社（三井物産——引用者）ノ独舞台ノ観」があった。米松商売が発展してくると、三井物産は「仕入ノ安定」を図ってシアトルのJ. E. Morris Mill Co.およびその販売機関であるJ. E. Morris Lumber. Co.を買収するとともに、「今後ノ商戦ニ備フル為メ」にシアトルに「木材支部」を設置した[56]。

(3) 関東大震災後の米材取引

三井物産は北海道材、米材、シベリア材、朝鮮材、満州材、チーク材など多様な樹種の木材を扱っていたが、表3-4にみるように1918年上期から25年下期までの主力商品は北海道材と米松材であった。同表によれば、1923年上期までは北海道材の売約高が米松材のそれを上回っていたが、23年9月の関東大震災を契機に米松材の売約高が増大し、23年下期、24年下期、25年下期には北海道材の売約高を上回っている。1923年上期には「従来ノ打切引合ニ代フルニ仕入原価提供ニヨル販売仕入両店利益配分制」をもって「将来一層ノ発展策ヲ講シ」ることになり、沙都店の売約高は前期よりも数量で15万石、金額で150万円増加し、取扱高も同じく5万石、50万円ほど増加した。また、桑港店は「米檜買付上好地位ニア」ったため、米檜の取り扱いに手を染めるようになった[57]。

しかし、1923年下期の期初・期央には「米国々内ニ於ケル建築熱未ダ冷却シタリト云フ程ニアラサレドモ既ニ頭打チノ観」がみえていた。関東大震災は、こうした状況を一変させた。すなわち、9月1日に関東大震災の報道が入ると、「之レカ復興用トシテ莫大ノ木材需要喚起セラルベク予想セラレシカバ木材工場ハ一勢ニ腰強トナリ季末ニ至リ相場暴騰」し、「十月ニ入ツテハ日本ヨリノ入注殺到シ材界ハ近来稀ナル活況ヲ呈」した。そのため、三井物産沙都店の売約高は前期比で148万6,000円、前々期比で298万7,000円、取扱高では同じく115万6,000円、162万8,000円の増加をみたのである[58]。

関東大震災後には反対商の動きも活発となった。日本政府が復興用木材買付の前ぶれを行ったため、Robert Dollar社、S. L. Jones社、American Trading社、

表3-4 三井物産の北海道材および米松材の売約高・販売決算高

期		北海道材				米松材				合計	
		売約高		販売決算高		売約高		販売決算高		売約高(円)	販売決算高(円)
		金額(円)	割合(%)	金額(円)	割合(%)	金額(円)	割合(%)	金額(円)	割合(%)		
1918	上	5,772,663	49.9	4,651,573	46.7	1,788,587	15.5	1,728,302	17.4	11,573,960	9,952,292
	下	6,343,899	42.5	6,080,489	43.6	2,448,870	16.4	2,470,028	17.7	14,910,784	13,932,245
1919	上	9,067,073	60.0	6,177,403	47.1	1,105,285	7.3	2,563,050	19.5	15,110,111	13,116,778
	下	7,324,300	44.3	9,541,897	55.6	4,413,342	26.7	3,313,130	19.3	16,548,932	17,155,011
1920	上	9,446,106	53.8	3,738,622	41.0	4,501,060	25.6	792,206	8.7	17,571,370	9,114,099
	下	8,111,641	61.8	3,277,879	53.4	1,504,956	11.5	820,230	13.4	13,121,311	6,143,261
1921	上	5,777,244	58.1	6,252,924	62.9	1,945,631	19.6	1,349,344	13.6	9,942,670	9,938,660
	下	6,286,937	48.9	7,468,806	61.8	4,679,497	36.4	2,998,830	24.8	12,861,089	12,079,604
1922	上	6,286,597	59.5	5,924,123	57.3	2,771,480	26.2	3,096,647	29.9	10,569,957	10,347,735
	下	4,111,000	49.6	4,663,000	53.2	2,575,000	31.0	2,604,000	29.7	8,295,000	8,757,000
1923	上	5,256,000	38.6	4,296,000	49.5	4,874,000	35.8	2,664,000	30.7	13,625,000	8,680,000
	下	3,827,000	36.1	5,113,000	44.4	4,205,000	39.7	3,908,000	33.9	10,589,000	11,512,000
1924	上	8,343,000	47.3	7,277,000	45.8	4,988,000	28.3	1,722,000	10.8	17,633,000	15,903,000
	下	4,417,000	32.6	6,142,000	38.9	5,654,000	41.8	6,070,000	38.5	13,539,000	15,781,000
1925	上	5,835,000	39.6	4,796,000	36.4	3,985,000	27.1	4,243,000	32.2	14,717,000	13,193,000
	下	3,564,000	27.8	5,063,000	37.7	4,544,000	35.5	3,730,000	27.8	12,798,000	13,437,000

出典：三井物産株式会社「事業報告書」各期。
注：「合計」には、「シベリア材」「朝鮮材」「満州材」「チーク材」「雑材」「函材」などを含む。

MacMillan 社、Pacific Export 社などの「外人商社」は「其全力ヲ挙ゲテ思惑買付ケニ傾注シ」、日本商社は「思惑買付ケヲ避クル旨」を公言したとはいえ、三菱、鈴木をはじめ各商社は「相当数量ノ買付ケヲ為シタ」のであった。しかし銀行が為替買付を制限したため、これらの思惑買付商や群小の木材輸出業者は「金融難」に陥って「安値売逃ケヲ策シ大ニ難渋」した。一方、Pacific Export 社および MacMillan 社はインド市場、J. J. Morre 社は豪州市場で、また Dant & Russell 社は China & Export 社を通じて中国市場で木材取引を展開した[59]。

こうして米材に関しては思惑買いが横行し、反対商の三菱商事や鈴木商店は大量仕入れをなし、産地米商の Robert Dollar, S. L. Jones, American Trading, National Trading なども「強気一方ニテ押シ進」んだが、1924年上期の期央には「俄ニ狼狽投売ヲ始ムル」ようになった[60]。三井物産も1923年9月の関東大震災後製材工場が破壊されて製材能力が減少したため、米松の「挽材ヲ主トシテ買付」けるようになり、米松が「実ニ米材中ノ五割ヲ占」めるようになった[61]。しかし、同社は「仕入上優越シタル特長無キガ故ニ寧口経費ヲ多額ニ要スル丈ケ障碍アリト云フ可ク只機敏ニ立働クノ外ナク、取行先一般ニ資産豊富ナルモノ尠キニヨリ薄利ノ外国材取扱ニハ多大ノ困難伴フモノ」と、米材の取り扱いには慎重な姿勢をみせていた[62]。

三井物産は1924年上期から「持越荷一掃ニシトメ全部ヲ売抜ク」とともに、「比較的在荷薄ニシテ且ツ利潤多キ米檜ノ取扱」に主眼を置くようになった。また、米材商売では復興局の手持荷が脅威になるとみて、三菱商事と鈴木商店を勧誘して復興局物資委託販売組合を組織し、さらに深川の木材商には下請組合をつくらせ「鋭意在荷ノ消化ニ尽力」した。

その成果は直ちに現れ、「期中十三万石ノ売約成立シ猶売行良好ニシテ明年三四月頃迄ニハ裕ニ売抜キ得ル見込」となった[63]。しかし米材ノ市況は悪化し、「米材取扱ニ於テモ相当ノ損害ヲ蒙ルレ」(三菱商事)[64]、「米材取扱ニ於テハ同様多額ノ損失ヲ蒙リ」(鈴木商店)[65]、「米材ニテ相当ノ痛手ヲ受ケタル」(新宮商行)[66] などと、反対商の米材取扱は不振をきわめていた。

その後米材の市況はやや持ち直すが、1925年上期の期央以後は「日本の注文激減、海運賃下落等ノ影響ヲ受ケ漸落歩調ヲ辿」った[67]。三井物産は、こうしたなかで米材取扱制度の改善を図り、従来の仕入口銭二分および販売店利益分配制度を継続していては「沙都店経費ヲ支弁スル事能ハス」と判断して、11月から「仕入店口銭二分五厘打切制度ニ変更」した。しかし、財界不況に加えて同業者の競争が激しく、この制度によっても太刀打ちできず「更ニ之ヲ改メ積極的方針ニヨリ進ムヘシ」といった議論が起こった[68]。

1926年上期には米材の「一般市況不味ナルト同業者ノ続出トニヨリ商内ノ競争激甚」となり、三井物産の米材商内は「何等カ新生面ヲ開クベキ必要ニ迫ラレツヽ」あった。そこで三井物産は、「種々研究ノ結果産地ニ於テハ米杉丸太ノ筏買付ヲ試ミ販売地ニ於テハ地方売スルト共ニ右左商内ノ外ニ売買越ヲ利用スル等ノ方針」で臨んだ結果、「決済高共近来稀ナル多数ニ上」った[69]。また、1926年下期には米材の仕入地では産地工場の大合同計画やダグラスファー社の販売方針の変更などがみられたが、三井物産は「DF社ハ元ヨリOut Siderトモ常ニ親善関係ヲ結ビ仕入上円滑ニ活動シ得ル様努メ」た。その一方で「地方売ニ全力ヲ注」ぎ、伏木、新潟、土崎、能代方面に進出し「相当数量ノ成約ヲ見ルト共ニ同地ニ於ケル当社米材商内ノ基礎ヲ鞏固ニ」した[70]。

1927年上期にも、三井物産は「D. F. 社ノ外ニDant and Russell, MacMillan等ノoutsiderトモ随時引合ヒツヽ有利買付方ノ研究ヲナシ、一方丸太ハMackie barnesヲ買付先トシ且ツB. C. 州丸太材研究ニ資スル為晩香坡花月商会ノ伐採事業ニ投資スル」など、さまざまな活動を展開した[71]。そして、1928年上期には「米材商内ガ今日ノ如ク普遍的ノモノトナリ競争激甚ニシテ商内益々困難トナレル現状ニアリテ之ヲ更ニ発展セシムルニハ品質ノ点ニ於テ他同業者ノ追随ヲ許サザル優良品ヲ供給スル」ことにあると認識し、「各工場ノ山林及伐採、製材事情ヲ親シク研究シテ優良材ヲ出材スベキ工場ヨリ買付」けることにし、沙都に適任者を転勤させて「専ラ此方面ヲ研究セシムル」とともに、「中田商店ヲ利用シテ丸太ノ買付ヲトシ仕入ノ進歩ヲ計リツツア」ったのである[72]。

また、米材の輸送においては「各販売店ト協力満船荷ヲ仕立テ、運賃諸掛ノ節約ヲ計リ本商内ノ発展ニ資セント努力」[73]した。そして、1929年3月12日には「北陸方面ニ主力ヲ注」[74]いでいた安宅商会と、「本年四月積以降新潟港ヨリ舞鶴港ニ至ル間ノ日本海諸港揚米材輸入販売（汽車積商売ハ之ヲ除ク）」[75]に関する協定を結んだ。その結果、1929年上期には新潟以南の各港で全輸入量の約80％を取り扱い[76]、1930年上期には「市場極度ニ悪化」したため「堅実主義ヲ厳守」して臨んだので「商内割合ニ委縮セズ」、とりわけ「北陸方面ニ於テハ安宅商会ト協調シ、当社ハ同地方入荷数ノ約八割五分ヲ取扱」った[77]。

　同様の傾向は同業他社にもみられた。三菱商事は1921年9月の木材部廃止後、北洋材の取り扱いに失敗すると米材取扱に主力を注ぎ[78]、「DF社ト提携シ品質本位ヲ標榜シテ売込」んできたが、「多少品質ニ不同アリ旁々値段モ高キ為稍不評ヲ招」いていた[79]。そこで三菱商事は、マクミランやダントとの買い付けを著しく増やし、新造ディーゼル船2隻を利用して「破格ノ運賃採算ノ下ニ大口入札物ノ註文ヲ獲得」した[80]。米材取扱では大手筋であった山長株式会社も、従来はBlagen mill の製品をすべて買い付けてきたが、1927年の春からは「D. F. 社ヲ初メ Outsider mill ノ優良品ヲ買付ケ月々満船ニ、三隻ヲ荷引シ東京、名古屋、大阪等ニ於テ先物売、入札売等凡ユル手段ヲ講ジ」[81]るとともに、「見込買付主義ヲ右左主義ニ変更シ堅実ヲ旨ト」[82]するようになった。

　一方、ダグラスファー社はバクスター（Baxter）の死後、L. E. フォース（Force）が General Manager となって経営を引き継いだが、バクスターの方針であった「c. i. f. Policy ヲ廃シ今後ハ FAS 商売ニ全力ヲ注グ」として東京出張所を閉鎖し、大阪支店も縮小した[83]。また、ダント社は「Coos Bay 地方米檜山林買占ヲ志シ」、1928年下期には約85％を買い占めたと称し「米檜ノ需要内外共ニ漸増ノ折柄本材ノ供給支配権ヲ握ラント」していた[84]。

第3節　米材仕入をめぐるサンフランシスコ店とシアトル店

　三井物産沙都店の1921年上期から30年下期における米材取引の推移をみると

表3-5 三井物産沙都店の米材取引

期		米　材				総　計	
		取扱高		約定高		取扱高（円）	約定高（円）
		金額（円）	割合（％）	金額（円）	割合（％）		
1921	上	1,163,584	66.2	1,550,699	45.1	1,758,797	3,438,336
	下	2,523,724	33.9	3,954,905	32.2	7,446,881	12,288,473
1922	上	3,046,667	24.8	1,847,028	26.8	12,292,696	6,893,028
	下	1,633,420	15.9	1,793,154	14.0	10,271,630	12,770,315
1923	上	2,105,337	18.4	3,294,446	25.6	11,436,018	12,859,176
	下	3,261,822	27.9	4,780,646	25.7	11,706,838	18,607,478
1924	上	7,648,553	28.0	2,699,640	18.8	27,302,035	14,392,583
	下	2,665,203	35.5	2,814,767	32.2	7,503,631	8,732,967
1925	上	2,393,050	38.3	2,233,724	52.6	6,248,470	4,244,378
	下	1,835,670	19.7	2,456,336	11.9	9,338,024	20,599,188
1926	上	2,112,115	9.7	4,408,395	30.8	21,691,323	14,321,798
	下	3,956,570	35.4	3,089,331	19.2	11,162,202	16,130,096
1927	上	2,978,877	18.4	2,799,183	24.2	16,198,381	11,572,043
	下	4,274,584	18.4	4,438,682	38.4	13,498,714	11,572,043
1928	上	5,259,366	19.3	5,682,431	37.7	27,269,855	15,073,437
	下	5,277,323	37.3	5,272,174	21.4	14,162,662	24,677,649
1929	上	5,494,377	14.4	4,881,783	15.9	38,197,221	30,762,886
	下	4,592,007	23.8	3,960,219	18.7	19,333,280	21,213,896
1930	上	2,513,403	12.7	2,771,328	19.1	19,847,556	14,500,374
	下	2,353,850	24.0	1,615,783	18.4	9,796,322	8,791,447

出典：三井物産シアトル出張所『考課状』各期、E71/C1438, 1445, 1449, 1457, 1460, 1475、E109/333, 337。

表3-5のようで、取扱高、約定高とも沙都店の取引総高のなかでかなりの比重を占めていることがわかる。こうしたなかで、三井物産では米材仕入方法をめぐって桑港店と沙都店との関係をどのように調整するかが問題となり、1924年1月20日、沙都出張所の社宅において「桑港、沙市両出張所木材商売打合会議」が開催された[85]。出席者は、武村貞一郎（常務取締役）、市川（調査課長）、池上章平（木材部総務掛主任）、池渕祥次郎（桑港出張所木材商売担当者）、柴垣良（沙都出張所長）、伊賀尚太郎（木材掛主任）、上月章之・河野治四郎（木材掛）の8人であった。

　武村取締役はサンフランシスコからシアトルに向かう途中でポートランドに立ち寄り、ダント・アンド・ラッセル社（Dant & Russell Inc.）のダント

(Dant) 氏、太平洋輸出木材会社 (Pacific Export Lumber Co.) のパイン (Payne) 氏、およびダグラス・ファー社 (Douglas Fir Exploitation & Export Co.) の社長バクスター (Baxter) 氏ならびに支配人のフォース (Force) 氏らと面会し、米材取引に関する事情聴取を行った。ダグラス・ファー社は「米国最大の米松及栂材輸出業者」、「ワシントン、オレゴン両州に於ける多数製材所の輸出一手取扱者」であり、ダント・アンド・ラッセル社は「米檜の対日輸出者としては米松に於けるダグラス・ファー社に匹敵する大手」であった[86]。武村は、その結果を踏まえて次のように問題を提起した。

　　　木材商売ノ実状ハ内地及桑港ニテ聞取レル處ト相異シ居リ、Baxter ノ談ニ據ルモ「産地モ北ニ在リ、三菱、鈴木等モ沙市ニテ operate シ居ルコトニテ三井トシテハ沙市ニテオペレートスルコト本統ナルベシ」トノ事ニテ沙市店ハ桑港店ガ Coos Bay ニ Expert ヲ置イテ取扱フ事ナラ別ニ異議無キ様子ナルガ、要スルニ引合フカ否カガ問題ト思フガ如何

　武村はバクスターの忠告を受け入れて、三菱商事や鈴木商店などの反対商と同様に、三井物産も沙都店で木材商売を展開すべきであると考えていた。そして、沙都店は桑港店がクーズベイに専門家 (Expert) を置くことに異議を唱えてはいないが、それが「引合フカ否カ」が問題であると述べた。

　桑港店の木材商売担当者である池渕は、専門家を置いた場合「半季取扱高二十五万弗ヲ基礎ニシテ引合フ心算」であるとし、沙都店に「非常ナル objection 無キ限リ、折角研究シタ事故…略…兎ニ角一度実行シテ見度シ」と述べた。しかし武村は、沙都店に異論がなくてもこれは「当社全体トシテノ問題」であり、「ダグラスファー社引合ノ如キモ、一ヶ處ニ集中スル事、有利ニシテ而カモ沙市ニテ operate スル方宜敷 Baxter モ沙市ニテ取扱フ方本統ト伝フ」という認識を示した。サンフランシスコ近傍から積み出す木材については桑港店で取り扱っても差支えないが、「工場ハ Standing 善ケレド、木材商ハ一般ニ Standing 不良ニテ善イ加減ノ手輩多キ故取扱ハヌ方ヨロシト思フ」というのであった。武村は、桑港店周辺の木材商に不審を抱いていたのである。また、クーズベイや沙都店においても、米材取引においては専門家が必要であると考えていた。

表3-6 沙都店の米材取引先

(単位：%)

	1	2	3	4	5
1923 上	Dant 54.12	Douglas Fir, etc 29.00	Mackie 4 Basnes 5.48	Pacific Export 5.47	Mac-Millan Export 5.47
1923 下	Dant 37.00	Douglas Fir, etc 28.00	Pacific Export 18.00	Mac-Millan Export 5.00	Mackie 4 Basnes 4.00

出典：「米材取扱方法ニ就テ」E67/C386。

 次に、沙都店とダント社との関係が議論された。池渕は、「沙市店ハダントニconfineセルコトト思フガ、ダントトドグラスファー社トハ反目シ居ラズヤ」と述べた。しかし武村によれば、「沙市店ガDantニ依レルハ過去ノ事」で、ダント社自身も「全社ハ各方面ト取引シ居リ、決シテ三井ニノミコンファインシ居ルニ非ルモ、三井ニ倚頼ル方ヨロシト思フニ付三井ヲ大切ニシ居ルナリ」と話していた。事実、沙都店の米材仕入先は表3-6のようで、1923年上期にはダント社との引合は54.12％であったが、同年下期には37％に低下していた。
 武村は、沙都店がダグラスファー社から買い付けるとダント社との関係が悪化するのではないかという池渕の心配についても否定し、三井物産は「Dant、Douglas Fir社等、数軒ヲ以テ、操ルコト」が肝要であるとしていた。さらに、池渕がダグラスファー社との引合は桑港店が取り扱うべきではないかと述べると、武村は「操ル為メニハ一ヶ所ニテoperateセザレバ商売トシテ不可ナリ」とし、「今後沙市店ガDouglas Fir社ト円満ヲ欠ク」ということがあれば、「其ノ事情ヲ桑港店ヘ内通シテ全社トノ引合ヲ桑港店ニ移シ同店ニテ知ラヌ顔ヲシテ引合フガ如キハ」あるかもしれないが、「産地ガ北ニ在リ、物ヲ検分スルニモ、沙市ニ本據ヲ置クヲ便利トスル事ニテ木材ハ此ノ遣リ方ニ據ル事必要ナリ」と述べて、米材取引の本拠を沙都店に置くべきだと主張した。
 これに対して市川調査課長は、三井物産がダグラスファー社に接近できなかったのは「全社ガ当社取扱ヒノ85％ヲ全社ニ與フルコトヲ主張セル為メ」であったが、今後もこのようなことはあるのかと質問すると、木材掛主任の伊賀がダグラスファー社ではバクスター氏が再入社したので、そのような主張もあり

うると答えた。市川調査課長は、その場合には桑港店に移してもよいのではないかと述べたが、武村によれば、ダグラスファー社がそのようなことをすれば法律に反することにもなるし、「三井ハ逃ゲ出シ又モトノ通リニナル」ので、おそらくはそのような主張はしないのではないかという見通しを述べた。そして、たとえ桑港店がダグラスファー社に接近しても、それは「三井全体トシテ取引スルモノナリヤ否ヤ」と反問し、三井物産本店としては「桑港店ノミノ引合ニテハ承知」しないであろうと述べた。

池渕は、さらにダグラスファー社に対しては「桑港、沙市ノ両方ニテ引合フ方商売余計ニ出来」るのではないかと述べたが、武村は「却テ先方ニ疑ラレテ不利ナルベシ」と答えた。池渕は、ダグラスファー社に所属する工場には輸出機関（Export house）をもっているところも多くあるので、それらと「引合ヘバ商売出来ル」と主張したが、武村はそれは「三井トシテ穢キ遣リ方」であるので、そのような方法はとらずに「ダント、パシフィック、ダグラスファー、等ヲ操ル」べきであるとした。

これに対し、池渕はジョーンズ氏（S. L. Jones）らを相手に運賃・保険料込みのcif商売をしてはどうかと提案したが、木材部総務掛主任の池上は、ジョーンズ氏は反対商であり、「斯クノ如キ連中トノ取引ハ一定ノ方針ノ下ニ行フ必要アリ…略…寧口、相手ニセヌコト宜敷カルベシ」と述べた。武村も、池上と同意見であった。

次に、池上が桑港でクーズベイに専門家を置いて商売をする場合に「檜ニ限ラズ他ノ材種ヲモ引合ヒ得ルコトニスベキ」かどうかと質問をすると、武村は「何物ニテモ可ナリ、要スルニ Expert ヲ置イテ遣レバヨロシ」と述べた。また、池上は「沙市店ハダント其他ヲ通ジテ Coos Bay 積ミノモノヲ買フコトガ出来」るかと問い、その際には「会社内ニテ、鎬ヲ削ルコトニナ」るのではないかと述べた。武村は、「沙市店ハポートランド又ハ沙市ニテ買付ケテ差支ナシ」とした。すると、沙都出張所長の柴垣良が、沙都店はポートランドに人を常置するので、桑港店よりも「先キニ Coos Bay ニ手ヲ着ケルコトニナルカモ知レ」ないので、桑港店に了解してほしいと述べた。

また、池上はポートランドやシアトルで買ったものをクーズベイより積み出す場合には、沙都店のポートランド常置員から人を出して「檢収積取ノ認(ママ)」にあたらせることがあり、桑港店のものと二重になるとした。要するに、沙都店は「Coos Bay ヨリ直接買付」をしないというのであった。池渕は、積出などは沙都店契約のものも「桑港店ノ常置員ニヤラセ」たいと述べた。
　武村は、これに対し「契約ヲ知ラヌ者ニハ出来モセズ」、また「出来ルトシテモ僅カノ口銭ヲ貰ヒナガラ」損をしてもつまらないので、取り扱わない方がよいとした。要するに、武村は桑港店に対して、①積出地がカリフォルニアおよびクースベイ以外のものを「一切引合ハヌ事」、②委託荷の取り扱いは許さぬこと、の2点を主張したのである。
　池渕は、続けてカリフォルニア産の木材については、材種にかかわらず取り扱ってよいのかと尋ねた。武村は、桑港店について次のように述べた。

　　元ト〳〵桑港店ニハ木材及麻袋ノ取扱ハ希望セザルナリ、夫レヲ押シテ遣ル場合或ハ店ヲ閉ヂル外無キ結果トナルヤモ知レヌ
　　寧ロ、suggestスレバ木材商売ハ池渕君兼務トナリ、シアトル店ノ支部トナリテ共通計算ニテ取扱フコトヲ希望ス、則チ現場ノコトハ沙市店ニ於テ引受ケ、桑港店ニテ引合フコトトシ、利益折半ニシテモ差支ナシ

　武村の主張に対し、池渕はクーズベイについては桑港店が単独でできると述べたが、武村は到底引き合わず結局は損失に終わるので「寧ロ、クーズベーヲ共通計算ニシテ、引合ハ桑港店ニテ為シ、現場ヲ沙市店ニテ引受ケ利益折半トスベシ」とした。これに対して、池渕が再度「クーズベーハ単独ニ遣ルコトヲ希望ス」と主張すると、武村は「Coos Bay lumbers Co. ノ agent ニデモナツテ是レヲ bind シテ行ケバ別ナルガ小口ノ引合位デハ独立ニテ遣ルコト面白カラズ」と強い口調で否定した。
　以上のような議論を経て、武村は次のような提案をした。

（Ｉ）桑港店ニテ単独引合ヲ希望スルナラバ、
　　（イ）ドグラスファー社ノ引合ハ一切シアトル店ニ一任スルコト、但シ、

将来、全社対沙市店ノ関係悪化ノ場合ハ沙市店ヨリ桑港店ニ依頼シテ桑港店ニテ引合フコトトスルヲ妨ゲズ

　（ロ）クーズベー直接ノ引合ハ桑港店ニ一任シ、沙市店ニテハ手ヲ着ケザルコト

但シ桑港店ハ品質其他ニ精通セル expert ヲ常置シ、積出其他ニ誤リ無キヲ期スベキコトヲ條件トス

　（ハ）沙市店ハクーズベート直接引合フコトヲ得ザルモ、沙市又ハポートランドノ引合先ニ注文セルモノガクーズベーヨリ積出サルルコトアルヲ妨ゲズ、且ツ是ガ積出ニ立合フコト差支ナシ

　（ニ）桑港店ハ加州材ニ於テハ Red Wood ニ限リ買附ケ得ルモノトス

若シ Red Wood 以外ノ取扱ヲ為ス場合ニハ桑港店ニモ expert ヲ常置スルコトヲ要ス

（Ⅱ）桑港店ヲ沙市店ト一心同体トナス場合

　（い）桑港店ニシアトル店ノ兼務員ヲ置キ、桑港店ハシアトル店ノ一部トナリテ立働クコト

　（ろ）販売店トノ引合ハシアトル店ニ於テ行フコト

　（は）桑港方面ノ仕入引合ハ兼務員ヲシテ之レニ當ラシム

但シ、販売店トノ直接引合ヲ許サズ

　（に）桑港店兼務員ノ経費ハ一部又ハ全部沙市店ニテ負担スルコト

兼務員対沙市店交換電信料ハ沙都店ノ負担トス

　（ほ）損益ハ兼務員ノ手ヲ煩ハシタル荷物ニ対シ損益折半ノコト

　武村は以上の2案を提示し、「沙市店ハ孰レニテモヨキ様ナルガ、本店トシテハ単独ニテ遣ルコトハ或ハ承認セヌカモ知レヌ故寧ロ沙都店ノ支部トナリテ一身同体トナリテ遣ルコトヲ希望ス」と、第2案の実施を主張していた。そして、たとえ桑港店が単独でやる場合でも「沙市店ノ主店タルコトハ動カスコトヲ得ズ」としていた。

　桑港出張所長の堤は、1924年2月6日、以上の2案について検討した結果を

常務取締役の武村に書簡で通知した[87]。堤によれば、2案を検討する際に考慮すべきは次の3点であった。

第1に、沙都店は「最近ニ至リ米材買付方針ニ大改革ヲ加ヘ」て、「Douglas Fir 社ト従来ノ如ク morris 経由セズシテ直接引合ハレ又永年関係浅カラサリシ Dant ヲ退ケテ是ヲ従トシテ利用セラル、様」になった。第2に、日本の木材界は「一般ノ不況投ケ物等ノ関係上手モ足モ出セヌ有様」であるが、「向後群小見込師ノ整理出来且ツ愈復興事業ノ真面目ニ励興スルニ至ラバ木材界モ再ビ多端ニ赴ク」と考えられる。そして、第3に北海道材の取引で優位に立っていた三井物産も、米材取引では立ち遅れているとして、次のように述べた。

　　久敷北海道材ナル城壁ニ立チ籠リテ一方ノ覇者トシテ任シタル当社モ本邦市場ノ大勢ガ漸次輸入材ニ俟タザル可カラザルノ情勢トナル哉果シテ木材界ノ重鎮トシテ昔日ノ面影アルヤハ頗ル疑問トナレリ、殊ニ米材ノ輸入カ日本ノ輸入材中重大ナル地位ヲ占ムルニ至リシ今日ニ於テ吾々ノ取扱ハ如何ナル地位ニ在リヤト云フニ遺憾ナカラ優勢ヲ占ムト云フ事能ハザルナリ

以上のような認識のもとに、まず第1案について「Expert ヲ置ク事ハ賛成」で、この点は沙都店も同様と思われる。専門家を置くことで問題となるのは、経費の問題である。堤によれば、専門家の経費は1月に本給・在勤手当350ドル、旅費150ドル（1日15ドル、10日間）、乗車賃100ドル、電信料100ドル（1日3ドル）で合計700ドルであった。米材取扱で得られる利益は年間1万ドルで、専門家の年間経費8,400ドルを差し引くと1,600ドルの余剰が残ることになる。こうして、「米檜米松ヲ主トシテ取扱タリトセハ桑港店ノ利益ハ半期ナリトモ一万五千弗ハ計上シ得ヘキ計算トナ」った。

第2案については「兼務員ノ本当ノ意義カ明確」でなく、桑港店は「沙都店ノ支店」ではなく、「謂ハバ取次店ト云フ様ノモノ」であると認識し、「桑港モ沙都モ御互ニ熱カナクナリ沙都トシテモ刺激カナクナリ其ノ結果ハ結局昔ニ返リテ Coos Bay 以南ノ木材商内ハ次第ニ委縮シ或ハモウ一ツ安心シテ昔時ノ Dant 万能時代ヲ再現セヌトモ限ラヌ」とみていた。そして、こうした「将来

或ハ起ルベキ弊害」を除去するために、第2案を次のように訂正することを要望した。すなわち、①在米引合は沙都店を主店とし、「桑港店ハ主店ヲ経テノミ販売店ト引合フコト」とし、兼務員を置く必要もない、②クーズベイ以南の木材取扱は、引合先がダグラスファー社である場合を除き、材種の如何を問わずすべて桑港店に一任する、③桑港店はクーズベイならびに加州出廻材商内を助長するため、1～3人の専門家を常置する、④桑港店の木材商内の経費は沙都主店ですべて負担し、「桑港店ハ net ニテ働クモノ」とする、などの修正を第2案に施すべきであるというのであった。堤は第1案を選定したかったが、「本店ノ御趣旨ハ勿論販売スルノ御希望ニモ添ハザルモノ」であったので、第2案にこのような修正を加えたいというのであった。

　桑港出張所長の申し出に対し、武村常務取締役はそれならば「桑港店折角ノ御希望ニ付暫クノ試ミトシテ全店申出通リ」に第1案を実行してはどうかと答えた。武村によれば、太平洋沿岸の米材取扱については「沙都店ハ主店トシテ存在シ」、沙都店と桑港店は「互ニ競争スルコトナク互ニ打合セヲナシ販売店ト共ニ一身同体ノ精神ヲ以テ」取り組むことが重要であった[88]。そして、武村の書簡に対して、桑港出張所長は「第一案第二案何レノ採用如何ニ不係沙都店ガ親店タルハ論ヲ俟タザル所ニ有之両店充分ナル協力ノ下ニ木材取扱致度考ニ有之候」[89]と返答をし、沙都および桑港両出張所張は相互の協議を密にしながら「暫クノ試トシテ第一案御採用ノ事」となり、1924年2月25日には桑港出張所長と沙都出張所長の連名で業務課長あてにその旨を通知した[90]。

第4節　木材部の再編問題

　三井物産では1910～20年代に桑港店・沙都店の在米店を通じて米材取引が著しく拡大し、同社木材部の営業にも大きな影響を及ぼすようになり、木材部の再編問題が浮上した。三井物産木材部は北海道材を中心に営業を展開してきたが、1921年の『第八回支店長会議議事録』によれば、「米松安値ノ為メ北海道材ヲ引上クルコト」ができなくなった。北海道材の中丸太の利益は、高値の際

には60円ほどであったのが30円に下がり、安値のときには20円となった。また、取扱数の最も多い並四分板は「殆ト利益ナク…略…各支部並本部ノ経費ヲ支弁シ得サル状態」となり、「此ノ如キ有様ニテハ到底木材部ハ維持スルコト能ハス」とみられた。これらの要因の一つには第一次大戦後の財界不況をあげることもできるが、「米松ノ圧迫ヲ受クル為メニ外ナラ」なかった[91]。米松はもともと「脂出テ黒色ヲ帯ヒ来ル欠点」があり、「内部ノ装飾用ニ適セス、又住宅トシテハ所謂安普請以外ニハ使用シ得」なかったが、近年は「需要者ガ安物ヲ欲スルト又脂ノ出ツルコトヲ知ラス」に普及し、「北海道材ハ益々其ノ圧迫ヲ受ケ」たのであった[92]。

そして、こうしたなかで木材部の営業内容や所在地について再検討されるようになった。三井物産木材部の営業内容は、規則上は北海道材の取り扱いに限定されていたが、1917年以来「重役ノ内諾ヲ得テ、…略…弗々各方面ニ向ヒテ仕事ヲ開始シ、又外国材モ木材部ノ取扱品中ニ加ヘテ仕事ヲ為シツヽア」った[93]。実際、米松の取り扱いは「内地販売店即チ東京、大阪、神戸トモ協議ノ上之ヲ木材部ノ計算ニ入」[94]れてきたので、1918年9月の木材会議での木材部副部長山本庄太郎の「業務一般報告」によれば、1917年度から18年度にかけて木材部の取扱金額が979万9,845円から1,700万5,831円に激増したのであった[95]。そうした事情を踏まえて、木材部長の守岡多仲は1918年に開催された第6回支店長会議で、「北海道材ノ取扱ヲ為スノミニテハ木材部トシテハ経営困難トナルヘク、又世界ノ大勢ニ伴フコト能ハサルヘキ内外ノ事情ヨリ両三年前ヨリ何トカシテ木材部ノ規定ヲ改メ、一般ニ木材ノ取扱ヲ為シ得ルコトニ為シタキ希望ヲ有シ、…略…其手段トシテハ北海道ノ一隅ニ木材部本部ヲ置キテハ取扱上頗ル不便ナルヲ以テ、之ヲ適当ナル地ニ移スコトモ亦必要ナルヘシト信ス」と述べ、木材部が北海道材のみでなく米材を含む「一般木材」を扱えるように規定を改正し、それを実現するためにも木材部の本部を北海道の小樽から「適当ナル地」に移すべきであるとした[96]。

石炭部副部長の二神駿吉は「木材部ヲ東京ニ移スハ我々ノ希望」であると発言し、常務取締役の武村貞一郎もこれに賛同した。武村によれば、「木材部ヲ

北海道ニ設置セラレタルハ、北海道ノ山林ハ十年若クハ二十年間モ有望ナリト云フ時代ニ起リタルモノ」であったが、木材部の「大勢ニ変化ヲ来シタル場合ニ於テ尚且ツ北海道ニ木材部ヲ置クハ好マシ」いことではないし、「木材部ヲ北海道ニ置クハ不可能ナル時代」となったのである[97]。

　しかし、この木材部による米材取り扱いも木材部の移転も容易には実現しなかった。木材部長の高橋によれば、米材は「販売ト仕入レト双方ノ取引サヘアレバ今思立チテ明日ヨリ直チニ商売ヲ為シ得ルモノ、換言スレバ雑貨的商売ノ性質ヲ有スルモノ」で、木材部がこれまで扱ってきた「固定的、融通ノ利カザル取扱方ノ商品」と一緒に扱うことはできないというのであった。かつて米材は木材部の取り扱いとされていたが、最近になって「米材主店制度ヲ設ケ、営業部ヲ其主店トシ営業部長指導ノ下ニ統轄スルコト」になった。したがって、この主店制度が機能すれば「現在ノ木材部ハ依然トシテ北洋材ノ取扱ヲ為スニモ何等危険ナク其使命ヲ完フスルコト」ができるというのである[98]。そして、木材部長の高橋は、「木材部ニ於テ米松モ共ニ統一シタル結果ニ鑑ミ現在ノ状態ニテ今後モ取扱ヲ為シ行キタシ」として、次のように述べた[99]。

　　或ハ時勢ノ進運ニ伴ヒ部外商品トシテ米材ヲ各店区々ニ引合ヲ為スガ如キハ時宜ニ適セズトノ意見モアランガ、成程部ノ名称ヲ附スル以上有ラユル木材ヲ其部ニ於テ統一スルコトハ制度其者ノ上ヨリ考フレバ極メテ意義アル如ク解釈シ得ルベキモ、併シナガラ商内ハ会社ノ制度如何ニ依テ右シ左スベキモノニ非ズ、即チ大勢ノ赴ク所、得意先ノ都合好キ様、又商内スル上ニ都合好キ様為スベキモノト考フ、而シテ兎ニ角現在取扱フ米材ハ何レカニテ統一ヲ有スルモノト考ヘラレタル結果、其主店ヲ設ケラレタル次第ナレバ、其主店ノ未ダ機能ヲ発揮セザル以前ニ於テ更ニ部ニ統一スルコトニ改ムルガ如キハ従来ノ歴史ニ鑑ミルニ相当考慮ヲ要スル問題ナリト信ズ

　高橋は、米材に関する主店制度が機能を発揮する前に、米材の取り扱いを木材部に統合することに懸念を表明したのである。そして、木材部の再編については、安川雄之助常務取締役が1926年の支店長会議で「木材部ノ問題ニ付テハ

図3-2　三井物産・三菱地所沙都店の米材取引高

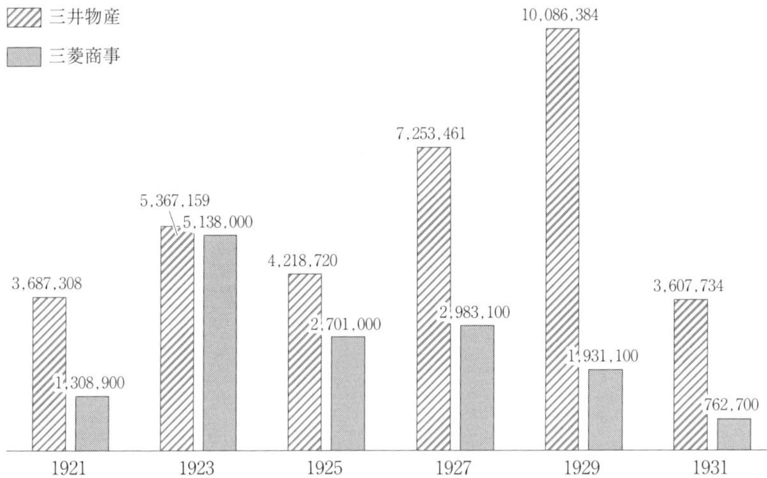

[三井物産]
1921: 3,687,308
1923: 5,367,159
1925: 4,218,720
1927: 7,253,461
1929: 10,086,384
1931: 3,607,734

[三菱商事]
1921: 1,308,900
1923: 5,138,000
1925: 2,701,000
1927: 2,983,100
1929: 1,931,100
1931: 762,700

出典：三井物産シアトル出張所『考課状』各期、E71/C1438, 1445, 1457, 1460, 1475、E109/333, 337、三菱商事『立業貿易録』1960年。

凡ソ諸君ノ意見モ一致シタル如クナレバ現状維持トスベシ」[100]との結論を下した。

おわりに

本章では、1910～20年代の三井物産在米店（桑港店・沙都店）における米材取引の実態を明らかにし、米材取引の増加が同社の木材取引にどのような影響をもたらしたかを検討してきた。最後に、本章で確認し得たことを簡単にまとめて結びとしたい。

1920年代には日本の米材輸入の増加に伴って、三井物産沙都店の米材取扱高が著しく拡大した。沙都店の木材取扱高については表3-5に示したが、これを三菱商事沙都店のそれと比較すると図3-2のようになる。両者の米材取扱高は関東大震災が発生した1923年度こそ拮抗しているが、そのほかの年度では三井物産が三菱商事を圧倒している。三井物産における米材取扱高の増加は、

これまで北海道材の取引を中心に展開してきた木材部の営業にさまざまな影響を及ぼし、米材取引の統合や本部の移転など木材部の組織や制度の改革が日程にのぼったが、実現にはいたらなかった。

かくて木材部では、「名称ハ部ト称スルモ当社全体ノ木材商内ヲ統一スルモノ」ではなく、「実際ハ北洋材ノ主店」にすぎないという状況が続いた。そして、米材取引については国内各支店の米材商売を統轄するために「大阪ニ米材主店」が置かれ、本店業務課が「木材商内全体ヲ看ル組織」としての役割を果たした。このように三井物産の木材取引は、「木材部及米材主店ハ素ヨリ業務課モ各連絡ヲ取」って行われていたのである[101]。

注
1) 三井木材工業株式会社編『三井木材工業のあゆみ』（1981年）2頁。
2) 「日本枕木の輸出」（『鉄道時報』第612号、1902年10月25日）。
3) 山口和雄『近代日本の商品取引──三井物産を中心に──』（東洋書林、1998年）123頁、および三井文庫編『三井事業史　本篇　第3巻（上）』（1980年）103頁。
4) 前掲『三井事業史』103～104頁。
5) 小樽高等商業学校『北海道輸出木材之調査（産業調査報告第二）』（1916年）73頁。
6) 前掲『三井事業史』104～105頁。
7) 「三井物産株式会社木材事業沿革史」（『林業発達史資料』第71号、1958年2月）73頁。
8) 前掲『三井事業史』196～197頁。
9) 同上、326頁。
10) 上山和雄『北米における総合商社の活動──1896～1941年の三井物産──』（日本経済評論社、2005年）129～251頁。
11) 川村貞次郎（三井船舶部長）「我海運界と北米材の積取　船主の一大楽観材料たらむ」（『大阪時事新報』1924年1月4日）。
12) 「割高な北海木材　低廉な米国輸入材の威力」（『中外商業新報』1922年9月17日）。
13) 秋田木材株式会社『大正十年度　第十五回事業報告書』（1920年12月～21年11月）4～5頁。
14) 同『大正十一年度　第十六回事業報告書』（1921年12月～22年11月）4～5頁。
15) 北海道庁拓殖部地方林課編『北海道に於ける木材需給関係考察資料　昭和六年版』（1931年）13頁。なお、日本米材輸入組合ほか編『日本米材史』（1943年）も

参照のこと。
16) 鉄道省運輸局編『木材ニ関スル経済調査』(「経済叢書」第4編、1925年) 170頁。
17) 前掲「三井物産株式会社木材事業沿革史」79頁。なお、米材の主要な輸出国は、日本、オーストラリア、中国、イギリスなどであったが、輸出総額に占める日本の割合は1923年度59.1％、24年度48.6％、25年度42.6％、26年度50.3％、27年度48.0％、28年度49.5％、29年度33.2％、30年度29.9％で、いずれの年度においても第1位であった(同、80～81頁)。
18) 同上、79頁。
19) 同上、82～83頁。
20) 同上、73頁。
21) 『三井物産支店長会議議事録1』(復刻版、丸善出版、1902年) 157頁。
22) 同上、1907年、264～265頁。
23) 同上、1907年、266頁。
24) 25) 『桑港出張所考課状』1906年上期、E71/C1478。なお、アメリカ合衆国は20世紀初頭に最後の鉄道建設ブームを迎え、鉄道営業マイルは1900年の19万8,964マイルから16年の26万6,381マイルへと延び、増加率は33.9％に達していた(鈴木圭介編『アメリカ経済史Ⅱ 1860年代—1920年代』東京大学出版会、1988年、61頁〔執筆は中西弘次〕)。
26) 『桑港出張所考課状』1907年下期、E71/C1478。
27) 同上、1908年下期、E71/C1478。
28) 同上、1909年上期、E71/C1478。
29) 同上、1906年上期、E71/C1478。
30) 31) 同上、1908年上期、E71/C1478。
32) 同上、1908年下期、E71/C1478。
33) 同上、1911年下期、E71/C1478。
34) 同上、1912年上期、E71/C1478。
35) 36) 同上、1914年下期、E71/C1478。
37) 同上、1915年上期、E71/C1478。
38) 同上、1905年下期、E71/C1478。
39) 同上、1907年下期、E71/C1478。
40) 同上、1908年上期、E71/C1478。
41) 同上、1908年下期、E71/C1478。
42) 同上、1909年上期、E71/C1478。
43) 前掲「三井物産株式会社木材事業沿革史」73～75頁。

44)『三井物産支店長会議議事録10』(1916年) 137〜138頁。
45)『三井物産支店長会議議事録11』(1917年) 151頁。
46)『沙都出張所考課状』1918年下期、E74/C1325。
47) 三井物産株式会社『第十七回事業報告書』1918年度上期、54頁。
48) 同『第十八回事業報告書』1918年度下期、58頁。
49) 同『第十九回事業報告書』1919年度上期、59頁。
50)『沙都出張所考課状』1919年下期、E74/C1325。
51) 三井物産株式会社『第二十三回事業報告書』1921年度上期、39〜40頁。
52) 同『第二十四回事業報告書』1921年度下期、41頁。
53) 三井物産木材部シアトル支部『大正十年下半季木材考課状』1921年下期、E71/C1457。
54)『沙都出張所考課状』1921年下期、E71/C1457。
55) 三井物産木材部シアトル支部『大正十年下半季木材考課状』1921年下期、E71/C1438。
56) 三井物産本店業務課『業務総誌』1920年上期（三井文庫所蔵「川村17」）。
57) 同上、1923年上期（三井文庫所蔵「物産2673-1」）。
58) 59)『沙都出張所考課状』1923年下期、E71/C1457。
60) 三井物産本店業務課『業務総誌』1924年上期（「物産2673/2」）162頁。
61) 同上、153〜154頁。
62) 同上、157頁。
63) 同上、1924年下期（「物産2673/3」）171〜172頁。
64) 同上、175〜176頁。
65) 同上、176頁。
66) 同上、177頁。
67) 同上、1925年上期（「物産2673/4」）164頁。
68) 同上、165〜166頁。
69) 同上、1926年上期（「物産2673/5」）149〜150頁。
70) 同上、1926年下期（「川村18」）157〜158頁。
71) 同上、追補（「河村19」）。
72) 同上、1928年上期（「物産2673/6」）142頁。
73) 同上、1928年下期（「物産2673/7」）157頁。
74) 大阪支店長『昭和四年上半期米材販売主店考課状』1929年6月1日、E67/C258。
75)「協定書」1929年3月12日（「北陸米材商売協定ノ事」E99/C471）。
76) 前掲『昭和四年上半期米材販売主店考課状』。

77) 同上、1930年上期（「物産2673/9」）165頁。
78) 三菱商事株式会社大阪支店『大阪支店長引継書類』（1924年9月24日、三菱史料館 MC-754）には、「木材販売当初ニ在リテハ釧路製材所製品及北海雑木、青木ヲ主トシタレドモ木材部閉鎖后北海物ノ代品トシテ吉林材（吉林木材会社品）ノ販売ヲ始ムルト全時ニ米材輸入ニ努力シタル結果吉林材ハ見込薄キガ為此ガ取扱ヲ中止シ現在ニ在リテハ米材、樺太材、南洋材ヲノミ取扱ヒ居レリ」と記されている。なお、三菱商事の木材取引の概要については、三菱商事株式会社編『立業貿易録・三菱商事』（1958年、738～755頁）を参照のこと。
79) 前掲『業務総誌』1926年下期（「川村18」）160頁。
80) 同上、追補、1928年下期（「物産2673/7」）161頁。
81) 同上、1927年下期（「川村19」）11頁。
82) 同上、1928年下期（「物産2673/7」）161頁。
83) 同上、161～162頁。
84) 同上、162頁。
85) 「桑港、沙市両出張所木材商売打合会議々事録」1924年1月20日（『米材取扱方法ニ就テ』E67/C386）。以下、とくに断りのない限り本資料による。
86) 前掲『立業貿易録』742頁。
87) 武村常務取締役宛桑港出張所長書簡「米材取扱方法ニ就テ」1924年2月6日（前掲『米材取扱方法ニ就テ』）。
88) 沙都出張所長・桑港出張所長宛武村常務取締役書簡「米材取扱方法ニ就テ」1924年2月15日（同上）。
89) 沙都出張所長・武村常務取締役宛桑港出張所長書簡「（米材取扱方法ニ就キ）」1924年2月20日（同上）。
90) 業務課長宛桑港出張所長・沙都出張所長書簡「米国材取扱方法ニ関スル打合セノ事」1924年2月25日（同上）。
91) 前掲『三井物産支店長会議事録14』（1921年）181～182頁。
92) 同上、190頁。
93) 前掲『三井物産支店長会議事録12』（1918年）247頁。
94) 同上、253頁。
95) 木内総一・山根一二・鎌田恭一郎『木材会議議事録　第壱』（1918年9月、E71/C1455）9頁。
96) 前掲『三井物産支店長会議事録12』（1918年）253頁。
97) 同上、357頁。
98) 同『三井物産支店長会議事録15』（1926年）462頁。

99) 同上、465頁。
100) 同上、467頁。なお、木材部の東京移転が決定されたのは1940年のことであった（「三井物産木材部東京へ移転」『東京朝日新聞』1940年1月14日）。
101) 前掲『三井物産支店長会議議事録16』（1931年）317頁、前掲「三井物産株式会社木材事業沿革史」83頁。

第4章　三菱商事シアトル支店の北米小麦・小麦粉取引
―― 1920年代における東アジア向け輸出の拡大 ――

大豆生田　稔

はじめに

　1920年代における北米小麦・小麦粉の対東アジア輸出を担った日系商社のうち、三菱商事シアトル支店（以下、「シアトル支店」）[1)]の取引活動について、小麦・小麦粉貿易の拡大、シアトル支店の取引相手や取引形態に注目して検討するのが本章の課題である。

　1910年代末から20年代にかけて、主食の米穀需給が逼迫した日本においては、小麦・小麦粉価格の相対的低下、米消費の節約をはかる「代用食」の奨励、および主食消費の多様化などにより小麦消費量は急増した[2)]。1920年代の日本の主な小麦輸入相手は、同年代前半にアメリカ、半ば以降はカナダとオーストラリアが台頭し、この三地域からの輸入で総輸入量の大半を占めた。また、同年代には「満州」を含む中国の北米小麦・小麦粉輸入も激増した。

　1920年代のシアトル支店は、アメリカ太平洋岸・カナダ西部の小麦・小麦粉を東アジア市場へ輸出する取引を拡大させた。また、国際商品である小麦の取引については外国間取引の構想もあり、1920年代前半から、シアトル支店や三菱商事ニューヨーク支店から同ロンドン支店向けの北米小麦輸出が検討されるようになった。外国間取引は1920年代末に実施に移されていくが、それは、1920年代に形成された取引のあり方に変革を迫るものであった。

　小麦・小麦粉は、木材や石油とともにシアトル支店が取り扱う主要商品であ

り、1920年代半ばにおいてその取引額は最多であった[3]。本章は、外国間取引の構想が実現する前の1920年代末までの時期を対象に、急速に拡大した北米・東アジア間の小麦・小麦粉取引の特質、および取引の急増を可能にした要因について、同時期のシアトル支店の取引活動に即して検討する。

　在米日系商社の小麦・小麦粉取引については、総合商社の事業展開を解明する一環として検討され、シアトル支店の主要な業務であったと指摘されるほか[4]、その取引をめぐる三井物産シアトル支店と鈴木商店、三菱商事との競合、日本製粉など国内有力製粉業との提携や一手取扱契約の締結、中国北部・「満州」への日本小麦粉の輸出などについて、各支店の考課状などによって解明されている[5]。しかし、北米太平洋岸の日系商社支店・出張所が、どのような取引によって、どこから小麦や小麦粉を仕入れ、また東アジア各地の製粉業者にどのように供給したのか、その取引がいかなる特質を有していたのかなど、取引活動の内実については十分明らかになっているとはいえない。また、小麦は国際商品であり需要地は東アジアに限られなかったから、シアトル支店は1920年代前半から、ニューヨーク支店と提携しロンドン支店へ向けた北米小麦の外国間取引も試み始めた。三菱商事による1920年代の小麦・小麦粉取引の展開のなかに、シアトル支店の業務の特質と限界を位置づけたい。

第1節　第一次大戦後の北米小麦・小麦粉輸出——東アジア市場——

(1) 小麦輸出

①小麦需要の拡大と日系商社

　第一次大戦中に途絶した日本の小麦輸入は戦後まもなく再開し、1923年の「震災頃迄は何といつても外麦輸入は小規模なもの」[6]にとどまったが、1920年代半ばになると急増した。1920年前後の輸入量は30万トンほどであったが、1920年代半ば以降には60万トン前後に増加し、80万トン前後の国内小麦生産量に迫ったのである[7]。小麦輸入の増加は、国内需要の拡大と輸入小麦価格の低

下によるものであり、最大の需要者である国内製粉業は、輸入小麦への依存を深めていくことになった。

すなわち、製粉業は、「元来……加工益なるものは、平時に於ては僅かに七銭乃至十銭が精々である。従つて、割安なる原料を獲得した会社のみが、僅かに採算に引合ふた場合が尠くない」[8]といわれたように、製品コストに占める原料価格の比重が高かった。このため1920年代の製粉業は、安価な輸入小麦の獲得、および製品の販路開拓を重要課題とするようになり、「工業会社と謂ふよりは寧ろ商事会社たるの観を呈」しているとさえいわれた。原料小麦については、「在来の経営方針を一変」して「在来の内地小麦本位より、外国小麦本位へと転換せんとする傾向」が生じたのである[9]。

日清製粉専務の正田貞一郎は、輸入小麦の台頭とその重要性について、1924年1月に次のように語っている。

　　我国製粉の原料としては二、三年前迄は外国麦と日本麦とを半々位使つて居たが、其後追々外麦が割安な為め優勢な地位を占め、今後は専ら外麦を使用する事を根本に置いて掛らねばならなくなつた[10]

また正田は、輸入小麦相場が小麦粉価格決定の主因となっていることについて、1927年の冒頭には次のように述べた。

　　我国の如く製粉原料たる小麦の大半を諸外国に求めつゝある国にあつては、其の製品市況が主として外麦相場の如何に依つて左右さるゝことは万止むを得ないことゝ思ふ[11]

輸入小麦需要の拡大は北米小麦の輸入を促進したが、その大半を担った商社が三井物産と三菱商事であった。両社は、安部幸商店、増田貿易、湯浅商店など小麦・小麦粉を扱う穀肥系商社が1920年恐慌の打撃を受けたのち、その間隙をうめる形で業務を拡大していった[12]。1920年代半ばから、三井物産は小麦総輸入の2～4割を占めたが[13]、三菱商事も5～6割を取り扱っており、両社が対日北米小麦輸出の大半を取り扱ったのである（表4-1）。

表4-1 北米小麦・小麦粉輸出に占める三井物産・三菱商事の位置

(単位：1,000トン)

	東アジア向け総量	三井物産	三菱商事
1926		200	219
1927	449	163	388
1929	1,050	395	445
1930	531	183	249

出典：東アジア向け総量、三井物産取扱量は上山和雄『北米における総合商社の活動』（日本経済評論社、2005年）229頁による。原典は、シアトル出張所「考課状」（各期）。三菱商事は三菱商事株式会社編『立業貿易録』(1958年) 319頁による。
注：三菱商事は、対日輸出量のみ。東アジア向け総量と、三井物産・三菱商事の合計値との間に齟齬が生じているが、そのまま記した。空欄は数値不明（以下、同様）。

②シアトル支店の小麦輸出

シアトル支店が、第１次大戦後にアメリカ小麦の取引を再開したのは1921年夏のことであった[14]。また同年秋には、カナダ小麦の取引も始まった。アメリカ小麦の取扱量は1920年代に急増し、1921年に５万4,650トン、翌1922年には前年並みかやや減少したが、23年には８万4,750トンに達した（以下、表4-2）。同年にはカナダ小麦の取扱量も急増して、13万4,536トンとなった。この増加は、アメリカ太平洋沿岸、カナダ西部における小麦の豊作、およびそれに伴う価格の低落によるものであった。このため、東アジアにおいて中国および日本の需要が喚起され、とくに日本では震災後の輸入量が著増した。1924～25年にはアメリカ太平洋岸とカナダ西部の小麦凶作と相場の高騰により、いったん東アジア向け輸出は減少し、シアトル支店の小麦取扱量は縮小した。しかし、1926年から小麦取扱量はカナダ小麦の台頭によって再び増加し、さらに1927年には日本製粉と三井物産、および日清製粉と三菱商事の提携が成立して、シアトル支店の小麦取扱量は安定するようになった。

もともと、アメリカ小麦の国外供給力には量的に一定の限界があった。すなわち、1922～26年のアメリカの年平均小麦生産量は８億700万ブッシェルであり、カナダの３億9,100万ブッシェルを大きく上回っていたが、それぞれ国内需要を差し引いた輸出能力は、アメリカの１億3,000万ブッシェルに対しカナダはその２倍以上の２億3,900万ブッシェルであった[15]。生産費もカナダの方が１ブッシェル当たり30セントほど低位にあったという[16]。なお、1929～30年のアメリカ小麦取扱量の一時的増加は、価格の低下が中国向け輸出を刺激したからであった[17]。

また、1920年代半ばからのアメリカ小麦取扱量の減少は、日本の製粉業の指

表4-2 シアトル支店の小麦・小麦粉取扱量

	小麦（トン）			小麦粉（バレル）		
	アメリカ	カナダ	合計	アメリカ	カナダ	合計
1921	54,650	16,800	71,450	―	―	―
1922	38,000	31,000	69,000	118,010	4,000	122,010
1923	84,750	134,536	219,286	270,000	123,500	393,500
1924	15,600	51,633	67,233	60,115	53,630	113,745
1925	14,500	122,300	136,800	99,250	188,500	287,750
1926	52,600	45,900	98,500	54,000	105,500	159,500
1927	74,800	174,650	249,450	48,750	41,500	90,250
1928	41,500	306,260	347,760	56,500	47,500	104,000
1929	115,200	121,460	236,660	49,000	4,250	53,250
1930	104,600	130,990	235,590	44,000	―	44,000
1931	33,900	92,390	126,290	17,500	―	17,500
1932	―	72,900	72,900	―	5,000	5,000
1933	22,500	40,730	63,230	―	10,000	10,000

出典：三菱商事株式会社『立業貿易録』1958年、325～327頁。

向が硬質小麦・強力粉に変化したため、原料がカナダ小麦へシフトし始めたことによるものでもあった。カナダ小麦はその9割がイギリスに輸出されていたが[18]、1920年代半ばからは東アジアへの販路も開け始めたのである。日本製粉業には、「満州」を含む中国市場への輸出用小麦粉原料として、カナダ小麦は「恰好」であった。こうして、1920年代半ば以降カナダ小麦の対日供給量が増加して「世界市場に最も重要なる地歩を占め」るようになった[19]。また1925年からは、カナダ小麦プールが販売事業を開始し、シアトル支店はカナダ小麦の大部分をプールから買い付けることになる。

(2) 小麦粉輸出

①小麦粉需要の拡大

日本の小麦粉輸入量のピークは日露戦争前後の11万～12万トンであったが、第一次大戦中に輸入はほぼ途絶した。大戦後には再開するが、1922年の3万7,000トンが最大で、1920年代半ば以降はほぼ数千トンにとどまった[20]。このように、国内製粉業の発達により、1920年代における日本の北米小麦粉需要に

は限界があった。

　一方、東アジアの北米小麦粉需要は、「満州」を含む中国および東南アジアの諸都市において急増した。アメリカ小麦粉の対中輸出は、1924年に34万トンを記録したのち10万〜20万トンを推移したが、1929年には36万トン、1930年には27万トンと増加し、この間小麦輸出が数万トンに停滞したのとは対照的であった[21]。また、カナダ小麦粉の対中輸出も1920年代半ばから急増し、20年代末には40万トンを超えた。中国は、1920年代初めまでは小麦を自給し一部を輸出していたが、その後は輸入が急増して1922年頃からは小麦粉輸入を主とする「輸入国」に転じた。

　なお、製粉業が発達した上海は小麦粉供給地であり、上海粉は大連・天津・青島・福州など中国沿岸の需要地へ移出された。三菱商事上海支店は、1919年4月に福新麺粉廠製の小麦粉6,000袋を大連に輸出したが、これは三菱商事による小麦粉取扱の最初といわれている[22]。

　「満州」においても、北米小麦粉の輸入が1920年代前半から急増した。「満州」はほぼ一貫して小麦粉の輸入地域であり、中国・北米・日本小麦粉の競争が展開した[23]。三菱商事大連支店長三島清一の報告によれば、同地の小麦生産はもともと「大体ニ於テ自給自足ノ域ヲ出ヅル事大ナリトセズ」という状態で限界があった[24]。1920年に44万トン、翌年に21万トンを輸出して「一躍世界ニ名声ヲ馳セタ」こともあったが一時的なもので、1923年に不作となると、アメリカからの小麦粉輸入が急増したのである。

　　本年度〔1923年度〕全満州小麦希有ノ不作ニ基キ未ダ収穫期ヲ過グル幾
　　何ナラザルニ、外国（主トシテ米国）小麦粉輸入成約高ハ既ニ参壱百万袋
　　ニ達セントシ、更ニ開闢以来曾テ其事アルヲ聞カザル外国小麦ノ輸入ハ、
　　遂ニ我社ノ手ニヨリ一月積加奈陀小麦8,500屯、満船契約ヲ以テ茲ニ驚異
　　的新例ヲ開クニ至レリ

　北米からは小麦粉が主として輸入されたが、新たに小麦輸入も始まった。この報告書が作成された1923年において、「満州」の製粉業は「最近ノ発達ニ係」るものであり、当時あった64工場の多くは、「五、六年以来ノ開業ニ係ルモノ」

であったという。本報告書によれば、全「満州」の小麦粉生産量は35万トンであり、輸入量はその約1割にあたる3万トンであった。また、シベリア方面に向けては1.5万～2万トンの輸出があった。この報告書は、中国本土も「寧口需要国」で供給を期待できないから、不足の補填は「必然的ニ米国並ニ加奈陀ヨリナサルベキヲ直感スベク、不得止バ或ハ豪州ヨリモ為サルルヤモ不知」と、北米・豪州からの供給に依存することを予想しており、同年を北米小麦・小麦粉輸入の「千載一遇ノ好機」と捉えていたのである。

②シアトル支店の小麦粉輸出

シアトル支店は1922年の早い時期から、アメリカ小麦粉の取引を始めた[25]。まず、アメリカ太平洋岸の製粉業者の先導により取引が展開した。翌1923年になると、アメリカ小麦粉、カナダ小麦粉ともに取引量が急増して、それぞれ28万バレル、12万バレルとなり、北米小麦粉取引における「一流業者たる我社の地位」が「確定」したという（表4-2）。なお、アメリカ小麦粉が1925年に一時増加するのは、大西洋岸からパナマ運河経由で、東アジアに輸出されるようになったからといわれる。

大連支店は1921年から、シアトル支店を通じてアメリカ・カナダ小麦粉の輸入を開始し、「緑三菱印」の商標を付して販売して北米小麦粉のブランドを確立させた。「満州」の小麦粉不足が本格化した1924年からは、日本産小麦粉の輸入も始まった[26]。大連支店長三島清一はシアトル支店長島谷脩蔵に対し、1925年9月、大連における小麦粉輸入の再開とその発展を次のように述べている。

> 久シク途絶ヘ居タル貴我小麦粉取引ハ、去ル六月中旬加奈陀粉「紅龍」印2万袋満粉向ニ端ヲ発シ、爾来著シキ活況裡ニ最近 Diamond Seal Brand 2万袋……ヲ加ヘ合計80万3,000袋ノ多額ニ上リ、時ニ契約ノ輻輳ニ鑑ミ多少ノ手加減ヲ加ヘタルニ不拘、尚且当地米加粉全契約ノ約4割ヲ占メ得タル段御同慶ナリ[27]

「北満州」地方の小麦作は1924～25年に不作となり、とくに25年は平年の約

3割の収穫にとどまった。このため大連支店長は、小麦不作は大部分の北満製粉業を休業に追い込んで、小麦・小麦粉の輸入が「益々有望」となったと述べている。1925年の大連小麦粉需給は、上海・日本からの供給を加えても不足したので、北米からの輸入が必要とされた。こうして大連支店長は、「今後当地方需要ノ麦粉ハ主トシテ貴地方ノ夫ニヨリ補ハレサルヘカラスト思フ」と、北米小麦粉による補填を期待するほか、旧正月に向けての需要増を予想し、「貴我取引ハ今後一層ノ発展ヲ期待シ得ヘキ」とシアトル支店に協力を要請したのである。

また天津との取引についてみると、1922年以来シアトル支店・天津支店間に小麦・小麦粉取引が試みられ「屢々電文」が往復したが、当初は英米系の商社や、「米国航路船ヲ自ラ有スル」三井物産などの「有利ナル地歩ニ圧セラレ」て参入できなかった[28]。しかし、1923年に初めて、シアトル出張所の「多大ナル援助」により小麦5,500トン、小麦粉2万袋が成約し、「漸ク其宿望ノ一端」を遂げたのであった。取引相手の寿星製粉公司は三井物産と取引があったが、シアトル出張所とも引合中と報告されている。

ところが、1927年に三菱商事と日清製粉が提携し、日清産小麦粉の一手委託販売契約が成立すると、日清製小麦粉の販売が優先されることになり、シアトル支店の小麦粉取扱は縮小した。ただし、アメリカ小麦粉については、例外的にシアトルのフィッシャー製粉の製品が1930年まで「満州」に輸出された。その後は、日本粉・豪州粉の台頭により東アジアへの北米小麦粉輸出は急減していくのである[29]。

第2節　シアトル支店の小麦・小麦粉取引

(1) 小麦仕入

①アメリカ小麦

1920年代半ばにおけるシアトル支店の小麦・小麦粉取引の拡大は、産地の荷

主や商人からではなく、シアトル、ポートランド、バンクーバーなど太平洋岸積出港に拠点があるアメリカ・カナダの穀物輸出商、およびカナダの小麦プール組織から北米小麦を仕入れる取引によって実現していた。

すなわち、シアトル支店のアメリカ小麦仕入相手は、ノーザン穀物倉庫（Northern Grain & Warehouse Co.）、ストラウス（Strauss & Co.）、バルフォア・ガスリー（Balfour Guthrie & Co.）、グレイ・ローゼンバウム穀物（Gray Rosenbaum Grain Co.）、ケル・ギフォード（Kerr Gifford & Co.）、フォスター（W. H. Foster、1925年まではブンゲ・ウェスタン穀物 Bunge Western Grain Co.）など太平洋岸北部の穀物輸出商からであった（以下、表4−3）[a] 30) 31)。

これらの穀物輸出商のうち、事業内容が概観できるものをみると、まず、ノーザン穀物倉庫は1909年、オレゴン州に設立されたが、1925年にストラウスに譲渡された[b]。そのストラウスは1922年に設立され、本社をポートランド、支店をシアトル、スポーカン、ワラワラ（以上ワシントン州）、ヘレナ（モンタナ州）においた。大株主のE. A. ストラウスはロンドンに在住し、ニューヨークに穀物輸出を営むE. A. ストラウス社の社長も兼ね、多角的に関連事業を営んでいた。また副社長・総支配人であるA. E. サットンは、はじめノーザン穀物倉庫に関係したが、ストラウスの創業から経営に関わった。同社は産地の生産者や商人から小麦を仕入れて国内製粉業者に供給するほか、大西洋岸に輸送して欧州に輸出することを主要な業務とした[b]。

バルフォア・ガスリーは1869年、バルフォア・ウィリアムソン商会（Barfour Williamson & Co.）の支店としてサンフランシスコに設立され、1920年代にはニューヨーク、ロサンゼルス、ポートランド、シアトル、タコマ、バンクーバーに支店があった。同商会は、1841年にイギリスのリバプールに開業したのち、1899年にロンドンに本店を移し、支店をアメリカ太平洋沿岸の主要都市においた。19世紀末に穀物輸出商としての事業を確立したといわれ、1920年代末からは太平洋沿岸の小麦取引をきわめて活発に展開した。早期から産地買付と小麦集荷に乗り出し、産地にはエレベーターを展開して各所に事務所を開設するほか、ポートランドに製粉会社、サンフランシスコに倉庫会社なども経営してい

表4-3 シアトル支店の小麦・小麦粉仕入量（取引相手別）

(単位：小麦＝トン／小麦粉＝バレル)

	取引相手	本店	1921	1922	1923	1924	1925	1926	1927
小麦	Strauss & Co. (1)	P	26,850	14,700	70,250	4,500	25,000	13,500	33,500
	Kerr Gifford	P	—	8,000	66,050	1,000	—	14,500	11,500
	Balfor Guthrie	SF	3,000	1,500	3,250	2,300	3,000	18,200	12,000
	W. H. Foster (2)	ST	—	—	23,900	23,000	55,500	4,500	1,500
	H. W. Collins	PD	—	—	—	—	—	5,400	18,200
	I. C. Stanford Grain Co.	P	—	—	—	—	—	—	600
	Canadian Cooperative Wheat Producers, Ltd.	W	—	—	—	—	35,800	35,400	129,800
	James Richardson & Sons, Ltd.	K, W	3,000	3,500	35,000	27,300	16,200	4,000	18,200
	James Stewart Grain Co. (3)	V	1,000	5,500	1,500	—	—	—	18,350
	Canada Grain Export Co.	V	—	—	27,111	9,133	1,300	4,800	—
	Vancouver Milling & Grain Co., Ltd.	V	10,000	22,000	725	—	—	—	1,000
	合計		43,850	55,200	227,786	67,233	136,800	100,300	244,650
小麦粉	Strauss & Co.	P	—	30,000	110,500	37,116	9,500	10,000	12,500
	Kerr Gifford	P	—	10,000	12,500	—	—	—	15,000
	Balfor Guthrie	SF	—	3,310	7,000	—	—	—	—
	Fisher Flouring Mills Co.	ST	—	50,000	71,000	23,000	30,000	10,000	10,000
	H. W. Collins	PD	—	—	50,000	—	—	—	—
	Sperry Flour Co.	SF	—	—	10,000	—	—	—	—
	Pillsbury Flour Mills Co.	M	—	—	—	—	19,750	15,000	—
	Terminal Flour Mills Co.	P	—	—	—	—	10,000	—	2,000
	Maple Leaf Milling Co., Ltd.	T	—	—	—	14,250	53,000	25,500	7,500
	Lake of the Woods Millin Co., Ltd	M	—	—	—	10,000	8,750	10,000	15,000
	Robin Hood Mills, Ltd.	C	—	4,500	30,000	12,500	58,750	27,500	15,000
	Canada Grain Export Co.	V	—	—	102,500	14,880	53,000	37,500	—
	Vancouver Milling & Grain Co., Ltd.	V	—	—	—	2,000	15,000	—	—
	Western Canadian Flour Mills Co., Ltd	T	—	—	—	—	—	—	5,000
	合計		—	97,810	393,500	113,746	257,750	135,500	82,000

出典：'LIST OF MAXIMUMS OF OUTSTANDING CONTRACTS EXTENDED TO OUR SELLERS', (E 42/C 392) の付属書類による。
注：1）本店位置は、P：ポートランド／SF：サンフランシスコ／PD：ペンドレントン／M：ミネアポリス／W：ウィニペグ／K：キングストン／V：バンクーバー／T：トロント／M：モントリオール／C：カルガリー。
　　1）1921～22は Northern Grain & Werehouse Co.
　　2）1923～25は Bunge Western Grain Co.
　　3）1921～23は Alberta Pacific Grain Co.

る(b)。

　ケル・ギフォードは、ノース・パシフィック穀物 (North Pacific Grain Co.) の事業を継承して1917年に設立された。主要な産地や集散地に本支店があり、1920年代には本店をポートランド、支店をシアトル、バンクーバー、スポーケ

ン、サンフランシスコ、レビストン（アイダホ州）、ダレス、ワロウス（以上オレゴン州）ほかの各地においた。スコットランドの大株主ピーター・ケルおよびアンドリュー・ケルの一族は、ロンドンに本店をかまえて穀物ビジネスに従事したが、1893年にピーターがW. S. ギブソンと提携してギブソン＆ケルと称しポートランドに開業した。両者の関係は1899年に解消したが、ピーターはアンドリューとT. B. ギフォードをパートナーとして事業を再開した。なお、ギフォードは1907年に引退したが、現行会社が1916年にノース・パシフィックを合併して発足したのちにも社名を変えなかった。同社は、太平洋岸小麦を欧州や東アジアへ輸出することを業務としたが、同時に多くの関連事業を営み、製粉工場をオレゴン州に経営して国内外に取引を展開した。また、小麦産地には多くの支店や代理店を設置し、小麦取引のため太平洋岸の鉄道沿線に倉庫会社を経営した。積荷はポートランドやピュージェット湾岸まで鉄道輸送されて保管され、チャーター船や定期船により、イギリスや欧州大陸に輸出された(b)。

②カナダ小麦

シアトル支店は1921年から、カナダの穀物輸出商との取引を始めた。1920年代初めの取引先には、バンクーバー製粉穀物（Vancouver Milling & Grain Co.）、アルバータ・パシフィック穀物（Alberta Pacific Grain Co.）、ジェイムス・リチャードソン＆サンズ（James Richardson & Sons）、およびカナダ穀物輸出（Canadian Grain Export Co.）などがあった[32]。

それらのうち、ジェイムス・リチャードソン＆サンズは1909年に設立され、本店はキングストン（オンタリオ州）にあったが、実務の本拠はウィニペグ（マニトバ州）におかれた。支店はカナダの主要産地や集散地に展開し、1920年代にはトロント、ポート・アーサー、フォート・ウィリアム、カルガリー、サスカトゥーン、エドモントン、ムース・ジョー、バンクーバーにおかれた。同社は、カナダ西部にカントリー・エレベーターのラインを展開し、小麦産地や倉庫から直接仕入れた小麦を、スペリオル湖沿岸のフォート・ウィリアムやポート・アーサーにあるターミナル・エレベーターに輸送するほか、バンクーバー

にも相当量を搬出した。1920年代の社長リチャードソンはウィニペグのパイオニア穀物（Pioneer Grain Co.）の社長を兼務するほか、カナダ航空（Canadian Airways）社長、インターナショナル・ニッケル（International Nickel）、グレイト・ウエスト生命保険（Great West Life Assurance）、カナダ商業銀行（Canadian Bank of Commerce）などの役員も兼ね、また、ウィニペグ穀物取引所の社長も務めた。彼のいとこもウィニペグで株式仲買業を営んでいた。このように、リチャードソンは穀物輸出商を営むほか、関連事業など多くの経営に関与し、カナダ実業界の要衝にあった(c)。

　カナダ穀物輸出は小麦・小麦粉の輸出を目的に1923年にバンクーバーに設立された。同社はウィニペグとバンクーバーの取引所の会員権を有しており、社長シェリーはカナダ製パン事業にも関与し、副社長パッリッシュもウィニペグ取引所会員で、マニトバ生命保険などの役員も兼ねていた。支配人マッキーは当社の経営に精通しており、1922年からバンクーバー製粉穀物の総支配人でもあった。世界各地とコンタクトを確立して投機を排した堅実な取引を行い、発足以来、オジルヴィー製粉（Ogilvie Flour Milling Co.）の専属代理店として、アメリカ太平洋岸諸州ほか太平洋沿岸の国々に向けた販売にあたった(b)。

　1920年代後半になると、シアトル支店の取引先にカナダ小麦プール（Canada Cooperative Wheat Producers）、ジェイムス・スチュワート穀物（James Stewart Grain Co.）などが加わった。とりわけカナダ小麦プールは、カナダ西部のアルバータ州産小麦販売の約55％を支配して、他社を大きく引きはなしていた。シアトル支店は1925年にカナダ小麦プールを通じた取引を開始し、その有力構成員であるカルガリーのアルバータ小麦プール（Alberta Wheat Pool）との取引を活発化していく(d)。

（2）小麦粉仕入

①アメリカ小麦粉

　シアトル支店がアメリカ小麦粉の集荷を始めたのは、ミネアポリスのピルスベリー製粉（Pillsbury Flour Co.）からといわれ[33]、同社のほか、1930年当時

の信用限度表によればシアトルのフィッシャー製粉 (Fisher Flouring Mills Co.)、タコマのスペリー製粉 (Sperry Flour Co.)、ポートランドのピルスベリー・アストリア製粉 (Pillsbury-Astoria Flour Mills Co.)、ターミナル製粉 (Terminal Flour Mills Co.)、クラウン製粉 (Crown Mills.) などがあった（以下、表4-3）。

それらのうち、フィッシャー製粉は1910年に設立され、本店をシアトルに、支店をタコマ、ポートランド、サンフランシスコ、ロサンゼルスなどにおいた。社長O. D. フィッシャーは穀物問屋や他の製粉会社を傘下におき、副社長M. A. アーノルドらの役員は第一ナショナル銀行などの銀行経営にも参画している。同社の製品は米国内の需要に応じて積極的に販売したといわれるが、シアトル支店に対しても1922年からまとまった量を供給している。

ところで、シアトル支店に小麦を供給した穀物輸出商ケル・ギフォードは、製粉業にも進出し、オレゴン州のオルバニー、ユージン、ポートランド、ダレスに製粉工場を経営した。また、1920年代末には同州ペンドルトンのコリンズ製粉 (Collins Flour Mills) をリースして、国内外に向けた小麦粉生産に乗りだしている。ケル・ギフォードのほかストラウス、バルフォア・ガスリーなどの穀物輸出商も同様に、製粉業にも経営を拡げており、小麦・小麦粉双方をシアトル支店に供給していたのである[b]。

②カナダ小麦粉

1920年代におけるシアトル支店のカナダ小麦粉取引の激増は、カナダの代表的な3社、ロビンフッド製粉 (Robin Hood Mills, Ltd.)、メイプル・リーフ製粉 (Maple Leaf Milling Co.)、およびウッズ湖製粉 (Lake of the Woods Milling Co.) からの供給によるものであった[34]。

まず、ロビンフッド製粉はアルバータ州カルガリーに本社をおき、1920年代末にはカルガリーほか3工場、モントリオール、バンクーバーほかカナダ国内に4支店を有していた[a]。同社の創立は1916年であり、原料小麦の供給を目的に発足した中西部穀物 (Mid West Grain Co.) や、バンクーバーのターミナ

ル埠頭倉庫（Terminal Dock & Warehouse Co.）を合併し、1926年にはサスカッチェワン州サスカトゥーン郊外の製粉プラントをリースしたのちに併合して経営を拡大した(b)。

メイプル・リーフ製粉は1910年に設立され、本店をトロントにおき、ウィニペグ、モントリオール、オタワ、ハミルトン、セントジョーンズ、バンクーバーのほか、ニューヨークとロンドンに支店を構えた。同社は、キャンベル製粉（Campbell Flour Mills Co. Ltd.）などを子会社としながら事業を拡大し、1930年代初頭にはカナダ西部三州の主要地点に60の小麦エレベーターを展開して、カナダ製粉業界の支配的な位置にあった。同社のポート・コルボーン（オンタリオ州）の製粉工場はカナダ最大といわれ、輸出市場向けの製粉工場が小麦産地に戦略的に設立された。社長のジェイムス・スチュワートはカルガリーのアルバータ・パシフィック穀物（バンクーバーのジェイムス・スチュワート穀物は同社の子会社）も経営しており、穀物輸出商を兼ねていた。すでにみたように、アルバータ・パシフィックおよびジェイムス・スチュワートは、シアトル支店の有力な小麦仕入相手であった。また彼は、モントリオール銀行の重役でもあった(a, b)。

また、ウッズ湖製粉は1887年、モントリオールに設立され、1920年代末にはトロント、オタワ、ポートウィリアム、カルガリー、バンクーバー、ビクトリアなどカナダ国内に17の支店を有し、そのほかロンドン、ウィニペグに事務所があった。1920年代末に同社は6つの製粉工場、125のエレベーター、さらにカナダ東部・西部に子会社2社による製パンチェーンを有していた(a, b)。

(3) 取引形態

①穀物輸出商との関係

シアトル支店はこのように、産地における仕入活動には直接関与せず、太平洋岸積出港の穀物輸出商本支店、カナダ小麦プールなどの共同販売組織、および製粉業者を小麦・小麦粉仕入の相手とした。これらの穀物輸出商や販売組織は、アメリカ太平洋岸やカナダ西部の小麦産地の生産者や仲買人から小麦を集

荷して国内の製粉業者に供給するほか、自ら欧州へ輸出し、さらに東アジア市場輸出向けに、太平洋岸積出港においてシアトル支店などの商社にも供給したのであった。また、関連事業などを多角的に経営するものもあった。

シアトル支店はこれらの有力穀物輸出商などと親密な関係を形成し、有利な条件で小麦や小麦粉の供給を受けていた。シアトル支店が1920年代初めに、「我社が新参にも拘らず先進各社に伍し急速に相当の業績を挙げることが出来たのは、同社〔ノーザン穀物倉庫〕の協力に負ふ処少くない」[35]といわれたように、1920年代初めから半ばにかけての小麦取引の急増は、これら穀物輸出商の小麦供給や情報提供によるところが大きかった。すなわち、シアトル支店はストラウス、ケル・ギフォード、およびバルフォア・ガスリーの3社に対し、事業を円滑に進めるため友好的に接近した。とくにストラウス社とは常に良好な関係を維持したため、同社は競争他社よりもシアトル支店に優先権を与えてくれたという[c]。

カナダ小麦についても、シアトル支店は1921年の取引開始以来、小麦プールを除けば、ジェイムス・リチャードソン&サンズと最も多量の取引を安定的に継続していた。シアトル支店は、同社との関係について、「同社役員の間には大変友好的な感情が存在しており、我々は将来この喜ばしい関係の永続を損なってはならない」と特記している。同社役員たちはシアトル支店に種々配慮して協力的であり、シアトル支店はその供給に依存することができたのである。

また、カナダ穀物輸出が設立されたのは1920年代初め、シアトル支店がカナダ小麦取引に参入した頃であるが、同社の「立役者」であるR.マッキーとも親密かつ友好的な関係が形成された。マッキーは常にシアトル支店との取引を切望し、大量の取引を実現したという。シアトル支店はのちに、三菱商事が北米小麦粉取引から撤退した1930年代初めに、「我社が小麦粉取引を再開するときには、以前のように同社は、最良のサプライヤーの一つとなるであろう」と、1920年代の同社との取引を回顧している[b]。

シアトル支店は、カナダ小麦プールとも同様の関係を築いた。同支店は、1920年代後半から30年前後にかけて、同プールとも親密な関係を形成して集荷

の安定をはかることに成功したのである。カナダ小麦プールとの取引は急増して他社を圧倒していくことになる。シアトル支店は、プール経営陣との関係形成について次のように述べている。

  カナダ小麦プール西部代理店のO. Z. ブキャナン氏は長年カルガリーにあったが、バンクーバーに移って販売活動を担当するので、R. D. パルディ氏がカルガリーで総支配人となった。我々は、これらの組織との関係を大変親密にすすめる方針であったが、彼らも最大限の協力でそれに応じてくれた。結果としてアルバータ小麦プールは、シアトル支店の最も重要なカナダ小麦供給者となった。当店は長期にわたって、ブキャナン氏との親密で友好的な関係に恵まれた。同氏はパルディ氏とともに、我社に親切で誠実な関心をはらい、我々とのビジネスの促進をいつも切望してくれた。バンクーバーの背後に広がるカナダ小麦ビジネスに占める、アルバータ小麦プールの重要な位置を考慮すれば、同組織と我社との間に現在存在する友好関係を維持するため、我々は常に努力しなければならないのだ[d]。

また、ロビンフッド、メイプル・リーフ、ウッズ湖などカナダの有力製粉業者とも同様の関係が形成された。つまり、シアトル支店は、やはり1930年代初めに、次のようにこの有力3社との関係を回顧している。

  もし、カナダ小麦粉取引が再開するなら、そのときは上記3社と親しく取引すべきである。なぜなら手厚い便宜、取引の確実さ、また魅力的な価格の提示という事実がそこにあったからだ[b]。

②売買約定と委託品契約

これらの穀物輸出商は、シアトルなど太平洋岸積出港までの運賃ほか諸経費を含むFOB価格で、シアトル支店に引き渡していた。例えばケル・ギフォードの場合、イギリスや欧州大陸に向けては、積出港FOB価格に陸揚地までの運賃・保険料などを加えたCIF価格で取引したが、シアトル支店など東アジア向け輸出に携わる商社には、積出港までのFOB価格で売り渡していた。また、カナダのジェイムス・リチャードソン&サンズやカナダ穀物輸出が供給する小

第4章 三菱商事シアトル支店の北米小麦・小麦粉取引　115

表4-4　(1)　売買約定残高明細表（1924年10月31日）

No.	品名	買約年月	買約先	受渡方法	契約数量	単位	売約年月	売約先	契約数量
1	濠州小麦	1924.9	シドニー支店	fob シドニー	6,500	英トン	1924.9	日本製粉	6,500
2	濠州小麦	1924.9	シドニー支店	cif 横浜	2,000	英トン	1924.9	松本製粉	2,000
3	濠州小麦	1924.9	シドニー支店	fob シドニー	6,000	英トン	1924.9	日清製粉	6,000
4	米国小麦	1924.9	シアトル支店	cif 横浜	1,000	米トン	1924.9	日清製粉	1,000
5	カナダ小麦	1924.10	シアトル支店	fob バンクーバー	700	米トン	1924.10	日本製粉	700
6	カナダ小麦	1924.10	上海支店	cif 横浜	1,000	米トン	1924.10	日清製粉	1,000
7	カナダ小麦	1924.10	上海支店	cif 横浜	1,000	米トン	1924.10	日清製粉	1,000
8	カナダ小麦	1924.10	上海支店	cif 横浜	1,000	米トン	1924.10	日清製粉	1,000
9	カナダ小麦	1924.10	上海支店	cif 横浜	1,000	米トン	1924.10	松本製粉	1,000
10	カナダ小麦	1924.10	シアトル支店	cif 横浜	100	米トン	1924.10	日清製粉	100

表4-4　(2)　委託品契約残高明細表（1924年10月31日）

No.	品名	契約年月	関係店	受渡方法	契約数量	単位	金額(円)	委託先	手数料指定額	手数料率(％)
1	カナダ小麦	1924.8	シアトル支店	cif 横浜	1,500	米トン	74,550	日本製粉	900	1.25
2	カナダ小麦	1924.10	シアトル支店	fob バンクーバー	2,000	米トン	163,650	日本製粉	2,200	1.25
3	カナダ小麦	1924.10	シアトル支店	fob バンクーバー	2,000	米トン	169,650	日本製粉	2,200	1.25
4	アメリカ小麦	1924.10	シアトル支店	fob バンクーバー	2,000	米トン	103,700	日本製粉	1,400	1.25
5	アメリカ小麦	1924.10	シアトル支店	fob バンクーバー	4,000	米トン	205,400	日本製粉	2,800	1.25
6	カナダ小麦	1924.10	シアトル支店	fob バンクーバー	6,000	米トン	494,700	日本製粉	4,100	1.25
7	カナダ小麦	1924.10	シアトル支店	fob バンクーバー	500	米トン	23,020	日本製粉	700	1.25

出典：三菱商事株式会社総務部『穀肥部長事務引継書』1924年11月14日（MC-00684）。

麦や小麦粉の多くも、直接海外の取引先に対しFOBもしくはCIFで引き渡している[b]。

　シアトル支店に供給された小麦・小麦粉は、三菱商事（シアトル支店・本店穀肥部）が購入して日本国内の製粉業者に売り捌かれるか、もしくは三菱商事の仲介により国内製粉業者が直接購買するか、二つの取引方法があった。これを、シアトル支店長の引継書類によって、1924年10月末日の取引残高についてみのが表4-4である。まず、(a) 売買約定取引は、シアトル支店が穀物輸出商から購入し運賃・保険を負担して送付する北米小麦を本店穀肥部がCIFによる一定の引合価格で買約し、それを日清製粉・日本製粉など国内製粉業者に売約して価格差を利益とする取引である。また、(b) 委託品契約取引は、シアトル支店・本店穀肥部が穀物輸出商からFOB価格で供給される北米小麦を国内製粉業者に委託販売するもので、買手は1.25％の手数料を負担した。いず

れも、シアトル支店・穀肥部が北米穀物輸出商および国内製粉業者の間にたち、取引条件を調整して引合を成立させる、「出合取引」と呼ばれる取引方法であった。これは当時、高田商会や鈴木商店など一部の商社がしばしば行う思惑取引とは異なり、リスクを回避した取引であった。1928年7月の新聞記事は、次のように報じている

> 外国小麦の買付けでは、かつて高田商会や鈴木商店が活躍したものであるが、彼等に思惑があったために却て自からが自分の墓穴を掘るの結果となった。何故かというに、大体三井、三菱、古くて鈴木、高田などは、いずれも製粉会社の注文、即ち小麦及び何月何日の何処積みということまで明示された上で買付を委託されるものである。それを鈴木や高田は、この機会にというわけで自分の計算、即ち思惑をもこめて委託されたよりも以上のものを買付ける常習犯であったのだ[36]。

ところで、(a)(b)どちらの取引も、対日輸出の場合、大口需要者として国内製粉業者の存在が取引上きわめて重要になる。したがって、小麦の有利な仕入先を確保したシアトル支店のもうひとつの課題は、提携相手とすべき有力な国内製粉業者を見いだすことであった。

③日清製粉との提携

シアトル支店長は1925年3月、本店穀肥部長谷井光之助に長文の書簡を送って、シアトルの北米小麦輸出商社間で競争が激化していること、北米小麦の有力な販売先が必要なこと、日清製粉がその「申分ナキ」相手であることを伝えた[37]。すなわち、1924/25年度には北米小麦の減収、円為替の低落、欧州の大量買付などによって相場が先高傾向となり、シアトル支店の取扱数量が大幅に減少したという困難な状況をまず指摘したうえで、集荷した小麦の販売先について、「至急大量買付方度々貴方ヲ通ジ日本買手筋へ加入相試ミ候へ共、貴地方所在各製粉会社ハ兎角濠州小麦トノ比較見送気迷ノ様子」と、豪州小麦の台頭によりその確保が難しい旨を述べている。

穀物輸出商からの供給を確保したシアトル支店・本店穀肥部は、有力国内製

粉業者と特定の取引関係の形成を目指した。シアトル支店はこの書簡のなかで、その相手として日清製粉を想定し、次のように続けている。

　　貴方御関係ノ買手ノ中、日清製粉会社ノ如キハ信用確実、営業振堅実ニシテ、吾社ノ取引相手方トシテ申分ナキノミナラズ、近来会社ト吾社幹部トノ間ニハ或程度ノ了解モ出来、両者ノ関係益々密接トナリツヽアル様聞及ビ居候ニ付テハ、前述ノ諸事情御考慮ノ上、此際日清製粉会社ノ幹部ト御懇談御協議下サレ、砂糖取引ニ於ケル吾社対明治精糖会社間ノ協定ノ如ク
　　一、会社所要外国小麦ハ全部吾社ノ手ヲ通シ買付クル事
　　一、外国小麦買付ニ関連シテ、其所要船腹取極、為替約定ニ付テモ吾社ニ於テ最前ノ努力ヲ尽ス事
　　一、右買付ニ要スベキ吾社電信料其他直接費用ハ全部日清ノ負担トシ、別ニ一定ノ買付手数料ヲ貰受クルカ或ハ cif 打切制度ニヨリ吾社一手ニテ買付クル事
　　ニ取極願度ト存候処、御高見如何ニ御座候哉、御異存ナクバ至急右協定実現方御配慮相煩度候[38]

つまり、日清製粉が仕入れる原料輸入小麦はすべて、その輸送・為替業務も含めて三菱商事が取り扱うという提案であった。さらにシアトル支店長は、

　　右ノ如キ協定成立ノ上ハ、貴方ヨリハ市場成行ニ就テノ information ハ勿論、買付時期ニ就テノ suggestion 等モ能ク会社ヘ提供可致、尚日清製粉ニ於テ会社買付外麦並ニ売約麦粉ニ対スル cover 又ハ hedge ノ目的トシテ、市俄古又ハウヰニペッグ定期市場ニ於テ買建売建スル事ヲ希望致ス様ニ候ハヽ、当方ハ勿論喜ンデ之ニ応ジ万事代理取扱可致、要ハ吾社ノ日本ニ於ケル外麦取引上、或種ノ動カザル基礎ヲ建設スルコトガ最モ肝要ニシテ、且取扱数量ヲ増加シ確定的利益ヲ収ムル上ニ於テ、最モ必要ナル事ト存候ニ付、何卒可然御配慮相煩度候[39]

と述べ、日清製粉に対しては、取引に関する諸情報の提供や、ヘッジを目的としたシカゴ・ウィニペグ両定期市場への売繋ぎ業務の受託を提案している[40]。

このように、安定した大口取引相手との提携が小麦取引の「動カザル基礎」となるという提案であった。また、翌4月にも穀肥部長に書簡を送って、日清製粉のような「一流需要者」との提携の重要性をくり返し述べ、特別な関係の形成が「肝要」であると強調している。

　　要スルニ小麦ニ限ラズ何レノ商品ニアリテモ、将来吾社ノ取引ヲ発展セシメンガ為ニハ、現在ノ如キ単ナル仲介業者ノ立場ヲ以テ満足セズ、更ニ進ンデ買付及販売ニ付、供給者及ビ需要者ノ双方、或ハ少クトモ何レカ一方ト何等カノ形式ニ於テ特種ノ契約又ハ了解ヲ遂ゲ、一般同業競争者ガ容易ニ割込ミ得ザル関係ト基礎トヲ築キ上グル事ガ最モ肝要ト思フ[41]

日清との提携は1926年12月末に成立し、翌1927年3月1日から実施されることになった。原料小麦の買付については、次のような一手委託の契約が結ばれ、シアトル支店の提案がほぼ実現したのである。

　　一、買付口銭は積出港 cif 値段の一％
　　一、海上保険、為替、船腹の取極めは三菱に一任
　　一、三菱は外国市場の市況、需給状態等を正確迅速に日清に報告する[42]

また同時に、三菱商事が日清製小麦粉の輸出販売を一手に委託するという契約が結ばれた。なお、この3カ条からは、シアトルからの小麦輸送に三菱商事船舶部が関与していたことがうかがえる。1923年12に三菱商事の持船全部を日本郵船の子会社に売却する契約が成立し、その後は傭船に依存した。しかし、「昭和初頭」から「船腹増強」がはかられ1926年2月には、ディーゼル・モーター船2隻が長崎造船所に発注された[43]。船舶部長早川茂三はその前年2月、木材と小麦の輸送のためディーゼル・モーター船の配船を提案している。すなわち、船舶部長は、「当社北米航路開始」は「各場所同様当方予ての宿望」であるとし、「差当り北米航路を確立し以て将来我社の進運に資せん事最も緊要の事なりと信ずる」と述べ[44]、自社船による小麦輸送に積極的な姿勢をみせていたのである。日清との契約がCIFを基本とし、船腹や保険の三菱一任が定められていたように、船舶部の新型貨物船就航を前提とした契約であったといえよう。

ところで、1925年3月から4月にかけて、シアトル支店長が穀肥部長に提出した上記の書類からは、日清製粉との提携が同支店の北米小麦粉取引を制約することに関する記述は見いだせない。しかし、北米小麦粉は東アジアの小麦粉市場において、日清製粉の製品と競合する可能性があるため、北米小麦粉取扱の激減が現実のものとなった[45]。これまで、現地の穀物輸出商や製粉会社との関係を涵養しながら仕入活動を展開してきたシアトル支店は、小麦粉取引からの撤退に難色を示すことになる[46]。

第3節　国際小麦取引の構想

(1) 計画

①国際商品としての小麦

1920年代半ばの小麦・小麦粉輸出の拡大に伴い、シアトル支店や本店穀肥部は仕向先を中国・日本など東アジア市場に限らず、欧州市場への輸出も構想していった。同支店は、1922年末から23年初めにはその検討を始めており、計画は本店に報告された[47]。これは、「国際小麦取引」と称され、ロンドンおよびシアトル両支店の研究によるものであった。国際商品である小麦を外国間貿易の有力な商品と位置づけて、シアトル支店が仕入れた北米小麦をロンドン支店へ販売するという外国間取引の計画である[48]。

本店穀肥部は、この計画に基本的に同意した。次のように、欧米系商社とのきびしい競争に参入するため慎重な準備を求めて不明点をただしながらも、新たな小麦取引に積極的姿勢を示したのである。

　　我々〔本店〕は、対欧小麦・小麦粉輸出が十分考慮に値する取引であるというあなた〔シアトル支店長〕の意見に一致し、できるだけ早く我社がこの取引に参加することを切望する。しかし、数十年の経験を有する他社と並んでこの業務を行うには、非常な配慮と努力が必要であり、きびしい競争に備えなければならない[49]。

②1923年の計画

　本店穀肥部はシアトル支店に対し1923年5月、同支店を購入店、ロンドン支店を販売店として、カナダ小麦の対欧輸出取引見込限度10万ドルを許容した[50]。これはシアトル支店に対し「試験的」に「許与」したものであり、「漸次経験ヲ積ム方針」と「堅実ナル方法」をとり、取扱数量・利益の多寡にかかわらず「仮令少額ナリトモ確実ナル利益」を求めたものであった。これを実行する場合には、本店へ「改メテ伺出」が必要とされた[51]。

　同時に、本店穀肥部はシアトル支店にいつくかの指示を与えたが、その第1はリスクをできる限り「軽減」し、大なる利益はなくてもよいが、「些少」であっても損失をもたらさないこと、第2は「十中八、九まで見込確実」な場合に限り見込取引を行うこと、第3は利益が出た場合は「敏速」に「手仕舞」し、また損失の場合もすぐ「手仕舞」して取引額の5％以内にとどまるよう留意すること、第4は見込限度を「fullニ使用」するという「観念」をすて、最小限度のリスクにより取引すること、第5はシアトル、ウィニペグ市場の「仲介人」は「信用」ある「確実」な者を選ぶこと、第6はロンドン支店と具体的取引方法を折衝することであった。本店はシアトル支店に対し、この取引を可能な限りリスクを避け慎重に実施するよう指示したのである。

　ところで、第6の取引方法とは、具体的には次のとおりであった[52]。すなわち、①シアトル支店は午後にロンドン支店宛に電信でオファーし、②ロンドン支店はこれをその翌日の午前9～10時（ロンドン時間）に入手し、ブローカーを通じて売却して、その日の午後4時半（同）までにシアトルに向けて返電する（シアトル-ロンドン間は時差8時間）。③この成約の電報はシアトル発電の翌日午前10時頃までにシアトル支店に届き、これを受け取った同支店は、ウィニペグ定期市場に同量の小麦を買繋いでおくが、これは、後日同支店が現物を買い付けたときに売り外す、という手順である。つまり、シアトル支店は、当日午後ロンドン支店に売注文したカナダ小麦の売約の報を翌日午前10時頃までに受け、直ちにウィニペグ定期市場に買繋いでヘッジをかけるという取引であった。なお、この計画がアメリカ小麦を対象としなかったのは、「当時米国

小麦ノ思惑ヲ企テザリシハ Chicago 定期市場ガ太平洋岸小麦相ト相関的関係薄ク hedge ノ目的ニ適セザリシニ因ル」[53] といわれたように、ヘッジをかけるシカゴ定期市場の相場が、アメリカ太平洋沿岸の小麦相場との関係が薄く、その機能を果たさなかったからであった。定期市場に有効なヘッジをかけることがこの取引の前提となっていたのである。

(2) 実施断念

①現地穀物輸出商との競合

しかし、この1923年の計画は実現にいたらず、1925年まで「一回ノ成約ヲモ見」ないで、1926年1月には見込限度が廃された。実施されなかった理由として、1927年10月に作成された書類は、①ロンドン支店には経験ある担当者が存在せず商機の把握に専念できなかったこと、②太平洋沿岸積の欧州向け小麦は成約の機会が比較的少なかったこと、の2点をあげている[54]。

しかし、シアトル支店長は1925年12月、より抜本的な要因について穀肥部長宛に次のように報告している[55]。つまり、カナダ西部小麦の有力な仕入先は、先にみたカナダ小麦プール、ジェイムス・リチャードソン＆サンズ、アルバータ・パシフィック穀物、さらにストラウス、ケル・ギフォード、バルフォア・ガスリーなどであったが、それらは、太平洋沿岸小麦の対欧州市場輸出を主要な業務とする穀物輸出商や小麦プールであり、いずれも欧州を有力取引先とし、ロンドンなどに本店を有するものもあった。つまり、ジェイムス・リチャードソン＆サンズは欧州の主要市場に多年取引を続ける代理店を有し、アルバータ・パシフィックは同系列の会社が英国で代理店を営んでいた。カナダ小麦プールは欧州各国の主な市場に出張員を配置していた。また、バルフォア・ガスリー、ストラウスはロンドンに本社があり、ケル・ギフォードも事実上同様であった。ブンゲ・ウェスタン・グレインはアムステルダムのブンゲ・ボーンが事実上の本社であった。さらに、カナダ穀物輸出は欧州各国市場に密接な取引先があったのである。

シアトル支店は、これら北米の穀物輸出商と良好な取引関係を形成・維持し、

東アジアへ輸出する小麦・小麦粉の仕入に種々の便宜を供与されていたが、それはシアトル支店の取引先が東アジア市場に限定され、欧州市場においては直接競合関係にないことを前提とするものであった。したがって、シアトル支店が対欧小麦輸出に参入すれば、穀物輸出商から「競争者」と見なされ、良好な関係に「面白カラザル影響」を与えることが予想されたのである。このためシアトル支店は、支店長が次に報告したように、対欧小麦輸出の実施については「十二分ノ用意ト深甚ナル考慮ヲ払フ必要アリ」と判断するようになった。

　御承知ノ通リ、現在及過去ニ於ケル当方ノ加奈陀小麦輸出取引ハ事実上日本及支那向ニ限ラレ居ル為、別段書面ノ往復又ハ契約ハナキモ、前期有力ナル suppliers ハ何レモ、当方ヨリノ引合ハ全部常ニ東洋向ノモノナリトノ了解ノ下ニ、比較的割安ナル offer ヲ呉レ、又ハ精々切詰メタル値段ヲ以テ当方ノ bid ヲ引受ケ呉レ居ル次第ナルガ、若シ当方ニテ一度欧州取引ヲ開始セバ、前記ノ各 suppliers ハ何レモ当方ヲ東洋向輸出業者ト見做サズ、欧州市場ニ於ケル直接当面ノ競争者ト見做シ、当方トノ取引ヲ歓迎セザル事トナルベク、従ツテ日本及支那向取引ニ於テモ当方ニ対シ現在ノ如ク有利ナル offer ヲ提供セザル事トナル可シ[56]

この報告によれば、当時、鈴木商店は割安な船腹を利用して北米小麦を欧州市場に輸出していたが、アメリカ、カナダの穀物輸出商は鈴木を「直接ノ競争同業者」と見なすようになり、鈴木との取引を「好マザル傾向」となった。このため鈴木は、「自己ノ危険ト計算」によってカナダ小麦を直接取引して定期市場に「cover」し、積出期に現物を買い集めて搬出するという取引を展開するようになった。しかし、鈴木のこの取引は「甚ダ振ハザル」結果となった。その「最大原因」をシアトル支店長は、取引先との「好関係」を失ったことにあると認識している。

　また、シアトル支店長は、上記のような「一流 suppliers」ではなく、欧州市場に取引先がない「二流、三流の suppliers」との提携による対欧取引方法も検討している。つまり、次のような可能性である[57]。

　欧州市場に特殊の取引関係を有せざる二流、三流の suppliers と提携し

て対欧取引を開始するか、或は倫敦支店をして此等二流、三流の suppliers と直接取引開始の交渉をなさしむれば、結局吾社全体としては加奈陀小麦の取引高を増加し得るに非ずやとの提議あり得可きも、……

　しかしこの方法についても、このような穀物輸出商とは、有力穀物輸出商と対抗できるような価格で取引するのが難しく、また対抗できたとしても有力商の「競争者」と見なされる点では「五十歩百歩」であるという理由により退けられている。こうして、シアトル支店長は、対欧輸出を「当分之ヲ見合ハス方有利ニ非ズヤ」との判断を下すこととなり、また、ロンドン支店を販売店として1923年5月に許容された見込限度10万ドルの返上を願い出たのであった。

　②本店の判断

　ところで、ロサンゼルス出張中に、シアトル支店長のこの報告に接した三菱商事常務取締役の加藤恭平は、シアトル支店長と同様の判断を示した書簡を本店穀肥部長に送っている[58]。すなわち、加藤常務が、「東洋向の取引は「しやとる」小麦商人の最も危険を感じ居る所にて、三菱の如き仲介人の介在は先方の大に歓迎し居る所にて、吾社の如きに向てはとくに好感を以て割安に供給致呉候」と述べたように、現地の穀物輸出商は東アジア向け小麦輸出に直接従事することには慎重であり、むしろ「仲介人」としての日系商社現地支店との取引を望んでいたのである。

　このように、本社やシアトル支店は、1922年末から23年半ばにかけて対欧小麦輸出構想を具体化させていた。しかしそれは、これまでシアトル支店が築いてきた現地穀物輸出商との良好な関係を動揺させ、それを通じた小麦・小麦粉の円滑な集荷体制に影響を及ぼすと判断された。シアトル支店は、これら穀物輸出商との関係維持を最優先して対欧輸出の実施を躊躇し、本店もこのようなシアトル支店の対応を理解したのである。加藤常務は次のように述べている。

　　　今此取引キ開始スル事ハ却テ先方ノ感情ヲ害シ、不利益不勘趣ニ御座候、先年鈴木商店ガ英国向取引ヲ開始致シ、「シアトル」小麦商人ノ感情ヲ害シ、甚ダ不利益ナル立場ニ陥リタル実例モ有之候間、今直チニ之レヲ実行スル

表4-5 シアトル支店の穀肥部関係事業成績

(単位：円)

		1924下	1925下	1926上	1926下	1927上
売買利益	小麦		137,080	25,407	49,708	61,710
	小麦粉		53,482	18,181	6,450	2,686
	その他		9,128	11,954	3,445	1,035
	合計	35,579	199,690	55,543	59,603	65,431
営業費		45,422	46,828	44,819	56,574	67,537
差引純益		△9,843	152,863	10,723	3,029	△2,106

出典：1924下：穀肥部長谷井光之助「第十四期営業成績ノ件」1925年7月22日（E61/C330）、1925下：穀肥部長山岸慶之助「第十六期営業成績ノ件」1926年7月9日（同前）、1926上・1926下・1927上：穀肥部長秋山昱禧「第十九期営業成績ノ件」1928年1月31日（E61/C335）。

事ハ考物ト申居候[59]

国際小麦取引の計画は、のちに1927年半ばから再検討され実施に移されていくが[60]、それが初めて立案された1923～25年には、北米小麦や小麦粉の供給を受けた現地穀物輸出商との関係が考慮され、その実施は見送られたのであった。小麦・小麦粉はシアトル支店が取り扱う重要商品であり、穀物輸出商からの仕入は同事業展開の基盤となっていたから、その動揺をまねく国際小麦取引にはなお慎重であったといえよう。

産地などで仕入を行わず、積出港において穀物輸出商からの供給に依存すれば、仕入原価の上昇は免れない。シアトル支店がこのような取引を展開できたのは、1920年代半ばに、日本・中国など東アジアの北米小麦・小麦粉需要が急速に拡大していたからであろう。シアトルにおける穀物輸出商からの小麦仕入価格でもなお一定の利益が実現できたのである。つまり、1920年代半ばのシアトル支店による小麦取引の「売買利益」は、「関税引上見越ニヨル需要激増」があった1925年下期だけでなく、「利益逐次増大」の傾向があると本店穀肥部は評していたのである（表4-5）[61]。

おわりに

東アジアに対する北米小麦輸出が拡大した1920年代半ばにおいて、シアトル支店の小麦仕入は現地の穀物輸出商からの供給に依存して実現し、また小麦粉仕入についてもその影響のもとにあった。小麦産地や内陸の集散地において、独自の仕入基盤をもたないシアトル支店は、同支店の所在地である太平洋岸積

出港の穀物輸出商から小麦を仕入れる以外に、有効な仕入手段がなかった。1920年代前半からのシアトル支店の小麦・小麦粉取引の急増は、穀物輸出商や小麦プールからの供給を前提とするものであり、1920年代後半まで、このような取引によってもなお一定の利益が実現していたのである。

　ところで、小麦の仕入が現地の穀物輸出商などに限られたことは、シアトル支店の小麦取引の拡大を制約することになった。国際商品である小麦の取引拡大をねらって、北米小麦の対欧輸出を目的とする「国際小麦取引」が1923年から計画され、見込限度も設定されたが、穀物輸出商との取引に与える影響が危惧され実現にはいたらなかった。

　さらに、多くの商社が参入する対欧輸出は競争がきびしく、本格的に事業を展開するには仕入コストの削減が不可欠であった。このため、対欧輸出の実現には、シアトル支店が自ら小麦仕入に乗り出すことが条件になった。本店穀肥部も1928年には、シアトル支店に対して次のように、国際小麦取引の実施には仕入原価引下げのため「田舎買附」が「急務」であると指示するようになる。

　　従来太平洋岸小麦ハ、彼地ニ於ケル輸出業者ヨリ本船乗ノ条件ニテ買附シ来リタルモ、将来単ニ対東洋ノ取次ニ止マラズ、彼等外人輸出業者ト同一ノ位置ニ立チ、小麦国際貿易ニタズサワラント欲スレバ、買附方法モ又今一歩ヲ進メ田舎買附ニヨリ、彼等輸出業者ノ当然取リタル取扱利益ヲ我社ノ利益トシ、買附原価ヲ引下ゲルハ最モ急務トス[62]

　1920年代末になると、再度「国際小麦取引」が計画され実施されることになるが、それは小麦産地における直接仕入（「田舎買い」、Country Buying）を必要とした。その実現は、これまで依存してきた穀物輸出商との関係を清算することを意味した。1920年代末から、「田舎買い」を前提とした「国際小麦取引」が構想され、シアトル支店の仕入活動を前提として、ニューヨーク支店・ロンドン支店間に外国間取引が実現することになるが、その具体的検討は次の課題となる[63]。

注

1) 1918年に開設された三菱商事シアトル出張所は、1924年に支店となるが、本章では便宜上、出張所時代も含めて「シアトル支店」と記す。
2) 大豆生田稔「1910～20年代における小麦需要の拡大と小麦輸入──近代日本の主食の変貌──」(『東洋大学文学部紀要』第62集史学科篇第34号) 2009年3月、「はじめに」。
3) 川辺信雄『総合商社の研究──戦前三菱商事の在米活動』(実教出版、1982年) 79頁。
4) 同上、第3章・第4章。
5) 上山和雄『北米における総合商社の活動──1896～1941年の三井物産』(日本経済評論社、2005年) 44～46、221～238頁。三井物産シアトル支店も小麦・小麦粉、木材を主要取扱商品としている。
6) 三菱商事株式会社『立業貿易録』(1958年) 309頁。
7) 前掲「1910～20年代における小麦需要の拡大と小麦輸入」150～152頁。
8) 9)「本邦重要事業史」(『東洋経済新報』1922年12月) 62頁。
10) 日清製粉専務正田貞一郎氏談「為替逆調原料輸入難」(『東京朝日新聞』1924年1月17日)。
11) 『東洋経済新報』1927年1月1日、48頁。
12) 前掲『北米における総合商社の活動』222～223頁。
13) 同上、229頁。
14) 以下、とくに断らない限り本項は、'BUSINESS UNDER JURISDICTION OF PRODUCER DEPT' (E61/C338) のI、および『立業貿易録』324～326頁による。
15) 川上鈴舟『小麦・麦粉・麬ニ関スル商業調査』(商業新聞社、1928年) 37頁。
16) 『東京朝日新聞』1929年5月15日。
17) 大豆生田稔「東アジア小麦市場をめぐる国際関係」(上山和雄・阪田安雄編『対立と妥協──1930年代の日米通商関係──』第一法規、1994年) 248～250頁。
18) 外務省通商局『紐育を中心とする小麦の国際取引調査』1929年、8頁。
19) 同上、7頁、『大阪時事新報』1929年12月4日。
20) 前掲「1910～20年代における小麦需要の拡大と小麦輸入」150～152頁。
21) 以下、本段落は前掲「東アジア小麦市場をめぐる国際関係」表7-1、表7-4。
22) 前掲『立業貿易録』311頁。
23) 小島庸平「日本製粉業と東アジア小麦粉市場──『満洲』市場を中心に──」(加瀬和俊編『戦前日本の食品産業──1920～30年代を中心に──』東京大学社会科学研究所研究シリーズ No.32、2009年2月) 133～134頁。

24) 以下、大連支店「満州小麦、小麦粉事情並ニ今年度外国品輸入予想」1923年12月29日（E61/C329）2頁。本調査は、1920～21年の「満州」小麦輸出を「夢想ダモセザリシ」ものとし、小麦の「包蔵力ニ過信ヲ抱」いた一部の「人士」が小麦需給を楽観していると判断している。なお、この報告書は、北米小麦輸入についても具体的に検討し、「南満州」には従来アメリカ小麦が輸入され「之ニ慣ラサレ」ていたが、「北満州」ではグルテン含有量が多い「粘力性ニ富」む小麦が生産されていたため、カナダ小麦が適すると判断する。大連支店の狙いは「北満」地方にあったから、「主力ヲ加奈陀品ニ注グ」方針を明らかにし、「満州」における小麦の「最大市場」ハルピンにおける小麦価格と比較して、採算上カナダ小麦が「極メテ楽ナルベキハ一見明」であると評している。
25) 以下、とくに断らない限り本項は、前掲 'BUSINESS UNDER JURISDICTION OF PRODUCE DEPT.' のⅡ、および前掲『立業貿易録』326～327頁による。
26) 前掲『立業貿易録』311頁。
27) 以下、大連支店長三島清一「小麦粉取引見込ノ件」（シアトル支店長島谷脩蔵宛）1925年9月11日（E61/C331）による。
28) 天津出張所長代理相原俊夫「米国小麦、麦粉成約ニ係ル件」（油脂部長宛）1923年7月14日（E61/C329）。
29) 前掲『総合商社の研究――戦前三菱商事の在米活動』80頁も参照。
30) 以下、とくに断らない限り、本文〈a〉～〈d〉の出典はシアトル支店の北米取引先の信用限度調査資料である。〈a〉期数不明／1920年代末：'LIST OF MAXIMUM OF OUTSTANDING CONTRACTS EXTENDED TO OUR SELLERS' および付属書類（E61/C392）。〈b〉第30期／1932年下期：'LIST OF MAXIMUM OF OUTSTANDING CONTRACTS EXTENDED TO OUR WHEAT & WHEAT FLOUR SELLERS FOR THE 30TH TERM' および付属書類（E61/C343）。〈c〉第31期／1933年上期：'Ditto FOR THE 31ST TERM' および付属書類（E61/C343）。〈d〉第35期／1933年上期：'Ditto FOR THE 35TH TERM' および付属書類（E61/C349）。
31) 32) 前掲『立業貿易録』324頁。
33) 34) 同上、326頁。前掲 'BUSINESS UNDER JURISDICTION OF PRODUCE DEPT.' のⅡ。
35) 前掲『立業貿易録』324頁。
36) 『神戸又新日報』1928年7月17日。
37)～39) シアトル支店長島谷脩蔵「小麦取引ニ係ル件」（穀肥部長谷井光之助宛）1925年3月11日（E61/C330）。

40) 国内製粉業者は小麦の買付と同時に定期市場に売繋いだが、これは小麦の価格変動が大きく、買付後の価格変動のリスクに応じたものであった(『神戸又新日報』1928年7月17日)。

41) シアトル支店長島谷脩蔵「日清製粉会社当地支店開設計画ニ係ル件」(穀肥部長宛)1925年4月11日(E61/C330)。

42) 日清製粉株式会社社史編纂委員会『日清製粉株式会社史』1955年、177頁。

43) 前掲『立業貿易録』886頁。

44) 船舶部長早川茂三「Diesel Mortor Ship ニ係ル件」(雑貨部長ほか宛)1925年2月19日(E61/C330)。早川は1923年下期を世界主要航路運賃の「底入れ」、1924年度を「我国海運界」の「底入れ」とみていた。

45) 前掲『立業貿易録』326頁。

46) 穀肥部長秋山昱禧「対日清製粉会社関係ニ係ル件」(シアトル支店長島谷脩蔵宛)1928年3月1日(E61/C348)によれば、「多年苦心ノ結果地盤ヲ開拓」し、かつ「巨額有利ノ取扱ヲ為シ」た北米小麦粉の対中輸出取引を、日清製粉との提携成立による「犠牲」とすることに、はじめシアトル支店は抵抗していた。また、少量でも小麦粉の取引を継続して北米の製粉会社との関係を「断絶セザルコト」が重要とも述べていた。

47) シアトル支店、'WHEAT TRANSACTIONS WITH EUROPE'(本店油脂部長宛)1923年1月13日(E61/C329)。

48) シアトル支店長「小麦、小麦粉取引ニ係ル件」(穀肥部長宛)1925年12月9日(E61/C330)の「一、対欧州加奈陀小麦輸出取引ニ就イテ」。

49) 本店油脂部、'RE: WHEAT TRANSACTION WITH EUROPE'(シア支店長宛)1923年2月27日(E61/C330)。

50) 油脂部長「対欧小麦見込取引ニ係ル件」(シアトル出張所宛)1923年5月16日(E61/C329)。

51) 「思惑取引許可品目及限度一覧表」(三菱商事株式会社総務部『穀肥部長事務引継書 山岸慶之助 谷井光之助』1924年11月14日、三菱史料館所蔵、MC-00684)。

52) 「小麦国際取引ニ関スル意見」1927年10月25日(E61/C336)の「(二)我社ノ対欧輸出取引ノ歴史」Aによる。作成者不明、本店用箋に「前島」印。

53) 54) 同上、Bによる。

55)〜57) 前掲「小麦、小麦粉取引ニ係ル件」1925年12月9日。

58) 59) 加藤恭平「米国小麦及小麦粉ニ係ル件」(穀肥部長宛)1925年(E61/C330)。

60) 前掲「小麦国際取引ニ関スル意見」。

61) 穀肥部長秋山昱禧「第十六期営業成績ノ件」(シアトル支店長宛)1926年7月9

日（E61/C130）、同「第十九期営業成績ノ件」（同）1928年1月31日（E61/C134）。なお、営業費の増加が指摘されている。
62)　穀肥部長「米国小麦田舎買原案御送附ノ件」（シアトル支店長宛）1928年7月3日（E61/C334）。
63)　大豆生田稔「三菱商事シアトル支店の小麦の仕入れ――1920年代末の産地買付計画――」（『白山史学』第48号、2012年5月）を参照。

第5章 三菱商事北米支店と魚粉取引

市 川 大 祐

はじめに

　本稿では三菱商事会社による北米・欧州向け魚粉[1]輸出の開始と展開過程を検討対象とする。三菱商事は北米向け・欧州向けの魚粉輸出において高いシェアをもち、また魚粉の原料である鰯粕についても1931年に朝鮮産鰯粕の一手販売契約を締結し、鰯粕取扱において最大のシェアを保持した。朝鮮鰯粕の一手販売と、北米・欧州への魚粉輸出は互いに深い関係を持ちつつ展開した。そこで本稿では、在米接収史料 RG131の中で、主に三菱商事北米支店肥料部の史料を用いつつ、魚粉販路の開拓と供給先の掌握、その後の販路拡大に至る過程について明らかにしたい。

　魚粉取引については、すでに高橋周「両大戦間期における魚粉貿易の逆転——在来魚肥の輸出品化と欧米市場——」[2]によって、日露戦後以降、肥料として輸入されてきた魚粉が、国際需給の変化と国内肥料価格の下落により輸出商品に転化していく過程が明らかにされている。

　まずは同論文をもとに輸出商品への転化の過程と諸要因を概観しておく。1905～14年まで主として欧州から輸入された魚粉は、第一次大戦の輸入途絶を経て1920年代も継続し、24年以降は北米からの輸入が中心となるものの、27年以降輸入が衰退した。

　1930年より魚粉は、農村不況と輸入硫安のダンピングによる国内肥料価格の

下落を背景に輸出商品へと転化し、その後は金輸出再禁止による円安の影響もあって、「新興輸出品」として、欧米向け輸出が順次拡大していったとされる。

輸出拡大の要因について、北米・欧州それぞれの市場条件を同論文では以下のように論じている。北米では世界恐慌によって魚油生産が低迷したが付随して生産される魚粉需要はむしろ増加していた。背景にあったのは、肥料・飼料双方の需要であり、当初、西海岸の日本人農場で起こった肥料需要が契機となって東海岸にも日本輸入魚粉が浸透していった。他方飼料においても養鶏用の需要が拡大していた。この結果、日本は北米の魚粉輸入先として1934年当時で9割を占め、37年までは6割を維持したという。他方欧州で最大の魚粉需要先はドイツであり、主に養豚用飼料として輸入された。輸入先は第一次大戦前においてはノルウェーが最大であり、次いで英国であったが、1930年代にはノルウェーの位置は変わらないものの、日本は英国に代わって第2位の位置を占めるようになったという。

同論文によれば、この魚粉輸出は逆に、1930年代下落しつつあった日本の魚粕価格を下支えする役割をもたらしたとする。魚粉の輸出商品への転換を可能にした条件として、在来魚粕と魚粉との近似性（粉末化という工程を加えるだけで対応可能）とともに、1920年代まで根強い魚肥需要が存在し、日本国内で在来型の魚粕生産が継続されていた点を指摘した。

本稿では、同論文の世界経済の需給からみた魚粉の輸入から輸出への転化についての分析成果を受け、1930年代以降の魚粉輸出について生産・流通の両側面から接近したい。すなわち魚粉の原料となる朝鮮産鰯粕の一手販売、加工、北米・欧州への魚粉輸出の各分野にまたがる三菱商事会社の活動をみることで、魚粉輸出が拡大する中で、供給・輸送・販路においてどのような問題が発生し、その際、総合商社がいかなる役割を果たしたかを明らかにしたい。

第1節　魚粉輸出の開始と三菱商事の鰮粕取引参入

(1) 鰮粕生産

①鰮粕生産と魚粉製造

　朝鮮大羽鰮漁業は1910年日韓併合時から営まれていたという[3]。その後、1923年に秋田県移住の漁民が鰮粕生産を開始し、29年7月には大阪靱市場において靱魚肥会が結成され、朝鮮大羽鰮の先物取引が開始された[4]。とくに大阪の高畠克巳商店は、社員・上野勝治を朝鮮に派遣して生産・取引・積出について調査を行うなど、積極的に大羽鰮取引を行っていた。29年当時で朝鮮の鰮粕生産は7万トン、生産額715万円の規模に達していた。漁獲された鰮は大半が鍋で煮られた後[5]、手締めのジャッキによって搾油され、天日干しで乾燥されるという在来的手法によって加工されており、31年当時、朝鮮の咸南北、江原道沿岸などに「数二千ト称セラル」数の工場が存在していた。6斗1樽の生鰮約25貫（1,300～1,400尾入り）を原料として、原料鰮の種類や漁期によって差があるものの、およそ6升～7升見当の魚油と38斤（22.8kg）の鰮粕が製造されたという。

　他方、北海道においても鰊漁が衰退しつつあった大正末期から昭和にかけて、西海岸を中心に大羽鰮が、太平洋岸を中心に中羽鰮が漁獲された[6]。これら鰮は漁獲期が冬季で乾燥が困難なため函館に集散され、雪の中に放置された後、適宜天日干しされ函館玉粕と称されたが、朝鮮鰮に比べると窒素成分9％以上保証の優良品製出は困難とされた。1930年代以降輸出が開始された鰮魚粉の大半は、このような在来的製法による天日干し鰮粕を原料に、阪神・四日市などの内地工場で粉砕して製造された魚粉であった。

　これに対し、ミーキン（Meakin）式と呼ばれる機械製魚粉は[7]、鰮漁獲後すぐに機械にかけ搾油し、機械乾燥を経て直接粉砕し魚粉を製造するもので、天日乾燥品に比べ含有油分が少なく遊離酸も希少であるため飼料に適している

とされた。とくにドイツ向け輸出では天日乾燥の鰯魚粉よりトン当たり5ポンド（あるいは25ドル）ほど高値をつけた。しかし、機械1基につき約2万円を要し、漁期の関係から使用可能期間が限られ採算をとるのは困難であるため、31年当時、日本で機械製の魚粉を製造するのは林兼商店・旭水産・東洋工船の3社にとどまっていた。輸出量が3万～3万5,000トンであった同年時点で、機械製鰯粕の生産量は3社合わせても2,000～2,300トンほどであり、大半は天日乾燥によって製造された鰯粕を原料とする魚粉であった。

②三菱商事の朝鮮鰯粕の一手販売開始

1930年から31年にかけて昭和恐慌の影響を受けて魚粕価格は未曾有の暴落となり、手持ち商品を抱えた肥料問屋や現地漁民の多くは経営持続が困難な状態となり苦境に陥った。これに対し朝鮮総督府は30年冬から製造業者・販売業者それぞれに組合を結成させ、流通を統制するとともに生産制限を行って市価の維持を図ろうと計画し調査を進めた[8]。この際、とくに問題となったのは、価格の下落が続く鰯魚油・鰯魚粕製品を一手に引き受けることができる販売先の確保であった。検討の結果、翌31年に魚油については合同油脂グリセリンが、また鰯魚粕については三菱商事が、それぞれ一手販売を引き受けることが決定された。

朝鮮産鰯魚粕の一手販売の協定期間は5カ年間で、苦境に陥っている31年度については、業者救済のため一定値段を決めてすべて三菱が買い取り、翌年以降は三菱によって委託販売されることになった。しかし一部業者の反対もあって仮協定締結が遅延するうちにさらに価格が暴落し、価格条件をめぐって朝鮮総督府水産課と三菱商事の交渉は紛糾した。結局31年7月に、三菱が10貫目FOB2円50銭で買い仕切り、それ以上の値下がり損は三菱が負担すること、さらに20銭分を三菱から組合に貸付金として過払いし2円70銭で仮仕切りを行い、過払い金分は第2年度、3年度の仕切り値段から差引回収することとされた。この条件は、暴落が続いている当時の状況からすると相当、朝鮮総督府側に譲歩した条件であり、当時の新聞でも「三菱の犠牲」[9]と受け止められてい

た。また同記事によれば、同様に総督府から申し入れのあった三井物産はこれを一蹴したとされる。

この契約締結の結果、三菱は朝鮮内販売を除く朝鮮産鰯粕の全量を一手販売することとなった。また朝鮮で生産された魚粉の販売については、規定では一手販売の契約に含まれていたが、実際には魚粉の製造業者と個々に契約することとなった。

その後の朝鮮総督府の水産物統制政策について簡単に見ておくと[10]、この朝鮮産鰯油肥統制は、一応の成功を収めたと評価され、以後の朝鮮産水産物統制の模範となり、他の水産物へも同様の統制が行われていくことになった。その際、塩魚や、最終的に交渉内容が漏れて妥結には至らなかったものの海苔の統制においても、三菱商事は一手販売先として指定されており、鰯魚粕価格暴落期に一手販売を引き受けた三菱商事に対して、朝鮮総督府が厚い信頼を寄せていたことをうかがわせる。

(2) 魚粉輸出の開始

①魚粉をめぐる状況

北米での魚粉需要は大正末年、カリフォルニア州の日本人移民経営の農園用肥料として用いられたことに始まる。当初の需要は少量であったが、やがてカリフォルニアプレス製のミーキン式魚糧機械による缶詰残滓ミールが出現し、これに刺激されて需要が増加、日本から四日市の製造業者を中心に北米向け輸出が開始された。とくに、前述の大阪の高畠克巳商店は1929年の魚肥暴落を見て、欧米に見本を送って販路を開拓し、1930年7月に米国サンフランシスコのウィルバーエリス商会と250トンを契約、同11月にドイツ・ハンブルク向けに250トンを輸出するなど早い時期から魚粉輸出に取り組んでいた[11]。

30年には世界的農業不況により鰯粕相場が急落し、30年1月に10貫当たり4円20銭であった鰯粕が同年10月には2円40銭まで暴落し、手持鰯粕の値下がりにより業者の多くが倒産寸前の状況となった。30年秋には[12]、高畠商店に加え湯浅貿易、太平洋貿易、佐川商店など阪神方面の輸出商によって北米向け魚粉

の輸出が試みられ、予想外の好成績を収めたため、北米向け輸出が本格化した。これら輸出商は、自らは魚粉製造を行わず、主として阪神・四日市の工場に加工を委託していた。

　農林省も漁業振興の観点から輸出奨励策をとり、31年11月魚粉製造・輸出業者の強制組合である日本フィッシュミール水産組合を結成し[13]、輸出品の品質向上を図った。すなわち32年10月から小樽・函館・横浜・四日市・神戸・下関の6カ所に検査所を設置、輸出検査の取扱を開始したが[14]、成績良好でロサンゼルス・ハンブルク・アムステルダム・ロッテルダム・ホノルルの各地に2,120トン輸出し、予定を1割超過する好成績を収めたという。また生産側に対しても同32年、魚糧製造奨励規則を制定し、機械製魚粉の製造設備4割を補助金として交付するとともに、魚糧工船漁業奨励規則により魚糧工船への補助も実施し輸出向け魚粉の製造の振興を図った。

　三菱商事においても1930年1月に名古屋支店の30トン契約を皮切りに翌31年1月までに380トンの北米向けの魚粉先物契約が成立した[15]。31年1月22日には名古屋支店長から本社肥料部長宛に米国向けの鰯粕粉末取扱開始について許可願が出され、これに対し同年1月26日に取扱許可が降りている[16]。名古屋支店は四日市・田中武商店より魚粉を買い付け、名古屋支店扱いで北米に輸出した。また神戸支店[17]も31年2月にウィルバーエリス商会のSheltonが来店して魚粕輸出について商談があり、魚粕および魚粉への関心を高めた。神戸支店は、佐川商店の加工先である木全製肥所（木全由三郎商店）の加工賃を調査し、100斤＝60kg当たりの粉砕・包装の加工賃が32銭（水切・倉入・粉砕・袋詰・艀積込）で、さらに輸出船への艀賃8銭、麻袋代金20銭を加え100斤当たり60銭程度と見積もった。また同所製造の輸出向け粉末粕見本を肥料部に送付するなど、魚粉輸出への準備を進めていた。

②三菱商事の鰯粕調達と加工業者の把握

　このように三菱商事は1931年頃より魚粉輸出に向け準備を進めていたが、それは原料となる朝鮮鰯粕一手販売と深く関わるものであった。すなわち魚粉輸

表5-1 朝鮮産鰯粕販売高推移（1931～1935年）

（単位：俵、％）

年次	1931	割合	1932	割合	1933	割合	1934	割合	1935	割合
三菱商事販売（a）	510,000	70.0	547,000	85.6	550,000	77.8	611,000	54.7	1,450,000	86.0
差（b-a）	219,000	30.0	92,000	14.4	157,000	22.2	505,000	45.3	236,000	14.0
総生産（b）	729,000	100.0	639,000	100.0	707,000	100.0	1,116,000	100.0	1,686,000	100.0

出典：三菱商事株式会社『立業貿易録』下（同社、1958年）512頁。
注：1）出典書の注「総生産高と三菱販売高の差額は主として魚粉製造原料であって、外に少量の鮮内売を含む」。
　　2）差は引用者が計算したもの。なお、1932年の三菱販売高と総生産高は逆と思われるので修正した。

出は、鰯粕内地需給を改善することが第一目的とされ、また「鰯粕統制ノ機能ヲ完全ニ発揮セシムル重要不可欠ノ副機関」[18]であると位置づけられたが、同時に「輸出重視は之により鰯粕統制の国内需給を数量的に調節し、市価を維持せんとする深謀遠慮」[19]もあったという。また、「殊ニ三菱自身ノミール輸出ニ持ツ気持ハ、唯一途ニ三菱自身ノ手ニテ月少クトモ五千屯（五万俵）以上ノミールヲ輸出シ以テ内地ニ於ケル魚肥需給関係ノ改善ヲ計ラントスルモノニテ、内地ノ事情如何ニ依リテハ多少ノ損ニテモ尚売応ゼントスルモノナルガ」[20]とあるように、朝鮮鰯粕一手販売を受託した三菱にとって、魚粉輸出は重要な販売手段であると同時に、場合によってはダンピング輸出によって国内需給を調節するための手段として想定されていた。

次に魚粉原料となる鰯粕について見ていきたい。表5-1は朝鮮産鰯粕販売高の推移である。総生産高bと三菱商事販売高aの差（b-a）は、『立業貿易録』によれば「主として魚粉製造原料であって、外に少量の鮮内売を含む」とされる。すなわち、朝鮮で生産された鰯粕のうち、大半が三菱商事に販売委託（34年を除き、7～8割）されたが、その他の2～3割は主として朝鮮内で魚粉に加工され、また一部は鰯粕のまま朝鮮内で販売されたとものであると考えられる。

上記の点から、この時期の輸出魚粉の大半は、生産地から鰯粕のかたちで内地に移入され、加工業者によって魚粉に加工されていた。原料である朝鮮鰯粕の一手専売権を掌握した三菱商事は、魚粉輸出の増加を受け、各地の加工業者の把握・組織をはかった。1933年7月に肥料部長から神戸支店長宛に出された

書簡[21]）では、各地魚粉製造者の能力と操業状態について調査し、三菱のこれら業者に対する「統制」可否についての展望が示されている（表5-2）。この報告中で、魚粉製造業者を、「（イ）一定ノ販売方針ナク農林省ノ補助金目当テニ漫然ト新ニ製造ヲ開始セルモノ、（ロ）貿易商ヨリ時々 Bid ヲ貰ヒ其都度製造シ居ルモノ、（ハ）輸出途絶ノ為メ内地向ニ転向弗々稼業セルモノ、（ニ）不況ト資金欠乏其他ノ関係ニ依リ、休業致シ居リ融資ヲ希望致シ居ルモノ」の4つのタイプに分け、磯村合名・磐城水産・塩釜魚糧・小松商店・釧路水産は（イ）に該当し、その他はすべて（ロ）〜（ニ）にあたるとしている。また、全体の製造能力は12万トン余で、従来の需要は内地向け5,000〜6,000トン、輸出2〜3万トンほどであるので、供給能力の20〜25％に過ぎず、需要があればすぐに供給は可能との認識を示している。したがって三菱商事の方針としては「無暗ト交渉ヲナス事ハ不必要」であり、経済的製造が可能な業者・信用のおける業者を選んで三菱の傘下に置くこととした。ただし、海外需要旺盛の際には、三菱の要請に応じて引合に応じられるよう「アレンジ」し、三井その他に翻意を防止する点は注意を要するとしている。

　北米向けに開始された魚粉輸出に対し、三菱商事肥料部はどのような認識と展望を持っていたのだろうか。1933年9月の肥料部長からサンフランシスコ店宛の書簡[22]）では、「貴地方消費力並ニ輸入見込数量ニ就キテハ、当方判断ノ材料甚ダ少ク、従ッテ昨今ノ如キ輸出激増ノ原因及其永続性ニ就テ確信ヲ抱ク事能ハズ、各種計画ニ就テモ不少不便ヲ感ジ居ル次第ナリ」と述べられており、肥料部は33年時点においても、魚粉輸出の激増という事態に対し、取引の継続性に確信を持っていなかった。さらに「昨今本邦フィッシュ・ミール貴地向積出激増ノ原因ハ主トシテ欧米諸方面ノ不漁ニ在ルト思フ処」と述べており、肥料部としては当時の魚粉輸出の増加は欧米の不漁による一時的なものと認識していたことがわかる。肥料部は同書簡で、サンフランシスコ店に対し、魚粉輸出の数字・実績や今後の永続性について調査を依頼している。

表5-2 魚粉製造業者調査（1933年7月現在）

(単位：トン)

管轄場所	製造者名	品種	年間能力	備考
小樽	釧路水産株式会社	機械製ミール	1,800	我社統制可能
小樽	釧路水産加工所	機械製ミール	1,000	三井系ナルモ出合取引可能
小樽	三美喜製肥所	搾粕粉末	1,800	我社統制可能
小樽	佐々木魚糧株式会社	機械製ミール	1,000	我社統制可能
小樽	塚田工業	搾粕粉末	3,000	我社統制可能
小樽	鈴木工場	搾粕粉末	3,000	我社統制可能
小樽	上野商店	搾粕粉末	18,000	我社統制可能
小樽	前佐市商店	搾粕粉末	5,400	我社統制可能
仙台	磯村合名会社	機械製ミール	3,000	我社統制可能
仙台	磐城水産株式会社	機械製ミール	1,800	合同系ナルモ統制可能
仙台	岩手県水利販組合	機械製ミール	―	我社統制可能
仙台	塩釜魚糧製作所	機械製ミール	700	我社統制可能
仙台	小松商店	搾粕粉末	1,800	我社統制可能
名古屋	田中武商店	搾粕粉末	5,000	我社統制可能
名古屋	田中清兵衛商店	搾粕粉末	950	我社統制可能
名古屋	九鬼商店	搾粕粉末	5,000	我社統制可能
名古屋	中上商店	搾粕粉末	400	我社統制可能
大阪	高畠商店	搾粕粉末	14,400	（休業）我社統制可能
大阪	小浦商店	搾粕粉末	―	
神戸	木全商店	搾粕粉末	8,500	（休業）我社統制可能
		計	76,550	
合同水産系魚粉製造会社				
	朝鮮魚大津工場	機械製ミール	1,500	輸出向我社統制下
	戸畑工場	機械製ミール	1,000	輸出向我社統制下
	福島県小名浜工場	機械製ミール	1,000	我社統制可能
	北日本水産	機械製ミール	2,500	我社統制可能
		計	6,000	
我社統制下にある魚粉製造会社				
	前田製油所	搾粕粉末	42,000	
	林兼商店	機械製ミール	1,500	
	合同水産工業	機械製ミール	2,500	前記朝鮮魚大津工場・戸畑工場
		計	46,000	
		総計	126,050	※合同水産重複分2,500トンを除く
うち	機械製ミール能力	合計	16,800	
	搾粕粉末能力	合計	109,250	

出典：三菱商事肥料部「本邦魚糧統制ニ係ル件」1933年7月31日（E35-B/C23）。

表 5-3　魚粉輸出三菱取扱割合

(単位：％、トン)

年	北米向け 全体	北米向け 三菱商事	北米向け 割合	欧州向け 全体	欧州向け 三菱商事	欧州向け 割合	合計 全体	合計 三菱商事	合計 割合
1933	30,283	13,189	43.6	17,515	12,719	72.6	47,798	25,908	54.2
1934	59,576	24,286	40.8	53,877	26,768	49.7	113,453	51,054	45.0
1935	32,930	12,549	38.1	23,281	14,732	63.3	56,211	27,281	48.5
1936	47,562	20,581	43.3	19,191	12,607	65.7	66,753	33,188	49.7
1937	61,030	32,321	53.0	30,269	20,283	67.0	91,299	52,604	57.6

出典：" Fish Meal Business"（E35-B/C46）。
注：原史料では、1933年の北米向け魚粉は2万2,285トンとなっているが、表5-5の出典史料に比べ33年のみ過少となっている。
　　他の史料、高橋周「両大戦間期における魚粉貿易の逆転」表2（出典：平野茂之編「肥料年鑑昭和十一年新版」）と比較しても、このデータは過少と思われるので、33年北米向け全体数値のみ表5-5出典史料をもとに修正した。
　　なお、原史料データ2万2,285トンで計算した場合、三菱商事の割合は59.2％となる。

第2節　販路開拓と輸出拡大

(1) 各地のシェア

　魚粉輸出が増加し始めた1933年時点では、三菱商事肥料部は取引の継続性について疑念を抱いていたが、その後の動きについて表5-3で1933～37年まで通して概観しておきたい。輸出量全体は33年から翌34年にかけ北米向け、欧州向けともに急拡大しピークを迎える。とくに34年はノルウェーが希有の不漁であったために[23]、日本からの欧州向け輸出が急拡大し、同年の欧州向け輸出は北米向けとほぼ拮抗したものの、翌年には欧州向けは急減し、以後は全体として見れば北米向けが輸出の中心となる。この点から見れば、肥料部の危惧したとおり、魚粉輸出は漁獲高など短期的要因によって大きく変動するものであった。しかし三菱は35年以降も欧州向けの輸出を維持しており、他社の輸出が減る中で、欧州向けにおいて6割という高いシェアをもっていた点は注目できる。三菱から見れば、欧州向け輸出は北米向けと拮抗する重要な市場であり続けた。
　1933年については、製法・産地別、および輸出仕向地別に詳細な輸出量を知

ることができる（表5-4）。まず製法別でみると当時の機械製魚粉の割合は5％未満であり、大半が天日乾燥の在来製法で製造された魚粉であったことがわかる。また機械製ミールのほとんどは鰯を原料とするブラウンミールであり、鱈などを原料とするホワイトミールの割合は小さかった。産地別でみると朝鮮産が過半数を占めており、混合物を考慮すると4割程度が北海道産・内地産であったと思われる。

　他方、これら魚粉の仕向先について、輸出先別の三菱割合をみると、欧州向けの中心であるハンブルク港向けにおいて三菱はほぼ8割のシェアを持っており、重要な輸出先であったことがわかる。また、全体として三菱が6割程度のシェアを占めている北米大西洋向けにおいて、主要仕向先の一つであるボストンにおいては高いシェアを持つものの、日本からの最大の仕向先であるニューヨーク港においては2割にとどまっており、ボルチモアでのシェアも4割弱となっている。またノーフォーク、ウィルミントン、タンパ、サバナ等の南部諸港向けについては三菱の比率が高い。他方、北米太平洋岸向けにおいては、日本からの主要仕向先であるサンフランシスコ、ロサンゼルス向けのシェアは低く、全体としても2割程度にとどまっている。南洋・アジア方面は三菱商事のシェアは高いが、絶対量自体が全輸出の1％未満と非常に少なかった。

　これらの表は肥料部からサンフランシスコ店への書簡[24]に添付されたものであるが、同書簡では、33年度における欧州・米国大西洋岸・東南洋向け輸出がシェア60〜70％を占めているのに対し、北米太平洋岸では22％であることを指摘しており、競争者である湯浅貿易、東洋（陽カ——引用者）(ママ)物産、太平洋貿易の動向に注意し売捌きを図るよう同店に指示している。三菱商事は欧州と北米の大西洋市場で高いシェアを占めていたが、太平洋岸でのシェアは低いものであった。これは新規参入の条件が大きく違っていたことが影響していると思われる。すなわち北米太平洋岸は航海日数が17〜20日であり、自然発火のリスクが小さく、比較的不良品でも航海に耐えるとされ、そのため新規参入が容易で「北海道玉粕其他Damping市場」[25]であったと言われる。また、北米大西洋岸の各港の中では、利用可能な船便が多いニューヨーク港向けは三菱商事

表5-4 魚粉輸出

(単位:トン)

製法別

品名	数量	割合
機械製魚粉	2,153.56	4.47
ホワイトミール	310.60	0.64
ブラウンミール	1,842.96	3.83
天日乾燥魚粉	44,848.67	93.11
残滓ミール	1,165.74	2.42
計	48,167.97	100.00

産地別

地域名	数量	割合
朝鮮	26,529.82	55.08
北海道	7,232.39	15.01
内地	5,609.80	11.65
内地・北海道混合	2,690.18	5.58
内地・朝鮮混合	4,488.24	9.32
北海道・朝鮮混合	1,617.54	3.36
計	48,167.97	100.00

輸出先別(三菱割合)

欧州向け[1]

	全輸出	三菱	割合
ロンドン	399.90	45.10	11.3
ジェノア	14.70	14.70	100.0
アントワープ	223.10	—	—
ロッテルダム	2,185.47	612.10	28.0
ブレーメン	414.80	357.80	86.3
ハンブルク	11,773.50	9,411.30	79.9
Hamb/Rott	1,911.00	1,911.00	100.0
Rott/Amst	294.00	294.00	100.0
Hamb/Brem	74.50	24.50	32.9
Antw/Rott	50.80	—	—
Hamb/Rott/Amst	173.30	49.00	28.3
計	17,515.07	12,719.50	72.6

北米大西洋岸向け[2]

	全輸出	三菱	割合
ボストン	2,853.74	2,555.94	89.6
ニューヨーク	3,409.26	696.12	20.4
ポートランド	477.94	181.70	38.0
チャールストン	635.40	544.40	85.7
ノーフォーク	1,973.20	1,814.40	92.0
ウィルミントン	952.60	952.60	100.0
タンパ	907.20	907.20	100.0
サバナ	453.60	453.60	100.0
フィラデルフィア	1,595.85	793.76	49.7
ボルチモア	2,111.00	817.20	38.7
Bost/Phil/Balt	113.40	—	—
NY/Balt	181.60	181.60	100.0
計	15,664.79	9,898.52	63.2

北米太平洋岸向け[3]

	全輸出	三菱	割合
シアトル	576.50	486.90	84.5
タコマ	90.80	90.80	100.0
サンフランシスコ	1,779.74	169.48	9.5
ロサンゼルス	7,198.64	908.50	12.6
SF/LA	4,481.29	1635.69	36.5
SF/S. Ped	182.00	—	—
サンペドロ	284.10	—	—
バンクーバー	26.00	—	—
計	14,619.07	3,291.37	22.5

南洋諸島・アジア

	全輸出	三菱	割合
マニラ	211.30	147.20	69.7
チルボン(インドネシア)	9.00	3.00	33.3
バタビア	30.30	30.50	100.7
大連	61.60	—	—
香港	59.80	58.60	98.0
ペナン	5.00	5.00	100.0
ハワイ	0.04	—	—
スラバヤ	2.00	—	—
計	379.04	244.30	64.5
総計(1933年度)	48,177.97	26,153.69	54.3
参考:総計(1932年度)	15,207.00	6,165.80	40.5

出典:"The Exported Fish Meal in 1933"(E35-B/C25)。
注: 1) 複数港揚の場合、Hamb=ハンブルク、Rott=ロッテルダム、Amst=アムステルダム、Brem=ブレーメン、Antw=アントワープを指す。
2) 複数港揚の場合、SF=サンフランシスコ、LA=ロサンゼルス、S.Ped=サンペドロを指す。
3) 複数港揚の場合、Bost=ボストン、Phill=フィラデルフィア、Balt=ボルチモアを指す。

のシェアは低くなっている。他方、大西洋岸南部の諸港は、三菱商事のシェアは概して非常に高い。ノーフォーク以南の南部諸港は out port で、少量の貨物の場合は本船を寄港させることができず、送るためにはまとまった荷口を必要としたため新規参入の障壁となっていたと思われる。航海日数においてもニューヨークに先に寄港するため、南部諸港までは航海日数が50日超であったと言われ、発熱・発火などのリスクは高かった。

さらに魚粉という貨物としての性格も輸出の際には大きく影響したと思われる。魚粉はいわゆるバルクカーゴで最低2容積トン以上のスペースが必要であり、かつ発熱・腐敗の危険性が大きいため、船腹獲得や海上保険付保は大きな課題であった。魚粉運賃は、欧州復航、大西洋、太平洋、Conference Cargo〔同盟貨物〕で規定されていたが、実行されなかったといわれ、実際には他の貨物運送の繁忙時には、各海運会社とも採算不利な魚粉の引受を忌避し、閑散時に限って魚粉を引き受ける慣習があったという。運賃については、一定賃率を決めず、Open Cargo としてその都度運賃を協定するのが適当であるとされていた。三菱商事は「最大ノ荷主デアル立場」[26]を利用して他の「優良貨物」と組み合わせて「強硬ニ」交渉して船腹を獲得したという。また、海上保険の付保についても国内保険会社で引受手がなく、米国・ドイツ保険会社に依頼していた。

三菱商事は船腹獲得が高い参入障壁となる欧州および北米大西洋岸市場への魚粉輸出において、海運会社にとって魅力的な優良貨物と組み合わせることで、忌避される魚粉貨物の船腹獲得を有利に進めたのである。さまざまな商品の輸出入を海外支店で扱う総合商社の強みがここでも発揮されていると思われる。

(2) 海外支店の販路開拓

前項でみたように三菱商事は、新興商品である魚粉輸出において、とくに北米大西洋岸向けと欧州向けにおいて高いシェアを獲得していった。それでは海外支店は各地でどのように販路を開拓したのか、以下見ていきたい。

①北米での販路開拓

まず北米大西洋向けの販路開拓について、1933年4月24日付ニューヨーク店（以下NY店と表記）から本社肥料部宛の書簡[27]では米国魚粉輸入商が、日本産魚粉がメンハーデン（北米大西洋産ニシン科の魚――引用者）の魚粉と比べ価格面で競争力があるため、取引を始めることを望んでいると伝えている。この輸入商が従来扱っていたノルウェー産魚粉は、日本産に比べ外観も良いが、価格面で日本産魚粉が注目された。ただし、書簡では続けてこの輸入商は品質面でなお懐疑的なので信頼を勝ち取る必要があり、航海途中の荷傷み発熱を防ぐため、品質・湿度に細心の注意を払うよう肥料部に求めている。

さらに、同年4月29日付NY店から神戸支店長宛の書簡[28]では、鰯魚粉（2等品・100トン）の購入に関して、躊躇なく受入可能な金額であるC&F（運賃込み）トン27.50ドルの正価full priceで売却することができ、神戸支店側でも最大額のマージンが得られる価格であると思うと述べた上で、今回新たに取引したConsumers' Import Co.は、最近急速に発展を遂げているが、以前はノルウェー産の鰯魚粉を購入していたと指摘している。またこの輸入商については、現在まで着実に取引量の増加がみられ、有望な取引先であるとしている。

なお、この取引は同輸入商にとって最初の日本品取引であり、汽船が到着し輸入商自ら魚粉の検査をするときまでは、慎重にことを進めるはずであると述べ、この100トンの輸出がすべて満足のいく結果となれば、間違いなくさらなる取引が行われることを確信していると強調している。

また、この100トンの荷は、それぞれ50トンずつのフィラデルフィア行きとニューヨーク行きからなっており、Consumers' Import Co.の〈CICO〉という商標がつけられている。これは米国輸入商独自の商標であり、商標をつけなかった場合、問題が起こる可能性があるので、NY店としてはこれに応じることを要望している。多くの東部諸州では飼料については特別な登録が義務づけられ、この販売においても同様にこの商標の登録と25ドルの料金支払が必要とされていた。

以上から、従来ノルウェー産魚粉を購入していた輸入商が、この時期、価格

の安い日本産魚粉を取り扱い始めていたことがわかる。もっとも日本品に対しては品質面での不安があり、また東部諸州では飼料検査登録が必要であることから、北米支店では、輸送中の荷傷みへの注意や現地輸入商の商標を使用するなど、現地での販売をスムーズに進めるべく、取扱店である神戸支店や本社肥料部にさまざまな点で配慮を求めていた。

②欧州での販路開拓

次に欧州向けの販路開拓について見ていきたい。欧州向けにおいては輸出初期の段階に品質がとくに海外店で問題となっていた。神戸支店からドイツ三菱宛の1932年12月30日付書簡[29]では、ドイツ三菱から寄せられた輸出品に対する品質のクレームと問題について、項目を挙げつつ対応している。まず、割れGrindingについては、「当方トテモ現在品質ニ就キ満足シ居ラズ」、品質向上に向け努力中であるとしている。また砂含有率について高すぎるとの指摘に対し、製品の保証含有率は「如何ナル場合ニ於テモ安全ト思ハルル点ヲ保証シ居ルモノニテ」、たとえ保証率が高くても実際には1～2％程度である点を取引先に伝えて有利に売約するよう依頼している。この条件で都合が悪い場合は、2.5％まで保証率の引き下げを考慮するとしている。さらに、成分分析証明書については、強制組合である日本フィッシュミール水産組合が結成され、32年10月より組合検査合格品のみを輸出することとなったが、分析内容は当面、窒素・燐酸・水分のみの検査であると述べている。神戸支店としては、ドイツ三菱で必要であれば、蛋白質・脂肪・過燐酸石灰・砂・塩分・水分の全分析を輸出組合に分析依頼するので、これによって品質は「finalノ事」としたいとしている。

また、魚粉に加工せずにSardine Offals（鰯粕）のまま送付した場合の採算について回答している。これによれば、梱包その他諸掛でトン当たり12円を要するのに対し、魚粉への加工賃はトン当たり11円程度に過ぎず、また両者の運賃差もわずか（トン当たり魚粉は54シリング、鰯粕は30シリング）なので、結局魚粉で売約する方が有利であるとしている。もっとも神戸所在の共同梱包会

社からは、三菱で1カ月1,000トン平均の多量の請負が可能であれば、神戸にある設備一切を朝鮮に移してもよいとの申し出があり、移設した場合は朝鮮で直接梱包することにより費用の節減が可能となるが、神戸支店としては輸出した商品がドイツに到着し、品質その他取引先の評判・売行が確認できるまでは「本品取扱ヒニ腰入レ出来兼ヌル次第」であるとしている。

さらに北海道鰯粕の朝鮮産鰯粕に比べ割安である理由として、(1) もともと内地相場が朝鮮産より10貫当たり2～30銭下鞘にあり、(2) 北海道産品を輸出する場合は小樽又は函館で直接直航船に積み込むことが可能だが、運送に関しても内地への輸送が一手契約されている朝鮮品にはその自由が無いこと (3) 数量その他の点で内地市場が産地手持筋の格好の逃げ場となっている点を挙げている。その上で結局、朝鮮産品で採算を取る場合は、朝鮮で梱包し直接ドイツ向けに積み出すこと、北海道産品に比べより高い成分を保証すること、さらに販売先のドイツにおいて朝鮮産品を北海道産品より1～2ドル上値に売らなければ採算不利になることは免れないとして、その点の意見を折り返しドイツ三菱に求めている。

また、商標については、従来、ドイツ三菱側の「御申越ニ依リ NO MARK ノコト」としてきたものの、前述のように日本フィッシュミール水産組合規定によって、NO MARK では出荷が不可能となった。三菱においては1932年3月積までは NO MARK での積出で差し支えない旨、非公式に同組合の了承を得ているが、同年4月積からは本規定の適用により商標付与が義務となるので、さしあたり神戸支店としては MTC マーク（Mitsubishi Trading Company）を刷り込むことにしたいが、ドイツ三菱側の都合次第では買手側マーク刷り込みも差し支えない旨を伝えている。

斤量については、ドイツ三菱からは、すでに送付した商品の中でも甚だしいものは欠減が2％近くに及ぶと報告されているが、これに対し神戸支店は、積出にあたって当方の積出にあたっては、「係員ヲシテ厳重監督セシメ欠減ヲCoverスルタメ常ニ多少ノ入目ヲナシ」、検査官の検査を受けたものであるので、ドイツ三菱の指摘するような多量の欠減が生じるとは考えられず、あるいは輸

送途中の乾燥のための減量の可能性があるとしているが、今後とも神戸支店としては、原則２％欠減買手負担を条件にインボイス面渡をfinalとしたいので、その点について買手側の了解を得るよう要望している。もし承諾が得られないようであれば、欠減１％見当の見込で取り計らいたいとしている。

　大半が養豚の飼料用となる欧州市場では、とくに品質の要求水準が高く、販路を獲得する上で品質向上が不可欠であった。また輸送・梱包コストのかかる朝鮮産鰯魚粉の場合、当時割安な北海道産鰯魚粉と比べて採算不利にならないためには、まとまった需要を確保した上で朝鮮において直接梱包・船積して直送することと、保証成分の引き上げが必要であると考えられていた。

(3) ライバル出現と三菱の認識

①価格競争の激化

　前項でみたように、三菱商事は欧州・北米において、品質・輸送中の品質保持などの課題に取り組みつつ販路を獲得していった。しかし1934年頃になると、とくに北米市場において、日本商社同士の価格競争が激化した。1934年２月２日のNY店から神戸支店宛の書簡[30]でその状況が報告されている。同書簡の内容は以下のとおりである。

　数日前、NY店は電信で２月のボルチモア荷揚条件100トンの魚粉についての照会を行ったが、ボストン区域の競争相手はおよそ32ドルを提示していたのに対し、三菱の提示した金額は33ドルであった。輸入商側は、三菱が取引を獲得するためには、さらに良い条件で取引を行う必要があると言ってきている。その上で、NY店は、我々が現在直面しているのはこの種の競争であり、同じ価格で、あるいはさらに良い条件で取引する準備ができない限り、我々は多くの可能性を逃すだろうと指摘している。

　NY店によれば、これまで同店は、主に25～50トン、あるいは100トン単位で小売に卸す大企業を相手にした取引を行ってきたが、一度に300トン以上の単位で購入する輸入商はわずか３つしかなく、それらは今後、あらゆる小規模取引に乗り出そうとしている。しかし逆に三菱が販売方針を変え、小規模取引

を試みる場合、小規模な輸入商は、多くの特別な譲歩と特異な支払条件を主張するので、取引において際限のない苦労が予想され、それは三菱にとって不利になるだろうとも危惧している。

　もっとも、すでに三菱が北米大西洋市場で圧倒的な売上高をもっていることも事実であり、大量でかつ均一な品質の信頼できる供給元と、疑いなく三菱から買い続けるであろう友好的な販売先によって、現在の地位を確立したことを評価している。しかし競争はより激しくなっており、需要が減退する中、ブローカーを通じて競争者から出される安いオファーが三菱の販売をより困難にしており、この結果、遅かれ早かれ、現在の顧客の何人かは、他の供給者から購入することになる可能性が危惧されている。競争相手が誰かは書簡には明示されていないが、NY店の把握によれば、等級その他を獲得するためにフィッシュミール製造者組合と日本輸出業者組合に所属している商社であるとされている。また、三井物産は魚粉での市場を獲得するためにより活動的となっているが、その製品はあまり良くないということも書簡中にはあわせて述べられている。

②各社シェアの推移
　この時期の北米への新規参入を数量的に見ておく。表5-5は1933～35年の魚粉輸出の各社シェア推移を示している。欧州向けでは依然、三菱は他社に比較して圧倒的なシェアを維持しているものの、三菱にとって欧州と並ぶ重要な輸出先である北米大西洋岸向けについては33年時点で63.2%であった三菱のシェアは34年には43.2%に低下し、さらに35年には37.0%へと落ちつつ輸出数量自体も減らしている。

　この表は、36年3月31日付で本社肥料部から関係各店に宛てられた「フィッシュミール取扱方針ニ係ル件」[31]に添付されたものである。同書簡では、まず、「朝鮮産鰮搾粕ノ一手販売権ヲ獲得セル以来、フィッシュミールノ輸出ニ努力シテ、今日本邦重要輸出品ノ一タラントシメタル基礎ヲ築ケル一方、原料粕有利買付ノ権益並ニ続テ建設セラレタル鮮内各地ミール工場製品ノ一手扱ニヨリ、現在本邦輸出全量ノ大半ヲ掌握シ、断然他商ノ追従ヲ許サザル地位ヲ占ムルニ

表5-5 魚粉輸出者別数量

(単位:トン)

輸出先	北米・太平洋岸向け			北米・大西洋岸向け			欧州向け		
輸出者名	1933年	1934年	1935年	1933年	1934年	1935年	1933年	1934年	1935年
三菱	3,291	5,244	1,675	9,898	19,042	10,874	12,719	26,768	14,732
割合(%)	22.5	33.8	47.4	63.2	43.2	37.0	72.6	49.7	63.3
東陽	1,159	1,512	103	—	9,677	11,081	3,139	7,990	1,197
割合(%)	7.9	9.7	2.9	—	22.0	37.7	17.9	14.8	5.1
湯浅	1,559	825	182	637	728	594	193	3,946	2,781
割合(%)	10.7	5.3	5.1	4.1	1.7	2.0	1.1	7.3	11.9
三井	—	301	—	343	455	821	361	3,660	517
割合(%)	—	1.9	—	2.2	1.0	2.8	2.1	6.8	2.2
高畠	1,157	1,792	185	451	2,308	321	123	4,473	1,127
割合(%)	7.9	11.5	5.2	2.9	5.2	1.1	0.7	8.3	4.8
西川	—	136	182	—	477	683	—	—	2,547
割合(%)	—	0.9	5.1	—	1.1	2.3	—	—	10.9
高桑	901	570	353	68	—	—	—	579	—
割合(%)	6.2	3.7	10.0	0.4	—	—	—	1.1	—
笠井	941	182	—	547	955	193	360	714	—
割合(%)	6.4	1.2	—	3.5	2.2	0.7	2.1	1.3	—
太平洋	1,879	2,162	366	91	—	—	52	154	102
割合(%)	12.9	13.9	10.4	0.6	—	—	0.3	0.3	0.4
その他	3,732	2,812	490	3,629	10,390	4,827	569	5,593	278
割合(%)	25.5	18.1	13.9	23.2	23.6	16.4	3.2	10.4	1.2
計	14,619	15,536	3,536	15,664	44,032	29,394	17,516	53,877	23,281

東陽物産大西洋向け魚粉買付先 (1935年)

地域	製造元	数量(トン)	計
横浜	東陽	1,404	3,604
	古谷	51	
	新井	288	
	中央	1,709	
	日食	152	
四日市	九鬼	2,172	2,692
	田中	373	
	山路	147	
北海道	橋本	1,551	4,785
	上野	968	
	前佐市	102	
	青森	44	
	中村	—	
	Kelp	870	
	山田	1,250	
合計			11,081

出典:三菱商事肥料部「フィッシュミール取扱方針ニ係ル件」1936年3月31日 (E35-B/C46)。

到」ったとし、朝鮮産鰯粕の一手販売権獲得および朝鮮内に建設された魚粉工場製品の一手扱いにより、輸出全量の大半を掌握し、他社の追随を許さない地位を占めたと評価している。その上で、近年、内地や北海道での魚粉製造工場が簇生したことで、他社も魚粉輸出に進出したことが指摘され、欧州ドイツ市場において「我社地盤ニ迫ルモノ」として湯浅・三井・東陽・西川が、北米市場では「我社ノ塁ヲ摩サントスルモノ」として東陽物産が挙げられている。実際に表5-5で見るように、東陽物産は34年以降、とくに北米大西洋岸でシェアを急拡大し35年には三菱を上回った。先述の34年2月2日付NY店書簡では競争相手について指摘しつつも、具体的には商社名を明示していないが、東陽物産の可能性が高いと思われる。

　三菱肥料部も、東陽物産の急速な輸出拡大に危機感を持っており、同社魚粉の35年時点での買付先についてさらに調査を行っている（表5-5下部）。この調査によれば、東陽物産は、横浜の自社工場のほかに北海道・四日市の各業者から魚粉買付を行っていた。東陽物産をはじめとする魚粉輸出商は「時々ノ相場ニ依リ朝鮮、内地物乃至北海道物ノ間ヲ巧ニ立廻ル」ため、「朝鮮物ヲ牙城トセル我社ノ地歩ハ不遠彼等ニ奪取セラル、ナキヤヲ虞ル、次第ナリ」と危機感を表明している。相場に応じて買付先を朝鮮産と北海道産で使い分ける新規参入の商社に対し、朝鮮産鰯粕の一手販売という三菱の優位性はゆらぎつつあると認識されていた。さらに、一手販売自体が後述するように1936年3月で契約終了となるため、三井、湯浅、東陽等の他社が朝鮮産鰯粕販売に乗り出すだろうと予想している。また北米大西洋岸市場は、輸送距離の長さから船腹獲得が大きな課題であったが、東陽物産は、三井船舶部その他の「後援ニ依ル事多キハ業界知悉ノ事実ナリ」として、三井船舶部等から船腹獲得でサポートを受けていたとされる。

　このように三菱は、1934年以降、新規参入業者との競争に直面し、北米大西洋市場においては取扱シェアを低下させた。また、前述のように三菱は、欧州市場においても湯浅をはじめとする新規参入を警戒しているが、実際の輸出額は表5-5にみるごとく、欧州向けにおいて三菱は1934年以降も圧倒的なシェ

アを維持しており、北米市場と事情が異なっていたことがわかる。

そこで両市場の状況の違いについて神戸支店の事務引継書[32]で見ておきたい。同書によれば、ドイツ市場における三菱の輸出額は「独政府ト三菱トノ好関係、三菱ノ取引機構ノ整備等ニ加ヘ、品質値段ニ於テ独乙市場ノ嗜好ニ見事合致シ」したため累進的に増加し「確固タル地盤ヲ築クルニ至」ったという。しかもドイツ市場において、「Mitsubishi Type 30ノ銘柄ハ既ニ日本品ノ代表的ノモノ」となり、三菱ブランドが確立していたため、「他商ト雖モ右規格ノ下ニ取引ニ従事」していたという。ドイツ市場はこの時期、為替が国家管理下におかれており、魚粉輸入においても、ノルウェー等の価格を参考に割当買付が行われていた。統制下におかれていたドイツ市場においては、早い段階から進出しブランドを確立させ実績を積んでいた三菱は、他社に対して優位の立場に立っていたのである。またドイツでの魚粉の用途は大部分が養豚用であり、養鶏・肥料用が中心の北米よりも品質の要求水準が高いことも参入障壁になっていたとされる。

これに対し自由取引の北米大西洋岸市場においては、三菱は「第一流ノ配合肥料商トノ連絡ヲ得テ」輸出を拡大しつつも、日米貿易は取引方法が容易であるため「邦商間ノ Self Competition 極メテ激甚」となった。米国の買手側もこの事情をよく知っており、「在日本各地ノ exporter ノ全部ヘ電信引合一銭ニテモ安キヲ買ハントスル」ため、三菱が自己で開拓した市場であるにもかかわらず、「現在ニ於テハ其ノ売値吊上ゲ並ニ輸出量ノ増大等ニ対シテ、他邦商ノ売込競争ニ非常ナル苦渋ヲナメ来リ居レリ」という状況となった。

③三菱商事における鰯粕・魚粉取引の位置

ここで、三菱商事全体、および肥料部における鰯粕・魚粉取引の位置について、各品目の詳細が判明する第37・38期（1936年4月～1937年3月）の時期で確認しておきたい。表5-6は肥料部の各商品別の損益明細であるが、鰯関係の各商品すなわち鰯粕（肥料）・魚粉（鰯粕原料魚粉）・ミール類（フィッシュミール、ミーキンミール）は「鰯粕」として一括されている。まず売買取引に

表5-6　第37・38期肥料部商品損益明細表（1936年4月～1937年3月　三菱商事）

(単位：千円、％)

品別	売買損益 売上	売買損益 損益	売買損益 率(％)	委託手数料 取扱金額	委託手数料 金額	委託手数料 率(％)	協定諸掛差金	雑口	合計損益	未回収金切捨額	差引損益
大豆油	4,817	△2	△0.05	—	—	—	4	△0.01	2	—	2
落花生油	5,814	52	0.9	—	—	—	11	△0.01	63	—	63
その他	4,247	52	1.2	—	—	—	10	△18	44	—	44
植物性油脂　計	14,878	102	0.7	—	—	—	26	△18	109	—	109
魚油	11,478	261	2.3	2,184	45	2.1	16	22	344	—	344
硬化魚油	6,875	227	3.3	567	25	4.5	9	0.1	262	—	262
その他	272	△0.3	△0.1	—	—	—	1	△0.01	1	—	1
動物性油脂　計	18,625	488	2.6	2,751	70	2.6	26	22	607	—	607
大豆	23,679	200	0.8	—	—	—	7	1	208	—	208
落花生実	3,493	△63	△1.8	—	—	—	1	△0.04	△62	—	△62
蘇子	2,341	23	1.0	—	—	—	△0	△5	17	—	17
その他	3,997	75	1.9	247	6	2.5	6	11	98	—	98
油脂原料　計	33,510	234	0.7	247	6	2.5	14	7	261	—	261
大豆粕	15,371	△117	△0.8	370	3	0.7	4	0.02	△110	△0.5	△110
その他	3,057	86	2.8	—	—	—	11	△0.3	96	—	96
植物質肥料　計	18,428	△31	△0.2	370	3	0.7	15	△0.3	△14	△0.5	△14
鰯粕	5,367	38	0.7	12,577	191	1.5	4	△6	227	—	227
その他	204	2	1.2	—	—	—	—	—	3	—	3
動物質肥料　計	5,571	40	0.7	12,577	191	1.5	4	△6	230	—	230
硫安	15,504	151	1.0	6,041	103	1.7	22	△1	275	△31	244
硫燐安	1,948	13	0.7	2,759	37	1.3	5	6	61	—	61
硝石	175	3	1.7	2,741	89	3.2	1	3	95	—	95
過燐酸石灰	1,493	33	2.2	—	—	—	4	4	40	—	40
燐鉱石	9,394	187	2.0	839	21	2.5	0	—	208	—	208
加里	1,201	41	3.4	52	2	3.5	1	△0.1	44	—	44
その他	2,039	19	0.9	233	3	1.3	8	—	30	—	30
鉱物質肥料　計	31,731	447	1.4	12,666	254	2.0	41	11	753	△24	729
見本品	—	—	—	—	—	—	—	△4	△4	—	△4
肥料部　合計	122,743	1,280	1.0	28,610	524	1.8	64	11	1,943	△31	1,911
割合（％）	20.1	11.2		7.5	6.8				8.5	12.2	8.4
三菱商事合計	609,918	11,450	1.9	381,906	7,761	2.0	1,385	498	22,918	△258	22,660
		船舶損益	1,825								

	肥料部	割合（％）	三菱商事
差引損益	1,911	8.4	22,660
雑損益			474
利息	△172	21.5	△803
営業費	△1,910	11.9	△16,010
純益金	△171	△2.7	6,321

出典：三菱商事株式会社第37期・第38期「綜合決算表」・「各部損益明細表」1936～1937年（三菱史料館蔵）。
注：率（％）は、売買損益の売上に対する率、委託手数料の取扱金額に対する率を示し、割合（％）は三菱商事全体に占める割合を示す。

ついて、肥料部全体の数値を三菱商事全体と比較すると、肥料部は三菱商事売上高の２割を占めているのに対し、売買益においては１割ほどの比率となっており、取引規模は相当大きいものの利益率は低い（三菱商事全体の売上高に対する利益率の平均が1.9％であるのに対し、肥料部のそれは１％）ことがわかる。また、委託売買においては、肥料部の取扱金額で三菱商事全体の7.5％、手数料収入において6.8％を占めており、手数料率については三菱商事全体平均の２％と大差のない1.8％となっている。

　次に肥料部内部の各商品の中での「鰯粕」の位置を確認する。まず売買取引において「鰯粕」の売上高は537万円弱で、肥料部売上高の4.37％となっており、売買益は３万8,000円で同じく肥料部売買益の３％弱にとどまっている。これに対し、委託売買においては、肥料部で約2,860万円程度の取扱金額に対し、「鰯粕」の取扱金額は44％もの1,258万円弱に及び、また手数料収入においては、肥料部全体の52万4,000円のうち19万1,000円と36％を占めており、「鰯粕」の委託販売における手数料収入は肥料部各商品中で最大であったこともわかる。

　さらに肥料部「鰯粕」項目の中の各商品の詳細を表５－７で見ることにしたい。まず鰯粕についてみると、売買取引の売上が約24万2,000円、売買益が3,200円弱であるのに対し、委託取引での取扱金額は1,244万円弱、手数料収入は18万9,000円に及んでおり、鰯粕の大半が委託で販売されていたことがわかる。先ほど取り上げた「鰯粕」項目における手数料収入の大きさは、2,000円弱の魚粉を除いてほとんどは鰯粕の委託販売によるものであった。委託販売されている鰯粕は、すべて京城店が元扱および仕入店となり、内地および朝鮮・台湾各地に販売されたもので、その手数料率は平均1.52％程度と水準はさほど高くないものの、肥料部の委託取引の中で最大の収入源となっていた。

　次にミール類および魚粉（鰯粕粉）について検討する。損益明細表の中の項目はミーキンミール、フィッシュミール、鰯粕粉に分けられているが[33]、ミーキンミール（機械製ミール）・フィッシュミールは三菱がミール（魚粉）として製造された製品を買い取って輸出した分を、鰯粕粉は三菱が買い取った鰯粕を魚粉に委託加工して販売した分を、それぞれ指していると考えられる。鰯粕

表5-7　第37・38期肥料部損益明細表　品目別内訳（1936年4月～1937年3月）

(単位：円)

売買取引

元扱店・思惑店	仕入店	販売店	数量		売上	損益
鰯粕						
神戸	清津	神戸	126	俵	1,036	△40
京城	京城	名古屋	1,000	俵	9,600	58
京城	京城	大阪	2,000	俵	19,456	128
京城	京城	京城	200	俵	2,007	67
神戸	仙台	神戸	2,485	俵	13,046	△153
神戸	函館	神戸	1,667	俵	16,417	457
神戸	小樽	神戸	10	俵	98	6
神戸	神戸	肥料部	140	俵	735	2
京城	京城	元山	2	俵	19	0.5
京城	京城	釜山	643	俵	3,989	121
—	仙台	新潟	2,580	俵	12,959	134
—	函館	新潟	1,715	俵	17,144	133
—	尾道	尾道	303	俵	3,007	17
—	徳島	徳島	800	俵	7,799	87
—	青森	新潟	200	俵	1,784	18
—	大阪	神戸	500	俵	4,954	21
—	大阪	徳島	300	俵	2,745	0.4
—	岡山	神戸	500	俵	4,260	22
—	岡山	徳島	300	俵	2,565	11
—	小樽	大阪	332	俵	3,048	80
—	小樽	小樽	830	俵	6,562	25
—	小樽	神戸	332	俵	3,028	60
—	京城	群山	200	俵	2,033	51
—	京城	京城	5,768	俵	58,838	1,536
—	京城	平壌	270	俵	2,829	60
—	神戸	岡山	500	俵	4,874	65
—	神戸	神戸	1,600	俵	15,959	60
—	神戸	徳島	200	俵	1,687	26
—	仙台	肥料部	525	俵	2,784	37
—	新潟	新潟	177	俵	892	7
—	新潟	函館	1,000	俵	10,320	0.0
—	函館	小樽	124	石	2,162	12
—	函館	肥料部	332	俵	2,750	60
—	門司	門司	100	俵	1,011	13
—			124	石		
		鰯粕計	27,637	俵	242,398	3,181
			224	石		

ミーキンミール（機械製ミール）

神戸	肥料部	ＳＦ	179	英屯	23,439	94
神戸	函館	ＳＦ	89	英屯	11,745	33
神戸	清津	ＳＦ	402	英屯	54,009	1,882

第5章　三菱商事北米支店と魚粉取引　155

神戸	小樽	独三	197	英屯	17,087	△3,604
ミーキンミール　計			867	英屯	106,281	△1,595
鰯玉粕						
	京城	神戸	4	英屯	376	8
	鰯玉粕　計		4	英屯	376	8
フィッシュミール						
神戸	肥料部	独三	348	英屯	40,669	△3,385
神戸	肥料部	独三	49	英屯	4,576	△1,055
神戸	神戸	独三	768	英屯	109,072	2,495
神戸	函館	独三	295	英屯	32,974	117
神戸	肥料部	NY	786	英屯	112,560	△1,065
神戸	神戸	SF	357	英屯	47,877	△1,725
函館	函館	独三	1,378	英屯	202,780	8,098
函館	函館	NY	89	英屯	12,569	800
函館	小樽	SF	714	英屯	85,689	1,334
函館	函館	SF	1,314	英屯	177,944	6,853
小樽	小樽	独三	51	英屯	9,378	689
小樽	函館	独三	2,587	英屯	396,654	10,562
フィッシュミール計			8,737	英屯	1,232,744	23,718
魚粉（鰯粕粉）						
神戸	清津	大阪	3,032	英屯	273,153	△20,281
神戸	清津	神戸	1,125	英屯	74,059	△16,426
神戸	清津	岡山	12	英屯	1,200	△4
神戸	函館	尾道	162	英屯	14,629	△1,022
神戸	神戸	台北	8	英屯	838	△29
神戸	清津	高雄	64	英屯	6,086	△269
神戸	神戸	マニラ	101	英屯	12,733	265
神戸	神戸	独三	4,643	英屯	607,407	27,884
神戸	函館	独三	516	英屯	64,836	7,406
神戸	神戸	NY	7,451	英屯	1,023,321	△7,029
神戸	函館	NY	1,688	英屯	241,527	△14,904
神戸	神戸	SF	1,036	英屯	141,947	3,423
—	清津	大阪	312	英屯	35,804	423
—	神戸	マニラ	162	屯	24,377	240
神戸	神戸	門司	15	英屯	1,453	△209
神戸	神戸	高雄	30	英屯	271	△38
神戸	神戸	香港	5	英屯	731	68
神戸	神戸	アレキサンドリア	2	英屯	340	24
神戸	神戸	SA	45	英屯	6,004	88
神戸	神戸	神戸	13	英屯	1,195	△89
神戸	清津	台北	2	英屯	108	△63
神戸	清津	独三	197	英屯	23,876	2,288
神戸	清津	SA	1,943	英屯	385,047	18,596
神戸	清津	SF	3,235	英屯	430,844	7,832
神戸	清津	徳島	207	英屯	17,963	△1,535
神戸	清津	マニラ	10	英屯	1,100	49
神戸	清津	NY	443	英屯	55,513	△2,891

神戸	名古屋	大阪	179	英屯	21,370	566	
神戸	函館	名古屋	72	英屯	6,958	360	
神戸	函館	門司	11	英屯	1,049	△52	
神戸	函館	SF	548	英屯	65,843	587	
神戸	肥料部	独三	306	英屯	33,588	774	
神戸	肥料部	NY	388	英屯	54,219	1,763	
―	清津	台北	10,285	俵	54,883	753	
―	清津	高雄	30	英屯	3,136	101	
―	清津	京城	825	英屯	83,168	2,109	
―	清津	清津	0	英屯	15	1	
―	清津	平壌	26	英屯	2,827	119	
―	名古屋	SF	100	米屯	11,930	1,707	
魚粉　計			28,683 162 100 10,285	英屯 屯 米屯 俵	3,785,347	12,584	
売買取引　合計					5,367,146	37,895	

委託取引

元扱店・思惑店	仕入店	販売店	数　量		取扱金額	手数料
鰯粕						
京城	京城	肥料部	163,759	俵	1,593,867	24,352
京城	京城	新潟	109,126	俵	1,050,554	15,872
京城	京城	名古屋	309,835	俵	3,027,314	45,689
京城	京城	大阪	320,721	俵	3,061,431	46,817
京城	京城	神戸	248,995	俵	2,412,487	36,415
京城	京城	門司	85,669	俵	807,289	11,983
京城	京城	台北	100	俵	1,011	15
京城	京城	京城	43,966	俵	419,797	6,818
京城	京城	小樽	3,000	俵	29,414	379.83
京城	京城	元山	13	俵	99	1.97
京城	京城	群山	1,030	俵	9,127	182.54
京城	京城	函館	1,169	俵	10,872	271.80
京城	京城	平壌	460	俵	3,972	79.44
京城	京城	釜山	1,000	俵	9,088	181.76
鰯粕　計			1,288,843	俵	12,436,321	189,058
魚粉（鰯粕粉）						
京城	京城	京城	1,442	英屯	113,653	1,280.90
京城	清津	京城	300	英屯	26,970	688.35
魚粉　計			1,742	英屯	140,623	1,969
委託取引　合計					12,576,944	191,027

出典：三菱商事株式会社第37期・第38期「各部損益明細表」1936～1937年（三菱史料館蔵）。
　注：1）フィッシュミール、ミーキンミールは製品をメーカーより購入したもの、魚粉は鰯粕を委託加工して魚粉としたものをそれぞれ指すと考えられる。
　　　2）NYはニューヨーク、SFはサンフランシスコ、SAはシアトル、独三はドイツ三菱を指す。

粉については朝鮮内への委託販売が取扱金額で14万円ほどあるが、他の大半の鰯粕粉（売上379万円弱）はすべて売買取引で販売されており、またミール類については委託販売が全く行われておらず、全量が売買取引であったことがわかる。

　ミーキンミール（機械製ミール）は清津仕入・サンフランシスコ販売で利益を出しているものの、小樽仕入・ドイツ三菱販売分で赤字を出して全体としてはやや損失となっており、またフィッシュミールは肥料部仕入の欧米向けで赤字を出しているものの、函館・小樽仕入れの欧米向けで利益を出し、全体として2万4,000円弱もの利益をあげている。取引ごとに損失の差はあるものの、ミーキンミール、フィッシュミール合わせたミール類の売買取引においてはその全量が欧米向け輸出で、トータルで2万円余の利益を出していた。

　他方鰯粕粉についてみると、おもに清津・神戸・函館仕入れで、内地・外地・輸出含め多様な地域に販売されている。このうち取引額の大きなものについて注目すると、神戸および函館仕入の鰯粕魚粉をニューヨークに計9,000英トン、126万円もの売上規模で輸出を行い計2万2,000円ほどの赤字となっているのに対し、同じく神戸・函館仕入れの鰯粕魚粉をドイツ三菱向けに計5,200英トン、67万円の売上規模で輸出したものは、計3万5,000円ほどの利益をあげている。また清津仕入で大阪・神戸向けに販売した4,200英トン・売上規模35万円の取引は計3万7,000円弱の損失を出したのに対し、同じく清津仕入でサンフランシスコ・シアトルへ輸出した計5,200英トン・売上規模82万円の取引では計2万6,000円ほどの利益をあげている。このように輸出販売先によって損益に差があり、トータルでは1万3,000円弱の利益であるが、売上に対しての利益率は0.3％に過ぎない。

　以上みたように、三菱の鰯関連各商品取引における最大の利益源泉は朝鮮産鰯粕肥料の委託販売であり、取扱金額が大きいため、肥料部の委託取引中でも最大の手数料収入源となっていた。鰯粕を原料とする魚粉の輸出販売は、販売先によっては赤字の取引も多くみられ、全体としては利益も非常に薄いものであった。むしろ鰯粕のうち、まとまった量を魚粉として加工して輸出すること

で、利益の源泉である鰯粕の委託販売を維持するための需給調整として機能していたと考えられる。

　こうして朝鮮産鰯粕の国内販売を一手に引き受け、同時に鰯粕原料の魚粉輸出により需給調節を行って鰯粕国内市価を維持しつつ、国内委託販売を展開していた三菱商事に対し、次第に、三菱独占への反発を強める神戸・大阪の肥料商や、新規参入をねらう三井物産の朝鮮総督府への働きかけが活発化し、1936年の一手販売契約更改の際に契約内容が改訂されることになった。

第3節　一手販売の終了と清津魚粉生産の本格化

(1) 反三菱連合の運動と契約更改

　すでに述べたように、三菱商事は1931年に朝鮮大羽鰯の一手販売権を獲得し、以後朝鮮産鰯粕とそれを原料とする魚粉輸出において支配的な位置を占めたが、次第に魚粉輸出が増加する中で、国内の他商社、肥料商からの反発が強まってきた。とくに近世来、鰯粕取引の中心であった大阪・神戸の肥料商の反発は大きく[34]、神戸肥料卸商業組合・大阪肥料卸商業組合は36年の一手販売契約更改時に三菱の独占を改めるよう朝鮮総督府に要求した。魚粉取引に参入を図る三井物産の働きかけもあり、36年契約更改時には、朝鮮産鰯粕の一部直売が認められることとなった。朝鮮内の咸南・咸北・江原道の水産組合のうち一部が内地販売可能となり、日本国内の全国販売購買組合連合会（全購連）への直売が行われ、販売数量に応じて奨励金が付与された。その他については従来どおり三菱商事に委託販売とされた。また、契約更改期限は従前の5年から3年に短縮され、三菱の取扱手数料2.5％から2％に引き下げられた。ただし魚粉に加工された製品については当面統制せず、引き続き魚粉製造業者との直接契約に任されることとなった[35]。魚粉が統制外におかれた理由としては、種類・銘柄が多く統制が困難であったこと、咸北道の水産組合の反対があったことなどが挙げられている。こうして36年4月より39年まで3年期限で契約が更改された。

三菱は、内地肥料商の独占反対への対応として、鰯粕販売先の肥料商と三菱大羽会を結成し、三菱傘下の肥料商育成に努めることとなった[36]。すなわち36年3月に大阪靭の川口平三郎商店大阪支店・高畠克巳商店・木下商店・中原浅吉商店・小浦梅次郎商店、尼崎の朝日化学肥料・田中商会・菅沼商会・片倉米肥大阪営業所らと大阪大羽会を結成し、また同年4月には東京にも大東肥料株式会社を幹事長として鰯粕取扱業者13社を集め東京大羽会を結成し、「反三菱運動の緩和」を図ったという。

契約更改後の推移について1936～39年の鰯粕販売高の各社・団体のシェア[37]を見ると、一部直売は主に全購連に2割程度（最大3割）あるものの、三菱はなお高いシェア（6～7割）を占めていた。36年以降、一手販売は変更されたものの三菱は朝鮮産鰯粕販売において最大のシェアを占め続けた。他方魚粉については、前述のとおり製造業者との自由契約に任されていた。次に36年以降の三菱の魚粉取扱について見ていきたい。

(2) 朝鮮魚粉工業の発展と三菱商事

1936年7月に水産物加工改良奨励規則が公布、即時施行された。これは、従来の輸出向け魚粉製造を奨励した魚糧製造奨励規則に加え、魚粕、魚油の製造奨励・改良を通じて魚粉原料となる魚粕の品質向上を図ることを目的としていた。これら奨励規則に基づいて、魚粉加工工場へ補助金が支出され、各地で魚粉工場設立が増加していった。従来は朝鮮で漁獲された大羽鰯は、朝鮮で鰯粕に加工されて内地に移入され、内地工場で魚粉に加工されるものが大半であったが、この頃から、朝鮮北部の咸北道清津を中心に、直接鰯から魚粉を製造する機械式製造工場が増加した。三菱はこれら製造工場の建設・増設に積極的に関与していった。

1937年6月14日付で、清津出張所から各場所に出された「フィッシュミール産地事情五号——咸北ミールノ生産高ト其ノ生産者並ニ買付店に就キテ——」[38]では、36年度の清津の状況について報告されており、近年の魚粉工場の増加は、新規参入者よりも漁港内の立地に恵まれた既存の生産者の設備拡

大・増産によるものが大きいとしている。同年度の魚粉買付数量比率は、三菱27.9％に対し日本油脂が71.9％、三井物産0.02％、全購連0.20％であった。三井は進出を企図しつつも、不合格品20トンを小生産者から買い付けたに止まったという。また、全購連は「朝鮮人側ブロック」への働きかけを行い、「度外レタル高値唱ヘ我社並ニ日油ヲ威嚇」するも、神戸支店・門司支店・新潟出張員の「猛烈ナルカウンターアクト」にあい、実績は220トンにとどまったとされる。これに対し最大の割合を占めたのが日産系の日本油脂で取扱高は71.9％と「表面上圧倒的数量」だが、そのうち39％は自家工場製品、7％は秋田水産製品であった（いずれも全生産量に対する割合）。それ以外の機械製魚粉はほとんど三菱扱いで、自家工場製品を除いて比較すれば三菱と5分5分であると結論づけている。

　この時期、内地向け魚粉の需要も増加しつつあったが、三菱の内地向け魚粉の取扱は1935年からで、やや立ち遅れの感があり、清津魚糧・林兼・清津水産等の三菱勢力範囲にも「日油ノ残影ヲ止メ得シタルハ残念」としている。その上で、買付においては日油との不必要な摩擦を避けつつ、東海水産・秋田水産・長井商店・佐藤商店・徳弘商店等新地盤に根を下ろすことができたと評価している。1936年前後には、日産系の日本油脂・同じく日産系の公海興産が相次いで清津に進出し、大規模工場を建設していた[39]。これら企業は社有の巾着網漁船だけでなく、他の巾着網漁船へも「仕込」し原料鰯を調達していたという。

　このような工場で製出される機械製魚粉の品質に三菱は強い関心を持っていた。三菱商事の清津出張所は1938年に各工場の品質についても調査を行っている[40]。調査によれば、林兼商店の製品は非常に優秀であり、飼料に要求される脂肪含有率の低さにおいて優れていた。これは圧搾するプレス機が長大で頑強であることが理由として挙げられている。また清津魚糧の機械製魚粉は、同社の水圧魚粉ほどでないが、製品状態は均一であり、土砂が少ないと評価している。これに対し、秋田水産は「過激ナル大量生産主義」に禍され、窒素分が少なく脂肪分が多いなど品質面で評価が低く、長井商店は秋田水産よりさらに劣

るとされている。東海水産は漸次改善しており、また、清津水産は36年操業開始の後発企業だが優秀で、清水による煮沸のため塩分が少ないことがメリットとして挙げられている。日本油脂の清津（北鮮水産・公海興産）工場の分析結果は清津魚糧と同一レベルだが品質が不均一であるのに対し、同じ日本油脂の漁大津工場はすべて最上級の赤級で、まさに「全朝鮮一」であると最高の評価をしている。その理由として、安定して豊漁であるなど漁業条件が良好であることが挙げられている。これに対し日本油脂の工場でも西水羅工場の工場は窒素分著しく少なく普通級であり、「本工製品ノ独乙向引合ハ危険ナリト存ズ」と述べられている。欧州輸出を重視する三菱にとって、養豚飼料に要求される低脂肪・低塩分などの品質維持・向上はきわめて重要であり、技術力のある魚粉工場を確保する必要に迫られていた。

　三菱商事は高品質の魚粉を確保するため、「我社は個々の鰯漁業者及びその他水産業者へも融資を行い製品取扱を引受け」[41]るなど積極的な関与をみせていた。『立業貿易録』では、朝鮮内でも慶北では三好佐太郎の三栄組、城津では魚粉製造の北川三策、元総督府水産課で底曳網漁業を営んでいた上山正樹、清津においては魚粉製造の井川工業に融資していたという。さらに1936年前後に新設・増設が進む清津地域の魚粉工場へも積極的に融資を行っていた。

　そこで、1939年時点での三菱の各業者への融資を「肥料部長引継報告書」[42]から具体的に検討する。清津水産株式会社は1936年に資本金50万円で設立された。経営者の宮本照夫について、報告書は魚粉の品質向上に関心が高い経営者として評価している。三菱との融資関係としては、1938年5月に魚粉製造資金として10万円を期限1年で貸し付けている。融資条件は、38年4月〜41年3月の期間、同社製造鰯魚粉の販売を仕切制により全量三菱に委託することとしたが、「其後ノ事情ハ本項ノ実行ヲ困難ナラシメタリ」と述べられている。貸付後の返済状況は、38年度不漁のため約10万円の利益のうちから半額の5万円のみを返済し、残債5万円については40年まで期限延長した。38年6月には工場増設資金として10万円追加融資の願出があったがこれについては拒絶しており現在折衝中であるとしているが、同社製の魚粉については将来にわたり三菱一

手販売権を確保する方針であるとしている。

　次に三栄組水産株式会社について、同社は同じく1936年に、資本金100万円で三好佐太郎により創業され、三菱からの融資は1937年5月から38年10月の期間、三好を連帯保証人として鰯粕製造資金を計7万円融資し、返済期限は37年12月～38年4月および39年3月、同年4月の各月に1万円宛のはずであったが、38年度不漁のため資金繰りが困難で、やむなく1万円は39年4月末まで、残6万円は40年4月20日まで延期したが、39年4月末の1万円も未入金であり、督促折衝中であるとしている。39年度は漁況順調であり、40年には取立可能の見込であるとしている。

　北川三策商店は1907年に創立され、資産は約10万円の魚粉製造業者であるが、三菱からは1938年5月に1年期限で鰯魚粉製造資金として7万円融資した。融資の条件として製品魚粉を全量三菱一手扱とした。その後、不漁と事変による工場建設資材入手難で予定の業績をあげられず、初年度の利益金2万円では返済不可能であるため40年4月まで1カ年返済期限を延長している。北川商店についても39年度は豊漁で回収可能の見込であり、同社鰯魚粉については将来にわたり三菱一手販売権を確保する方針であるとしている。

　このように三菱は魚粉製造業者に対し運転資金を融資し、その見返りとして一手販売権の確保を図っていた。1938年の不漁によって各社とも予定の利益が上げられなくなり、返済が困難となったが、三菱の融資の狙いは一手販売の確保にあり、新たな融資は抑制しつつも期限を延長しつつ対応している。

　以上見たように三菱商事は、1936年前後から朝鮮内に展開した魚粉製造業者に対し、製品の一手販売を条件として積極的に融資を行い、仕入れ先の確保を図った。しかし魚粉製造は、豊漁・不漁の変動リスクが大きく、とくに38年の不漁を原因として、多くの製造業者が期限内での返済が不能となった。三菱はこれに対し支払期限延期など返済条件の緩和に柔軟な対応をみせており、融資の目的が製品の一手販売権確保にあったことを示している。

　戦時体制が色濃くなると魚粉輸出に対する統制も強化されていく。1938年に対独フィッシュミール共販会が設立され、欧州向け輸出は日本商社それぞれに

輸出枠が割り当てられたが[43]、1939年8月25日付肥料部発三菱ベルリン宛書簡によれば[44]、欧州向け魚粉輸出については他社の枠を買い取る形で、統制下においても取扱量の確保を図っている。だが同時期、日本国内の肥料需給変化による価格高騰と食料事情の変化により、日本の魚粉輸出余力が激減し、対独輸出は杜絶、北米向けも激減することになった。

おわりに

　三菱商事は1931年に朝鮮鰯粕の一手販売契約を結び、朝鮮産鰯粕販売をほぼ独占した。しかし同時期は農村恐慌により内地肥料市況が悪化している時期であり、鰯粕原料の魚粉輸出が有力な消化先および内地価格の調整役として注目された。販路開拓初期において、米国の魚粉輸入商はなお日本品に対する品質の不安を持っていたが、北米の現地店は船積・輸送・湿度において本社側に注意を喚起し、さらに商標についても米国各州の実情にあわせて現地のマークを刷ることで、現地検査の円滑化を図るなど販路開拓に努めた。32年以降の為替下落もあって、日本産魚粉のノルウェー産魚粉に対する価格競争力が向上し、34年までの短期間に北米の肥飼料、欧州の飼料需要の増加を受けて三菱商事の魚粉輸出は急速に増加した。ただしこの増加は相当の地域差を伴っており、輸送条件の点で新規参入が容易で価格競争の激しい北米太平洋岸市場では大きなシェアがとれず、主に欧州・北米大西洋岸を中心に輸出を増加させた。欧州・北米大西洋岸への輸送においては、遠距離輸送による発熱・腐敗のリスクが高く海運会社が忌避するため船腹獲得が困難であることが参入障壁となっていたが、三菱商事は総合商社のメリットを生かし、「優良貨物」と組み合わせて船腹確保をはかった。しかし1934年以降、三井船舶部の援護を受けたと思われる東陽物産などが参入し、北米大西洋岸市場でも価格をめぐる競争が激化する。

　これに対し、欧州向け輸出においては、三菱は34年以降も安定的に高いシェアを維持し続ける。ドイツでは三菱は先行者としてすでにブランドを確立し、他商の取引でも三菱の銘柄を基準に取引が行われていたこと、自由取引の米国

に対し、当該期から為替管理のもと割当制に移行しているドイツにおいては、すでに実績を積んでいた三菱が引き続き優位な位置を確保しやすかったことなどの事情があったと思われる。ただしドイツの魚粉の用途は大半が養豚飼料需要であり、北米の養鶏飼料・肥料に比べより高い品質を要求された。このため三菱では、朝鮮での魚粉工場に対し積極的に融資を行い、天日乾燥魚粉に比べ高品質な機械製魚粉の確保を進めた。豊漁不漁に左右される魚粉製造会社への融資はリスクを伴ったが、三菱は機械製魚粉を安定的に確保するために、一手販売を条件に融資を継続している。

　以上見たように競争が激化しつつも三菱が魚粉輸出においてシェアを維持できた背景としては、産地である朝鮮との繋がりを先行的に有していたこと、輸送における船腹獲得という長距離輸送における参入障壁をクリアできる交渉力を持っていたこと、とくに品質の要求水準の高い欧州向け輸出において、朝鮮に勃興しつつあった魚粉製造業者に対し融資を通じて関係を強化していたことで、優良品質の魚粉を確保できたことなどが考えられる。これは三菱商事の総合商社としての強みでもあり、また同じく総合商社である三井物産が実態として魚粉輸出においてシェアを取れていない事実は、三菱の先行者としての優位性が大きかったことを示していると思われる[45]。

注

1)　鰯・鰊・鱈などから搾油・乾燥したもののうち、粉末状のものが魚粉であり、主に肥料・飼料に使われる。魚粉は時期・用途などにより「フィッシュミール」「フィッシュグアノ」「鰯（鰊）ミール」、魚糧などさまざまな名称が用いられるが、本稿では史料引用部分や団体名などを除き、「魚粉」で統一する。

2)　高橋周「両大戦間期における魚粉貿易の逆転——在来魚肥の輸出品化と欧米市場——」『社会経済史学』第70巻第2号、2004年7月。

3)　大島幸吉『朝鮮の鰮漁業と其加工業』（水産社、1937年）1～8頁。三菱商事株式会社編『立業貿易録』下、1958年（ゆまに書房より再刊、2009年）510頁。

4)　以下、朝鮮大羽鰯についての記述は、日合重道著・発行『肥料の歴史とその考察』（1989年）75～77頁。

5)　以下、三菱商事名古屋支店長「穀705号　鰊粕粉末に係る件」1931年2月18日

第 5 章　三菱商事北米支店と魚粉取引　165

(Entry48/C21)。
6)　以下、北海道鰯生産については前掲『肥料の歴史とその考察』74〜75頁。
7)　以下、ミーキン式魚粉については、三菱商事肥料部長田中完三「朝鮮産鰮粕ニ係ル件」1931年7月17日（E48/C21）。なお、日本に多く輸入された魚粉製造機械のメーカー、米国カリフォルニアプレス製造会社の社長兼技師長が E. T. Meakin であることから、日本では機械製魚粉はしばしばミーキン式魚粉と称された。前掲『朝鮮の鰮漁業と其加工業』248頁参照。
8)　以下、朝鮮産鰯への統制と、三菱の朝鮮産鰯粕一手販売引受の経緯については、前掲『立業貿易録』下、510〜512頁、朝鮮鰯油肥製造業水産組合連合会編・発行『朝鮮鰯油肥統制史』(1943年) 1〜106頁。
9)　「鰯油肥統制の経緯を観る」『京城日報』(1936年2月11日、2月14日)。なお、2月14日同記事には、「この契約調印にあたって三菱では"金十万円也を組合へ寄進するから契約だけは許してくれ"と話を持かけた、三菱の身になって見れば三十万円の仕込み資金を五ヶ年無利子で融通した上に、粕を買い取らせてみすみす数十万円の穴をあけるよりは十万円の寄付金で手を引き度かったのである、何れにしても当時の貧乏神が今日の三菱京城支店のドル箱になったのだから面白い」とあり、当時、鰯市況が悪化していたため、三菱は相当契約を渋っていたことをうかがわせる。
10)　以下の記述は「水産統制の全貌」『京城日報』(1934年2月27日、3月4日)。
11)　前掲「両大戦間期における魚粉貿易の逆転」60頁、および前掲『朝鮮の鰮漁業と其加工業』597頁。
12)　名古屋支店長大井傳次郎「鰮粕粉末ニ係ル件」1931年2月16日（E48/C21）。
13)　フィッシュミール水産組合と魚糧製造規則、魚糧工船漁業奨励規則については、前掲「両大戦間期における魚粉貿易の逆転」65頁。
14)　「フィッシュミールの安価な製造設備」『時事新報』(1932年11月16日)。
15)　契約高および許可願についての記述は、名古屋支店長大井傳治郎「米国向鰮粕粉末取扱開始ノ件」1931年1月22日（E48/C21）。
16)　肥料部長田中完三「米国向鰮粕粉末取扱開始ニ係ル件」1931年1月26日（E48/C21）。
17)　商談および加工賃調査については、神戸支店長大久保繁雄「米国向鰮粕取扱ニ係ル件」1931年2月18日（E48/C21）。
18)　「相川・吉武支店長更迭事務引継書　神戸支店」1936年（三菱史料館蔵・MC762）160頁。以下「神戸支店引継書」と記す。
19)　前掲『立業貿易録』515頁。

20) 前掲「神戸支店引継書」159頁。
21) 三菱商事肥料部「本邦魚糧統制ニ係ル件」1933年7月31日（E35-B/C23）。
22) 三菱商事肥料部「Sardine Meal」1933年9月5日（E35-B/C23）。
23) 前掲『立業貿易録』516頁。
24) 三菱商事肥料部「Fish Meal Business」1934年2月6日（E35-B/C25）。
25) 以下、海運、保険についての記述は、前掲「神戸支店引継書」164～167頁。
26) 前掲「神戸支店引継書」158頁。
27) 三菱商事ニューヨーク店'100tons Japanaese Sardine Meal Shipment per SS "KIRISHIMA MARU"' 1933年4月24日（E35-B/C23）。
28) 三菱商事ニューヨーク店'100tons Sardine Meal, 2nd grade may shipment per SS "SOYO MARU"' 1933年4月29日（E35-B/C23）。
29) 三菱商事神戸支店'Japanese Sardine Meal and Sardine Offal' 1932年12月30日（E35-B/C23）。
30) 三菱商事ニューヨーク店「No. 12」1934年2月2日（E35-B/C25）。
31) 以下、三菱商事肥料部「フィッシュミール取扱方針ニ係ル件」1936年3月31日（E35-B/C46）。
32) 以下、前掲「神戸支店引継書」160頁。
33) 鰯玉粕も項目にあげられているが、数量的に小さいのでここでは割愛する。
34) 以下、反三菱への動きについては前掲『肥料の歴史とその考察』77頁。
35) 前掲『朝鮮鰯油肥統制史』426頁。
36) 以下三菱大羽会結成については前掲『肥料の歴史とその考察』78頁。
37) 前掲『朝鮮鰯油肥統制史』379、443、494、575頁。
38) 清津出張所「フィッシュミール産地事情五号－咸北ミールノ生産高ト其ノ生産者並ニ買付店に就キテ－」1937年6月14日（E35-B/C59）。
39) 清津出張所「清津鰮ミール工場現勢一覧」1937年4月9日（E35-B/C46）。
40) 以下の記述は清津出張所「フィッシュミール産地事情三号」1938年6月6日（E35-B/C59）。
41) 前掲『立業貿易録』513頁。
42) 三菱商事「肥料部長引継報告書」1939年9月（三菱史料館蔵・MC693）17～27頁。
43) 前掲『立業貿易録』下517頁。
44) 三菱商事会社肥料部 "Re cod Fish Meal" 1939年8月25日（E35-B/C61）。
45) 三菱商事の魚粉輸出における優位性の要因を明らかにするためには、1935年以降の北米での競争をさらに詳細に検討すること、三井側の北米支店の史料から反対商としての三菱の魚粉輸出を検討すること、さらに統制期以降の各社の活動に

ついて検討することが必要となるが、今後の課題としたい。

第6章　三菱商事北米支店と日産自動車

岡 部 桂 史

はじめに

　本章の課題は、アメリカ合衆国国立公文書館に所蔵されている三菱商事北米支店の史料を用いて、①三菱商事の工作機械取引の動向、②三菱商事を通じた北米における日産自動車の工作機械買付の2点について検討することである[1]。さらに後者の日産自動車の工作機械買付に関しては、ニューヨーク安宅商会の史料も用いて、代理店契約を背景に展開した商社間取引、さらには商社とメーカーとの関係も探っていきたい。

　アメリカ合衆国国立公文書館所蔵の在米日系企業接収史料(RG131シリーズ)を利用した先駆的研究は、1982年刊行の川辺信雄『総合商社の研究：戦前三菱商事の在米活動』(実教出版)である[2]。その後、同史料を利用した研究は、1990年代以降に三井物産の北米支店を中心に進展し、多くの研究が蓄積されてきた[3]。他方、三菱商事の北米支店の活動に関しては、研究の端緒となった『総合商社の研究』の影響もあってか、直接的な対象として取り上げられることは少なかった。

　本章の対象とする三菱商事の工作機械取引に関しては、『立業貿易録』が全般的な解説を加えており、本章も同書に負う部分が大きい。同書では、北米における日産の大量買付についても比較的丁寧に紹介され、その意義にも言及されている。ただし、具体的な買付契約や交渉のプロセスは明らかではなく、未

だ残された課題・論点も多いと思われる。その後、沢井実が接収史料を利用して、1930年代のアメリカ工作機械メーカーと商社活動を包括的に検討し、実証面での研究水準を大きく引き上げた[4]。また北米支店に関しては、近年復刻された『三菱商事紐育支店事業報告書』も貴重な成果の一つである[5]。接収史料中の三菱商事史料には、北米支店の中で最大規模のニューヨーク支店史料がまとまって残っていない[6]。復刻された事業報告書の刊行時期は1937〜41年と限定的である。しかし、支店活動の全体像を整理した史料が少ない三菱商事に関して、ニューヨーク支店作成の事業報告書を発見・復刻した意義は大きい。

さらに近年、三菱商事の機械取引に関しては、加藤健太が「収益性」の視点から機械部取引の数量データについて精緻な考察を行っている[7]。続けて加藤は具体的な機械取引の事例として三菱電機と寿製作所を取り上げ、三菱商事との取引関係の形成から変容・深化のプロセスを明らかにし、三菱史料館所蔵の一次史料に基づき、商社の有した機能に関する極めて興味深い考察を試みている[8]。

本章では、まず三菱商事の工作機械取引の全体像を概観し、三井物産との競合関係、さらに商事にとっての系列内取引・系列外取引の意義を確認する。次に北米支店の機械取引と日産自動車の工作機械買付の過程について、接収史料を利用して具体的に検討を進める。ここでは特に三菱商事機械部作成の『機械部報』の集計・分析により、三菱商事を通じた日産の機械買付の全体像に迫りたい[9]。最後に工作機械メーカーのブラウン・アンド・シャープ社—日産自動車—安宅商会—三菱商事間の買付交渉を通じて、商社間取引およびメーカーとの関係を考察する。

第1節 工作機械取引と北米支店

(1) 工作機械取引の動向

三菱合資営業部から分離独立して1918年に三菱商事が発足し、機械部は20年

第6章 三菱商事北米支店と日産自動車　171

表6-1　三菱商事・三井物産の機械取扱高の推移（1930～39年）

(単位：万円・％)

| 年度 | 三菱商事 ||||||| 三井物産 || 三菱／三井の比較 ||
| | 機械取扱高 ||| 取扱高全体 |||| 機械取扱高(C) | 取扱高全体(D) | 機械(A)/(C) | 全体(B)/(D) |
	売買取引	受託取引	合計(A)	売買取引	受託取引	合計(B)	(A)/(B)					
1930	1,436	2,036	3,472	15,697	19,008	34,705	10.0%	8,445	88,231	41.1%	39.3%
1931	765	2,033	2,798	13,177	14,640	27,817	10.1%	6,587	86,695	42.5%	32.1%
1932	951	3,528	4,479	20,556	21,258	41,813	10.7%	7,831	109,625	57.2%	38.1%
1933	1,557	4,666	6,223	29,134	27,657	56,791	11.0%	10,679	135,848	58.3%	41.8%
1934	2,080	6,913	8,993	30,706	33,885	64,591	13.9%	15,631	165,724	57.5%	39.0%
1935	2,066	8,999	11,065	44,239	41,959	86,198	12.8%	16,221	171,758	68.2%	50.2%
1936	2,314	9,703	12,016	60,992	38,191	99,183	12.1%	17,093	206,753	70.3%	48.0%
1937	3,338	11,843	15,181	85,359	45,202	130,561	11.6%	21,637	246,026	70.2%	53.1%
1938	7,150	15,561	22,710	86,647	68,531	155,177	14.6%	27,666	255,454	82.1%	60.7%
1939	8,418	19,510	27,929	110,697	79,098	189,795	14.7%	33,199	323,625	84.1%	58.6%
合計	30,075	84,792	114,866	497,204	389,429	886,631	13.0%	164,989	1,789,739	69.6%	49.5%

出典：三菱商事株式会社『綜合決算表』各期（三菱史料館、MC1062～1106）、三菱商事株式会社編『三菱商事社史』資料編（1987年）76～77頁、三井物産『三井物産事業報告書』各期。
注：三菱商事（上期4～9月期、下期10～3月期）に対応して、三井物産（上期10～4月期、下期5～9月期）の取扱高を算出。

に金属部から独立して設置された[10]。三菱商事の機械取扱高は、1922年度の889万円（全体の取扱高2億233万円）、25年度の1,823万円（同3億4,107万円）、28年度の2,940万円（4億6,229万円）に上昇した[11]。とはいえ、全体に占める機械取扱高の割合は、1922年度4.4％、25年度5.3％、28年度6.6％と漸増傾向にあったものの、取引全体からみた比重は小さかった。しかし1930年代に入ると、表6-1に示されるように、三菱商事の機械取扱高は30年度の3,472万円、33年度の6,223万円、36年度の1億2,016万円、39年度の2億7,929万円に大きく伸張した。取扱高全体に占める機械の割合も1930年度に10％を超え、日中戦争期以降は15％弱まで拡大した。

　工作機械取引をみると、三菱商事は1922年にプラット・アンド・ホイットニー社（Pratt & Whitney Co.）、ナイルス社（Niles-Bement-Pond Co.）、24年にノートン社（Norton Co.）、オリバー社（Oliver Machinery Co.）など、アメリカの一流工作機械メーカーと一手販売契約を締結した。しかし、1920～30年代前半にかけての三菱商事の輸入工作機械の取引は、機械部の消極姿勢もあっ

て低調に推移した。1923年には、関東大震災の復興需要を見込んで輸入工作機械の思惑買付をしたものの、10数台の在庫を抱え込むことになり、満州事変の需要拡大まで在庫を一掃できなかった[12]。さらに社内でも、購買側があらかじめ希望の機種・メーカーを指定する場合の多い工作機械の場合、特定メーカーとの一手販売契約が取引の拡大を阻害するという考えも強く、三菱商事は一手販売権を次々と手放していった[13]。

ただし、この一手販売契約に関しては市場動向に大きく規定されていた点も指摘しておかなければならない。1920年代半ばから三菱商事が工作機械の代理店契約を解除していく一方、対する三井物産も海外メーカーとの関係を見直し始めていた。その最大の理由は、第一次世界大戦後の国内重化学工業の進展に伴う、国産機械取引の増加であった[14]。さらには政府による国産奨励策、海外メーカーの日本進出なども重なり、三井物産も欧米メーカーとの契約を解除し、国内メーカーへの切り替えを行った。この傾向は1920年代後半における輸入の急速な落ち込みと国内売買の増加によって一層強まっていった。したがって1920年代の三菱商事の工作機械取引に関する消極姿勢は、当時の厳しい経済状況を踏まえた合理的判断であったともいえる。

こうした状況は満州事変によって一変するが、工作機械需要の激増に対して、三菱商事の方針転換は遅れ、さらに国内工作機械メーカーとの関係も弱く[15]、三井物産や安宅商会の後塵を拝する状況となった。そこで三菱商事も一旦後退していた取引の再構築を図るため、アンドリウス商会（Andrews and George Co., Ltd.）との提携を経て、1930年代半ばから再びアメリカ工作機械メーカーの一手販売権獲得を活発化させていった[16]。

三菱商事の機械取引のなかで、工作機械の占める割合は、表6-2に示されるように、満州事変後の軍需増大を背景に1931年度の1.2％から翌32年度には6.2％に増加した。日中戦争以後は10％を超えるようになり、1939年度には19.1％に達した。工作機械の取扱高も、1930年度の27万円から32年度の276万円に増加するとともに、37年以降、37年度の1,849万円、38年度の3,424万円、39年度の5,333万円に急増した。

ところで、三菱商事の取扱高は商品取引による売買損益の発生する「売買取引」と手数料収入を得る「受託取引」の合計で示される。三菱商事の取扱高を把握する基礎的数値は『綜合決算表』であり[17]、『三菱商事社史』資料編のデータも同表に基づいて算出されている[18]。1930～39年度の取扱高全体で売買取引と

表6-2　三菱商事の工作機械取扱高（1930～39年）

(単位：千円・%)

年度	売買取引	受託取引	合計	機械取扱高全体に占める割合
1930	216	55	271	0.8%
1931	297	28	325	1.2%
1932	1,714	1,047	2,761	6.2%
1933	1,708	1,985	3,693	5.9%
1934	2,926	2,447	5,374	6.0%
1935	1,942	2,109	4,051	3.7%
1936	2,370	4,847	7,217	6.0%
1937	6,855	11,635	18,490	12.2%
1938	19,428	14,808	34,237	15.1%
1939	24,640	28,686	53,326	19.1%
合計	62,096	67,648	129,744	

出典：表6-1に同じ。

受託取引の合計を比較すると56：44で売買取引が優勢であったが、機械取扱高では26：74で受託取引が大きく上回っていた[19]（表6-1）。工作機械の取扱高をみると、機械取引全体の傾向と異なり、同期間の合計で48：52と売買取引と受託取引がほぼ拮抗していた（表6-2）。

売買取引と受託取引は、それぞれ前者が出合取引と見越取引（思惑取引）、後者が受託買付と受託販売に分類される[20]。機械取引の中でも相対的に専門性が強く、メーカーと顧客・ユーザーも限定される工作機械取引において、どのようなケースで出合取引や見越取引が成立したのか、この点に関する立ち入った分析は限られた史料から検討することが難しい[21]。本章で取り上げる日産自動車との取引は委託買付契約に基づく受託取引であり、「萬一ノ場合ニ於テモ我社トシテハ直接ノ損害ヲ招ク」ことの無い取引であった[22]。

(2)　三井物産との競合と系列外取引

1930年代以降、商品取扱高の拡大を進めた三菱商事は、三井物産と熾烈な競争を行った[23]。表6-1に示されるように、1930年度の三菱商事全体の取扱高は、対三井物産比率で39.3％にとどまっていたが、38年度には60.7％に大きく上昇

し、機械のみでは同年度に82.1％となった。こうした1930年代の三菱商事との競合について、三井物産機械部の『考課状』は、「最モ強力ナル同業者ハ三菱ナルコト謂フヲ俟タザル所ニシテ当部取扱商品全部門ニ亘リ常ニ激烈ナル競争ヲ演ズ」(1934年下期)、「三菱重工業ヲ代理スル三菱商事……(中略)……孰レモ侮リ難キモノアリテ引合毎ニ激烈ナル競争ヲ演ジツツアリ」(1937年上期)と言及している[24]。1930年代に入ってからの商事の業容拡大が物産にとって脅威となりつつあり、さらに三菱重工業をはじめとする系列内取引が商事の猛追の背景にある点が強調されている。以上のような物産の分析は、商事と比較した場合、物産の系列内取引が相対的に弱いという認識からもたらされたものであろう[25]。

　次に三菱商事の工作機械取引における系列内取引と系列外取引の状況を確認しよう。三菱商事の工作機械の主要な取引先は、三菱重工業[26]、三菱電機、日本光学など分系・傍系・関係会社からなる三菱系企業、日産自動車(戸畑鋳物、自動車製造を含む)、海軍、豊田自動織機、日立製作所、川崎造船所など多岐にわたる。最大の取引相手は三菱系企業であり、系列外では日産系との取引が最大であった[27]。系列内取引では、1932～33年にかけて軍需の急増で工作機械の大量買付・輸入が実施されることになり、商事は三菱航空機・三菱造船に対して委託買付による海外購入の一任を要請した[28]。日中戦争以後の工作機械輸入では、1937年7月から三菱重工業名古屋航空機製作所と同発動機製作所の委託買付を開始し、39年までの受注額は累計で4,000万円に達した。加えて三菱電機、三菱化工機、東京鋼材、日本建設などとの系列内取引も活発化していった。

　ただし注意すべきは、三菱商事を通じた工作機械購入について、系列内であっても、委託を含めて濃淡が存在した点である。例えば前述の三菱航空機・三菱造船に対する委託買付の要請に対して、三菱航空機が商事の要請を直ちに受け入れたのに対して、三菱造船は1937年以降の「非常時船舶増産のため工作機の需要激増し到底自ら買付事務処理の遑なく」になるまで、商事を通さずに自社による独自の購買活動を継続した[29]。ここでの「自ら買付事務処理の遑なく」は、三菱造船の購買が自社買付を原則としていたと判断すべきであろう。

また系列内取引の増大を背景に本社機械部の工作機械課に「分系会社係」が新設されたのは1939年になってからであった[30]。慎重な検討が必要であるが、先行研究の成果も踏まえて整理すれば、三菱系企業が三菱商事を選択するという単純な図式では、系列内取引を評価することはできず、系列内取引にも合理的な経営判断に基づく、一定程度の緊張関係が存在していたと思われる[31]。とはいえ最終的には、三菱商事は三菱系企業との工作機械取引に深く関与しており、各三菱系企業の企業規模や経営資源、購買・販売における過去の商事との取引経緯によって異なるものの、「三菱」という系列の枠組みは、各社の経営判断に少なからざる意味を持っていたともいえよう。

加えて1920年代以降におけるメーカーの直接取引の増加による商社排除の傾向も、看過し得ない重要な環境変化であった[32]。1934年の三菱重工業の成立は、工作機械の大量委託買付などの購買面において三菱商事に系列内取引による利益をもたらしたものの、他方で巨大総合機械メーカーとなった三菱重工業と購買側の直接取引も拡大し、販売面で三菱商事が介在する余地は、徐々に減退する結果となった[33]。こうした中で、三菱商事の機械取引にとって、系列内取引は重要なリソースであったが、それに完全に依存するには至らず、系列外取引も事業の安定性を維持するためには重要であった。

表6-3は、1933～39年の三菱商事の工作機械売約高を示している。原史料は機械部作成の『機械部報』で、全体（A）は売約高の総額であるが、日産自動車（B）は日産関係の主要な大口売約高を集計したものである。同期間のアメリカからの日産自動車向け工作機械輸入高は約3,850万円程度とされる[34]。表6-3における日産自動車の売約高の総額は2,536万円であり、おおよその傾向は掴めると思われる。日産自動車の工作機械取引は1933・34年度の合計で売約高全体の約4分の1（26.6％）を占め、特に35年度は全体の52.2％に達した。1930年代前半に北米における工作機械取引の再構築を図ろうとしていた三菱商事にとって、日産自動車との取引が極めて重要であったことがわかる。その後、工作機械取引が急激に拡大する日中戦争期に入ると、1937年上期に全体の70.7％を示したが、系列内取引の増加もあってか、日産自動車の割合は低下し

表6-3 三菱商事の工作機械売約高
(1933-39年)

(単位：千円・％)

期別	全体(A)	日産自動車(B)	(B)/(A)
1933上	2,215	145	6.6%
1933下	1,815	784	43.2%
1934上	2,415	859	35.6%
1934下	4,900	1,234	25.2%
1935上	2,511	1,054	42.0%
1935下	2,370	1,494	63.0%
1936上	2,309	310	13.4%
1936下	5,946	1,548	26.0%
1937上	12,343	8,733	70.7%
1937下	12,781	0	0.0%
1938上	15,678	0	0.0%
1938下	47,536	6,552	13.8%
1939上	38,914	1,867	4.8%
1939下	30,725	776	2.5%
合計	182,457	25,356	13.9%

出典：三菱商事機械部『機械部報』各期。

ていった。ただ1938年下期は全体に占める割合は13.8％にとどまるものの、売約高は1937年上期の873万円に次ぐ655万円を記録している。日産自動車と三菱商事との密接な関係は、工作機械の輸入だけにとどまらず、アメリカ製自動車部品の輸入、日立製作所・日本電池製の自動車部品の納入、ダットサン輸出の一手販売など、多方面に及んだ。1936年には「日産自動車会社トノ好関係ヲ持続スル為」、日産がダットサントラック販売㈱を設立する際に株式を引き受け、三菱商事取締役が役員に就任している[35]。その他にも戸畑鋳物や満州重工業開発など、日産系企業の存在感は大きく、日産は三菱商事にとって重要な社外取引先の一つを占め続けた。

(3) 北米支店の機械取引

三菱商事の北米支店の端緒は1916年設置の三菱合資会社ニューヨーク出張所（1918年に支店昇格）である[36]。1919年に三菱合資はシアトル出張所を設立し、21年に三菱合資のニューヨーク支店、シアトル出張所が三菱商事に移管された。1924年にシアトル出張所は支店に昇格し、石油取引の本格化に伴って26年にサンフランシスコ出張所が開設（31年に支店昇格）された。また1926～32年にはバンクーバーに出張員が置かれ、40年にはロサンゼルス出張所とメキシコ駐在員事務所が設置された。その後、1941年12月の開戦とともに、これら各北米支店・出張所の活動は終焉を迎えた。

北米支店の機械取引の中心となったのは、東部・中西部を商圏とするニューヨーク支店である。ここでは『三菱商事紐育支店事業報告書』から1930年代後

第6章　三菱商事北米支店と日産自動車

表6-4　三菱商事ニューヨーク支店取扱高（1933-38年）

(単位：千円)

期別	全体	金属	機械	肥料	雑貨	水産	燃料	農産
1933下	24,158	10,249	2,485	2,527	4,789	2,038	705	1,368
1934上	39,740	22,917	2,470	1,641	7,101	3,541	672	1,397
1934下	51,613	29,130	2,764	6,934	9,219	2,457	846	262
1935上	53,767	26,167	5,439	7,072	9,773	4,261	854	159
1935下	46,040	16,135	1,567	13,670	10,063	3,505	766	333
1936上	49,386	24,727	2,361	6,853	11,224	3,397	433	387
1936下	59,891	28,457	6,033	8,793	11,628	3,419	911	590
1937上	136,711	92,829	19,107	10,649	7,618	5,392	825	360
1937下	139,928	64,576	13,679	6,752	49,286	2,669	2,851	115
1938上	64,284	32,076	18,429	5,508	4,107	3,310	825	29

出典：『三菱商事紐育支店事業報告書』各期（『石炭研究資料叢書』第28輯、2007年所収）。

半の三菱商事ニューヨーク支店の機械取引の状況について整理しておこう。表6-4はニューヨーク支店の製品別取扱高を示している。ニューヨーク支店全体の取扱高は1930年代に増加傾向を維持し、1937年上期には前年同期比で2.8倍となる1億3,671万円を記録した。製品別では金属と雑貨が取扱高の中心を占めたが、機械の取扱高も1937年度以降、増加傾向を強めた。当時の状況について事業報告書では、次のように報告している[37]。

①40期（1937年12月）

　工作機械類ノ相当纏リタル註文期待サル。……（中略）……日産自動車ハ軍部其他ヘ納入スル自動車ノ製作ニ追ハレ、更ニ工場拡張計画シ居ル模様付、全社ヨリ自動車製造機械自動車部品ノ注文相当ニアル可シ

②41期（1938年4～9月）

　機械関係ノ10％ハ額ニ於テ割合少ナキモ、利益ノ点ヨリ見レバ其割合ハ第一位ニアリ……（中略）……工作機械類引合引続ギ旺盛。当地工作機械製作者、米国内不景気ノ為輸出向商談ニ乗気トナリ、納期モ短ク勉強シテ見積居リ……（中略）……日産ガ米国ヨリ輸入スル機械材料モ是迄三菱一手ニ引受ケ居リタル処、三井ガ割リ込ミタルニ付本取引ハ余程減少スル事ト思ハル

③42期（1938年10月～1939年3月）

　　工作機械類引合引続旺盛。殊ニ欧州政局不穏ノ為、日本ガ欧州ヨリ輸入ス可キ工作機械納期ニ不安増大スルニ伴ヒ当地ヨリ輸入セラル、工作機械数量増大スベシ

④43期（1939年4～9月）

　　工作機械取引、引続旺盛。約七百万弗、即チ実ニ総額ノ約六〇％ヲ占メ居リ

⑤44期（1939年10月～1940年3月）

　　工作機械メーカーハ夫々代理店ヲ有シ、各社ノ分野従テ夫々大体定マリ居ル

　日産自動車との取引については、同社の工場拡張に伴う工作機械および自動車部品の買付に対して「相当注文ニアル可シ」との大きな期待が寄せられていた（40期）。他方、1938年上期（41期）には、日産との取引に三井物産が「割リ込ミ」、取扱額が減少すること危惧する様子も窺える。商事と日産は密接な関係にあったとはいえ、取引条件や状況によっては、他商社が入り込む余地があり、両社間の緊張関係も読み取れよう。工作機械の取引全体については、この間一貫して取扱高の拡大が強調されており、その背景として、不況下にあったアメリカの工作機械メーカーが対日輸出取引に積極的に取り組むようになったことが挙げられている（41期）。対する日本側も、欧州での戦争勃発を想定して、アメリカ製工作機械への切り替えを進めていた（42期）。加えてアメリカ側が「納期モ短ク勉強シテ見積」（41期）したことも、対日輸出の拡大に貢献したと思われる。さらにメーカーと日本商社の代理関係が定まり、各商社の得意な製品分野が固まりつつあったことも指摘され（44期）、各商社が1930年代後半にアメリカ工作機械メーカーとの一手販売契約の締結に邁進していた様子が窺えよう。

　他方、西海岸の支店をみると、1920年代のシアトル支店では、缶詰機械、捲上機、工業用トラクター、石油バーナー、ディーゼル・エンジン、道路建設用機器、製材所用機器などを取り扱っていた。1931年のサンフランシスコ出張所

の支店昇格後、機械取引に関する営業費の低減と業務の合理化を進めるため、本社機械部の指示により、西海岸の機械取引はサンフランシスコ支店を中心に展開することになり、シアトル支店は満州向けのラジオなどに業容を縮小した[38]。サンフランシスコ支店は自転車、戸畑製の継手、ワイヤー・ロープなどの日本製品の輸出を取り扱った。北米からは土木浚渫機械、暖房機械、満州・台湾向けの農業機械、油井機械、土木機械などが輸出された。1920年代から1930年代初頭において、西海岸の2支店の中心的な取扱商品は水産物や肥料であり、機械取引は付随的な位置づけであった[39]。ところが、1930年代半ばになると、満州重工業開発との取引が拡大し、鉱山用機械、工作機械、農業機械の取引が増大した。全体として戦間期の西海岸2支店の機械取引は、製品の種類、取扱量において限られており、ニューヨーク支店に比較すれば小規模であった。

第2節　日産自動車の北米における工作機械買付

(1)　日産自動車の自動車生産

1911年に橋本増治郎によって東京・麻布で設立された快進社と19年にW. R. ゴーハム[40] (W. R. Gorham) 設計のゴルハム式三輪車を製造するため設立された実用自動車株式会社が26年に合併してダット自動車製造株式会社となり、その後33年3月に石川島自動車製作所とダット自動車製造が合併して、自動車工業株式会社が設立された[41]。1933年9月に自動車工業からダットサンと部分品の製造権が同年3月に自動車部を創設していた戸畑鋳物に譲渡され、同年12月に日本産業と戸畑鋳物の共同出資で自動車製造株式会社が発足し、34年5月に自動車製造は日産自動車に改称された。

日産の自動車生産にあたっては、主要な機械設備をアメリカから輸入して大量の自動車生産を試みたことが知られている。工場や機械設備のレイアウト・技術指導は、ゴーハムを中心にA. N. リットル（機械）、ワッソン（プレス）、J. W. マザウェル（鋳造）、H. マーシャル（設計）らの外国人技師によって担わ

れた。その後も、シュマイザー（機械）、ライクハート、ミューラー（ボディ組立）などが加わり、彼らの指導の下に新工場の建設が進んだ。こうした外国人技術者主導の体制は工作機械買付でも発揮され、後述のように北米での買付にあたってゴーハムやリットルの指揮の下、工作機械の選択・購入が進められた。

日産自動車の保有機械台数をみると、1934年3月時点での横浜工場の保有機械は850台であり、36～37年には大型車生産の開始に伴い36年1,049台、37年1,742台と大きく増加している[42]。日産自動車の生産台数は、この間に1934年の940台から35年の3,800台、36年の6,163台、37年の1万227台と保有機械の増加と歩調を合わせて順調に拡大した[43]。その後も日産自動車の機械台数は増加を続け、38年の2,379台、39年の2,899台、40年の3,288台と生産規模の拡大が図られた。

(2) 工作機械取引の実態

急速に数量を増加させた日産自動車の工作機械の導入において、アメリカ製工作機械の輸入を担ったのが三菱商事であった。鋳鉄管の対米輸出において戸畑鋳物と関係の深かった三菱商事は、1933年3月の戸畑鋳物自動車部の設立にあたって、アメリカからの自動車製造用機械類の買付契約を結んだ[44]。日産自動車の発足後も、この買付契約は継承され、巨額のアメリカ製工作機械の買付が実施された。以下、具体的に三菱商事と日産自動車の工作機械取引を追跡してみよう。

史料6-1

　　頭書買付品ニ就テハ……（中略）……ゴルハム氏来ル十九日横浜出帆……（中略）……七月匆々ヨリ一括買付開始サルル筈ナリ然ル處前便ニモ認メタル通リ本品買付口銭ハ全部ノ委託買付金額二百万円以上ニ上リ居リ且将来全社製品ノ販売当方ニテ一手ニ引キ受ケル関係上特ニ一分五厘ニ打合セタル次第ニテメーカーヨリノ rebate 其他ハ一切戸畑ニ示シ是以上ノ口銭ヲ取事無キ様特ニ御配慮煩シ度

戸畑トハ各方面ニ於テ近来親密ノ度ヲ加ヘツツアリ徒ラニ目先ノ利ニ追ハレテ此ノ関係破壊スルハ極力避ケ度次第ニ付其ノ辺御如才無キ事ト思フモ為念申シ上グ[45]

史料6-1は、自動車工場用の工作機械買付に関して、1933年5月17日に本社の機械部長からサンフランシスコ支店長宛に送られた書簡であり、今後の日産自動車および鮎川義介との取引拡大を期待して「目先の利」を追わぬように支店長に念を押している。さらに①1.5％という低い口銭、②メーカーからのリベートも戸畑に開示するよう指示している点など、本社機械部の対日産取引に対する強い積極姿勢が窺える。支店の独立性が相対的に強い三井物産と異なり、所管部制を採用していた三菱商事では商品取引における本部（ここでは本社機械部）の指揮監督権が強く、支店は受動的であったとされるが[46]、とりわけ日産自動車との取引は本社機械部が買付受託店であり、史料6-1からは取引姿勢も含めて、非常に丁寧かつ詳細な指示を海外支店に出していたことがわかる。この点は次の史料6-2からも確認できる。

史料6-2

一、……（略）……

二、前記戸畑来信写ニテ御覧ノ通リ米国ニ於ケル全氏購入品ニ対シテハ其都度仮注文証ヲ貴方ニ差出ス筈ニ付右ニ依リ貴方ニテ買付ケ立替金原価当方へ手形取組アリ度。尚貴方ニテ仕入報告発行願ヒ当方ニテ工場渡原価計算ノ上右ニ契約口銭ヲ加ヘ売約報告発行ノ事トスル

三、戸畑トノ基本契約（写紐育宛二月廿八日附桑港宛五月二日弊信添附）第七条ニ於テ戸畑ハ三菱ガ物品代金最初立替支払ノ日ヨリ満一ケ年以内ニ可成早ク少クトモ金壱百万円ノ資金ヲ調達シテ之ヲ三菱ニ払込ムベキモノトス云々ノ条項ニヨリ三菱ガ最初立替開始ノ日ヲ出来得ル限リ先ニ延シ且一括購入開始セントスル意向アリ。其ノ為ニゴルハム氏買付品ノ貴方立替払ヒヲ七月初メ迄待チ七月ニ入リテヨリ一斉ニ支払開始シテ貰ヒ度旨申シ居リ夫以前ニゴルハム氏買付品ニ対シテハメーカーニ対スル支払ヒヲ其時迄待タセ度希望シ居ルニ付貴方其含ミニテ先方ニ対スル支払条件ヲ戸畑希

望ニ合致スル様ゴルハム氏ト協力先方ト交渉アリ度
　四、既ニ貴方ヘ送付ノ戸畑買付予定ノ機械類Listニ就テ、右List記載ノ機械類ハゴルハム氏ノ判断ニ依リ品名数量変更スル事アル可ク別ニ材料類モ購入スル事アル可キニ付機械類全様ニ御取計アリ度旨戸畑ヨリ依頼アリ
　以上ノ諸點御含置可然御取計アリ度手形取組銀行ニ就テハ目下戸畑ト打合セ中次便ニテ御通知スル[47]

　翌々日の5月19日に発せられた電信であり、現地のサンフランシスコ支店に取引事項などの詳細を伝えている。「条項二」では、機械買付に際して現地社員が立替で処理し、本社機械部で工場引渡原価と口銭の合計で「売約報告」を発行する旨が書かれており、具体的な本社─支店間の取引実態がわかる。工場引渡原価は製品代金、輸送費、保険などの合計と推測される。
　続く「条項三」では、立替払の実行日から1年以内に日産が最低100万円を商事に払い込むことが示されている。資金調達の関係からか、日産は立替金支払日を7月まで先送りすることを要請し、これを受けて本社機械部はアメリカ工作機械メーカーとの支払条件の調整を支店に指示した。さらに工作機械の一括購入についても、一時的に立替による商事の負担が大きくなる可能性があったが、日産の要望を受け入れ、同社に対する強い配慮が窺える。
　なお委託買付における支払条件に関しては、1936年の買付に際して、改めて信用限度が本社機械部により設定され、取引限度311万円、信用限度188万円となった[48]。この限度額設定に際して、本社機械部からはニューヨーク支店に対して、①長納期になる場合も多い工作機械に鑑みて限度全額を一時に融通しないこと、②限度額を超過する場合は、事前に本社機械部に相談して限度額の増額を図ることが指示された。ここからは、本社側が多額の買付を行う日産の限度額に関して柔軟な対応を示しつつ、北米支店の活動を一定程度管理しようとしていたことが読み取れよう。
　電信の最後に手形取組銀行については日産との協議の上で決定することが付

言されている点も興味を惹く。三菱商事と三菱銀行の関係は同じ三菱の分系会社として強固であったことは疑いないが、その関係を明文化したものが、三菱銀行以外との取引を原則禁止する「分系会社資金調達並其運用ニ関スル取極」(1918年)であった[49]。この取極は1929年に廃止されたが、商事と銀行の密接な関係は維持された。戦前の商事と銀行との間では、運転資金の柔軟な供給を保証する代わりに手形割引等で銀行側に有利な条件で取引が行われていた[50]。日産の委託買付にあたっても、最終的には三菱銀行を通じた手形取組となったが[51]、手形取組銀行が自動的に三菱銀行に決定したのではなく、委託側の日産との協議を経て確定しており、商事―銀行―日産の3社間で金融条件に関する調整があったことが窺える。

　以上のような三菱商事と日産自動車の取引を規定したのが、5月19日付電信において「戸畑トノ基本契約」と表記された取引契約である[52]。その内容はおおよそ次のようなものであった。

　①日産自動車は三菱商事に対して、自動車製造用機械類の購入に関して一手委託契約を結ぶ。ただし、日産自動車側の事情により、三菱商事以外に対して買付を委託する場合もある。

　②日産自動車は機械購入にあたって、買付先、使用、品質・価格等を選定し、その後の購入契約に関して、商事に委託。買付先・価格に関しては、両者で協議する。委託を受けた商事は、買付契約、信用状発行、物品の受渡、代金支払い、輸送通関を代行し、指定する工場に到着するまでの一切の取扱を行う。日産自動車が買付のため、海外に社員を派遣した場合は、三菱商事が利便を図る。

　③日産自動車は物品の代金の他、荷造、送出費、運賃、保険料、関税、電信料、金利ほか、工場に到着するまでの経費を負担する。

　④日産自動車は物品代金＋諸費用に対して、手数料1.5％を商事に支払う。

　三菱商事と日産自動車の契約は、一手委託買付契約であったが、日産の判断で他の商社を通じて購入することも可能であった。商事側には不利な条項であったが、契約を締結した1933年当時、商事はアメリカ工作機械メーカーとの関

係が弱く、この条項を入れて締結せざるを得なかった。また日産自動車が購入する工作機械の選定にあたっては、基本的に日産側の意向が強いものの、商事と協議する条項も入っている。この条項もリットルやゴーハムなど、外国人技術者の判断に依存する日産の工作機械の選択にあたり、商事の意見がどの程度反映されたのかは微妙である。ただしこの点は買付交渉を仲介した商事社員の個人的な力量にも大きく左右されたと思われる[53]。

　他方、本社機械部を含めた組織的な対応をみても、三菱商事のアメリカ工作機械メーカーに関する業界知識は三井物産に比べて劣っていた。1937年末時点に本社機械部からニューヨーク支店・ロンドン支店・ベルリン支店宛に送られた書簡においても、「従来工作機械取引ニ於テハ貴方ヨリハ製作者ノ（一）資本能力（払込資本金、機械設備）、（二）生産能力（工場面積、職工数、毎月機械生産台数）、（三）近年ノ営業成績（国内及輸出）等ニ関シ取纏メ報告セラレタルモノ稀ナル……（中略）……各メーカーノ事情ヲ熟知スル必要アルニ付貴方ニ於テモ至急之等情報取纏メ御報告アリ度」と海外メーカーに関する基礎的データの収集を改めて指示している[54]。また同じ書簡で「三井ニテハ先年米国メーカー十数社ノ代理権ヲ獲得シテ以来屢々係員ヲ米国ニ派遣シ実習セシメルト共ニ機械製作ニ関スル資料ヲ蒐集シタル……（中略）……三井ノ策動ヲ監視セラレ情報入手ノ節ハ御報告ニ預リ度」とも要請しており、商事は先行する物産の動向に注意を払うとともに、物産の工作機械取引の実務にも大きな関心を持っていた様子が窺える。専門性の強い工作機械の取引に関しては、商社側にも専門的な知識が要求され、その対応は一朝一夕にはいかなかった[55]。

　1939年にサンフランシスコ支店長・竹内俊一が機械部長宛に、「機械智識皆無ノ他係員ノ兼務ヲ以テ左シタル不利、不便ヲ感ゼザリシ処、最近ニ於ケル満洲重工業関係取引ニ端ヲ発シ、機械関係事務ハ順日増大、一躍本格化シ来リテ最早片手間的取扱ヲ許サズ……（中略）……此際機械科出身技師一名当店ニ増員方至急御詮議」との書簡を送っている[56]。本社に向けたこの要請は、満州向けの土木・建設機械が活況を迎える中で、西海岸での取引増大を見据え、機械専門の要員が必要となったためである。機械取引の主力店たるニューヨーク支

店の状況とは異なると思われるが、商社にあっても、本格的に機械取引を進める場合、機械科出身の工学知識を持つ人材が必要だったことがわかる。

この1933～34年の工作機械買付では、ゴーハムの主導により多数の中古工作機械が購入されたようであるが、ニューヨーク支店の史料を欠くためか、残るサンフランシスコ支店、シアトル支店の史料からは詳細が判明しない。当時の状況について、日産自動車技師・畠村易は、「ゴーハムさんの父親が、サンフランシスコで中古の機械商を営んでいました。その関係かどうかは知りませんが、日産自動車の最初の機械設備の80％はアメリカの中古の工作機械で、新品は20％程度きりありませんでした。……（中略）……アメリカからの中古機械は、完全調整の上、出荷されたことになっていましたが、こちらで受取って動かしてみるとほとんど精度がでていません」と回想している[57]。メーカーより直販の新品と異なり、購入時に状態の判断が難しい中古機械の選定にあたっては、ゴーハムやリットルたち外国人技術者の意見が強かったのではなかろうか[58]。

日産との基本契約では、1.5％という低水準の口銭（手数料）が目を引く。当然ながら、三菱商事の口銭は品目や取引相手によって異なり、工作機械に限定しても、1930年代後半に三菱重工業に関する委託買付の口銭は、一手販売権を有するものは3％、他社が販売権を有するものは1.5％であった[59]。同じく財閥内取引である三菱電機の口銭は、同時期に4％である。社外では、加藤製作所の中古工作機械取引において10％（FOB価格）、華北交通とドイツ・アメリカ製工作機械取引でそれぞれ6.67％、10％などの事例が確認できる。同じく日産系と見なせる満洲重工業開発との口銭も1938・39年頃に2.5％であり、日産自動車の口銭1.5％は、三菱の分系・傍系・関係会社と比較しても低水準のグループに属していた。

なおアメリカ製工作機械に関しては、沢井実がグレー社（The G. A. Gray Co.）の分析から、内口銭と外口銭について詳細に言及している[60]。一手販売権を持つ代理店が受け取る内口銭は機械価格（List Price）に含まれる口銭（Commission）であり、工作機械の場合、通常10％程度であったとされる。先

表6-5　三菱商事の受託取引収入

(単位：千円・%)

年度	受託取引金額 機械	工作機械	全体	手数料 機械	工作機械	全体	収益性 機械	工作機械	全体
1930	20,361	56	190,077	409	3	3,091	2.0%	4.5%	1.6%
1931	20,330	28	146,397	418	2	2,653	2.1%	5.9%	1.8%
1932	35,279	1,047	212,576	787	33	4,328	2.2%	3.1%	2.0%
1933	46,657	1,985	276,569	939	39	5,125	2.0%	2.0%	1.9%
1934	69,134	2,447	338,850	1,444	37	6,961	2.1%	1.5%	2.1%
1935	89,990	2,109	419,591	1,791	33	7,614	2.0%	1.6%	1.8%
1936	97,027	4,847	381,906	1,964	75	7,760	2.0%	1.6%	2.0%
1937	118,428	11,635	452,020	2,517	203	8,185	2.1%	1.7%	1.8%
1938	155,606	14,808	685,305	2,984	221	11,520	1.9%	1.5%	1.7%
1939	195,102	28,686	790,979	3,466	626	14,284	1.8%	2.2%	1.8%

出典：表6-1に同じ。

に挙げた日産自動車の口銭1.5％などの各口銭の多くは、いわゆる取扱手数料としての外口銭である。内口銭は沢井が指摘するように「工作機械輸入業務から得られる大きな利益を商社に保証」するもので、各商社にとって一手販売権獲得の大きな誘因であった。

表6-5は1930年代の三菱商事の受託取引の手数料およびその収益性を示している。機械全体の収益性はおよそ2.0％前後であり、全体とほぼ同じである。工作機械の収益性は取扱額が極めて少ない1930年代前半に3～6％を記録するが、取扱高が増大する1934～38年、機械全体に対して1.5～1.7％にとどまり、0.4～0.5％程度低い水準であった。「手間のかかる」工作機械取引では他の機械に比べて営業費が膨らみ、収益を圧迫していた。こうした状況を改善するためにも、一手販売権に基づくメーカーからの内口銭は貴重な収益源になったと思われる。取扱量の拡大した1930年代中盤以降、三菱商事は積極的に一手販売権の獲得を進め、1939年の収益性は機械全体の1.8％を上回る2.2％に上昇した。

三菱商事と日産との口銭に関連しては、史料6-1で「rebate 其他ハ一切戸畑ニ示シ是以上ノ口銭ヲ取事無キ」との指示が本社機械部より北米支店に通達されているが、Commissionとしての内口銭以外に工作機械取引の慣習として「rebate 其他」がどの程度存在したのかについては不明である。ただ一般的に

第6章　三菱商事北米支店と日産自動車　187

他社の一手販売権により内口銭が期待できない工作機械を仲介する際に、通常の口銭以外にメーカーから得られるリベートは貴重な収益源になったと推測される。委託買付を開始した1933年時点で有力メーカーの代理店でなかった三菱商事が、あえて外口銭以外を受け取らないようにした点は、競争他社との関係も含めて、日産との長期的な取引に期待していたことを裏付けていよう。

　北米支店に限らず、各商社の海外支店は、日本から派遣された取引先の社員・技術者に対して、現地の滞在先から通訳まで幅広いサポートを行った。日産自動車との契約においても、当然のごとく、三菱商事の北米支店が買付のため渡米した日産関係者に利便を図ることが明記されている。先に取り上げた1933〜34年の本社機械部からの書簡でも、ゴーハムやリットルなどの技術者に配慮するように指示が出されている。次の史料6－3は、工作機械買付のために日産自動車のリットルと一緒に渡米した同和自動車工業の技師・岡本定次[61]に関して1938年9月に大連支店からシアトル支店へ送られた書簡である。やや長文であるが、支店間の情報共有に関しても興味深い事例であるので、主要部分を引用しておく。

　　史料6－3
　　　岡本氏ハ日産米人技師 LITTLE 氏ト共ニ九月六日横浜発……（中略）
　　……岡本氏（大正十年京大機械科出身）ハ元陸軍技師タリシカ数年前同和ノ創立ト共ニ技師長格ニテ入社、……（中略）……従来吾社ニハ非常ナル好意ヲ寄セ居リ今回モ同氏ハ全部三菱経由買付ノ意向ナリシ処、新理事長竹原伝氏ハ対外的ゼエスチャーモアリ特殊会社タル同和ニテ三菱一社ヨリ買入タトアリテハ面白カラストノ見地ヨリ三井ヲモ同様ノ立場ニ取扱ヒ両社経由買入レ度トテ三井モ照会致シタリ。但岡本氏ハ従来ノ関係モアリ吾社ニ一切ヲ頼リ居ルニ付貴方ニテモ其積リニテ御準備願度……（中略）
　　……尚岡本氏ハ一九二九年陸軍技師時代一度渡米シ其時貴方ニモ世話ニナリタル事アル由ナルモ語学ハ余リ得意ノ方ニアラス一切三菱ニ厄介ニナリ度ト申居ル[62]

　史料6－3からは、岡本の渡米目的および工作機械買付の背景を詳細に伝え

ていることがわかる。特に三井物産との競合については、理事長の意向も含めて詳細な解説が加えられ、陸軍時代からの岡本との密接な関係でもって、三菱商事経由で買付を進めるように強調している。学歴や職歴、語学が得意でない点なども含めて、買付のために渡米した取引相手については、本店や各担当支店から、現地支店に対して綿密な申し送りが行われていた。また現地支店は、買付以外にもさまざまな現地視察の仲介業務も行った。例えば1936年にリトル、久保田、浅原の3人がサンフランシスコ支店に来訪した際は担当者が自動車産業の関連事業として、現地のタクシー事業視察の計画を立案している[63]。

　日産自動車はこうした三菱商事の支援の下で、自動車生産に必要な工作機械をアメリカで購入していった。表6-6は1933年6月から40年3月の期間に三菱商事『機械部報』に登場した日産自動車関係の売約高、台数、メーカー名を示している。『機械部報』にすべての機械取引が掲載されていないため、表6-6は日産自動車の購入した工作機械をすべて網羅しているものではないが、全体としての傾向は把握できると思われる。首位は628万円の売約高を示したバーンズ社（Barns Drill Co.）であり、2位のグリーソン社（Gleason Works）を2倍以上引き離している。シンシナチ（オハイオ州）に次ぐ工作機械集積地であるロックフォード（イリノイ州）に所在する同社は強力ボール盤のメーカーであり、1934年に三菱商事と一手販売契約を結んだ[64]。2位は歯切盤で著名なグリーソン社で売約高252万円、続いてトリミングプレスのベーカー社（Baker & Co.）、ドロップハンマーのエリー社（Erie Foundry Co.）が続いている。上位にはブラウン・アンド・シャープ社（Brown & Sharpe Manufacturing Co.）、プラット・アンド・ホイットニー社、ロッジ・アンド・シップレー社（Lodge & Shipley Machine Tool Co.）が並んでいる。ロッジ・アンド・シップレー社は1933年にプラット・アンド・ホイットニー社の一手販売権がアンドリウス商会に移った後に、同社に代わる旋盤メーカーとして代理店となったシンシナチの工作機械メーカーである。上位20社中5社の代理店が不明であるが、三菱商事は6社の代理店にとどまり、残る9社は三井物産、安宅商会、アンドリウス商会を代理店としていた。日産自動車の委託買付を進める中で

表6-6　日産自動車の購入工作機械の売約高上位20社（1933～39年）

順位	メーカー名	売約高（円）	主要製品	代理店
1	Barns Drill Co.	6,276,253	ボール盤、中ぐり盤	三菱商事
2	Gleason Works	2,521,083	歯切盤、歯車研磨盤	安宅商会
3	Baker & Co.	1,718,159	トリミングプレス	―
4	Erie Foundry Co.	1,477,255	ドロップハンマー	三菱商事
5	General Machinery Co.	1,469,773	プレス	―
6	Brown & Sharpe Manufacturing Co.	1,312,073	フライス盤、自動旋盤	安宅商会
7	Cincinnati Co.	1,031,513	〈工作機械〉	―
8	Platt & Whitney Co.	939,622	旋盤、タレット旋盤	アンドリウス商会
9	New Britain Gridley Machine Co.	640,181	自動ネジ切盤	三菱商事
10	Sundstand Machine Co.	629,798	自動旋盤、フライス盤	三菱商事
11	Lodge & Shipley Machine Tool Co.	515,914	旋盤	三菱商事
12	Toledo Machine	457,658	〈工作機械〉	―
13	National Machine Co.	399,890	鍛造機	三菱商事
14	Cincinnati Grinder Co.	301,850	研磨盤	アンドリウス商会
15	Landis Tool Co.	290,258	研磨盤	アンドリウス商会
16	Bullard Co.	290,140	旋盤	三井物産
17	Niles-Bement Pond	244,838	旋盤、ラップ盤	アンドリウス商会
18	Ex-Cell-O Grinder Co.	238,624	中ぐり盤	三井物産
19	Ferracute Machine Co.	159,033	〈工作機械〉	―
20	Cincinnati Milling Machine Co.	144,884	フライス盤	アンドリウス商会
	その他（71社）	4,297,368		
	合　計	25,356,169		

出所：表6-3に同じ；主要製品・代理店の一部を、沢井実「アメリカ製工作機械の輸入と商社活動――1930～1965年――」『大阪大学経済学』第45巻第2号（1995年12月）の表4より補色。
注：1）主要製品の〈工作機械〉は、『機械部報』の品名に「Machine Tool」と記載されたメーカー。
　　2）代理店の「―」は、代理店不明のメーカー。代理店は1930年代後半頃。

1935年前後から三菱商事の代理店獲得が活発化するが、当時の代理店契約の状況をみると、外口銭に加えて、内口銭による安定的な利益を得るためにも、アメリカ工作機械メーカーとの一手販売契約の締結が三菱商事にとって重要な課題となったことが読み取れる。また表6-6に登場する上位20社以外に三菱商事は71社と工作機械の取引を行っており、その中にはヒールド社（Heald Machine Co.）やノートン社などの著名なメーカーも含まれていた。こうした多数の工作機械メーカーとの取引は、三菱商事に取引経験の蓄積をもたらしたと考えられる。その意味でも日産自動車の工作機械買付は三菱商事にとって一つの転換点であった。

表6-7 三菱商事の自動車部品売約高（日産自動車）

年　月	品　名	個数	売約高（円）	メーカー名
1938年12月	自動車部品	—	1,261,642	グラハム・ページ社
1939年5月	自動車部品	—	217,652	グラハム・ページ社
1939年7月	自動車用電線	—	70,322	グラハム・ページ社
1939年9月	自動車部品	780	196,207	スパイサー社
	ベアリング	—	69,314	スパイサー社
	ギア部品	815	218,649	スパイサー社
	クランクシャフト部品	210,000	180,192	グラハム・ページ社
1939年11月	ベアリング	154,787	134,234	グラハム・ページ社
	ベアリング	—	117,794	スパイサー社
	クランクシャフト部品	9,600	128,621	グラハム・ページ社
	タイミング・チェーン	29,100	129,920	グラハム・ページ社
1940年1月	ベアリング	—	72,106	スパイサー社
	ベベルギヤ（傘歯車）	—	84,448	スパイサー社
1940年2月	ベベルギヤ（傘歯車）	13,600	134,679	スパイサー社
	クランクシャフト部品	9,770	138,581	グラハム・ページ社
	バルブ部品	120,000	108,700	グラハム・ページ社
総　額			3,263,063	

出典：表6-3に同じ。

　日産自動車がアメリカの自動車メーカーであるグラハム・ページ社（Graham Page）の自動車設備を導入することで、自動車の大量生産体制を構築しようとしたことは、よく知られている[65]。グラハム・ページ社は1903年に設立され、最盛期の1929年には約5,000名の従業員を擁して乗用車を6万2,600台生産していた。しかし、フォード、GMとの競争に対応できず、1930年代に入ると経営不振に陥った。そこで、外国技術の導入を計画していた日産自動車の鮎川義介にグラハム・ページ社の設備買収が持ち込まれ[66]、三菱商事ニューヨーク支店が日産自動車の久保田篤次郎、浅原源七を支援して交渉を行った[67]。
　鮎川は久保田に対して、「スクラップの値段に10％増しぐらいで買え、ただし2年以内の新しい機械は多少色をつけてもよい」との指示を出し[68]、シリンダー・ラインなどは、指示通りにスクラップ価格に10％を加えて買い付けている。その他、治工具やボディーのプレス台などは、無料で日産側に引き渡された。グラハム・ページ社の設備買収にあたって、三菱商事はニューヨーク支店

表6-8　1934年以降の工作機械新規契約メーカー

メーカー名	契約締結年	所在地	主要製品
Barns Drill Co.	1934	イリノイ州ロックフォード	ボール盤
┣▶ Barber Coleman Co.	1936	イリノイ州ロックフォード	歯切盤・研磨機
┣▶ Ingersoll Milling Machine Co.	1936	イリノイ州ロックフォード	平削フライス盤
┗▶ Sundstrand Machine Co.	1936	イリノイ州ロックフォード	自動旋盤
Lodge & Shipley Machine Tool Co.	1935	オハイオ州シンシナチ	旋盤
┣▶ Avey Drilling Machine Co.	1936	オハイオ州シンシナチ	精密ボール盤
┣▶ Carlton Machine Tool Co.	1937	オハイオ州シンシナチ	ラジアルボール盤
┗▶ Cincinati Planer Co.	1938	オハイオ州シンシナチ	平削盤
Gisholt Machine Co.	1936	ウィスコンシン州マディソン	タレット旋盤
Erie Foundry Co.	1935	ペンシルバニア州エリー	ドロップハンマー
The Oil Gear Co.	1935	ウィスコンシン州ミルウォーキー	ブローチ盤
Micromatic Hone Corp	1935	ミシガン州デトロイト	ホーニング加工機
New Britain Gridley Machine Co.	1936	ミシガン州デトロイト	多軸自動旋盤
Lucas Mac. Co.	1937	ミシガン州デトロイト	中グリ盤
Cross Gear and Machine Co.	1937	ミシガン州デトロイト	歯切盤
Michigan Tool Co.	1937	ミシガン州デトロイト	歯切盤・研磨盤
National Machine Co.	1937	ミシガン州デトロイト	鍛造機
Wicks Brothers Co.	1937	ミシガン州デトロイト	クランク軸回転旋盤

出典：三菱商事株式会社編『立業貿易録』(1958年) 228〜229頁。
注：━▶ は代理店契約を締結する際の紹介関係を示す。

　が契約締結や不足する機械の購入など、全般的な購入事務を請け負った。
　1936年4月にグラハム・ページ社と日産自動車の間で契約が調印され、ウェスト・ワーレン・アベニュー工場の機械設備、工具、型、ゲージなどを購入するなどで合意した。さらに、このグラハム・ページ社の設備買収にあわせて、リットルや久保田は、他のアメリカ製工作機械の買付も行った[69]。表6-7は三菱商事『機械部報』に掲載された日産自動車向けの自動車部品売約高（5万円以上）の一覧である。1938年から1年3カ月の期間に売約高で約320万円を記録している。購入メーカーはグラハム・ページ社とスパイサー社（Spicer Manufacturing Co.）であり[70]、ベアリング、クランクシャフト部品、ベベルギヤ（傘歯車）など、両社から多数の自動車部品を購入した。
　以上のような三菱商事を通じた日産自動車関係の工作機械の大量購入は、アメリカの工作機械メーカーの関心を惹いた[71]。表6-8は1934年以降に三菱商事が一手販売権を獲得したアメリカ工作機械メーカーである。イリノイ州ロッ

クフォードのバーンズ社は、25年にわたり礫々商会が代理権有していたが、三菱商事が仲介した石川島製作所向けの工作機械取引を契機に、代理店を三菱商事に変更した。その後、同社の仲介によって、同じロックフォードの3社が三菱商事を代理店とする一手取扱契約を結んでいる。同様の事例として、工作機械の一大集積地であるシンシナチにおいては、旋盤のプラット・アンド・ホイットニー社に代わるメーカーとして契約したロッジ・アンド・シップレー社の推薦により、同地域の3社の代理店となった[72]。さらに、デトロイトでは、日産自動車に関わる工作機械の大量購入によって、三菱商事は新たに6社の代理店となっている[73]。1939年には三菱商事の一手販売権はアメリカで18社、イギリスで3社まで拡大したのである[74]。

(3) 安宅商会との買付交渉

日産自動車の工作機械買付にあたっては、三菱商事が1920～30年代前半に多くの一手販売契約を手放していたため、商事以外の商社との取引も重要であった。北米での工作機械の購買にあたっては、沢井実が①買付側である日本メーカーは国内の代理関係に束縛されず、自由に視察を行っていたこと、②発注にあたってはメーカーの代理関係が遵守されていたことを指摘している[75]。では実際に買付側の代理関係とメーカー側の代理関係が異なる場合、具体的な交渉・取引関係はどのように展開したのであろうか。1930年代に北米での工作機械取引を急拡大させた安宅商会を通して[76]、日産自動車—三菱商事—安宅商会—アメリカ工作機械メーカーの関係を検討したい。なお以下では、安宅商会の視点から分析を進めていくが、その理由は接収史料に日産の工作機械買付の受託仕入店である三菱商事ニューヨーク支店の関係書類が無く、商事側から買付交渉の過程を追うことができないためである。そこで日産や三菱商事、さらには工作機械メーカーとの買付交渉の書簡が残っている安宅商会の接収史料を通じて、具体的な交渉のプロセスを分析していく[77]。

まず安宅商会の北米での機械取引について整理しておきたい[78]。安宅の機械取引は破綻した鈴木商店から機械部員が移籍してきたことによって始まり、本

格化するのは1928年にホーン商会（Horne Co., Ltd.）を買収してからであった[79]。安宅の北米における機械取引は工作機械を中心に展開するが、当初は北米への駐在員派遣や拠点設置を行わず、実際の取引業務はニューヨークのV・B・バック社（Viele, Blackwell & Buck Inc.）を代理店として行った[80]。1930年代半ば以降のアメリカ製工作機械の輸入急増を受けて、安宅は38年にバック社内に出張所を設置し、39年に現地法人のニューヨーク安宅商会（Ataka & Co. Ltd., New York）を設立した。現地法人の社長には本店機械部長の猪崎久太郎が就任し、実際の業務は日本人社員2名とV・B・バック社で以前から安宅関係の業務に従事していたM. J. クルーガー（M. J. Kluger）の3名が担った。

　安宅商会の接収史料には、1935年末以降の日産自動車との取引に関する書簡が残されており、ここでは36年1～4月にかけて進められたブラウン・アンド・シャープ社（ロードアイランド州プロビデンス）との自動旋盤の買付交渉の過程を追跡したい。多くの買付交渉の中でこの事例を選択したのは、関係する書簡がほぼすべて揃っている点に加え、日産の担当者リットルが通常の買付と異なる手続で買付を開始したため、日本の安宅本社とクルーガー、さらにブラウン・アンド・シャープ社との間で興味深いやり取りや記述がみられるためである。

　ブラウン・アンド・シャープ社の担当者から代理店のクルーガー宛に1936年1月7日付の［書簡A］が届き[81]、買付交渉が開始された。この［書簡A］には①日産自動車のリットルから直接ブラウン・アンド・シャープ社に書簡が送られてきたこと、②日産が自動旋盤2台の新規購入と購入にあたっての技術的な助言を求めてきたことがクルーガーに報告された。そして見積とアドバイスを行うため、日産が過去にブラウン・アンド・シャープ社から購入した工作機械に関する情報の提供が依頼された。またこの同時に1935年12月10日付でリットルが横浜から同社宛に送付した［書簡B］も安宅側に提供された[82]。［書簡B］には附属資料として製造予定の自動車部品の青写真5枚が同封され、文面からは「your recommendations on setups and cam layouts to give the best possible output」とリットルがブラウン・アンド・シャープ社側に具体的な助

言を求めていたことがわかる。さらに［書簡B］で注目されるのは、リットルが新規購入の自動旋盤2台を三菱商事経由で購入することを示唆しながら、この件に関して、商事と事前に相談していないことをブラウン・アンド・シャープ社に伝えている点である。代理店の安宅に関しては言及が無く、日産との直接交渉が難しい安宅側は、日産（リットル）や商事の真意を図りかね、以後その対応に苦慮することになった。

　［書簡A］に対して、クルーガーは即座に1月8日付の［書簡C］をブラウン・アンド・シャープ社に返信し、①日産が以前に購入した機械が1934年11月船積のオーダー番号 No. V-7054であったこと、②その購入が三菱商事ニューヨーク支店経由であったことを伝えている[83]。そして［書簡C］と同日、クルーガーは安宅本社に以上の経緯をまとめた［書簡D］を送付し[84]、日産が安宅と三菱商事の双方を無視してブラウン・アンド・シャープ社に直接［書簡B］を送り、さらにその理由が不明なことを報告するとともに、仲介商社に対して仕様を伏せねばならないような自動車部品が存在するのだろうかと疑問を投げかけている。

　続いて日産への回答書となる1936年1月16日付の［書簡E］がブラウン・アンド・シャープ社よりクルーガーに届けられた[85]。［書簡E］には価格見積と詳細な技術上のアドバイスが記され、日産への正式な回答書（見積書）を安宅側で作成して日産側へ送付すること、さらに「your usual commission of 10%」と安宅への内口銭10％が付記されていた。［書簡E］を受けてクルーガーは1月17日付で安宅本社とリットルのそれぞれに［書簡F・G］を送付した。安宅宛の［書簡F］はブラウン・アンド・シャープ社からの回答に基づく対応を連絡しているが、興味を惹くのはリットルの訪米に関する情報の入手経緯である[86]。［書簡F］によれば、クルーガーは1月14日に三菱商事ニューヨーク支店を訪れ、「accidentally heard a conversation」により、数日中にリットルがニューヨークに到着することや滞在ホテルの情報を得ていた。さらに秘密裏にリットルと接触して12月10日発信の［書簡B］の真意を探りたいと伝えている。クルーガーは機械取引を通じて、三菱商事ニューヨーク支店機械係のH. ケネディ（H.

Kennedy）や石川嘉夫と密接な関係を結び、この件以外にも取引や市況に関して彼らとさまざまな情報交換を行っていた。この時点ではリットルや商事の真意が不明な段階であったためか、水面下での交渉を進めたと思われる。

　さて 1 月 17 日付のリットル宛の［書簡 G］は、基本的にブラウン・アンド・シャープ社作成の見積・回答書である［書簡 E］に沿った内容であるが[87]、内口銭については削除される一方、納品手続やリットルが横浜から送付した［書簡 B］がブラウン・アンド・シャープ社から提供されたことが追記されている。納品手続に関しては、①三菱商事ニューヨーク支店への引渡となること、②提示価格はプロビデンスの工場引渡価格のため、別途ニューヨークへの運送費・保険料が請求されることを伝えている。別の取引史料によれば、通常のブラウン・アンド・シャープ社との取引においては、工場引渡価格ではなく、陸送費の手数料 15％程度を上乗せしたニューヨーク引渡価格が三菱商事とメーカー側には提示されていた[88]。手数料は内口銭を含む機械価格（List Price）から算出され、一般に V・B・バック社 10〜13％、安宅本社 2〜5％の配分であった。提示価格が通常と異なることに加えて、この［書簡 G］に正式な見積書を示す通し番号が無いことから、後日、三菱商事に対して正式な見積書が発行されたと思われる。三菱商事ニューヨーク支店での引渡を強調している点など、商事への配慮からか、［書簡 G］からは安宅が日産との直接取引を回避する形を取ろうとした点が読み取れる。

　その後、約 2 週間余り、クルーガーはリットルの訪米目的に関する情報収集を進め、安宅本社に対して 1936 年 2 月 4 日付の［書簡 H］を送付した[89]。ヒールド社の担当者にリットルの件を尋ねたものの、期待した情報が得られなかったことや三菱商事ニューヨーク支店がリットルの一連の行動に関知していない模様であることを報告している。また現地での情報収集には限界もあり、日本での情報収集に強く期待することも添えられていた。予想以上に難航している情報収集に業を煮やしたためか、結局クルーガーも従来の慎重姿勢を変更し、［書簡 H］を発信した当日の午後に三菱商事ニューヨーク支店に赴いてリットルの北米での活動を直接問い質し、その結果をまとめた［書簡 I］を安宅本社

に向けて送った[90]。［書簡I］の中でクルーガーは、リットルを含む日産関係者の訪米目的がアメリカの自動車メーカーとの提携交渉にあるということを伝え、さらに商事の担当者と接触した感触に基づき、リットルがブラウン・アンド・シャープ社と直接交渉したのは、一手販売契約を無視した工作機械買付を目指したものではなく、彼自身の技術上の関心から生じた個人的な問い合わせであったと結論づけている。

［書簡H・I］の送付後、入れ違いで安宅本社から2月6日付の［書簡J］がニューヨークに到着した[91]。当然ながら安宅本社は［書簡H・I］の到着前に［書簡J］を送付しており、［書簡J］は［書簡D］（1月8日付）に対する返信である。［書簡J］には、安宅本社も日産自動車の動向に強い関心を持っていることが述べられ、その理由として日産が他のアメリカ製工作機械の買付に際して、三菱商事を通さずに安宅に直接見積を依頼してきたことを挙げている。さらに注目されるのは、安宅本社がこうした日産の機械買付に関する方針の変更とも取れる行動について、日本GMとの提携交渉から生じた組織的な対応の変化ではないかと考えていた点である[92]。安宅本社はGMと同様に日産が最終的に商社を経由せずに直接、工作機械メーカーから買付を始める可能性にまで言及している。当時の商社排除の動きを背景にメーカーの取引姿勢にも変化が生じつつあり、メーカー側の動向に商社側が過敏に反応している様子が窺えよう。続く安宅本社からの2月20日付の［書簡K］は［書簡F］（1月17日付）に対する返信であるが[93]、安宅本社側がこの時点でも日産と三菱商事の動向に関する情報を全く掴めず、リットルと三菱商事に対するクルーガーの対応を追認するのみであった。そしてようやく3月25日付の［書簡L］で［書簡H・I］（2月4日付）に対する返信があり[94]、［書簡H・I］の情報に基づき日産の動向を把握するように東京事務所に指示したことが伝えられた。そして10日後の4月6日付の［書簡M］で、①リットルの渡米目的は横浜工場拡充のための新規機械購入であること、②買付は三菱商事ニューヨーク支店を通じて行われること、③安宅本社としてはこの買付に大きな期待をしていることが伝えられ、クルーガーに対して三菱商事を通じて日産に積極的な営業活動が要請された[95]。

安宅側が疑心暗鬼に陥っていた3カ月に及ぶブラウン・アンド・シャープ社と日産の買付交渉も［書簡M］以降、通常のプロセスを辿ることになり、自動旋盤は三菱商事ニューヨーク支店を経て日産の横浜工場に納入された。

以上、ブラウン社の自動旋盤購入を巡る交渉の経緯をつぶさにみてきたが、通常のスムーズな買付交渉と異なるためか、安宅本社とクルーガーの書簡では取引の背景や状況まで言及され、当時の北米における機械買付の一端が窺える。ここで安宅を通じた日産の買付交渉から得られた三菱商事を含む他商社との関係についてまとめておきたい。

第一は北米の各担当者間における人的交流の重要性である。過去に販売した工作機械に関するオーダー番号の照会を始め、ブラウン・アンド・シャープ社の担当者とクルーガーは絶えず書簡や面談を通じて接触を図っていた。またクルーガーは書簡でも登場するケネディら三菱商事の担当者や三井物産の担当者とも密接な関係を構築していた。例えばクルーガーは1938年に安宅本社に対してリットルが三井物産ニューヨーク支店と接触していることを伝えているが[96]、この情報も親密な物産社員から入手したものであった。商事・物産・安宅に限らず、各商社の在外支店の担当者たちは公式・非公式のさまざまな情報交換を行っていたと推測される。こうしたメーカーや各商社との関係は短期間で形成されるものではない。さらに安宅本社とクルーガーとの書簡の往復で生じたタイムラグに象徴されるように、本社から遠く離れた海外との取引では、日本側は現地担当者に大きな裁量を認めざるを得なかった。専門的知識を要する機械取引の性格からみても、業界の状況や人間関係に明るく、かつ現場に精通した人材の養成、あるいは長期的な確保が取引の維持・拡大の鍵であったと思われる。

第二は情報収集や交渉における安宅商会やクルーガーの慎重姿勢である。ブラウン・アンド・シャープ社の工作機械買付を巡る一連のプロセスにおいて、安宅は日産や商事の一挙一動に過剰ともいえる反応や見通しを示すが、そこには一手販売契約を結んだ代理店としての余裕は垣間見えない。特に商事との関係に絞れば、商事が日産の買付を「呼び水」として安宅の有する一手販売権の

獲得（移動）を目論んでいるのではないかと安宅側は懸念していた。安宅からみれば、日産に加えて三菱重工業などの三菱系企業を背景とした商事の潜在的な購買力は大きな脅威であった。安宅は商事だけでなく三井物産の動向にも常に大きな関心を寄せ[97]、内実はともかく、競合する他社からみれば、財閥を背景とした商事・物産は隔絶した存在に映っていた。さらに今回は日産も絡んで交渉が展開したこともあり、原則的には三菱商事を通して交渉せざるを得ない安宅にとって、商事や日産（リットル）の意向を把握することは容易ではなかったのである。

おわりに

　本章では、第一に三菱商事および北米支店の工作機械取引の動向、第二に日産自動車の北米における工作機械買付の2点について検討してきた。その結果明らかとなったのは以下の点である。

　第一の点については、満州事変以降に工作機械取引が活発化する中で、系列外の日産自動車の委託買付が大きな位置を占めていたことを『機械部報』を中心に検討した。三菱商事の機械取引は1930年代に入って大きく取扱高を伸ばし、その中で徐々に工作機械取引も全体に占める割合を上昇させた。三井物産との競争が強まる中で、三菱重工業をはじめとする三菱系企業との系列内取引は商事の競争力の基盤として重要であった。一方で、商業ベースを重視する三菱系企業の取引姿勢もあり、三菱商事としては系列内取引に大きく依存することはできず、系列外取引の維持・拡大にも重点を置く必要があった。その中で日産は1933～35年の工作機械売約高で全体の約40％を占め、30年代前半に工作機械取引の再構築を図ろうとしていた三菱商事にとって、最重要の系列外取引先であった。さらに従来からの戸畑鋳物との取引や1930年代後半の満州重工業開発との取引拡大も含め、日産系企業の存在感は大きかった。

　第二の点については、日産自動車の北米での工作機械買付からさまざまな論点が浮かび上がってきた。三菱商事は1920年代の不況期にアメリカ工作機械

メーカーの代理店契約の多くを手放し、30年代前半の需要拡大期においても、三井物産や安宅商会などに後塵を拝していた。先行研究や『立業貿易録』でも指摘されるように、この状況を打開した要因の一つが北米における日産の大量の工作機械買付であった。本章では三菱商事の書簡の分析を中心に、この大量買付を支えた本店・支店間の連携体制の構築、具体的な取引条件、三菱銀行を通じた金融面での支援、柔軟な信用限度枠の設定、渡米して買付を行った日産技術陣へのサポートなど、北米での機械取引を巡る商事のさまざまな活動を検討した。とりわけ口銭の問題は一手販売契約締結の大きなインセンティブとなり、日産の買付を契機とした複数のアメリカ工作機械メーカーとの代理店契約は、工作機械取引における安定的な収益を確保するとともに収益性の向上に大きく寄与したと思われる。

　さらに日産自動車と安宅商会との取引で注目されるのは、交渉当事者間の密接な人的関係が商取引のさまざまな局面で重要な意味を持っていた点である。ただしその緊密な関係は単なる互助的なものではなく、厳しい商取引の現場の中で培われた緊張感のある人的ネットワークであった。換言すれば、こうした機械取引を取り巻く人的ネットワークにアクセスできる人材をいかに確保し、あるいは養成するかが、各商社の商圏の維持・拡大を規定していたように思われる。

注
1）　三菱商事北米支店の接収史料の所蔵状況に関しては、岡部桂史「戦前期の三菱商事北米支店――アメリカ国立公文書館所蔵史料の概要――」『名城大学総合研究所紀要』13号（2008年3月）参照。
2）　川辺信雄『総合商社の研究：戦前三菱商事の在米活動』（実教出版、1982年）。なお同書は、2012年に解題訂正復刻版が刊行された（川邉信雄『戦前三菱商事の在米活動』文生書院、2012年3月）。
3）　横浜市『横浜市史Ⅱ』第1巻上（1993年）、上山和雄・阪田安雄編『対立と妥協』（第一法規出版、1994年）、麻島昭一『戦前期三井物産の機械取引』（日本経済評論社、2001年）、三輪宗弘『太平洋戦争と石油』（日本経済評論社、2004年）、上山和雄『北米における総合商社の活動』（日本経済評論社、2005年）。

4） 沢井実「アメリカ製工作機械の輸入と商社活動──1930～1965年──」『大阪大学経済学』第45巻第2号（1995年12月）、同「日本工作機械工業とアメリカ──戦前・戦中期──」『大阪大学経済学』第51巻第2号（2001年11月）。
5） 九州大学記録資料館編『石炭研究資料叢書』第28輯（2007年）。
6） 在米日系企業接収史料（RG 131シリーズ）については、上山和雄「解説」『横浜市史Ⅱ』資料編6　北米における総合商社（1997年）を参照。ニューヨーク支店の史料については、川邉信雄「復刻によせて」前掲『戦前三菱商事の在米活動』も参照。
7） 加藤健太「戦間期三菱商事の機械取引──数量的推移からの接近──」『三菱史料館論集』第12号（2011年3月）。
8） 加藤健太「三菱商事と寿製作所（1）──戦間期の繊維機械取引──」『高崎経済大学論集』第54巻第3号（2012年2月）、同「三菱商事と寿製作所（2・完）」『高崎経済大学論集』第54巻第4号（2012年3月）、同「三菱電機と三菱商事」『三菱史料館論集』第13号（2012年3月）。
9） 『機械部報』は、1930年下期（26期）第7号（12月上旬）から1940年上期（45期）第1号（4月上半期）までRG131に欠号無く所蔵されている。当初は月3回刊行で大口売約先も1万円以上が掲載されていたが、1936年下期（38期）第15号（3月上半期）から月2回刊行、大口売約先も3万円以上に変更された。その後、1938年下期（42期）第8号（1月下半期）から大口売約先の記載が5万円以上となった（E52/C186、E35-E/C371・374・375・378・380・383・386）。
10） 三菱商事株式会社編『旧三菱商事全史　第三巻　業務史（第四分冊）機械編』（三菱史料館、ＣⅠMC-5-10）1～2頁、三菱商事株式会社編『立業貿易録』（1958年）184頁。
11） 三菱商事株式会社『三菱商事社史』資料編（1987年）72～76頁。
12） 前掲『立業貿易録』226頁。
13） 同上、227頁。
14） 三井文庫編『三井事業史』本篇第三巻中（1994年）41頁。
15） 1930年代前半に三菱商事が一手販売契約を結んでいた国内メーカーは、大隈鉄工所（名古屋・1931年締結）と大阪機械製作所（大阪・1934年締結）の2社のみであった（前掲『旧三菱商事全史　機械編』106～109頁）。
16） 三菱商事機械部大阪支部『飯野・風間支部長事務引継書』1938年11月（三菱史料館、MC-753）16頁。
17） 三菱史料館所蔵の『綜合決算表』に関しては、前掲加藤「戦間期三菱商事の機械取引」107頁参照。

18) 『綜合決算表』と『三菱商事社史』資料編の数値を比較すると、『綜合決算表』における「売買損益」項目の「売上代」が『資料編』の「売買取引」、「手数料」項目の「取扱金額」が「受託取引」に対応する（三菱商事株式会社『綜合決算表』各期、前掲『三菱商事社史』資料編）。
19) 売買取引と受託取引に関しては、加藤健太が、機械部の売買取引が収益面で全社的に顕著な貢献を示した反面、受託取引による手数料収入の貢献は小さかった点を指摘している（前掲加藤「戦間期三菱商事の機械取引」125頁）。
20) 三菱商事株式会社編『旧三菱商事全史　第三巻　業務史（第一分冊）総務編・業務管理編』（三菱史料館、ＣⅠMC-5-7）153頁。三菱商事の出合・見越（思惑）・受託（委託）の各取引については、大石直樹「戦間期三菱商事の取引制度」『三菱史料館論集』第12号（2011年3月）214～216頁も参照。
21) 機械部作成の『代理販売目録』では「商品取扱」の項目に売買取引として「仕切」、受託取引として「委託」と記載されている（三菱商事機械部「代理販売目録（内地）」1934年8月現在、E35-E/C371）。両者は三菱商事と取引先の販売・買付に関わる代理契約（正式な契約書の無い紳士協定的な関係も含む）によって区分され、商品の特性や取引慣習、商事とメーカー間の力関係などによって決定されたと思われるが、史料的な制約もあり、踏み込んだ検討が難しい。対米戦の開始に伴う損益処分をまとめた「対米発注品」リストには、製品別に「仕切」と「委託買付」が記入されているが（「機械部長更迭事務引継書」1942年6月10日、三菱史料館、MC-654）、北米における受注済の工作機械の処理に関しては、「処分機械代金ハ全部顧客ヨリ入金シ送金シタルモノ……（中略）……顧客ヨリ相当邦貨ニテ入金済」（同引継書）とあり、委託買付が中心であったと推測される。
22) 『機械部長更迭事務引継書』1944年5月11日（三菱史料館、MC-653）。
23) 三井文庫編『三井事業史』本篇第三巻下（2001年）545～546頁。
24) 三井物産機械部『考課状』各期（E71/C1480）。
25) 三菱商事の系列内取引については、三井物産が1931年の支店長会議において「三菱側ニ於ケル親類会社ノ関係ハ我々ヨリモ能キ連絡シ居ル様ナリ」と指摘している（三井物産株式会社）『第十回（昭和六年）支店長会議議事録』1931年、129頁）。なお、三井物産の機械取引を検討した麻島昭一は、「三菱系企業は物産経由を必要とする商品について最低限注文したとみられ、それ以外は三菱商事経由と想像される」と三菱商事と三菱系企業の強い関係を指摘している（前掲麻島『戦前期三井物産の機械取引』259頁）。ただし、この評価については三菱商事側からのより実証的な検討が必要であろう。
26) 1934年4月に三菱造船は三菱重工業に改称し、同年6月に三菱航空機を合併し

た（三菱重工業株式会社社史編纂室『三菱重工業株式会社史』1956年、64〜64頁）。
27) 前掲『旧三菱商事全史　機械編』102頁。
28) 前掲『立業貿易録』227頁。
29) 同上、233頁。
30) 前掲『機械部長更迭事務引継書』。
31) 三菱商事と三菱系企業の系列内取引の評価に関しては、萩本眞一郎「戦前期貿易商社の組織間関係」松本貴典編『戦前期日本の貿易と組織間関係』（新評論、1996年）、および萩本を批判的に検討した前掲加藤「三菱電機と三菱商事」を参照。
32) 前掲『三井事業史』本篇第三巻中、41頁。
33) 前掲『立業貿易録』237頁。
34) 前掲『旧三菱商事全史　機械編』102頁。3,850万円の内訳は、1933〜38年9月までに自動車用約3,000万円、38年10月以降に砲弾等の製作用約500万円、自動車用約350万円である。
35) 三菱商事『取締役会議事録』1936年1月23日（三菱史料館、MC-264）。
36) 以下、在米支店の展開については、前掲川辺『総合商社の研究』202〜212頁による。
37) 以下、『三菱商事紐育支店事業報告書』各期。
38) 機械部長三島清一（シアトル支店長宛）「機械関係営業費ノ件」1932年4月9日（E35-E/C367）。
39) 前掲川辺『総合商社の研究』176頁。
40) 本章のGorhamの日本語表記に関しては、本文中では「ゴーハム」を用い、史料引用・商標等では原史料に従い「ゴルハム」を用いる。
41) 以下、日産自動車の成立過程については、日産自動車株式会社編『日産自動車三十年史』（1965年）による。
42) 以下、日産自動車の保有機械台数は、宇田川勝「戦前期日産自動車の事業活動に関するデータ・ベース——「自動車製造事業年報」の集計——」『イノベーション・マネジメント』No. 2（2005年）159頁による。
43) 横浜市『横浜市史Ⅱ』第1巻（下）(1996年) 516頁。
44) 前掲『日産自動車三十年史』38頁。
45) 機械部長三島清一（サンフランシスコ支店長宛）「戸畑鋳物買付工作機械其他ニ係ル件」1933年5月17日（E35-E/C372）。
46) 三菱商事株式会社『三菱商事社史』上巻（1986年）169頁。三菱商事の所管部制度の確立に至る「店別主義」から「綜合主義」への転換過程については、前掲大石「戦間期三菱商事の取引制度」を参照。

第 6 章　三菱商事北米支店と日産自動車　203

47)　前掲「戸畑鋳物買付工作機械其他ニ係ル件」。
48)　機械部長（ニューヨーク支店長宛）"Mr. Kubota of Nissan Jidosha" 1936年3月23日（E35-E/C374）。
49)　前掲『旧三菱商事全史　総務編・業務管理編』133頁。取極の全文は前掲『三菱商事社史』資料編、14頁参照。
50)　三菱商事株式会社広報室編『三菱商事その歩み』(1974年) 9頁。
51)　機械部長（サンフランシスコ支店長宛）「自動車製造株式会社買付工作機械其他ニ係ル件」1934年1月17日（E35-E/C369）。
52)　自動車製造株式会社・三菱商事「契約書」(E35-E/C369)。
53)　1938年11月時点のニューヨーク支店の機械係は、日本人4名、外国人3名であり、シアトル支店が金属・農産の兼務で日本人1名、外国人1名、サンフランシスコ支店が雑貨と兼務で日本人1名、外国人2名の陣容であった（『三菱商事株式会社名簿』1938年11月1日現在、E38-B/C717）。
54)　本社機械部（ニューヨーク支店・ロンドン支店・ベルリン支店宛）"Machine Tools Import for 1938" 1937年12月29日（E52/C183）。
55)　前掲沢井「日本工作機械工業とアメリカ」159〜161頁。
56)　桑港支店長竹内俊一（機械部長宛）「当店機械係陣容整備ノ件」1939年7月19日（E35-E/C383）。
57)　畠村易・保坂透口述「日産自動車創業時の機械設備と製造技術」自動車工業振興会編『自動車史料シリーズ (2)　日本自動車工業史口述記録集』(1975年) 127頁。
58)　ゴーハムの中古機械買付に関しては、鮎川義介が「私はゴーハム氏渡米の功績を多とした。それは、当時米国は非常の不景気で、それが既に三年も続いており、潰れる会社も多かった。それでゴーハム氏はよい機械を安く仕入れ」と高く評価していたとされる（ウィリアム・アール・ゴーハム氏記念事業委員会編『ウィリアム・アール・ゴーハム伝』1951年、174頁）。
59)　以下、工作機械取引の口銭については、前掲『立業貿易録』233〜235頁。
60)　前掲沢井「アメリカ製工作機械の輸入と商社活動」14〜15頁。
61)　岡本定次は兵庫県出身で1921年に京都大学工学部機械科を卒業。陸軍造兵廠を経て同和自動車の理事となり、1943年に『刃具に関する研究』で博士号を取得した（日刊工業新聞社編『日本技術家総覧』1934年、145頁；植村正治「近代日本における工学博士の経歴の統計観察 (3)」『流通科学大学論集——経済・経営情報編』第16巻第1号、2007年、38頁）。1938年の岡本の訪米に関しては、米国フォードとの提携交渉に携わっていた可能性もある（井口治夫『鮎川義介と経済的国際主義』名古屋大学出版会、2012年、第3章脚注 (6)、38頁参照）。

62) 大連支店（シアトル支店宛）"Re-built and Used Machine Tools for Dowa Jidosha Kaisha" 1938年9月9日（E52/C183）.
63) サンフランシスコ支店（Yellow Cab Co. 宛）"Taxicab Business" 1936年2月14日（E35-E/C374）。
64) 以下、アメリカ工作機械メーカーについては、前掲『立業貿易録』228〜229頁。
65) 前掲『日産自動車三十年史』61〜62頁；M. A. Cusumano, *The Japanese Automobile Industry: Technology and Management at Nissan and Toyota*, Harvard University Press, 1985, pp. 40-49。ただし、グラハム・ページ社の技術・設備が日産自動車の生産システムにどのような影響を与えたかは、慎重な検討が必要である（前掲『横浜市史Ⅱ』第1巻下、520頁）。
66) 日産自動車のグラハム・ページ社買収の経緯については、浅原源七口述「日産自動車史話」前掲『日本自動車工業史口述記録集（2）』105〜109頁参照。
67) 前掲『立業貿易録』234頁。
68) 久保田篤次郎口述「ゴルハム式三輪車からダットサンまで」前掲『日本自動車工業史口述記録集（2）』69頁。
69) 中古機械を多数購入した1933〜34年の工作機械買付と異なり、1936年の久保田・浅原による工作機械買付では、精度の必要な歯切機械など一部の工作機械に関して新品の購入が進められた（前掲畠村「日産自動車創業時の機械設備と製造技術」、129頁）。
70) スパイサー社については、C. Hartlage, *The Story of the Dana Corporation*, Ohio: Dana Corporation, 2004 を参照。
71) 前掲『立業貿易録』228頁。
72) シンシナチにおける工作機械メーカー間の緊密な関係については、フィリップ・スクラントン（廣田義人他訳）『エンドレス・ノベルティ』（有斐閣、2004年）239〜243頁を参照。また三井物産はこうした工作機械生産地におけるメーカー間の独特の資本・提携関係を考慮にいれて代理権獲得政策を決定していたとされる（前掲沢井「日本工作機械工業とアメリカ」159頁）。
73) 機械メーカー間の交流が機械取引に与えた影響はドイツも同様であった。ドイツ製機械の取扱において、三菱商事は他の商社に優越した地位を確立していたが、これは1922年に海軍に納入した飛行艇の契約が、ドイツの主要メーカー間に三菱商事の存在を認識させたためであったとされる（前掲『三菱商事全史　機械編』3頁）。
74) 前掲『機械部長更迭事務引継書』。
75) 前掲沢井「日本工作機械工業とアメリカ」161頁。

76) 1930年代の北米における安宅商会の工作機械取引の全体像については、前掲沢井「アメリカ製工作機械の輸入と商社活動」6〜8頁参照。
77) 安宅商会の接収史料の所蔵状況に関しては、岡部桂史「戦前期北米における安宅商会——アメリカ国立公文書館所蔵史料の紹介——」『名城大学総合研究所紀要』16号（2011年3月）参照。
78) 以下、安宅商会については、安宅産業株式会社編『安宅産業六十年史』（1968年）による。
79) ホーン商会の事業活動については、兼松商店機械部編『機械商秘史——東京機械業明治秘録』工業読物社（1940年）を参照。
80) ニューヨーク安宅商会設立までは、ホーン商会名義やV・B・バック社を通じて実際の取引が行われているが、本文中では原則として安宅商会と表記する。
81) Brawn & Sharp（Horne NY 宛）"Nissan Jidosha Kaisha Ltd（Dept. 106）"1936年1月7日（E14/C88）。以下、書簡の宛先についてはニューヨークのホーン商会（V. B. Buck 社）宛の場合「Horne NY」、大阪のホーン商会（安宅本社）宛の場合「Horne Osaka」と表記する。
82) 日産自動車（Brawn & Sharp 宛）1935年12月10日（E14/C88）。
83) Horne NY（Brawn & Sharp 宛）"Attention of Mr. J. H. Skelton, Department 106" 1936年1月8日（E14/C88）。
84) V. B. Buck（Horne Osaka 宛）No. 22910、1936年1月8日（E14/C88）。
85) Brawn & Sharp（Horne NY 宛）"Quotation: Dept. 106" 1936年1月16日（E14/C88）。
86) V. B. Buck（Horne Osaka 宛）No. 22954、1936年1月17日（E14/C88）。
87) Horne NY（Little 宛）1936年1月17日（E14/C88）。
88) 安宅商会（V. B. Buck 宛）General Letter #5221、1937年4月16日（E14/C86）。
89) V. B. Buck（Horne Osaka 宛）No. 23059、1936年2月4日（E14/C88）。
90) V. B. Buck（Horne Osaka 宛）No. 23060、1936年2月4日（E14/C88）。
91) 安宅商会（V. B. Buck 宛）General Letter #3382、1936年2月6日（E14/C88）。
92) 1935年12月のリトル・浅原・久保田の渡米は、日本GMとの提携に関してアメリカのGM本社の意向を確認することも目的の一つであった（前掲浅原源七「日産自動車史話」105頁）。安宅本社は日本GM側からこの提携交渉の情報を得ていた。
93) 安宅商会（V. B. Buck 宛）General Letter #3410、1936年2月20日（E14/C88）。
94) 安宅商会（V. B. Buck 宛）General Letter #3509、1936年3月25日（E14/C88）。
95) 安宅商会（V. B. Buck 宛）General Letter #3554、1936年4月6日（E14/C88）。
96) V. B. Buck（Horne Osaka 宛）No. 28104、1938年1月5日（E14/C86）。1938

年以降、『三菱商事紐育支店事業報告書』第41期でも言及されるように、三井物産が日産の北米買付に参入を図っている。
97) V. B. Buck（Horne Osaka 宛）No. 28378、1938年2月26日（E14/C88）。

〈付記〉
　三井物産機械部『考課状』については、専修大学名誉教授・麻島昭一氏に所蔵史料の閲覧をご許可頂いた。また公益財団法人三菱経済研究所付属三菱史料館の所蔵史料については、同館の坪根明子氏に大変お世話になった。記して深く感謝したい。

第7章　大倉組ニューヨーク支店の始動と鉄道用品取引

中村　尚史

はじめに

　本章は、アメリカ合衆国国立公文書館（略称、NARA）が所蔵する大倉組ニューヨーク支店関係史料を用いて、①北米における日本商社の支店開設の経緯と現地での活動内容、②明治期における鉄道用品輸入の具体的なプロセス、という二つの問題を考えることを課題とする。

　明治期における日本商社の在外支店の活動内容については、従来、三井物産を中心に研究が進んできた。例えば三井物産ロンドン支店については粕谷誠『豪商の明治』（名古屋大学出版会、2002年）が、また同社在米支店については上山和雄『北米における総合商社の活動』（日本経済評論社、2005年）が、それぞれ詳細な研究を行っている[1]。ところが、当該期における三井物産以外の商社の在外活動は、最近に至るまで、研究が立ち後れてきた。これに対して近年、日豪貿易の専門商社である兼松の研究が進むなど[2]、三井物産以外の日本商社の研究が本格化しつつある。このような研究史の流れを踏まえ、本章では、開設直後の大倉組ニューヨーク支店の活動を通して、明治期における日本商社の多様な海外活動を明らかにすることにしたい（第1の課題）。

　上記の課題を検討するに際して、本章は主としてNARAに所蔵されている日系企業接収文書（RG131シリーズ）中の大倉組ニューヨーク支店関係史料を用いる。大倉組ニューヨーク支店は1901（明治34）年、ニューヨークのブロー

ドウェイで開業し、ロンドン支店と連携しながら、主として機械取引に従事していた。同支店の初代支店長である山田馬次郎は、1894年に東京高等商業学校を卒業して大倉組に入社[3]、ロンドン支店で機械取引に従事した後[4]、1901年4月、支店開設の命を受けて、ニューヨークに乗り込んだ。彼はロンドン時代から発信書簡の控帳（letter book）を残しており、ニューヨークに赴任した当初は、"Domestic Letters 1900-1901" というタイトルの透写紙冊子に東京本社外国部宛をはじめとするさまざまな商用書簡の控えを残していた。その後、本店宛書簡控として "Tokio Letters" というタイトルの透写紙冊子が用いられるようになり、No. 1（1901～02年）から No. 8（1904～05年）までの8冊が残されている[5]。この書簡類を分析することで、従来の研究では解明されてこなかった、明治期における大倉組の在米支店開設の経緯と、その具体的な活動内容が明らかになる[6]。

　さらにこの史料からは、1901～02年における大倉組による北海道鉄道部への機関車および車輌用品納入の過程が詳細に判明する。当該期の日本鉄道業に対する車輌・同部品の供給体制については、沢井実による包括的な研究が存在する[7]。そこでは官・私設鉄道による機関車競争入札の模様と、三井物産による鉄道用品輸入業務の概観が与えられている。同じく三井物産の鉄道用品取引については、麻島昭一もまた、同社機械取引研究の一環として分析を行っている[8]。しかしいずれの研究も、商品の入札から落札、発注、納品といった一連のプロセスを、具体的な事例にもとづいて検討しているわけではなく、基本的には取引量の把握にとどまっている。そこで本章では、大倉組の事例をもちいて、明治期における鉄道用品輸入の具体的なプロセスを解明したい（第2の課題）。

　ところで、本章の事例となる大倉組（合名会社期、1893～1911年）は、大倉喜八郎が1873（明治6）年に始めた用達業・大倉組商会を源流とする中規模商社である。1893年に資本金100万円で設立された合名会社大倉組（頭取大倉喜八郎）は、海外貿易を主業とし、用達業や鉱業といった業務を営むことを目的としていた。発足時における大倉組の海外支店はロンドン支店のみであり、サ

ンフランシスコ、ニューヨーク、パリ、ベルリン、メルボルン、シドニー、コロンボ、カルカッタ、ボンベイ、上海、天津、香港に代理店を置いていた。また国内には東京本店と6地方支店、皮革製造所、16出張所、鉄砲店が置かれている[9]。なお当時のロンドン支店長は、のちに取締役（兼出資者）となる門野重九郎であり、ロンドンから欧米各都市に所在する代理店を統括していた。

第1節　大倉組のニューヨーク進出

(1) 事務所の開設

1901（明治34）年4月12日、大倉組ロンドン支店の山田馬次郎が、支店開設の命を受けてニューヨークに到着した[10]。山田は、ニューヨークに到着した直後から、業界誌（*The Engineering News*）編集者と面談して製鉄合同の現況を聴取するなど、活発な情報収集活動を開始する。また当時、ニューヨークに出張中であった札幌麦酒の植村澄三郎とともに、北米の有力機関車メーカーであるスケネクタデー社を訪問し（4月18日）、さらに4月21日から5月18日にかけてはシカゴ、ピッツバーグ等への視察旅行を行った[11]。このときの縁で、大倉組は札幌麦酒への機械納入を担当することになり、それがニューヨーク支店の最初の仕事になった。

シカゴへの視察旅行からニューヨークに戻った後、山田は在留邦人のアドヴァイスを得ながら支店事務所の選定に取りかかった[12]。そして6月9日、ブロードウェイに適当なオフィスを見つけ、賃貸契約を締結する（家賃1カ年500ドル）[13]。この間の事情について、彼は東京本店の高島小金治副頭取宛に次のように報告している。

　　元来小員渡米後、事務取扱ノ法方ニ付、色々熟考仕、未ダ取引ノ無之折柄計算ノ多キハ永久継続ノ法方ニモ無之ノミナラズ、相当ノ注文ナキニ計費ヲ要スル事ハ小員ニ取リテ実ニ心苦シク、出来得ルナラバ下宿住ニテ事務取扱度存居候。最初ハ下宿事務取扱ノ考ニ有之候。然ルニ諸製造会社相

尋候結果、先方ヨリ事務所ハ何レニ定メシ哉、事務所相定候ノ上、委細ノ「インフォーメーション」相送ルトカ、目録書等相送ルトカノ話間々有之、又代価ノ問合ヲ製造会社ニ致シ候得バ、先方ヨリ尋ネ来ル等ノ事ニテ自然事務所必要相感シ、又相当ノ「ホテル」位仕候テモ割合ニ安ク参リ不申、勿論門野氏ヘモ照会、全氏ノ意見ヲモ相尋ネ申候ハ、到底下宿ニテ事務取扱ハ実際ニ出来難クニ事務所ヲ借入候方宜敷カラントノ意見ニ有之候。又事務所借受ニ付可成割安ニテ適当ノ所見出度存、余程所々見廻リ申候処、場所離レノ所ニテ汚キ部屋ニテモ一ヶ月三十弗位掛リ可申、少シノ差ナレバ相当ノ所ニ参リ候方、万事都合宜敷ト存、遂ニ「ブロードウェー」ニ取極メ申候。先般モ申上候通リ当事務所ハ場所柄ト、建物ハ宜敷候得共、極ク小サキ部屋ニ御座候。又事務所ノミノ働キ候エハ意ノ如ク仕事出来不申帰宿後、夜分多少ノ仕事ハ仕度存候得共、此レモ亦計費ヲ要スル事ニ付見合申居候。尚重要ノ事ハ門野氏ヘ相談可仕トノ御高諭拝承、倫敦トハ常ニ相当ノ通信仕居候。先ハ不取敢右迄得貴意候[14]。

　この史料から、①取引相手との連絡や信用獲得のためにも事務所が必要、②事務所賃貸をはじめとする重要事項は門野重九郎ロンドン支店長と相談し、その了承のもとで行っているという2点が判明する。このうち②は、発足時のニューヨーク支店が、ロンドン支店の統轄下にあったことを示唆している。

　さらにロンドン支店の門野に宛てた次の書簡からは、開設直後のニューヨーク支店の事務所体制がうかがえる。

　　何分、当市ニテ充分働キ可申ニ付テハ是非二人ノ働キ人要シ可申、即チ一人ハ外部ノ分ニテ広ク製造所ニ赴き可申、尚一人ハ社内ノ事務取扱可申事、此レ一ノ方法ニ有之、又一通リ普通ニ事務取扱ニ付テハ小生ノ外ニ小児上リニテ「タイプライター」位出来候モノ是非入用ニ御座候。併シ本社ノ方針ニ依レバ先ツ当分小生一人ニテ事務取扱フノ外無之御座候ハ、事務取扱ニテハ非常ノ困難ニテ愈々不都合ニ御座候得共、何トモ致方無之次第ニ御座候[15]。

　ここで山田は門野に対して、支店運営のためには、営業担当である自分のほ

かに、「社内ノ事務」を取り扱う「小児上リ」の駐在員が必要であるが、「本社ノ方針」で増員が認められないことを嘆いている。このような要求が認められてもう一人の駐在員である波切がニューヨークに赴任するのは1902年2月4日であることから、山田はニューヨーク赴任から10カ月間、一人で事務所を切り盛りしていたことになる[16]。

(2) 開設直後のニューヨーク支店

まず事務所開設直後から1903年度にかけてのニューヨーク支店の収支状況を、表7-1を用いて概観したい。この表から、収入面はロンドン支店からの送金が主たる財源となっていることが判明する。1901年上期における送金の具体的な状況をみると、ロンドンからニューヨークへ、毎月100～200ポンドが為替送金されている。また支出については、取扱商品の一時的な立替払やニューヨーク出張者の費用といった臨時的なものを除けば、事務所経費が中心であった。発足時のニューヨーク支店は、自己勘定での取引を行っておらず、その意味でもロンドン支店の出張所的な存在であった。そのことを裏付けるように、ニューヨーク支店の会計報告は、半年ごとにロンドンに送られていた[17]。

次に表7-2を用いて、1902年上期（4～9月）におけるニューヨーク支店経費の主な支出項目とその内訳をみてみよう。経費の半分以上を占める給与は、支店長である山田が月額125ドル、新任の駐在員である波切は同50ドルであった。1896年に発足した三井物産ニューヨーク支店が日本人2人、現地雇員2人という体制で営業を開始したのに対して[18]、開設直後の大倉組ニューヨーク支店は現地雇員を用いていない。外国人雇員に頼ることなく、現地メーカーとさまざまな交渉を行っている点に、営業担当である山田の能力の高さがうかがえる。

また事務所家賃は前述したように年額500ドルであったが、支払いは毎月（41.67ドルずつ）であった。その他、什器や消耗品などに加えて47ドルの交際費が計上されている。なお交際費は日本からの要人来訪などの際には、大きく変動することがあった。

人件費の次に比重が高い経費は、東京やロンドン向けの電信を中心とする通

表7-1 大倉組ニューヨーク支店の収支状況

1901年上期（4～9月）

支　出	$	収　入	$
船荷証書ヲ直接ニ東京本社ヘ送金	1329.30	倫敦ヨリ入金（£915）	4437.75
東京本社分「リーバースコード」代	10.40	内訳	
倫敦分同上	10.00	山田持参金　　　£215	
門野氏滞在中相渡シ候金高	630.00	5/8為替送金　£100	
東京電車鉄道ノ件電信代（伯林向け）	46.26	6/8為替送金　£100	
事務所設置準備費	621.46	7/6為替送金　£100	
東京向け電信代	108.10	8/21為替送金　£200	
倫敦向け電信代	17.50	9/14為替送金　£100	
山田氏月給並旅費、郵便、諸雑費	1060.75	9/26為替送金　£100	
有金（後期繰越）	604.00		
合　　計	4437.77	合　　計	4437.75

1902年上期（4～9月）

支　出	$	収　入	$
4～9月総計費	1958.41	残金（前期繰越）	293.89
波切氏ニ渡ス	40.00	倫敦ヨリ受入金	4935.75
鉄道局行スプリング代	1794.00		
元金（後期繰越）	1437.23		
合　　計	5229.64	合　　計	5229.64

1902年下期（10～3月）

支　出	$	収　入	$
10月分経費	326.67	有金（前期繰越）	1432.23
11月分経費	268.45	倫敦ヨリ受入金	3494.20
12月分経費	364.69		
1月分経費	404.00		
2月分経費	296.59		
3月分経費	452.85		
有金（後期繰越）	2818.58		
	4931.83	合　　計	4926.43

1903年上期（4～9月）

支　出	$	収　入	$
4月分経費	366.56	手元資金（前期繰越）	2818.58
5月分経費	318.79	札幌麦酒会社ヨリ	20.00
6月分経費	318.80	雑益	62.54
7月分経費	334.69		

8月分経費	287.82		
9月分経費	298.07		
有金（後期繰越）	976.39		
合　　　計	2901.12	合　　　計	2901.12

1903年下期（10〜3月）

支　　出	$	収　　入	$
10月分経費	489.70	手元資金（前期繰越）	976.39
11月分経費	571.07	1月東京ヨリ受入金	323.28
12月分経費	677.09	10月倫敦ヨリ受入金	972.00
1月分経費	585.28	12月倫敦ヨリ受入金	967.00
2月分経費	509.45	2月倫敦ヨリ受入金	1948.00
3月分経費	470.54		
船水氏ニ渡ス（大倉粂馬様ハ承知）	350.00		
砲兵工廠ヘ送ル物品関係	184.13		
その他	7.00		
手元資金（後期繰越）	1342.40		
合　　　計	5186.66	合　　　計	5186.67

出典：Okura, 'Tokio Letter No.1' (1901-2) および 'Tokio Letter No. 3' (1902-3) (NARA E 124/C 856).

表7-2　1902年上期（4〜9月）におけるニューヨーク支店経費の構成

費　目	金額（$）	構成比（%）	備　　　考
給与	1,075.00	54.9	月額山田 $125、波切 $50
通信費	431.01	22.0	東京、倫敦向け電信、郵便・小供経費
事務所家賃	250.02	12.8	月額41ドル67セント
什器	56.70	2.9	家具、秤
消耗品	53.17	2.7	文房具、タオルなど
交際費	47.06	2.4	
その他	45.47	2.3	トレーシング費、雑誌、書籍など
合　計	1,958.43	100.0	

出典：Okura, 'Tokio Letter No. 1' (1901-2) (NARA E 124/C 856)), p. 185.

信費である[19]。表7-3から1901年上期（4〜9月）におけるニューヨーク支店の電信発信状況を見ると、同年7月から9月にかけて、ニューヨーク支店は合計27回、発電していることがわかる。その内訳は東京向け7回、ロンドン向け11回、ベルリン向け9回と、ロンドンとの交信が最も多かった。この時期、

表7-3 ニューヨークからの発送電信とその宛先（1901年7～9月）

年	月	日	音字数	宛先
1901	7	5	5	London
1901	7	23	4	London
1901	8	6	16	Tokyo
1901	8	7	25	Berlin
1901	8	8	7	Berlin
1901	8	8	16	Berlin
1901	8	9	21	Berlin
1901	8	10	15	London
1901	8	13	5	Tokyo
1901	8	14	4	London
1901	8	21	5	London
1901	8	21	10	Tokyo
1901	8	22	3	Tokyo
1901	8	27	41	Berlin
1901	8	29	9	London
1901	8	29	20	Berlin
1901	8	30	8	London
1901	8	30	16	Berlin
1901	8	31	21	Berlin
1901	9	2	19	Berlin
1901	9	4	10	Tokyo
1901	9	11	7	London
1901	9	11	7	Tokyo
1901	9	13	5	London
1901	9	17	5	London
1901	9	23	4	London
1901	9	23	3	Tokyo
倫敦1901.4～9			$17.50	11回
伯林1901.4～9			$46.25	9回
東京1901.4～9			$108.10	7回

出典：Okura, 'Tokio Letter No. 3' (1902-3), pp. 412-413 および 'Tokio Letter No. 4' (1903), pp. 60-61 (NARA/E124/C856).

東京電車鉄道への電機関係品納入が問題になっており、ロンドンが中心となって、アメリカとドイツの電機メーカーの情報を相互に交換し合い、日本の本店とも連携して事業機会の獲得を目指していたのである。

電信は、発注などに関わる緊急の用務のやり取りを行うために不可欠の通信手段であったが、機密保持の必要性から暗号を用い、さらに高額な利用料金との関係で、送受信字数を抑えたため、伝達情報量が限られていた。したがって定期的な会計報告や、電信では伝えきれない複雑な情報の交換、さらに電信内容の確認のためには、郵便が重要な役割を果たした[20]。とくに東京本店との間では、不定期ながら頻繁な書簡のやり取りが行われていた。その頻度は、表7-4が示すように、1901年5月から1902年7月の15カ月間に月平均6.8回、週で換算すると1.5回程度のペースである。ニューヨークから東京への郵便には、サンフランシスコ経由、バンクーバー経由、シアトル経由、タコマ経由の4経路があり、山田は、到着日数を勘案して使い分けていた。それは、入札情報の伝達など、一刻を争う取引の場合、書簡の到達日数が問題になるからであった。この点について、

第7章　大倉組ニューヨーク支店の始動と鉄道用品取引

表7-4　ニューヨーク支店発東京本店宛書簡の頻度

年	月	書簡数	経由地 SF	VC	ST	TM	不明
1901	5	7	2	1			4
	6	5	2				3
	7	10	5	4			1
	8	6	3	1			2
	9	5	2				3
	10	5	3	2			0
	11	5	2	2			1
	12	5	4	1			0
1902	1	5	3	1			1
	2	8	5	2			1
	3	5	2	1	1		1
	4	8	3	2	2	1	0
	5	9	3	1	3	1	1
	6	7	1	2	2	1	1
	7	8	2	1		1	4
合計		98	42	21	8	4	23
1カ月平均		6.5					

出典：Okura, 'No. 1 Domestic Letters', およびNARA/E124/C856 Okura, 'Tokio Letter No. 1-3' (NARA/E124/C838).
備考：SF＝サンフランシスコ、VC＝バンクーバー、TM＝タコマ、ST＝シアトル。

山田は東京本店宛に次のような要請を行っている。

　　○「メール」ノ事

　近頃、日本郵船会社ニ於テ新造船ヲ「シヤトル」線ニ用イ初メ候以来、伊予丸、加賀丸等ハ常ニ桑港便ヨリ少キ日数ニテ到着可仕、他ノ商店ニ於テ之何レモ文通ノ往復ニ此等ノ「シヤトル」線汽船ヲ利用仕居候。従テ時々他ノ商店ノ「メール」ハ当社ヨリ早ク手ニ入ル事有之、昨今ノ如キモ当方ヘハ御掛ノ二月二十八日付ノ御書面入手ノ事ニ候得共、他ノ商店ヘハ已ニ三月九日、十日付ノ手紙入手致居候如キ次第ニ付、御掛ニ於テ種々事務御多忙御煩多トハ存候得共、可成ハ此等「シヤトル」線汽船ニテモ御書面御発信ノ程願上候[21]。

ここから、ルートの選択次第では、書簡の到達日数に10日前後の差が生じる

可能性があり、ビジネス・チャンスの獲得に深刻な影響を及ぼしていたことがわかる。当時の対日輸出業務では、次の書簡が示すように、日本国内の入札情報などをいち早く入手し、競合他社より先に現地メーカー等に見積もりの請求を出せるかどうかに、ビジネスの成否がかかっていた。

　○米国大製造所ノ商売取引ノ方針
　　当米国ノ重要製造所中ニハ全一ノ Inquiry ニ対シ代価ヲ多クノ人ニ渡スヲ好マザル製造所多々有之。即チ自国製造所ノ為メニ充分正実熱心ニ働キ呉ル、モノアレバ、其ノ人ニヨリ取引ヲ拡張ヲ計ラントスル製造所多キ様見受ケラレ候。Pennsylvania Steel Co. ノ如キハ日本ニ対シテハ未ダ代理人ハ置キ不申候得共、全社ニ於テ充分信用有之会社ナレバ、全一ノ問合ニ付キ最初ニ Inquire ヲ送リタルモノヲ通シテ「クォート」致ス習慣ニ相成候。就テハ「インクワヤリー」ハ一日モ早ク当方ニ於テ入手之必要有之候[22]。

このように各商社が情報戦にしのぎを削っている状況の下では、ニューヨーク支店が、ロンドン支店の統括下に置かれていることは、情報伝達速度の点で問題を孕んでいた。この点について、山田は東京本店に対して、次のように訴えている。

　　又過般モ御書面ニテ一応代価ヲ英国ヘ送リ倫敦ニテ比較、全所ヨリ御掛ヘ代価通知可申上様御来示ニ相成候得共、此ノ如キ条件ニテ安値ノ代価ヲ quote 致シ呉レ可申製造所ハ少クト存候。尤モ一個ノ問合品ニテ英国品ノ多ク其内ニ米国製ノモノ相混シ有之ノ場合ハ別問題ニ御座候[23]

この書簡が示唆するように、代理店制度をとらない米国の製造所への発注は早い者勝ちであり、東京からロンドンを経由してニューヨークに到着する情報では間に合わない。そのため山田は、日本からの米国メーカーへの発注は、東京からニューヨークに直接照会するよう求めたのである。

以上の点を踏まえて、以下、開業直後におけるニューヨーク支店の活動内容を、機関車輸入を中心とする鉄道用品取引の事例に即して、具体的に明らかにしていきたい。

第2節　鉄道用品取引の実態——北海道鉄道部機関車納入の事例——

(1) 北海道鉄道部による鉄道用品入札

1901年6月10日、北海道鉄道部は路線延長に伴う設備増強のため、以下のような鉄道用品購入入札の告知を行った。

　　一、機関車六輛　二廉
　　一、機関車秤量器十個
　　一、貨車用車輪九百五十個、車軸四百七十五本及弾機五百七十個
　　一、「ジャネーカプラー」二百十二個、同用「ナックル」五十個
　　以上、旭川納
　　以上、入札保証金各自見積代価百分ノ五以上、入札者ハ二年以来其業ニ従事スル証明書並ニ明治三十三年内務省令第三十二号、同三十三号ノ資格証明書ヲ有スル者ニ限ル。
　　右購買ス。入札望ノ者ハ本月十五日ヨリ同二十四日マテ十日間、内務省内、北海道鉄道部出張員詰所ニ前記証明書ヲ差出シ、入札規則、契約書式、仕様書及図面等熟覧ノ上、本年八月十日午前十一時限、同詰所ニ入札書差出スヘシ。即時改札ス。
　　此契約ハ北海道庁鉄道部長国沢能長担当ス。
　　明治三十四年六月十日　　　　　　　　　　　　　　　　　北海道鉄道部[24]

この入札（tender）のための見積（quote）の打診は、1カ月以上を経過した7月13日から15日の間に、ニューヨーク支店に届いたと考えられる[25]。知らせを受けた山田は、7月15日から17日にかけて、在米の主要機関車メーカー、鉄道車輛用品メーカーに一斉に見積請求を行った。

ちょうどその頃、米国では機関車製造業における大合同が進行中であり、1901年7月には、スケネクタディー社を中心とする8社の機関車メーカーが合同し、アメリカン・ロコモーティブ社が成立した。その結果、在米の有力機関

車メーカーはアメリカン・ロコモーティブ、ボールドウィン、ロジャースの三社に絞られることになった。この点について、山田は、7月20日にロンドン支店の門野へ、また同月23日に東京本社へ、それぞれ以下のような情報を送っている。

○ Locomotive Engine Works Corporation

此件ニ付テハ先般彙報申上置候処、今回、愈々成立十日程前事務所モ Broad Street of New York City ニ確定、社名ハ American Locomotive Co. ト称ヘ居候。

即チ左記八製造所ノ合全ニ候

Schenectady Loco. Works、Brooks、Pittsburgh、Richmond、Cooke、Rhode Island、Dickson、Manchester

依テ目下ノ処、当米国ニハ左ノ三会社アルノミト相成候

American Loco. Co.、Baldwin Loco. Co.、Rogers Loco. Co.

Rogers 社ハ先般社長ナル Rogers 病死仕其后廃業スルトノ事ニテ一時ハ休業仕居候。然ニ昨今新シキ Protraction 出来工場再興ノ様承リ候。

今回成立ノ American Loco. Co ハ前ノ Schenectady Loco. Works ノ重役主トナリ大ナル株式会社ヲ作リ前記八ヶ所ノ製造所ヲ買入レ申事ニ相成候。依テ前ノ Schenectady Loco. Works ノ vice president and general manager ナル Pitkin ト申人、今回ノ American Loco. Co. ノ vice president ニテ同社中ニテ実ニ有力者ニ御座候。又、American Loco. Co. ノ Sales Department ノ主任ノ人モ亦前 Schenectady ノ人ニ御座候。依テ三井物産会社ハ此迄日本ニテ注文引受ノ汽罐車ハ尽ク Schenectady ニ注文致シ、全製造所ノ関係非常ニ密ニ相成候。別ニ重立チタル代理契約ハ無之候得共、「カーネギ」ニ対スルト全様ノ関係ニ相成候。依テ三井物産ハ今回ノ American Loco. Co. ニ対シテハ代理全様ニテ、仮令 American Loco. Co. ヨリ三井ノ外ノ会社ニ代価ヲ渡シ候テモ夫レハ真正ノ代価ニ無之旨申居候。依テ今回北海道入札ノ汽罐車六台ノ儀ニ付早速三製造所ニ照会仕、其他「ピッツバーク」ノ如キ「ヂクソン」ノ如キ個々別々ニハ当不申候。

「ピッツバーク」並ニ「ヂクソン」ノ如キハ最早製造所ハ American Loco. Co. へ売渡シ候ニ付一切ノ事統テ American Loco. Co. へ照会致シ呉レトノ事ニ御座候[26]。

この史料でまず注目できる点は、アメリカン・ロコモーティブ社の副社長や販売部門長がいずれもスケネクタディー社の出身者で占められており、従前より同社と取引を重ね、関係が深かった三井物産が、新会社の極東地域代理店のような扱いを受けることになりそうだという情報である。そのため山田は、仮にアメリカン・ロコモーティブ社が三井以外の会社に今回入札の機関車6輌についての見積価格を提示したとしても、「夫レハ真正ノ代価」ではないと推察している。実際に彼は、同社に数回赴き、種々交渉したものの結局、見積価格を得ることはできなかった。

一方、従来、アメリカ機関車製造業の雄であったボールドウィン社について、山田は次のように報じている。

　Baldwin Loco. Works
　　此社ノ人々ト数回面会仕又全社ノ重役 Converse ト申人ニモ面会仕候。全社ノ申ス様、Frazer Co. ハ只タ日本ニ於テ全社ノ利益ヲ保護為ルノミニテ別ニ固クフレザーニ tied up セラレ候次第ニ無之。全一ノ代価ヲ「フレザー」社外ノ人ニモ相渡ス旨申居候。併シ今回ノ六台ニ付テハ早々ヨリ「フレザー」ヨリ通信有之、最早代価モ已ニ通知仕居候付「フレザー」社ノ外ニ quote 出来ズトノ事ニ候[27]。

スケネクタディー社が三井物産と密接な関係を構築していたのと同様に、ボールドウィン社は横浜とニューヨークに拠点をもつフレザー商会と強い取引関係を結んでいた[28]。しかも今回の入札に関しては、フレザー商会がいち早く見積もりを請求した後であったこともあり、山田はボールドウィン社からも見積価格を取ることができなかった。

最後に残された有力機関車メーカーはロジャース社であるが、同社は前社長の逝去によってしばらく休業しており、「昨今新シキ Protraction 出来工場再興ノ様承リ候」という状態であった。山田は、一応、同社へも見積請求を行っ

たものの、「全社ノ現況ハ前述ノ通リニ付今回ハ quote 致来リ不申ト存候」と思われた[29]。

このようにアメリカ機関車製造業の寡占化が進むと、寡占メーカーと長期的な取引関係を構築している先発商社(三井物産やフレザー商会)の優位性が高まり、大倉組のような後発商社の活動の余地は限られることになった。そのため山田は当初、「乍残念今回ノ六台ハ入札出来不申ト存候」[30]と、悲観的な見方をしていたのである。

(2) 機関車等の落札

ところが、1901年7月25日、大倉組ニューヨーク支店に、ロジャース社から「今回北海道鉄道新入用ノ汽罐車六台ニ付是非見積書出可申」という知らせが届いた。そこで山田は、同社に次の月曜日までに見積価格を知らせてくれるよう依頼し、同時に東京本社に「今回ノ汽罐車六台ニ付テハ Rogers ヨリノ代価ニヨリ見積可仕モノト御承知置キ被下度候」と報告した[31]。

さらに8月4日には山田がパターソンのロジャース社を訪ね、社長と面談を行って「一ヶ年ニテ汽罐車均一ヲ以二百台ノ由」という情報を得るとともに、工場再開の様子を視察した[32]。そして8月6日には、ロジャース社からモーガル・タイプの機関車6輛の見積書が到着、他の鉄道用品の見積価格とともに、即時、東京本社に発電した。その内容は、以下のとおりである。

 Copy of telegram (Outward) Departure 6th Aug. 1901
 ○ Wheels, axles springs for Hokkaido Railway
 U. S. G. $10,000
 (tax etc.) 500 U. S. G. $10,500.
 200 tons
 ○120 Bearing springs for same Railway
 $550 (U. S. G. $)
 ○ Locomotive weighting machines for same Railway
 U. S. G. $1,000

(tax etc.) 980 $1,980

○ 6 Mogul Locomotive for the same Railway

U. S. G. $59,000

(tax etc.) 900 U. S. G. $59,900

January shipment

400tons of 40 cubic feet[33]

　この見積表に記載された機関車の1輌当たりの見積価格は、9,833ドルであった。一方、ロジャースが提示した機関車の単価は1輌9,250ドルであることから[34]、その差額583ドル（本体価格の6％）は大倉組が上乗せした手数料であったと思われる。当時、鉄道用品の手数料は5％前後と言われていたことから、この見積もりは妥当な水準であった[35]。

　1901年8月10日、北海道鉄道部で入札が実施され、大倉組は機関車、車輪、車軸、弾機を落札した。この情報は下記のとおり、即日、電信でニューヨーク支店にもたらされ、商品の即時発注が指示された。

Copy of telegram（Inward） Received 10th Aug. 1901

Please the order

Wheels, Axles, Springs for Hokkaido Government Railway

120 Bearing springs for same Railway

6 Mogal Locomotives for same Railway

$70,000

(tax etc.) 950 U. S. G. $70,950-

Makers must guarantee arrival January with the exception of 2 Locomotives arrivals in March. If you can not avoid delay, you must arrange with manufacturers to preview 延期理由書, we have met.[36]

　東京本社から、このような落札の知らせを受けた山田は、直ちにロンドン支店長の門野に対して、「今日、東京、入札、北海道 Wheels Locos 取れた。塩谷ケーブルのこともあり、すぐこの地（ニューヨーク――引用者）おいで都合できぬか」と発電した[37]。総額7万ドルという、ニューヨーク支店始まって以

来の大仕事に取り組むことになった山田は、決裁権限をもつ門野を現地に呼び寄せることで、ニューヨーク－ロンドン間の情報交換に要する時間と手間を節約し、発注業務の円滑化を図ろうとしたのである。実際に門野は、8月24日にニューヨークへ到着、以後、鉄道用品の発注が一段落する9月17日まで同地に滞在した[38]。交通・通信事情が未発達であった当該期においては、決裁権限をもつ重役クラスの人が直接現地に出向き、その場で判断するほうが、いちいち本店の了解を取りつけながら取引を行うよりも効率的であったと言えよう。

(3) 発注先の確定過程

鉄道用品の競争入札では、発注者側が提示した納期と仕様書に基づき、商社がメーカーから見積書を取り、手数料を上乗せして受注価格を決定、応札する。そして落札した場合、見積書を作成したメーカーに正式の発注を行うことになっていた。ところが厳密に言えば、落札の時点では発注先は確定しておらず、必ずしも見積書を作成したメーカーに発注する必要はなかった。そこで大倉組ニューヨーク支店は、北海道鉄道部の機関車等を落札した後、改めて各メーカーに相見積もりを要請した。1901年8月13日、山田ニューヨーク支店長はこの点について東京本社外国部宛書簡で以下のように述べている[39]。

　　併テ今回ノ注文品ハ如何様又何社ニ注文仕候方、直接並ニ後来ノ便益ニ相成申ベクヤ、種々相考ヘ、昨日「フィラデルフィア」ニ参リ候序テ以テ「ボルドウィン」社ニ参リ候。然ルニ先回面会仕候重役 Converse ト申人不在中ニテ Johnson ト申人ニ面会仕候。「ジョンウス」氏ノ話ニヨレバ、「コンヴァース」氏ノ話ト異ナリ、既ニ「フレザー」商会久シク「ボルドウィン」社ノ代理ト相成候付、今後ノ「インクワヤリー」ニ対シテモ実際上「フレザー」以外ニ代価差出候事出来難シトノ事ニ御座候。又、今朝、「アメリカン・ロコモチーブ・コンパニー」ニ参リ今後ノ全社ノ方針モ尋申候処、未ダ一定ノ方針無ノ由ニ御座候。何分、三井ハ此レ迄百以上ノ汽罐車ヲ「スケネクタヂー」ニ注文シ故ヲ以テ三井ノ方ニ敬意ヲ表シ居ル次第ニテ、別ニ深キ理由モ無之、大倉組ノ照会ニ対シテモ代価渡ス旨、申居

候得共、実際、今后愈々競争入札ノ場合ニナリテハ、今回ノ如ク遂ニ断リ可申哉大ニ疑シク、又出来得ルナラバ今回ノ六台ニ対全社ヨリノ代価モ聞取「ロジャース」社ノ代価ト比較仕度キト存候得共、此レモ思ヒノ如ク参リ不申、又此回ノ注文ヲ他ニ渡シテハ大ニ「ロジャース」社ノ感情ヲ害シ可申、依テ全社ト今后ノ取引上大ニ困難ト可相成候。又「アメリカン・ロコモチーブ・コムパニー」ニシテ三井ニ大ニ全情ヲ表シ居ル以上ハ工場ハ他ニ比シテ小ナガラ「ロジャース」社ト後来秘密ノ関係ヲ付ケ置キ可申必要有之哉モ不被計、結局、今回ノ注文ハ「ロジャース」社ヘ致ス事至当ト存候。明朝、全社ヘ参リ相談可申積リニ御座候。

　この史料からわかるように、山田は今後の継続的取引の相手を探すため、2大メーカーであるボールドウィン社とアメリカン・ロコモーティブ社を訪ね、相見積もりを要請した。しかし両社とも、フレザー商会や三井物産との継続取引を重視する姿勢をみせ、相見積もりは難航する。その過程で彼は、今回の見積書を作成したロジャース社との特約的な取引関係構築の重要性を、改めて強く認識することになった。

　一方、落札価格（機関車1輌9,833ドル）がすでに決定している以上、製品価格が少しでも安くなれば、その分、大倉組の手数料が大きくなる。ところがボールドウィン社、アメリカン・ロコモーティブ社との相見積もり交渉がうまくいかなかったため、値引交渉のための「相場」がわからなかった。そこで山田は、元開拓使のお雇い外国人であり、アメリカから日本への鉄道資材の輸出に際して検査人（inspector）を多く務めた経験を持つクロフォード（J. Crawford）から、スケネクタディー社が九州鉄道に機関車を納入した際の前例を聞き出し、ロジャース社に対して5％の値引きを要請することにした[40]。しかし値引交渉は成功せず、結局は当初の見積価格でロジャース社に発注することになった。この間の経緯について、山田は次のように述べている。

　　〇北海道汽罐車六台
　　此注文ニ付テハ製造所「ロジャース」社ヘ注文致ス前、「ボルドウィン」並ニ「アメリカン・ロコモチーブ」社ノ代価ヲ聞取リ、「ロジャース」ノ

代価ト比較仕、「ロジャース」ヲシテ充分値引致サセ申積リニテ種々奮達仕候得共、何レモ其意ヲ得ズ、「クローフヲード」氏ノ如キハ過般「スケネクタヂー」社製九州鉄道行全種汽罐車ノ験査料ハ原価ヲ一台ニ付九千弗位ノ予算ニテ計算仕、「ロジャース」社ノ代価高キ様ノ咄モ漏レ聞キ候付、不取敢「ロジャース」社へ五分ノ値引ヲ申込種々掛合中、貴御掛ヨリノ二十日ノ電信ニ接シ申候。夫レト全時ニ「ボルドウィン」社ヨリモ今回ノ注文ハ愈々大倉組ニ落札ノ旨確報ニ接候付最早今回ノ分ニ付テハ「フレザー」トノ競争モナキ次第ニ付望ミナレバ代価相渡シ可申旨申来候。併シ御掛ヨリノ御電信中ニ "Baldwin we can negotiate with Frazer" ト申語モ御座候付、別ニ「ボルドウィン」ナレバ当方ヨリ更ニ全社ニ掛合ウ必要ナシト存其侭ニ致シ置キ、早速、American Locomotive Co. ニ参リ種々談合ノ上、全社ノ代価モ聞取ノ処、全社ノ掛引カ非常ナル高価ヲ申居、即チ一台一万〇二百弗（f. o. b.）ト申居候。又全時ニ「ロジャース」方ヘモ念ノ為メ更ニ幾許カ値引出来可申哉否哉電信ニテ照会仕候処、can not any reduction ト申来リ候。就テハ別紙写シノ通リ、昨日、電信差上候通リニ御座候。

なおこの史料からわかるように、ロジャース社との値引交渉を行っている途中で、ボールドウィン社から相見積もりに応じるという連絡が入り、アメリカン・ロコモーティブ社からは実際に相見積もりが取れた。両社ともフレザー商会や三井物産とは、代理店契約を結んでいるわけではないので、一旦、落札先が決まってしまえば大倉組と取引することもあり得たのである。しかし結局は、ロジャース社の価格が最も安かったことから、大倉組は8月末に、見積書どおりの条件でテンダー式機関車6輌を同社に発注することになった[41]。

(4) 納期問題

ところが北海道鉄道部向け機関車の正式発注に際しては、納期という大きな問題が、最後に残っていた。そもそも入札時に提示された納期は、旭川渡で1902年2月（4台）と4月（2台）であり[42]、輸送期間を考えるとニューヨー

ク渡では1901年10月と12月となっていた。そのため発注（8月）から納品までに2〜4カ月しかなく、注文生産を基本とする機関車製造においては短納期に類していた。英米機関車の納期を1899年時点で比較すると、イギリス・メーカー（Neilson）が平均340日と1年近くを要していたのに対して、アメリカ・メーカー（Baldwin）は平均105日と圧倒的な優位性をもっていた[43]。したがって、2〜4カ月という短納期への対応は、イギリス・メーカーには難しく、この入札が最初からアメリカ・メーカーを念頭においたものであったことを推察させる。ところがアメリカにおいても、国内需要の逼迫のため、1899年から機関車の納期が延び始め、ボールドウィン社における1900年の平均納期は234日となっていた。さらにアメリカ国内における鉄道建設ブームの影響で、「何分昨今ノ如ク米国内地向注文品ノ多キ時ニ於テハ日本向ノ小キ、且ツ輸出向代価ノ安キ注文ハ、余リ好ミ不申」[44]というように、機関車の対日輸出自体も停滞していたのである[45]。事実、1897年に115輌を記録したボールドウィン社製機関車の対日輸出は、1898年以降、10輌以下へと急減した[46]。

　このような状況の下で、大倉組の東京本社も最初から納期に間に合わないことを予想し、もし納期が遅れる場合は、メーカーから北海道鉄道部に対して「延期理由書」を提出することを求めていた[47]。そこで山田は、ロジャース社と打ち合わせて、1902年1月のニューヨーク積み出し（1902年5月旭川納品）を想定しつつ[48]、延期理由を探すことになった。

　　○ Letter of Reasons for 6 Locomotives for Hokkaido.
　　此ノ事故ハ「ストライク」ニ致候外、目下ノ処致方無之ト存候。実ハ最初ノ「ストライク」ハ七月ニ起候。此レハ重ニ United States Steel Corporation ノ steel sleep and table ノ製造工場ニ起リ、此等ノ工場ハ重ニ Amalgamates Association ノ職工ヲ使用仕居其ノ「ストライク」ノ原因ハ此等ノ工場ニハ尽ク Amalgamates Association ノ職工ヲ使用スル事ノ条件ヲ工場ニ申込、工場トノ談判相纏リ不申、遂ニ Amalgamates Association ノ president ハ若シ八月十日迄 United States Steel Corporation ニ於テ職工組合ノ申出ニ応ゼサル時ハ United States Steel Corporation ニ対シ、

general strike ト相成申候。尤モ此 Amalgamates Association President ノ命ニ従ヒ「ストライク」ニ応シ候職工ハ以外ニ少ク候。併シ、letter of reason ノ原因トナルベキモノハ目下ノ処、此 general strike ノ外有力ノモノ無之候カト存候。爰許小員ノ右 letter of reason ノ大体ノ draft 封入仕候間御研究御返事相願度、証明ハ当市領事館ヨリ general strike ノ存在ノ事並ニ書面中ノ signature ハ Rogers ノ signature ナル事ノ証明致貰フ外致方無之ト存候[49]。

ここで山田が見いだした「理由」は、1901年8月にUSスティールで発生したストライキである。このストライキは、実際には小規模なものであったが、それが general strike であるという証明書を彼が懇意にしている在ニューヨーク日本領事からもらうことで、もっともらしい延着理由となった[50]。山田はこの理由の当否を東京本社や、欧米巡視の途中でニューヨークに立ち寄った内山頼吉（大倉組鉄砲店）と相談した上で、同年12月、ロジャース社の署名入りの「延期理由書」を、東京本社経由で北海道鉄道部に送付した。この理由書が認められて、機関車6台のうち最初の4台は4カ月、あとの2台は2カ月の納期延長が可能になった[51]。なお同様の手順で、山田は落札した他の鉄道用品についても、1カ月の延着を申請している。

ところが、納期を延期したにもかかわらず、機関車部品の調達難のため、機関車の納品が遅れ気味となった。鉄道用品は納期に遅れると、延滞償金が課される場合もある。直後の事例になるが、北海道鉄道部の「外国品供給契約書案」（1902年9月）は、この点について以下のように定めている。

 第十二条 延滞償金ハ契約期間満了ノ翌日ヨリ持込ノ日ニ至ル迄ノ日数ニ対シ一日毎ニ其物品代価（何千分ノ何）ノ割合ヲ以テ計算スルモノトス[52]。

そもそも手数料率が低い鉄道用品取り扱いでは、違約金の付加は大きな損失に直結する[53]。そのため東京本店も、また欧米事業を統括している門野ロンドン支店長も[54]、機関車の納期には多大な注意を払っていた。そこで山田はロジャース社の工場に出向いて、直接、督促を行い、直ちに状況を本社に報告して

いる。

　　○ 6 Locomotive Engines for Hokkaido
　此儀ニ付テ熟話仕候処、「ロジャース」社ニ於テモ非常ニ取急ギ候付、能々一人 steel casting ノ製造所ニ監督ノ為メ遣シ有之、目下、近々全所ヨリ「ロジャース」社ヘ着来中ニ有之、本月十五日迄ニハ是非、皆調ヒ可申積リニ御座候由。又「ロジャース」ノ方ニテハ「フレーム」等ハ最早出来仕居候。「ボイラー」も最早竣工ノ極間際ニ相成居候。全所ノ話ニヨレハ本月中ニハ必ス悉ク製造可仕様被申居候。尚引続御通信可申上候55)。

この史料から、納期である1902年1月15日に間に合わせるべく、メーカーも、商社も必死の努力を行っている様子がうかがえる。

(5) 汽船への積込み

1902年1月27日、ロジャース社から機関車4輌が出荷され、2月1日に New York and Oriental Steam Ship Co. の汽船 *Satsuma* に積み込まれた56)。ただし同時に積み出すはずであった残り2輌は、結局、この船に間に合わず、次の便（汽船 *Shimosa*)57) への積み込みになった。この点について、山田は次のように報じている。

　　○ 6 Locomotive engines for Hokkaido.58)
　右ノ内四台ハ s/s 'Satsuma' ニ搭載出来可申本日ニテ積込済ニ相成可申筈ニ御座候。同汽船ハ明日本港出帆可相成候。残二台ハ来五日ヨリ積込ニ着手ニ仕筈ニ有之。此レハ s/s 'Shimosa' ニ積込ノ積ニ御座候。同汽船ハ来十五日当港出帆可仕候。此二台モ是非「サツマ」号ニ搭載致度為、種々尽力仕候得共、遂ニ間ニ合ヒ不申候。延期理由書ノ結果ニヨリ初ノ四台ハ来六月十五日旭川納メノ事ニ、又残リ二台モ同時ニ納メ可申事ニ相成候。従テ今回積出候四台ハ何レ四月中ニハ横浜着ニ仕充分納期ノ間ニ合ヒ可申、又残リノ二台モ五月中旬ニハ横浜着可仕、此レモ先ツ間ニ合ヒ可申ト存候。尚残二台ニ対シ延期理由書御入用ノ節ハ何卒 Ryushoiru ト御発電被下度候。爰許右六台ニ対スル験査証明書封入仕候テ御査収被下度候。図面ハ出来仕

候付此レハ序ヲ以テ桑港ニテ可成早ク御送リ可申上候。荷役ノ misar-rengement ノ儀、最初製造所ヨリ送越候予算ヨリ超過相成候。目下予防運動中ニ有之。何トカ尽力、当方ノ損失ニ相成不申様仕度。「ロジャース」社へも交渉中ニ御座候。

この史料から、ロジャース社製機関車4輌を載せた Satsuma は、2月2日にニューヨークを出航、スエズ運河を経由して、4月中には横浜に到着する予定であり、残りの2輌を搭載する予定の Shimosa も2月15日には出帆し、同じルートで5月中旬に横浜に着く予定であったことがわかる。そのため山田は、いずれも納期（6月15日旭川納）に間に合うと考えていた。ところが後発の汽船 Shimosa のイギリスからの到着が、悪天候の影響などで大幅に遅れ、同船のニューヨーク出港は出航予定日から20日遅れの3月6日になってしまった[59]。その結果、山田は再度、北海道鉄道部に対する延着理由書を書く羽目に陥った。なお新鋭船である Shimosa は、従来、4カ月前後を要していたニューヨーク－横浜間を[60]、3カ月で航行し、6月6日には横浜に到着している[61]。こうした定期船の大幅なスピードアップが、一刻を争う商社の活動にとって有益であったことは言うまでもない。なお1902年7月から1903年6月までの1年間に、ニューヨークから日本に向けて出港した汽船数は18隻（4万8,954トン）、日本からの入港は23隻（6万2,121トン）である[62]。航海期間が長いため、出港数と入港数が異なるが、平均すれば月1.7回程度の頻度であった。

総合商社である三井物産が、自社船と傭船を組み合わせて巧みな船舶運用を行っていたのに対して[63]、規模が小さく、船舶運用のノウハウももたない大倉組では、このような配送遅延のリスクを背負いながらも、定期船に依存せざるを得なかった。しかし一方で、スエズ運河経由でニューヨークと極東を結ぶ定期船の存在によって、重量貨物である機械の取引を中心とする大倉組ニューヨーク支店の活動が可能になった点も見逃せない。パナマ運河の開通（1914年）以前である当該期において、送達を急がない、運賃の嵩む重量貨物のアメリカ東海岸から極東への輸送は、大陸横断鉄道経由の太平洋航路ではなく、スエズ運河経由の大西洋航路が使われていた[64]。そして同航路では、1901年のNY &

O[65]）、1902年の American Asiatic Steamship Co.[66] と、汽船会社の新設が相次ぎ、続々に新鋭船が投入されたため、急速な高速化が進んでいた。この点は、大倉組ニューヨーク支店が円滑に活動するための社会的基盤の一つとして、注目しておく必要がある。

(6) 代金の支払い

　当該期のアメリカにおける鉄道用品代価は、製品の船積みの際にメーカーへ支払うことになっていた。開設直後の大倉組ニューヨーク支店では、これらの支払いに必要な資金を、基本的には注文品ごとに「レター・クレジット」（信用状）取引を組み合わせた荷為替取組によって横浜正金銀行から調達している[67]。ちなみに北海道鉄道部向け機関車6輛（6万89ドル）用としては、事前に4カ月サイトのクレジットが設定されていた[68]。これに対して1902年3月以降は、「米貨一万弗ヲ限リ何回ニテモ shipment ニ対シ当国ヨリノ手形并ニ船積書類引換ヘニ代金支払ノ御信用書」が設定された[69]。それによって、ニューヨーク支店は1万ドルの枠内であれば、東京本店からの信用状送付という手間を省いて荷為替を取り組むことができるようになった。

　また何らかの理由によって正式の荷為替取組が遅れてしまった場合、設定されたクレジットの枠内で、正金銀行から繋ぎ融資を受けることも可能であった。この点について、山田は以下のように報じている。

　　○ Invoice No. 495 4 Locomotive engines per s/s Satsuma.
　　右「インボイス」爰許封入仕候。此金高米貨四万〇一八七弗七〇仙ハ正金銀行ヲ経テ荷為替取組申候。右「インボイス」中「インスペクション、フィー」一〇五弗ハ昨年積出申候北海道 wheel and springs ノ検査料ニ御座候。又 interest $78.70 ハ此レハ先便御通信申上候通リ、misarrengement ノ差ニテ運賃ノ予算ト汽船会社ノ請求書トノ差七百弗ノ差額相生ジ、一方ハ製造所、一方ハ船会社ヘ交渉ノ為メ、大分昨日相掛リ併シ「ロジャース」ノ方ハ注文ノ節ハ船受取証引変ヘニ代価仕払ノ事ニ相成居候付、此際代金仕払ニ躊躇仕候得バ、却テ当方ノ信用ニ拘ハリ可申候。併し運賃

ノ掛合上直チニB/L汽船会社ヨリ受取可申訳ニ不参。従テ正金銀行支配人長崎氏ニ事情相咄シ、「ロジャース」社ヘハ汽罐車四台ノ代金仕払呉レ候。其仕払ノ日ヨリ愈々運賃差額金証書、種々船積証等総テ相揃ヒ正式荷為替取組ノ日迄十二日間金四万六百弗年六分ノ利子ニテ計算（此レハ「インボイス」四九六号ノ代価ヲモ含ミ居候）ニテ汽罐車ノ方ハ七八弗七〇仙、「インボイス」四九六号ノ方ハ二弗五〇仙ニ相成申候。併シ此利子ハ決テ損失ニハ無之、只ダ正式荷為替取組ハ十二日間相後レ候ノミニ御座候。右汽罐車荷造明細書ハ別封御郵送申上候。又領事証明書爰ニ許封入仕候[70]。

　ロジャース社製機関車の北海道鉄道部への納入に際しては、工場からニューヨークまでの製品輸送運賃の見積もりに齟齬があり、誰が運賃差額を負担するのかをめぐってメーカーや汽船会社と交渉が続いていたため、荷為替取り組みが遅れてしまった。ところがメーカーとは、「船受取証引変ヘニ代価仕払ノ事」になっており、製品を受け取っている以上、速やかに支払いを済ませなければ、大倉組の信用を落としてしまう。そこで山田は、機関車4輌分の代金を正金銀行から年利6％で12日間借り、ロジャース社への支払いを行った。

　以上のような横浜正金銀行との取引にあたって山田は、同行ニューヨーク支店支配人（長崎氏）と密接な連絡を取りつつ、取引条件や金利に関するさまざまな情報を収集し、それを東京本店やロンドン支店に伝達することで、少しでも有利な条件を引き出そうと努めていた[71]。ただし大倉組ニューヨーク支店と横浜正金銀行との取引は、基本的には荷為替取組に関係するものに限られており、繋ぎ融資を除けば、直接的な融資にまで踏み込んでいた形跡は見られない。当該期において支店運営に必要とされる資金は、ニューヨークで調達するのではなく、前述したようにロンドンから送金されていたのである。

おわりに

　本章では、大倉組ニューヨーク支店による鉄道用品取引の事例を用いて、①日本商社の在米支店開設の経緯と活動内容、②明治期における鉄道用品輸入の

具体的なプロセスという二つの問題を検討してきた。その結果、以下の点が明らかになった。

①については、大倉組ニューヨーク支店の初代支店長山田馬次郎が、単騎でニューヨークに橋頭堡を築いていく過程を、彼が残した書簡を通じて検討した。山田の行動をつぶさに観察すると、彼がロンドン支店の門野重九郎、鉄砲店の内山頼吉をはじめとする大倉組内部のネットワークと、日本領事館、横浜正金銀行、日本郵船などに勤務するニューヨークの在留邦人、雑誌編集者や顧問技師クロフォードのような現地の専門家、出張でニューヨークに立ち寄った日本人実業家や技術者といった外部のネットワークの双方を駆使して的確な情報を集め、機敏にビジネス・チャンスを獲得していったことがわかる。本章で検討した北海道鉄道部への鉄道用品納入は、それまで休業していたロジャース社の再興の時期に合致していたという幸運にも恵まれた。しかし、支店開設直後であったにもかかわらず、大倉組がそのチャンスを獲得できた背景に、山田を中心とする重層的な人的ネットワークの存在があったことは間違いない。

さらに開業直後の大倉組ニューヨーク支店の活動を考える上で、通信、運輸、金融といった社会的インフラストラクチャーのあり方に、改めて注目する必要がある。大倉がニューヨーク支店を開設した1901年前後の時期は、東アジアと北米を結ぶ交通・情報ネットワークが急速に整備され始めた時期にあたっている。1896年公布の航海奨励法をうけて、同年、日本郵船がGreat Northern Railwayと海陸接続契約を交渉を締結してシアトル線を開設した。また東洋汽船は1898年にSouthern Pacific Railroadと連絡して香港からサンフランシスコへの航路を開設した。こうした太平洋航路の充実によって、ニューヨーク所在の日本商社は本国と頻繁に郵便のやり取りを行うことが可能になった。さらに貨物輸送では、1901年から1902年にかけて、スエズ運河経由でニューヨークと極東を結ぶ汽船会社の新設が相次ぎ、高速の新鋭船による定期航路が拓かれた。その結果、ニューヨーク～横浜間の所要月数は従来の4カ月から3カ月に短縮され、運行頻度も月1.7回程度になった。一方、貿易業務に不可欠の荷為替については、横浜正金銀行が担当し、繋ぎ融資まで含めて、日本商社の面倒をみ

てくれた。加えて1902年には、ニューヨークの日本領事館が総領事館に格上げになり、現地での邦人保護や日系企業に対する情報提供などのサポートが充実した。こうした外部のインフラを活用することで、大倉組は最小限の人員と資金で支店を開設することが可能になった。こうした北米と東アジアとの貿易関係インフラの急速な整備という時機を的確に捉えた点にも、大倉組のニューヨーク進出成功の秘訣があった。

　②については、鉄道用品取引に関係するさまざまな論点を見いだすことができた。まず競争入札については、メーカーからの見積書の獲得が重要な意味をもつことが判明した。アメリカではメーカーが地域ごとに商社と販売代理店契約を結ぶことが多く、仮に代理店契約がない場合でも、長期的な取引関係を構築している商社に優先的に見積価格を提示するという慣行があった。そのため特定メーカーと多くの取引実績をもつ先発商社が有利であり、大倉組がニューヨークに進出した1901年時点では、すでに三井物産とスケネクタディー社＝アメリカン・ロコモーティブ社、フレザー商会とボールドウィン社といった固定的な取引関係ができ上がっていた。北海道鉄道部の入札に際して、山田は両社からなかなか見積書を取ることができず、こうした商慣行の重要性を痛感する。そのため以後、特定の代理店をもたない唯一の機関車メーカーであるロジャース社との特約関係の構築に邁進することになった[72]。

　次に納期の問題が注目できる。鉄道用品の納期は、生産国における需要動向によって大きく左右され、とくに鉄道ブーム期には納期が長くなり、輸出数自体も極端に減少した。ところが日本における官・私鉄道の発注は、こうした海外における需給動向とは無関係に、しかも前例に準拠して行われるため、価格や納期のミスマッチが起こる可能性があった。本章で取り上げた北海道鉄道部の事例では、納期の面でこうした問題が発生し、落札者である大倉組は対応に苦慮することになる。これに対して大倉組・山田馬次郎は、直接工場に出向いて督促し、領事館に働きかけ、汽船の手配を工夫するなど、可能な限り納期に間に合わせようと努力した。このような商社の粘り強い活動こそが、鉄道用品における世界市場と国内市場を繋ぎ、鉄道企業の円滑な資材調達を可能にした

といえる。日本鉄道業発展の担い手の一人は、間違いなく大倉組のような貿易商社であった。

注

1) 日本商社の在米活動に関する研究の嚆矢は、川辺信雄『総合商社の研究——戦前三菱商事の在米活動——』(実教出版、1982年) であるが、その対象時期は第一次大戦以降である。
2) 天野雅俊『戦前期日豪貿易史の研究』(勁草書房、2010年) および藤村聡『兼松は語る』(2011年、神戸大学経済経営研究所) を参照。
3) 1870 (明治3) 年、和歌山県に生まれる。1894年東京高等商業学校を卒業、合名会社大倉組に入社した。ロンドン支店勤務を経てニューヨーク支店長 (1901年)、株式会社大倉組取締役営業部長 (1917年12月現在)、大倉商事取締役、大倉組理事等を歴任した。『紳士録 昭和16年版』ヤ行111頁および渡部聖『大倉財閥の回顧』(私家版、2002年)。
4) 山田は少なくとも1900年度中はロンドン支店勤務で、機械取引に従事していた。Okura, 'No. 1 Domestic Letters', (NARA/E123/C838) p. 17。
5) これらの書簡控のうち東京本店やロンドン支店宛の書簡は、1900年下期から1902年上期までは山田馬次郎の直筆 (日本語) であり、1902年7月19日を境に原則として英文タイプへと変化している。ただし日本国内の取引先や大倉組鉄砲店、在中国支店などへの書簡および支店の決算報告書は日本語のままであり、大倉組全体が使用言語を英語に統一した訳ではない。なお英文タイプになって以降、「Mr. Yamada」という項目で、山田の近況を伝える文章が登場することから、山田の指示を受けて、もう一人の駐在員である波切 (1902年2月赴任) が執筆していた可能性もある。
6) 大倉組に関する先行研究としては、大倉財閥研究会編『大倉財閥の研究』(近藤出版社、1982年)、中村青志「大正・昭和初期の大倉財閥」『経営史学』第15巻第3号 (1980年) があるものの、いずれも在米支店の活動にはふれていない。これに対して近年、渡部聖が『大倉財閥の回顧』(私家版、2002年) と「裸にされた総合商社」『エネルギー史研究』26号 (2011年) で大倉組-大倉商事の在米支店の事業活動の一端を明らかにしている。
7) 沢井実『日本鉄道車輌工業史』(日本経済評論社、1998年) 第1章第3節。
8) 麻島昭一『戦前期三井物産の機械取引』(日本経済評論社、2001年)。
9) 渡部 (2002) 109～113頁。

10) 1901年4月20日付鉄砲店・内山頼吉宛山田書簡（'No. 1 Domestic Letters', p. 32）。
11) 1901年4月18日付東京本社外国部宛山田書簡（'No. 1 Domestic Letters', pp. 28-31）および5月19日付ロンドン支店宛山田書簡（'No. 1 Domestic Letters', pp. 85-90）。
12) 1901年5月20日付東京本社外国部宛山田書簡（'No. 1 Domestic Letters', pp. 92-95）。
13) 1901年6月10日付東京本社外国部宛山田書簡（'No. 1 Domestic Letters', pp. 193-194）。
14) 1901年7月27日付髙島副頭取宛山田書簡（'No. 1 Domestic Letters', pp. 448-449）。
15) 1901年8月4日付門野重九郎宛山田書簡（'No. 1 Domestic Letters', pp. 458-460）。
16) 1902年2月5日付東京本社外国部宛山田書簡（Okura, 'Tokio Letter No. 2'（NARA/E124/C856) pp. 103-104）。
17) 1901年10月4日付門野重九郎宛山田書簡（Okura, 'Tokio Letter No. 1'（NARA/E124/C856) p. 189）。
18) 上山（2005）、36頁。
19) メッセンジャー・ボーイ（小供）の経費は通信費に含まれる。
20) 藤井信幸『テレコムの経済史』（勁草書房、1998年）242～247頁。
21) 1902年4月3日付東京本社外国部宛山田書簡（'Tokio Letter No. 2', p. 292）。
22) 23) 1901年11月26日付東京本社外国部宛山田書簡（'Tokio Letter No. 1', pp. 348-352）。
24) 『官報』第5379号（1901年6月10日）183頁。
25) 'Domestic Letters'に綴じられている1901年7月12日付けの東京本社外国部宛書簡には、この入札の記事が全く含まれて居らず、その次は7月15日付の鉄道車輛メーカー（Diamond State Car Spring Co.）へのスプリングの見積請求の書簡になっている。そのため入札の情報は、13日から14日もしくは15日の間に、電信もしくは郵便で、もたらされたと推察できる。なおこうした大口の入札情報は、通常、まず電信で概要が届けられ、1カ月後に郵便で詳細な情報が届くことが多い。しかしこの件に関しては、情報の到着以前に東京から電信で直接引き合いがあった形跡がみられないことから、ロンドン経由でニューヨークに回ってきた可能性が高い。実際に1901年6月26日に実施された鉄道局入札（5 Jacks）の情報はロンドン支店から来ている（1901年7月23日付東京本社外国部宛山田書簡、'No. 1 Domestic Letters', pp. 413-415）。
26) 1901年7月23日付東京本社外国部宛山田書簡（'No. 1 Domestic Letters', pp. 421-425）。

27) 1901年7月23日付東京本社外国部宛山田書簡（'No. 1 Domestic Letters', pp. 421-425）。
28) フレザー商会については、W. Feldwick ed. 1919. *Present Day Impressions of Japan*. Yokohama: The Globe Encyclopedis Co. pp. 215-216を参照。
29) 30) 前掲7月23日付東京本社外国部宛山田書簡。
31) 1901年7月25日ロジャース社宛発電控（'No. 1 Domestic Letters', p. 436）および7月28日付東京本社外国部宛山田書簡（'No. 1 Domestic Letters', pp. 442-445）。
32) 1901年8月4日付門野重九郎宛山田書簡（'No. 1 Domestic Letters', pp. 458-460）。
33) 'Tokio Letter No. 1', p. 16。
34) 1901年10月1日東京本店外国部宛山田書簡（'Tokio Letter No. 1', pp. 170-174）。
35) 1898年時点におけるフレザー商会によるボールドウィン社製機関車の取扱手数料は5％であった（*Engin Orders, 1898-1900*, Baldwin Locomotive Works, スミソニアン協会所蔵）。
36) 'Tokio Letter No. 1', pp. 17-18。
37) 1901年8月10付門野宛電信（'Tokio Letter No. 1', p. 13）。なお原史料はローマ字。
38) 1901年8月30日東京本社外国部宛山田書簡（'Tokio Letter No. 1', pp. 62-66）および1901年9月20日東京本社外国部宛山田書簡（'Tokio Letter No. 1', pp. 151-154）。
39) 'Tokio Letter No. 1', pp. 21-24
40) 鉄道資材の対日輸出に際しての元お雇い外国人顧問技師の役割については、イギリスの事例も含めて、別稿を予定している。なお当時における同型式機関車の価格は9,000ドル前後であったらしい。例えば1899年10月、Richmond Locomotive Works が Missouri Kansas & Texas Railway に納入した Mogal 機関車（シリンダーサイズ1-19×26、10輌）は、1輌8,975ドルであった。Richmond Locomotive & Machine Works' Sales Book; 1896-1901'（Syracuse University Library 所蔵 American Locomotive Company Records）p. 111。
41) 1901年8月30日付東京本社外国部宛山田書簡（'Tokio Letter No. 1', pp. 62-66）。
42) 'No. 1 Domestic Letters', p. 374
43) Baldwin はスミソニアン協会文書室所蔵の 'Engin Orders'、Neilson はイギリス国立鉄道博物館所蔵の 'Engine Orders'（NBL/2/1/1）の当該年対日輸出機関車の受注・納品日より算出。なお納期は受注から発送までの日数であり、輸送日数はこれを含まない。
44) 1901年12月6日付東京本社外国部宛山田書簡（'Tokio Letter No. 1', pp. 385-

391)。

45) 当時の機関車対日輸出が、イギリスやアメリカといった生産国における鉄道ブームの影響を強く受けた点については、当該期の機関車国際競争の概観を行った中村尚史「世紀転換期における機関車製造業の国際競争」(湯沢威・鈴木恒夫・橘川武郎・佐々木聡編『国際競争力の経営史』有斐閣、2009年) を参照。

46) 日本では1896年から1899年にかけて第二次鉄道熱と呼ばれる鉄道ブームが生じていた。輸入機関車数も全体としては1896年1,621輌、97年4,236輌、98年4,266輌、99年1,968輌であり、98年がピークとなっている。以上、沢井（1998）26頁、表1-7を参照。

47) 前掲ニューヨーク支店宛東京本社電信（1901年8月10日受信）。

48) 1901年8月13日付東京本店外国部宛山田書簡（'Tokio Letter No. 1', pp. 21-24）。

49) 1901年9月7日付東京本社外国部宛山田書簡（'Tokio Letter No. 1', pp. 117-121）。

50) 1901年11月26日付東京本社外国部宛山田書簡（'Tokio Letter No. 1', pp. 348-352）。

51) 1901年11月2日付東京本店外国部宛山田書簡（'Tokio Letter No. 1', pp. 278-283）。

52) 北海道鉄道部『鉄道部報』第151号（1902年9月30日）1163〜1164頁。

53) 前掲『三井物産支店長会議事録2 明治36年』20頁。

54) 1902年1月4日付倫敦支店宛山田書簡（'Tokio Letter No. 1', pp. 462-463）。

55) 1902年1月8日付東京本社外国部宛山田書簡（'Tokio Letter No. 1', p. 476）。

56) *Satsuma*は総噸数4,204トンの鉄鋼船でイギリスのSunderlandで1901年に建造され、スエズ運河経由で、ニューヨーク〜横浜間を結んでいた（Naval Historical Center, Online Library of Images, Civil Ships http://www.history.navy.mil/photos/sh-civil/civsh-s/satsuma.htm）。

57) *Shimosa*は総噸数4,221トンの汽船で、1902年にイギリスのSunderlandで建造され、Satsumaと同様に、NY＆O汽船が運航していた（'Barber Steamship Lines have unique "Flagship"' *Port of Houston Magazine*, November 1968, pp. 18-19）。

58) 1902年2月1日付東京本社外国部宛山田書簡（'Tokio Letter No. 2', pp. 78-79）。

59) 1902年3月8日付東京本社外国部宛山田書簡（'Tokio Letter No. 2', pp. 212-213）。

60) 北海道鉄道部に納入する車輪・車軸等を搭載した汽船*Indrasamha*は、1901年11月6日にニューヨークを出航し、5カ月後の1902年4月14日に横浜に到着している（*Japan Weekly Mail*, 略称、JWM、1901年12月14日および1902年4月19日）。一方、汽船*Lethington*は1901年11月25日に出航したものの、*Indrasamha*より約1カ月早い1902年3月17日には横浜に到着しており（JWM、1901年12月14日および1902年3月22日)、船舶の性能や航海条件などにより、所要日数には大きなばらつきがあったことがわかる。

第7章　大倉組ニューヨーク支店の始動と鉄道用品取引　237

61)　JWM, 1902年6月14日、663頁。
62)　「紐育港ト日清両国其他東洋諸港トノ航運状況」(明治40年11月29日付在紐育帝国総領事館報告)『通商彙纂　明治41年第4号』103頁。
63)　三井物産では日清戦後に自社船の拡充が行われ、1903年に船舶部が設立された。粕谷(2002)、181頁および大島久幸「三井物産における輸送業務と傭船市場」(中西聡・中村尚史編著『商品流通の近代史』日本経済評論社、2003年) 213〜219頁を参照。
64)　前掲『通商彙纂　明治41年第4号』103頁。
65)　NY&Oは、1901年、Edward J. Barberによって設立されたニューヨークと極東を結ぶ汽船会社であり、*Satsuma*、*Shimosa*、*Suruga*という総噸数4,000トン級の新造船を、この航路に投入した('Barber Steamship Lines have unique "Flagship"', p. 17)。なおNY&Oの横浜での代理店は、Dodwell & Co. が務めている(JWM, 1902年5月17日)。ちなみに同社は、1907年頃までにBarber & Co. に改組されたと思われる(『通商彙纂　明治41年第4号』105頁)。
66)　「日米間新航路ノ開始」『通商彙纂』237号(1902年) 51頁。なおAmerican Asiatic汽船は、資本金50万ドルでニューヨークに設立され、総噸数8,600トン(登記トン数3,803トン)の新造船「ジブラルタル」号を同航路に投入した。以後、数艘の汽船を新造し、月1回の定期航海を行う予定と伝えられている。ちなみに同社の東洋総代理店はShewan Tomes Co. であった。
67)　例えば北海道鉄道部への車輪・車軸の積み出しについて、山田は以下のように述べている。

　　右ハ愈々 s/s 'Indrasamha' ニ積込申候。本日右製造所並ニ汽船会社へ支払ヲ要シ申候付、正金銀行ヨリ「レター・クレヂット」ニヨリ米貨八千八百五十八弗受取申候。何レ右金高ニ対シ全行ヨリ御本社宛「ドロー」可仕候付、右御含み置き被下度候(1901年11月11日付東京本社外国部宛山田書簡 'Tokio Letter No. 1', pp. 295-298)。

68)　1902年2月28日付東京本社外国部宛山田書簡('Tokio Letter No. 2', pp. 167-168)。
69)　1902年5月(3月)17日付東京本社外国部宛山田書簡('Tokio Letter No. 2', pp. 220-221)。
70)　1902年2月15日付東京本社外国部宛山田書簡('Tokio Letter No. 2', pp. 135-136)。
71)　前掲1902年5月(3月)17日付東京本社外国部宛山田書簡。
72)　大倉組とロジャース社との特約契約締結の過程については別稿を予定している。その際、代理店契約を梃子にして契約を伸ばした三井物産やフレザー商会の事例もあわせて論じることにしたい。

第8章　1935〜41年における大倉商事ニューヨーク支店

落合　功

はじめに

　在米日系企業接収文書（以下 RG 131文書）は、開戦後に各企業から押収され、米国司法省戦時部戦時経済課の管轄のもとに置かれ、日本の戦時経済分析に使用された。日本の軍需工業能力を調査することが押収の最大の狙いであったといわれている[1]。米国司法省戦時部戦時経済課は、機械類の輸入に圧倒的な割合を占めた三井物産、三菱商事、大倉組、安宅商会の四社のニューヨーク（以下、紐育とする）支店から押収した機械関係書類を中心に機械工業のレポートを作成している[2]。このことは、在米日系企業の分析をすることで、一定の日本の軍需工業能力を把握できると、米国が判断していたことを意味している。事実、在米日系企業は軍や日本企業の注文に応じていた。

　また、米国は1935年8月に交戦国への武器、弾薬の輸出を禁止する中立法を米国議会で可決して以降、対日経済制裁圧力を強めるようになり、1941年7月の資産凍結令、同年8月の対日石油輸出全面禁止に至る。

　本章では、1935年頃から41年において米国が日本に対して実施した経済制裁圧力が強まる中、紐育にある日系企業がいかなる動きをみせたのか、この点について、大倉商事紐育支店を素材に明らかにし、当該期の日系企業の動向や軍の関わりを検討することが目的である[3]。

　1941年12月の太平洋戦争開戦当時、大倉商事は欧米に紐育をはじめとして、

ロンドン、ベルリン、ローマ、パリなどに支店があった。

これまでの成果によれば、1940年度における大倉商事株式会社の輸入実績は3,603万円にのぼるが、そのうち最大の輸入先は関東州・「満州」で、1,150万円（そのうち銑鉄が1,028万円）であった。その次が米国で、1,055万円にのぼる。その内訳は、工作機械類が616万円、内燃機関・部品類が126万円、牛革105万円、ホップ77万円、一般機械・部品類が41万円だった[4]。大倉商事における米国からの輸出品は機械類が高い比重を占めていたのである。その後、1941年7月25日の米国による日系企業に対する資産凍結令の結果、輸出取引が困難となり、取引の軸足をベルリンに移しているが、それまでは、欧米における機械類取引の主軸は紐育支店であった。

また、本論で扱う1935年頃から1941年に大倉商事紐育支店を閉鎖するまで、紐育支店長だったのが目賀田重芳であった。この目賀田重芳は1929年12月にはロンドン支店、1936年11月にはベルリン出張所と各地を歴任した上での紐育支店着任であり支店長就任であった。しかも、この目賀田重芳は大倉喜七郎（二代目）の女婿である。大倉家の一員として、ひいては大倉組の将来を担うであろう目賀田を紐育支店に投入していることからも、ポジションの重要性がわかるだろう[5]。

また、RG 131文書における大倉組資料の残存史料から概観すると、平時における紐育支店は、東京本社の指示に応じて、重工業製品（自動車、鉄鋼、飛行機、エンジン）や工作機械製品などの購入や情報入手を基本としながら、渡米してきた関係者（陸軍、海軍、各種企業）への応対を行っていた。1937年以降、日本国内の軍需物資を中心とした需要が急増することで、大倉商事紐育支店の役割が一層大きくなっていたのである。

第1節　1935～41年における大倉商事紐育支店の動向

大倉商事が紐育支店を開設したのは1901（明治34）年のことだが、活況を呈するようになったのは1938年以後のことである。「一九三八年以后、当店業務

愈々繁忙ヲ極ムルニ至リ、一九三八年度ノ契約高左表ノ如ク約九百八拾万弗ニ達シ、之ヲ一九二七年度ヨリ一九三六年度迄ノ平均一ケ年契約高九拾六万五千五百弗ニ比スレバ約十倍ニ達スルニ至リタリ」と、1927年度から36年度までの年間契約高は平均96万ドル程度であったが、1938年度の契約高が980万ドルにのぼり、急速に取引を拡大させている[6]。冒頭で紹介したとおり、1938年度から40年度にかけて、大倉商事が扱ったアメリカからの輸入額のうち機械・部品と工作機械類で5割から7割近くを占めていた[7]。

この時期、大倉商事は陸軍造兵廠や海軍工廠から多く受注しているが、この点、表8-1を参照しよう。同表は、1937年から40年にかけての各海軍工廠と各陸軍造兵廠からの注文額を示したものである[8]。注文の内容は旋盤、ミリングマシン、グラインダーなどの工作機械が中心だが、機械部品やエンジン、さらには方向探知機、航空機〈製品〉に至るまで幅広く軍需物資の需要に応えている。

また、陸軍造兵廠・海軍工廠から軍需物資を受注した企業は三菱商事、三井物産、大倉商事、安宅商会、山武商会の5社に限られていた。しかも、山武商会と安宅商会の受注はわずかであり、多くは三菱商事、三井物産、大倉商事の3社によって受注されていた。さらに、この3社の中でも三菱商事は海軍工廠との取引額は少額で、陸軍造兵廠の注文がほとんどだった。陸軍造兵廠、海軍工廠いずれの注文にも対応していたのは、三井物産と大倉商事であった。大倉商事の取引額は三菱商事、三井物産と比肩できるほどであった[9]。

また、1937年から40年の注文のうち、最も高額なのは1938年に横須賀海軍工廠が発注した戦闘機20機（157万ドル）である。そして大阪造兵廠が注文した5,000トンのプレス機（58万ドル）、ラジオコンパス300台（40万ドル、横須賀）、ボーリング旋盤（40万ドル、大阪）と続くが、いずれも大倉商事が受注している。しかも、大阪造兵廠が発注したボーリング旋盤を除き、いずれも船積みに成功している。

このように、大倉商事は工作機械や航空機、機械部品などの取引を得意としていた。大倉商事紐育支店は1937年以降の各造兵廠による軍需物資の発注増加

表 8-1 商社別陸海軍各工廠よりの受注金額（1937～40年）

(単位：ドル)

		注文金額	三菱商事	三井物産	安宅商会	大倉商事	山武商会	日本などで買付	ドイツから輸入
海軍工廠	横須賀工廠	6,039,460	130,065	1,362,710	148,724	3,585,531	21,040	791,388	
	飛行練習局（航空技術廠）	107,495		33,900		73,595			
	広工廠	2,485,487	147,838	439,418	281,631	1,229,336	58	387,262	
	呉海軍工廠	2,125,279	62,108	99,970	46,769	87,448	15,903	1,828,925	
	佐世保海軍工廠	1,702,731	33,567	50,239	94,010	12,047		1,496,963	
	海軍工廠	997,460	27,904	14,054	37,877		18	917,605	
	横浜倉庫（横浜兵站部）	1,186,031		441,183	208,355	536,492			
	神戸倉庫（神戸兵站部）	405,746	11,582	128,124	60,569	205,469			
	海軍資材部（海軍艦政本部）	8,998	6,133	1,014	310	1,535			
	海軍航空本部	1,279,312		6,600			49,742	1,222,970	
	諸口	3,839,509	54,890	245,185		732,826	618	2,805,986	
	合計	20,177,513	474,087	2,822,397	878,245	6,464,279	87,379	9,451,099	
陸軍造兵廠	大阪造兵廠	8,944,299	1,200,413	2,369,055	91,974	2,756,087		483,223	2,043,545
	小倉造兵廠	2,989,029	632,765	550,725	83,402	723,316		446,498	552,321
	東京造兵廠	2,141,692	562,425	417,168	83,554	351,582			726,962
	名古屋造兵廠	1,858,280	632,923	324,038	90,936	376,060		29,398	404,924
	小倉（仁川）造兵廠	43,423		17,563	18,904	6,956			
	南満造兵廠（大連経由）	348,519	192,567	91,535	35,066	29,349			
	広島造兵廠	211,047	101,231	2,976	9,610	97,230			
	莖蘭造兵廠	495,537	88,897			360,610			
	陸軍航空本部（立川支所）	5,151,872	1,010,750	1,921,179	126,983	1,853,013	103,748	136,197	
	諸口	3,872,029		46,298		234,709	121,464	3,469,558	
	合計	26,055,727	4,421,971	5,786,567	540,429	6,788,912	225,212	4,564,874	3,727,752

出典：「Report on Japanese Army Arsenals」「Report on Japanese Navy Arsenals」「米国司法省戦時経済局対日調査資料 2」（日本図書センター、2008年）および、渡部望「裸にされた貿易商社（太平洋戦争と在米商社）」（九州大学記録資料館 産業経済資料部門編集『エネルギー史研究』26、2011年）参照。

注：1）「ドイツから輸入」は全て今村ミッションにより三菱商事が受け入れたもの。
　　 2）1ドル以下は切り捨て。

第8章　1935～41年における大倉商事ニューヨーク支店　243

を飛躍のチャンスとして捉えていたのである。かかる点は人材獲得においても見ることができる[10]。すなわち、1939年10月以降、それまで2名だったローカルスタッフを、1939年10月に1名採用し、立て続けに、40年1月1名、2月2名、3月1名、4月1名、6月2名、9月1名と合計9名を採用している。この「ローカルスタッフ」の採用は、単に日本からの派遣職員の事務の補佐を意図しただけではなかった。2～3年ごとに交代する内地からの派遣社員ではなく、「恒久的「ローカルスタッフ」ヲ養成シ置キ支店事務能率ノ維持増進ヲ計ル点ヲ考慮シタル処、コレニハ白人ヨリモ日本人ヲ適当ト考ヘタル次第」と、「日本人」（この場合の「日本人」は、日系米国人）を現地採用し、永続的な雇用を保証することで、支店機能の充実を目指したのである。このため従来の様なタイピストの雇用ではなく、大学を卒業し技術面に長けた優秀な日系人を「ローカルスタッフ」として積極的に採用している。ただ、こうした人材を紐育で得ることは困難であった。日本からの派遣社員との給与の兼ね合いもあり、給与の増額が難しく、結果、他商社の給与水準と比較すると低額に抑えざるを得なかったのである。このため紐育では適当な人材が得られずカリフォルニアをはじめ米国西部にまで人材獲得の場を拡げていた。そして紐育支店は、いくつかの大倉商事紐育支店の現状と戦略に基づき「ローカルスタッフ」を採用したのである。5つの点を指摘したい。

①まず一番目が、工作機械や航空機材などの専門技術を理解する人材の採用である。1937年より日本から陸軍や海軍の購買団が渡米していた。こうした、「多量ノ航空機材、工作機械業ノ購入ヲ見ルニ至リタルヲ見積、積出ニ関スル「メーカー」トノ折衝」だけでなく、これらの「製品ノ取扱其他ノ技術ヲ修得」させ、将来は日本国内でも機材の据え付けや運転などの技術を伝えるために日本へ派遣するような人材を養成する必要があるとしたのである。かかる人材として5名のスタッフを採用している。

②次に①とも関連して他社との競争に勝ち抜くための知識と、米国企業との付き合いを円滑にするため、営業能力が高い人材の確保である。すなわち、「航空機、部品幷無線器材其他特殊機器ニ関スル事務ハ他会社ト

競争スル為ニハ将来専門的知識ヲ有スル者ヲシテ補佐セシムル必要アリ」と、飛行機、部品、無線器材などをはじめとした特殊機器の技術を説明し得る人材が必要だった。さらに航空機メーカーであるフェアチャイルド社（Fair Child Co.）や、鉱業用機械、建設用機械、エンジンなどを扱うキャタピラートラクター社（Caterpillar Tractor Co.）などとの付き合いも深くなり、これらとの親密な関係を維持していく人材が求められていた。それらは、「事業之ガ調査研究ヲ為シ、将来日米関係好転ノ暁ニ於ケル商売拡大ニ備ヘ置クヲ適当ト認メタル」と、日米関係が好転した後のことまで見越して、調査研究などを推進し、将来の商売拡大に備えたのである。かかる人材として1名を採用している。

③さらに、化学製品に対しても専門的知識、能力のある人材を必要としていた。航空機燃料や化学製品などの専門性の高い商談への対応も迫られている。こうした化学製品に対しても専門知識を有する人材を必要としたのである。ちなみに、この分野のローカルスタッフとして採用された浅川は、最も早い1939年10月の採用である。

④次は、今後さらに増えるであろう、中国、南米との事務連絡に対して、円滑に遂行できる人材の採用である。すなわち、紐育支店は中国にある上海、新京、大連、天津、青島、漢口の各支店・出張所との間で積極的に事務連絡を行っていた。この中国市場と紐育支店との関係は1941年6月の段階でも、上海支店が目賀田に対し電報で「今后ノ国際情勢ハ予断ヲ許サザルモ太平洋ハ当分平和ナル可ク最后ノ瞬間迄ハ取引ヲ継続致度存居候」と述べているように[11]、中国市場との取引は最後まであきらめていなかった。

　また、「最近ハ亦南米各地トノ連絡事務ノ必要」と、紐育支店は南米各地の支店との中継的な役割を果たしていた。メキシコでは水銀、アルゼンチン、チリでは軟鋼、銑鉄をはじめダイヤモンド、水晶など、豊富な資源が埋蔵されていた。かかる魅力的な中南米市場に対し、この時期、日系企業は積極的に進出している。アルゼンチンには、三井物産、三菱

商事、大同貿易、伊藤忠、兼松商店、岩井商店、山下汽船など多くの企業が駐在員を配置していた。また、ブラジルでは、すでに三井物産と三菱商事が地盤を形成しつつあった。こうした中、遅ればせながら、大倉商事もまた、ペルー（リマ）、ブラジル（サンパウロ）、アルゼンチン（ブエノスアイレス）に駐在所を設置している。これらの駐在所は東京本社とも直接やりとりすることがあったが、紐育支店からも指示が送られている。実際、「南米駐在員及紐育支店間連絡事務要綱」によれば、「南米駐在員ハ紐育支店ノ管轄下ニ置レ、紐育支店長ノ指揮ヲ受ケル事」との記載がある[12]。紐育支店は東京本社と南米の各駐在所をつなぐ中継的な役割を果たしていたのである。ただし、この分野の人材は、紐育支店では採用していない。

⑤そして最後は、事業拡大と米国法人としての新会社設立手続きに伴う、経理、庶務等の事務担当者である。「新会社設立ノ準備、帳簿整理、書換等ノ事務」との記載からも明らかなとおり、実は、1940年12月4日「財産保全及ビ取引遂行上ノ必要」から大倉商事紐育支店は新会社設立を計画していた[13]。すなわち「実質ハ飽迄日本商社ノ紐育支店ニテ内容モ変更ナキ」ものとしながらも、外人からの照会を受けた際には「輸出入一般取引及ビ国内取引ヲ有効適切ニ遂行スルニハ、米国法人ノ方ガ有利ナル故、相当以前ヨリ研究中ノ所、漸ク設立手続完了セル旨」と、米国法人の方が取引において有利なことから、新会社設立に向け、帳簿の書き換えなどが進められていたのである。この分野での人材を2名採用している。

このように、1938年以降、大倉商事紐育支店は、米国の経済制裁に対し、新会社の設立を模索するなどといった対応策を講じながらも、他方で新たな経済動向に果敢に挑戦し、人材を獲得したのである。

これまでのことを踏まえつつ、1938年以後の大倉商事紐育支店の動向について2つの面から整理したい。

1つは大倉商事本社が期待した工作機械や航空機、機材、工具などの輸出が

積極的に推進されたということである。これまでは、本社の指示に基づき物資購入がなされていたが、1937年以降になると購買団の来訪により商品の説明、売込みを図る必要が出てきた。そして、重工業だけでなく、化学工業にまで目を向け積極的な取引先の拡大を意図している。かかる戦略は目賀田支店長による日米関係の改善後までも見通したものであった。実際、目賀田は工作機械専門の会社設立を目指していた。それは、1941年4月、目賀田が皆川会長に宛てて、「米国製工作機械ハ当分輸出困難ナルモ、此ノ機会ニ大倉名義ノ会社新設又ハ工作機械部ノ拡大ヲ断行シ、内外ノ工作機販売ニ乗出サザレバ、将来三井三菱等ノ組織アル販売政策ニ対抗スルコト困難ト思フ」と提案していることからも明らかであろう[14]。このように、目賀田は輸出困難な状態であっても、工作機械部門の強化を主張し、そのために会社新設や工作機械部の拡大を主張している。これは、当時の要請だけでなく、将来における日本の重化学工業発展を見通したものであり、そのためにも大倉商事紐育支店は工作機械部門の強化を通じて「三井物産、三菱商事ノ組織アル販売政策ニ対抗スルコト」を目指したのである。そのためにも「若シ幾何カノ資金支出ニヨリ有力ナセールスマン多数吸収シ得レバ、得意先ノ確立ハ勿論外国メーカー代理獲得ニモ有利ナリ」と、紐育支店はこの時期に米国内で有力なセールスマンを抱え込み、取引網を構築しようとしていた。

2つ目は、紐育を基軸とした国際貿易の拡大である。すなわち、広がりつつあった中国との貿易について、中国物資の米国輸入を積極的に推進した。中国からの取引品目は豚毛や茶などで、経済制裁の対象ではないことから積極的に推進している。さらに、南米市場を開拓し、国内産業において重要な鉄鉱石、水銀などの原料輸入にも挑戦している。そして、目賀田支店長は、1940年11月に米国の対日経済制裁が拡大する中であっても、商圏の拡大と鉄鉱石をはじめとした取扱い商品の拡大を意図して中南米主要地に出張員を配置することを本社に提案し了承されている[15]。紐育支店が東京本社との間を中継しながらも、日米関係が悪化する事態によっては紐育支店から切り離し、駐在所と東京本社が交渉できるようにしたのである。

1940年前後、大倉商事紐育支店は工作機械の受注が困難となる中でも、米国内における工作機械の取引網の構築を目指している。もちろん、同時に、米国の経済制裁への対応も展望したのである。次に、米国の対日経済制裁が強まる中、大倉商事紐育支店はどのような対応をしたか述べていくことにしよう。

第2節　米国の対日経済制裁と大倉商事紐育支店

　1930年代後半、国際緊張が深まる中、米国の経済制裁は1935年の米国中立法に基づき実施される。米国中立法とは大統領が外国間での戦争を認めたとき、あるいは内乱が重大化したとき、交戦国や内乱国に対し、武器または軍需物資の輸出を禁止するという法律である。以来、米国が日本に対して行われた経済制裁は、飛行機、工作機械などの重工業品や機械類、それに石油、鉄鉱石などの資源の二種を対象になされている。それは、モラルエムバーゴー（1938年7月）、日米通商航海条約廃棄通告（1939年7月）、資産凍結令（1941年7月）、対日石油輸出全面禁止（1941年8月）などの一連の動きの中で具体化された。

　この間、対日経済制裁の動きに対し、大倉商事は商務官や総領事、商業会議所などを通じて、米国に対し制裁緩和を訴えている。たとえば、1940年6月12日には、「本日大倉、三井、三菱、安宅、岩井、浅野、山武ノ工作機械輸出同業者七社会合、総領事、商務官、陸海軍監督長、及商業会議所会頭出席ノ上、輸出差止メニ対スル対策協議シ、今后同業者ノ組織ヲ作リ大使館ト連絡ヲ密ニシ善処スルコトニセリ」と、工作機械輸出同業者が、関連機関と会合を開き、「各社工作機械完成次第工場ヨリ積出サセ、輸出差止メラレタルモノハ一括シテ大使館ヨリ抗議スル」と、工作機械の輸出が実際差し止められた場合は、大使館を通じて抗議することが記されている[16]。しかし、この間でも大倉商事は、航空輸送機や戦闘機、そして旋盤などを積極的に購入していた。

　まず、こうした経済制裁がなされる以前の、航空機輸入の様子について紹介しよう。1935年1月、大倉商事本社陸軍係から紐育支店に対し陸軍航空機の購入について連絡を受けている。同史料によれば「極秘ニ承知仕候処ニヨレバ、

軍部トシテ特ニ拾年、拾壱年度ニ於テ外国製優秀品ニ着眼、主トシテ航空機（大型及高速度）其附属品及飛行機搭載用機関銃ノ購入ノ計画アルニ付」と、陸軍は大型航空機や高速度航空機や、飛行機搭載用機関銃の購入について積極的になっている様子を伝えている。このため、本社は紐育支店に対し、「武官ヲ通シドシドシ優秀品ヲ陸軍省航空本部及技術本部等ヘ其ノ報告ヲ送ラルルト同時ニ、弊係ヘ宛テ充分ナル参考材料ヲ御送リ被下度」と[17]、陸軍や本社に情報を伝えるよう指示している。このようにして、1935年頃より陸海軍との取引交渉が積極的になっていくものと考えられる。

　他方、こうした中で、本社と紐育支店との認識のずれも見られる。1938年に見られた輸送機取引をめぐる一件を紹介しよう。大倉商事紐育支店が積極的に購入を薦めたのがロッキード社の飛行機であった。1938年、和田海軍少佐が紐育に赴任しているとき、ロッキード社を見学し、12A型輸送機（ロッキードL-12）に関心を示したことを陸軍省航空本部に報告した筈であることを、大倉商事紐育支店は本社に対し報告している。これを受け紐育支店は、ロッキード社からの委託販売と宣伝を意図して本社に対し557時間使用した12A型航空機1機の南海丸積載許可を提案している[18]。これにはロッキード社も積極的で、技術者と思われるパーカーという人物を日本に派遣するにあたり、滞在費などの諸費用の半額に当たる5,000ドルを最大としてロッキード社が負担することを申し出ている。ちなみに同飛行機の工場渡し額は原価4万ドルである。

　この12A型輸送機の委託販売について、紐育支店は本社に対しできるだけ早い決断を要請している。6月4日の電報でも、「当方ノ責任ナク宣伝ノ好機会故、海軍ニ拘泥セズ航空会社ニ紹介ノタメ「ロッキード」実行ヲ希望ス、即決セネバ積込遅クナル、至急御指揮ヲ乞フ」と、決断を促し、さらに、「海軍ノ意向モサル事乍ラ、実行ノ可否ヲ貴重役席ニテ御決定賜度六月四日重ネテ別紙ノ通リ御架電御指揮ヲ仰ギ申候間」と、本社の決断を要請している。そんなとき、英国とロッキード社の間で14型飛行機200台の注文がまとまりつつあった。紐育支店は英国とロッキード社が契約する前に大倉商事が注文しないと、立川飛行機株式会社の材料入手などにも影響をもたらすと報告している。そして、

6月8日にはロッキード社のグロス社長からも直接に決断を迫られた。このような紐育支店の意向とは別に本社の決断の遅れには理由があった。立川飛行機株式会社の中川技師が訪米しロッキード社に滞在しており、12A型機と他社の飛行機との間で能力の優劣を分析していた。このため、結論を出すのが遅れていたのである。他方、紐育支店側は、日本国内にある飛行機工場は軍用機製造に忙殺され、輸送機の需要に対応しきれていないという認識があった。よって、速やかにロッキード社の意向に応じて輸送機の輸送指示を出すよう勧めていたのである[19]。そして、7月12日の南海丸で発送すれば、7月末には横浜に到着することを報告している。

東京本社の決断の遅れは、輸送機輸送を困難にした。6月の日本軍の広東爆撃が、米国の日本に対する世論悪化を招いている。米国政府は日本への紐育制裁を推進している。6月11日には、米国国務長官は日本向け航空機および部品の輸出防遏の方針を発表する。こうした情勢のなか、紐育支店は本社にあて、「海軍一刻モ早ク註文セザレバ将来入手出来サル為、貴方ニテ適当ニ交渉ノ上至急ニ御返事ヲ待ツ」と、早急な回答を期待したのである[20]。

ただ、このような米国の対日硬化の動きに対し、日系企業は米国中立法を適用することなしに輸出許可申請を拒絶できないと考えていた。しかし、6月13日には、「ロ社トシテモ政府ノ意ニ反シテ迄宣伝機ノ積出ヲ決行スル勇気無之、一時延引致度キ旨申出有之候」と、述べているように、ロッキード社は米国国務省による圧力もあり、対日輸出に及び腰となっていた。それに対し、大倉商事は、国務省に再三交渉し、国務省からの対日輸出許可を得ている。ただ、それでも、ロッキード社社長である「グロス氏ハ之ニ応セズ、米政府ニ睨マルルコトヲ強度ニ恐レ、少クモ二ケ月位延期スル様」と、延期を提案したのである。こうして結局、大倉商事側も、「余リ此理押テスルコトハ、今後ノ対ロ関係ニモ悪影響ヲ来スト考へ、之ニ同意スルノ止ムナキニ至リ候」と、ロッキード社による延期の提案を承認したのである。事実、紐育支店は「中立法発動ナキタメ、書面上ニハ輸出禁止ヲ明記致シ居ラズ候得共、文意ハ明ニ日本ニ対スル航空器材ノ輸出禁止ニ有之」と、中立法が施行されないので、法律的な根拠はな

いとしながらも、モラルエンバーゴーによって、対日圧力が加えられているという認識があった[21]。このことを理解していながら、それでも「米国政府通知ニ対シテハ当分ノ間各社共無視スルコトニナッタ」と、在来の日系企業は強気の姿勢を保っていたのである[22]。同じ時期、宗教団体などからは国務大臣に対し兵器素材に属するものはすべて日本向け輸出を禁止する申し入れがなされている。米国内の対日世論が厳しくなる中、在米日系企業は厳しい対応を迫られたのである。

結局、紐育支店は「連日伝ヘラレ居リ候、帝国海軍機ノ広東方面ノ活躍ハ誠ニ結構ニ御座候モ、米国政府ニテハ今更当惑ノ態ニテ航空機及部分品ハ日本向ケノミニ対シテ輸出防止ニ乗出サントシツツアル事、伝ヘラレ来リ申候」と、米国政府の動向を伝えているが、「今更当惑」は紐育支店の心情でもあったのだろう[23]。

かくして、航空機輸出は困難になりつつも、大倉商事もロッキード社も輸出方法を模索し続けている。1938年10月13日には「米国政府ノ日本向飛行機輸出取締一層厳重トナル模様ナリ、ロッキードハ解体部分品トシテ輸出シ技師職工二、三十名派遣ノ上、日本デ組立スレバ納期モ早ク、又比較的容易ニ輸出許可証モ取レル見込」と、部分品としての輸出を行い、技術者を派遣して日本で組み立てるのであれば容易に許可が得られることを提案している[24]。このように、米国の経済制裁が厳しさを増す中、抜け道を探りながら、航空機購入が行われていたのである。

ただ、それも過渡的なものであり、米国政府の圧力は厳しいものになっていく。1939年1月9日には、米国軍需統制局の議会への年次報告がなされている。それによると、「非戦闘員を爆撃する国に対して航空器材の輸出を歓迎しないという国務省の方針に対し、例外を除き全民間業者の協力を得た」ことを紹介し、前年7月の国務省によるモラルエムバーゴーが通達されたのち、11月には航空器材輸出は漸減しており、許可証の発行は皆無であるという報告がなされている。

こうした情勢から、紐育支店では「斯ル実情ニテ輸出許可証ヲ要スト、航空

表8-2 商社別陸海軍工廠よりの受注・船積・キャンセル金額（1937～40年）

(単位：ドル)

		合計	三菱商事	三井物産	安宅商会	大倉商事	山武商会	日本などで買付	ドイツから輸入
海軍工廠	注文	20,177,513	474,087	2,822,397	878,245	6,464,279	87,379	9,451,099	
	船積み	18,725,242	416,349	2,560,737	827,795	5,388,474	80,768	9,451,099	
	キャンセル	1,452,270	57,742	261,658	50,450	1,075,803	6,610		
	キャンセル率		12.1%	9.2%	5.7%	16.6%	7.5%		
陸軍造兵廠	注文	26,055,727	4,421,971	5,786,567	540,429	6,788,912	225,212	4,564,874	3,727,752
	船積み	21,213,080	3,765,229	3,480,777	469,601	4,980,220	224,627	4,564,874	3,727,752
	キャンセル	4,842,640	656,739	2,305,788	70,828	1,808,700	585		
	キャンセル率		14.9%	39.8%	13.1%	26.6%	3.0%		

出典：表8-1と同じ。

器材ノ輸出ハ殆ンド今後不可能」という見解を示している[25]。

さらに、1940年7月、紐育支店は、米国国防委員会が米国の各製造会社に対して工作機械について輸出許可が下付された後でなければ企業からの注文を受けてはならないという指令を出したという極秘情報を紹介している。このため神田購買団による旋盤やミリングマシンをはじめとした工作機械などの注文はキャンセルしている（神田購買団については注9を参照）。

表8-2は、1937年より40年まで、陸軍・海軍から受注した製品の金額合計と船積額、そして結局、入手または船積できずキャンセルした額を各企業ごとに示したものである。キャンセルしたものは、1939年10月から40年6月までに受注したものである。1939年11月の米国の中立法修正案への署名以後の経済制裁によって輸出が不可能となり、受注をキャンセルせざるをえなくなったということであろう。同表を参照しても、各会社のキャンセル率が5％から40％と違うが、三菱商事は比較的低く、三井物産、大倉商事が高い。1938年7月に発せられたモラルエンバーゴー以来、経済制裁が厳しくなっていく中でも、海軍工廠、陸軍造兵廠の発注に対し、大倉商事は積極的に受注していたということであろう。ちなみに大阪造兵廠からの発注について、三井物産は合計236万ドル分を受注し173万ドルをキャンセルし、大倉商事は合計275万ドルの受注をして112万ドルをキャンセルしている。大阪造兵廠は、銃器製造を行っていたこ

とから、1939年から40年にかけて、旋盤、グラインダー、ミリングマシン、スリーディング、ボーリングマシンなどの工作機械を大量に買い付けていた。これらが、キャンセルの対象となったのである[26]。

このような工作機械の輸出統制の動きの中で、東京本社では第三国経由の輸入方法の検討を指示している。それは、紐育支店が米国のメーカーに対しても日本向け製品であることを伏せて、第三国へ送り、取り付けた上で中古品として日本へ回送するという方法であった。ただ、この方法は紐育支店としては法令違反であるとし、「紐育支店トシテハ全然関係出来ヌ」と回答している[27]。

以上のように、航空機、工作機械などに対する輸出統制が厳しくなるにつれ、次第に紐育支店は身動きが取れなくなっていく。次に紐育支店にとって、決定的な打撃を蒙ることになる、資産凍結令に向けた大倉商事の対応について述べていく。

第3節　資産凍結令と大倉商事紐育支店

資産凍結令とは、米国にある日系企業の資金、有価証券、特許権などすべての在貨を米国政府が凍結することである。この法令は、ドルの海外流出を防ぎ、米国の利益に反する宣伝工作のための資金を使用させないことを意図していた。この資産凍結令は、1941年7月25日に出され、翌日の26日には英国が、27日には蘭印（オランダ領東インド）が同調する。

そもそも資産凍結令は1940年4月、ドイツ軍がデンマーク、ノルウェーに侵攻したときに、デンマーク、ノルウェーの両国が米国内に持っている財産に対して凍結令を実施したことに始まる。ドイツの侵攻とともに実施の範囲を拡大した。当初は、侵攻された国を対象にしていたが、1941年6月14日に、ドイツ、イタリアまでも対象にした。この間、日本は日独伊三国同盟を結び、南部仏印進駐を遂行している[28]。こうした動きが米国政府を刺激した。大倉商事紐育支店にとって、この資産凍結令が出されるということは「実施ノ暁ニハ日米通商ノ最后ノ止メヲ刺サレ」るという認識があった[29]。次にかかる動きに対する、

第 8 章　1935～41年における大倉商事ニューヨーク支店　253

大倉商事の対応を紹介しよう。

　1940年 8 月の段階で、紐育支店から本社に提出した報告によれば、日米関係は悪化の一途をたどるものの、ドイツ、イタリアの資金に対する取締はなされておらず、輸出統制や信用取引の問題はあるものの、資金凍結のリスクは低いと考えられていた。その後も、ドイツ、イタリアに実施されたとしても、日本は対象から除外されるであろうという楽観的な見通しをもっていた[30]。

　他方、万一の場合に備えて資金の移動も検討している。ただ、検討の結果は、結局「如何ニ国交悪化スルモ断絶セザル限リ米国内ノ保管ガ最モ安全且利用価値大ナルモノト存候」と米国内で資金を管理するのが良いと述べている[31]。

　ところが、 9 月末に日独伊三国同盟が結ばれると米国内の事態は悪化する。10月中旬以降、国際関係が悪化している状況を受け、11月 6 日、紐育支店は25万ドルをアルゼンチンバンクへ振り替えている。ただ、アルゼンチンが米国との関係で、米国資金をブロックするなどの可能性も想定され、予断を許さない状況であった[32]。さらに、11月末には、紐育支店が有していた40万ドルについて、運転資金としての20万ドルを除く20万ドルを比較的健全なドル貨の公社債を買入れ、ブエノスアイレスで保管する方法を検討している[33]。ただ、そうはいうものの、ペソの信用が低いことから、1940年12月の段階では、紐育支店としては「当方トシテ当方送金ガ直クニペソニ全部換ヘラレルコトハ為替リスクソノ他ノ関係カラ面白カラズ、資金ハ成ルベク弗ニテ keep 致度ク、当方ノ資金ハ出来ル丈弗預金ニ致度キモ個々ノ経費ノ支出ノ便宜ノタメニ弗送金ノ一部ヲペソ預金ニ振替被成下宜シカラント存候」という見解を示し、ドルを維持しながら一部をペソに振り替えるようにしたのである[34]。

　ただ、こうした動きに対し、本社としても、アルゼンチンからの海外送金には米国を介する必要があるとし、資金移動が円滑に行われるかを心配している。この件については電話で即座に確認し、相手国の通貨で送金することが可能である旨確認を得ている。ただ、そうはいうもののリスクが高いことは変わらず、さらなる検討を行ったのである。

　結論として1941年 1 月には、「当地ニ資金凍結令施行サレタ場合ニハ世界ノ

各国ハ資金移動ノ仲継所ヲ何レノ場所ニカ求メル必要アリ、現在ノ事情ノ下ニテハ欧羅巴ニテハ、スイス、南アメリカニテハアルゼンチン以外ニ考ヘラレザル次第ニテ、カカル事情想定ノ下ニ於テハ貴地ノ金融市場為替市場トシテノ地位ハ次第ニ強化向上シテ行クモノト被存候、コノ点貴地ニ於テモ既ニ各国ノインテレストガ置カレ居リ、当事者トシテハ深甚ノ関心ヲ持チ取調ベ居ル事ト存候ニ付」と、注意は必要であるが、アルゼンチンに資金を移すことが一番良策であるとの判断に至ったのである[35]。

かくして2月下旬には、「我々ノ最モ心配シ居ルハ後者ノ亜貨ノ対外価値減少ニテ目下ノ国際情勢及亜国々内事情ヨリ観察スルトキハ寧シロ悲観的材料ノミ多ク候得共、米貨ノ侭置イテ居テ元モ子モ無クスル危険ヲ思ヘバ為替損ハ已ムヲ得ザルモノト存候」と、資産凍結令が施行されれば米ドルとして保管しておいても無意味になると考え、為替損をはじめとしたさまざまなリスクを認識しながらもペソへの両替の方向を決めたのである[36]。

さらに5月になると、資産凍結令について反対の立場を取っていたハル国務長官が資産凍結令実施を検討し始めたとの情報を受け、資産凍結令の実施時期が焦点になっている。これを受け、中国にある大倉商事の各支店から、問い合せがなされている。たとえば、上海支店から紐育支店に対し、米国へ送る予定のイタチ皮2万枚の輸出許可を得たものの、買い出しから積み出しまで2カ月かかるため、買い付けを中止すべきか問い合せている。

そんな折、6月14日に、ドイツ、イタリアを対象に資産凍結令が実施された。これによって、欧州からの未入金分6,100ドルの入金が困難となり、スイス預金なども紐育を介して動かすことが困難となっている。紐育支店は、大阪支店輸出係、上海支店、天津支店などに対し「昨十四日午后独伊及欧州大陸諸国ノ在米資金凍結令施行サレタ、直接貴方輸出商売スル影響ナク、又目下ノ処直チニ対日封鎖令ノ懸念ナキモ、更ニ実現性ヲ増シタモノト見テ宜ク本件ニ関スル五月十三日弊電内容ニ基キ、今後共商売継続スル様御配慮ヲ願ヒ度シ」と述べているように[37]、当面大きな支障はないものの、近い将来日本に対しても資産凍結令が出されることを展望し、在米日系企業の資金移動も厳しい対応が迫ら

第 8 章　1935～41年における大倉商事ニューヨーク支店　255

れたのである。

　こうしたこともあり、紐育支店は資産凍結令の直前の 6 月23日、傘下企業であった国際産業の資金について、指示がなければ移動できないとしながらも、「最近ノ情勢ニ鑑ミ、スイス預金ハ保管上種々不安アリ、寧ロアルゼンチンニ移ス方ガ安全ト思フ、当地経由ノ送金ハ出来ヌ故、直接スイスヨリ、ブエノスアイレスニ送金方手配サレテハ如何、ブエノスアイレスニテハ営業資金トシテ利用出来ルノミナラズ定期ニセバ二分五厘程度利息モ付ク」とブエノスアイレスへ資金ヲ移すことを提案している[38]。さらに、 6 月27日には、「スイスヨリノ送金額全部成行ノレートニテ直ニペソニ換算シ、適宜定期預金ニセラレタシ」と、スイスからの送金額はすべて成り行きの為替相場でペソに換算し、定期預金にすることを指示している[39]。

　また、 7 月になると、独・伊に関係する南米商社についても黒表（ブラックリスト）が発表されている。すなわち、「七月十七日附ケニテ南米各国ノ独逸、伊太利関係商社ノ黒表発表アリ、引続キ日本、スペイン等ノ諸国ニ対シテモ同様ノ方法ヲ取ル用意アル旨、国務省官吏談話アリ、万一当社ガ后ノ表ニ掲載サレルト資金ハ封鎖シ一般業務継続不可能トナル故、特ニ注意ヲ要シ、独逸、伊太利、関係業務ニ伴フ送金支払ニ付キ当店ヲ経由セシメル場合ニハ予メ打合セヲ願ヒ通信文等ニ付テモ疑ヲ招カザル様御配慮ヲ乞フ、右新京天津上海ニ伝達乞フ」と、南米に対しても厳しい対応が迫られたのである[40]。

　そしてとうとう、 7 月26日（日本25日）、資産凍結令が施行された。紐育支店は前日に資産凍結令が施行されるという情報をつかんでおり、上海支店に対し、「凍結令明日施行サレル見込、茶、及ビ毛皮註文ノ積出差控乞フ、註文取消ノ他ナシト思フガ、事情判断ノ上追而電スル……」と述べ[41]、茶、毛皮等の積み出しの中止を指示し、注文取り消しの見通しを述べている。また、東京本社にも木蝋の積み出しを差し控えることを述べている。さらに、資金封鎖令が出されたことに対し、「七月卅一日貴電仮令封鎖令出テモ手持現金トシテノ弗紙幣ハ使用出来、流通モ故障ナシト思フ故其儘ニテ宜シト思フ、但シ実状ニ応ジ必要ノ場合ニハ適宜処置セヨ」と、現金として米国国内で使用する場合は心

配無いことを改めて紹介している[42]。

こうした中、7月29日には、本社に対し「凍結令ノ運用実施手心ノ程度ハ詳細未ダ判ラヌモ……」と、述べているように、資産凍結令実施当初、紐育支店は、まだ取引について一縷の望みを捨てていなかった[43]。

第4節　大倉商事紐育支店の閉鎖

1941年7月に資産凍結令が出されたことで、紐育支店の機能は失われた。それ以前から、国際緊張の中、帰国なども促されている。

1941年3月に本社重役に宛てた紐育の様子を示すと、「昨年七月以来輸出許可制実施、昨秋以来ノ国際関係ノ悪化……先月ニハ一部商社ノ閉鎖、家族引上ゲ等問題アリ」と、1940年7月の輸出許可制が出された段階で、撤退している商社が多くあった[44]。それでいながらも、なお、大倉商事紐育支店は「一月四拾万弗、二月十七万弗、三月予想二十万弗ニテ取引高ハ現在迄激減シテハ居ラズ、寧ロ取引ノ内容ガ複雑トナリ居リ、手数ヲ要スル点ニ於テ相当多忙ニ有之候」と、取引を継続させている。しかも南米駐在員への対応、通信、資金凍結令に向けた調査、さらには工作機械の取引、キャンセルに対する手続など繁忙を極めていた。

他方、一時期9名居たローカルスタッフは、4～6月頃には、8名に減り、さらに2名は徴兵として入営が決定され、さらには3か月以内に1～2名が入営休職することになっていた。

また、1941年5月1日、大倉喜六郎は紐育からサンタフェスタに向かい、喜六郎夫人と子供も3日に汽車で向かった[45]。そして17日に浅間丸で帰国させている。このときは、夫人などが事故に遭わないよう、正子（喜六郎の妹、目賀田夫人）と看護婦もサンフランシスコまで同行している。また、7月26日には、ブエノスアイレスに駐在している竹内雄一に対しても、妻子の帰国を自身の判断で行うことを指示している[46]。

もう一つは、会社機能のベルリンへの移転であった。目賀田紐育支店長は米

国内での新会社設立の目論みや工作機械部門の強化を展望していたが、結局、挫折することになる。そして、工作機械獲得への展望を当時同盟国であったドイツに求めようとしたのである。

そして、工作機械の輸出が困難となった深刻な事態に対し、目賀田紐育支店長は東京本社の皆川多三郎会長に対し、ドイツからの工作機械輸入の推進を提案している。〈史料〉を参照しよう[47]。

〈史料〉
　　東京本社皆川会長殿宛　昭和15年12月3日　　　　　目賀田紐育支店長発
　　工作機ノ件、当方手持註文機械明細書、全部去廿九日伯林支店ニ航空便デ送ツタ
　　過去三年間、米国ヨリ日本ヘノ工作機輸入年額約一億円ニ達シ、若シ今後独乙ノ供給能力及運送能力ガ許セバ茲二三年ハコレニ近キ額ヲ独乙ヨリ輸入スル事トナルベシ
　　今回弊店ヨリ独乙物ニ振替ラルルト思ハルルモノノミニテ、約二千五百万円日本商社全部ヲ合スレバ約九千万円ニ達スル見込ナリ、就テハ此機会ニ伯林支店ヲ強化シ、独乙工作機ノ輸入ニ尽力スルト同時ニ優秀ナルメーカーノ代理獲得ニ全力ヲ傾倒スル事ハ現在目覚シキ商売少キ大倉トシテ是非必要ノ事ト思フ、今日迄当方ノ経験ニヨレバ工作機商売ニ御専門知識絶対ニ必要ニテ伯林支店係員不足ニ迫リ居ル際、工作機専門ノ人駐在シ居ラザルコトハ到底多額ノ商売ヲ獲得スル見込ナシト思フ故、貴方ヨリ至急伯林ニ数名転任セシメ、以テ日独工作機貿易ヲ増進シ今日日本内地ニ於テ築キタル土台ヲ益々堅固ニサレンコトヲ希望ス御意見如何

　　　　　　　　　　　　　　　　　　　　　　　　　　　　　　　目賀田

1937年より3年間で米国から日本への工作機械輸入は、年額約1億円に達しており、若しドイツの供給能力や運送能力が可能となれば2〜3年の内には同額程度の輸入がドイツから見込まれると見通した上で、この機会にベルリン支店を強化し、ドイツ工作機械の輸入に尽力すると同時に、優秀な代理店獲得に傾注することを提案している。そして、工作機械を取引し商売に成功するため

には、紐育支店の経験からも専門知識を有した人材の派遣が絶対に必要であるとし、目賀田支店長は皆川会長に対し、ベルリンに数名を至急転任させ、日独工作機貿易を増進すべきことを提案している。

事実、1940年11月には6名の増員が行われ、紐育支店にあったすべての仕様書を紐育からベルリンに送っている[48]。さらに、1941年1月には3万7,000ドルをベルリンに送金している[49]。

このように、米国の経済統制が強まる中、大倉商事は工作機械輸入の比重を米国からドイツへとシフトしたのである。ただ、ベルリン支店が、目賀田が目論んだような成果を得られたかは判然としない。むしろ、難しかったと判断した方がよいだろう。

おわりに

本章では戦時期（主として1935～40年）、米国の経済制裁が強まる中、紐育日系企業がいかなる対応を行ったかを、大倉商事紐育支店を中心に明らかにした。紐育支店の取引は航空機、工作機械といった重工業製品や機械類を扱っていたところに特徴がある。このため、米国の対日経済制裁が強まる中、紐育支店では対応に追われている。たとえば工作機械の輸出制限に対しては、同業者七社（大倉をはじめ、三井、三菱、安宅、岩井、浅野、山武）と協議するとともに大使館を通じて米国に対し制裁緩和を訴えている。また、資産凍結令の前には、紐育支店は本社に相談しながら、資金移動の検討（ドルをペソに切り替えることや、アルゼンチンバンクに資金を移動することなど）や、工作機械の取引の主軸を紐育支店からベルリン支店へと移す準備を進めている。

このように、米国の経済制裁が強まる中、取引の縮小が見られるものの、他方で紐育支店では東京本社の意向を汲みつつ、二つの方向でなされていた。

一つは陸軍・海軍などの軍需品の発注に積極的に応じている。結果として1939年10月以降は船積みに至らずキャンセルとなるものも多かったが、この点は注目してよいだろう。さらに、将来の日米関係を見通し、重化学工業のさら

なる発展を目論んだローカルスタッフの雇用や、新会社の設立を試み、さらには工作機械の取引網を模索するなど、積極的な取り組みがなされていたのである。

また、もう一つは、中南米への市場開拓である。中南米市場には、鉄鉱石や銅などの資源獲得に期待を寄せていた。このため、大倉商事は他企業と同様に、ペルー（リマ）、ブラジル（サンパウロ）、アルゼンチン（ブエノスアイレス）に駐在所を設置している。紐育支店は東京本社と駐在所の中継的な役割を果たしたのである。しかし、いずれの取り組みも資産凍結令が実施されることで挫折したのである。

注
1） 『在米日系企業接収文書の総合的研究』（平成18年度～平成20年度　科学研究費補助金報告書、2009年）の「RG131文書の概要」。
2） かかるレポートをまとめたものとして、『米国司法省戦時経済局対日調査資料集　第1巻～第5巻』（日本図書センター、2008年）がある。
3） かかる北米における総合商社についての主たる成果は、川辺信雄『総合商社の研究』（実教出版、1982年）、上山和雄『北米における総合商社の活動　1896～1941年の三井物産』（日本経済評論社、2005年）が挙げられる。また、大倉組、大倉商事に関する成果としては、大倉財閥研究会編『大倉財閥の研究』（近藤出版社、1982年）。中村青志「大正・昭和初期の大倉財閥」（『経営史学』15-3、1980年）。渡辺渡・村上勝彦・中村青志・池上和夫・金子文夫・森久男・奈倉文二・窪田正・須田喜俊「大倉財閥の研究（1）～（7）」『東京経大学会誌』（第94号、第95号、第101号、第102号、第105号、第107号、第114号、1976～1979年）。戦時期の日系企業の活動についての研究成果をいくつか取り上げると、上山和雄は日米通商航海条約の廃棄通告を受けた日本国内、在米企業（外交筋）の対応を明らかにし、そこでの米国と日本のパーセプション・ギャップを明らかにしている「日米通商航海条約の廃棄」（『対立と妥協』第一法規出版、1994年）。木村昌人は在米日本企業が日米開戦に至るまでにどのような対応を行ったかという点をモリムラ・ブラザーズの動向を取り上げて明らかにしている（「日米開戦と在米企業」『対立と妥協』1994年）。また、三輪宗弘は、資産凍結令後の石油決算資金をめぐる日米交渉から対日石油輸出禁止の過程を明らかにしている（『太平洋戦争と石油』（日本経済評論社、2006年）。

4）　金子文夫「大倉商事株式会社の事業分析」「大倉財閥の研究（6）」（『東京経大学会誌』第107号、1978年、42～43頁）における「表6-8　大倉商事株式会社の品目別輸入実績」「表6-9　大倉商事株式会社の主要輸入先別輸入実績」。
5）「大倉家系図」を参照すると、目賀田重芳の妻は喜七郎の娘正子である。目賀田重芳は明治33年8月に生まれる。目賀田種太郎（旧幕臣、貴族院議員、枢密顧問官）、逸子（勝海舟の三女）夫妻の二男。兄は社交ダンスで有名な目賀田綱美。また、姉りよは門野重九郎の妻。門野は大倉喜八郎に次ぐ大倉財閥の重鎮で、合名会社大倉組副頭取、大倉商事、大倉鉱業、大倉土木の各会長を兼任。
6）「紐育大倉倶楽部設立」（E137/C1256）。大倉倶楽部とは「ローカルスタッフ」を採用するにあたり、紐育の家賃が高いことで、部屋を確保するために設置したものである。大倉倶楽部設置の問題以外に、当時の人材確保を考える上でも興味深い史料といえるだろう。
7）　金子文夫「大倉商事株式会社の事業分析」「大倉財閥の研究（6）」（『東京経大学会誌』第107号、1978年、42～43頁）「表6-8　大倉商事株式会社の品目別輸入実績」「表6-9　大倉商事株式会社の主要輸入先別輸入実績」。
8）　三輪宗弘編『米国司法省戦時経済局対日調査資料集』第2巻、日本図書センター、2008年、111～233頁）における「陸軍造兵廠に関するレポート」「海軍工廠に関するレポート」を参照。なお、本資料については、渡部聖氏による「裸にされた貿易商社（太平洋戦争と在米商社）」（九州大学記録資料館　産業経済資料部門編集『エネルギー史研究　26』2011年）があり、本稿でも参考にしている。
9）　購買団が訪米している事例は、渡部氏による「裸にされた貿易商社（太平洋戦争と在米商社）」の成果からも明らかである。同成果によれば、以下のようにまとめられる。今村大佐は1937年と38年に陸軍造兵廠のため2回訪米している。1937年のときは50kg爆弾などの製造機械の買いつけであり（121万ドル分）、38年には旋盤をはじめとした773品目（461万ドル分）を買いつけている。いずれも船積みされている。なお、1938年にはドイツにも発注している。渥美陸軍大佐は、1939年9月に訪米し、陸軍造兵廠のために購入している（685万ドル、旋盤37台、ミリングマシン90台、グラインダー63台などの工作機械、部品など）。岡田大佐による購買団は陸軍航空本部によって組織され、①産業視察による生産ヒントと米国の戦争準備能力を評価するために、②100万ドルに及ぶ航空機、機器、工作機械、爆撃機、戦闘機、プロペラなどの買いつけを実施している。旋盤25台、ミリングマシン54台、グラインダー25台、ドリリングマシン27台など合計144台などの機械類をはじめ、ボーイング299とマーチン・ダグラス社の爆撃機などである。神田大佐（神田購買団）による購買は、2度にわたり行われている。第1回目は、陸軍の名

前で旋盤44台、ミリングマシン90台、グラインダー110台などを購入している。
10) 1941年3月「紐育大倉倶楽部設立趣旨」(E137/C1256)。
11) 1941年6月18日「中支に於ける資金の件」(E125/C927)。
12) 1941年2月7日「南米駐在員及紐育支店間連絡事務要綱」(E131/C1118)。
13) 1940年12月4日「新会社の件」(E132/C1207)。
14) 1941年4月11日「電報綴」(E132/C1209)。
15) 「大倉商事株式会社重役会記録（筆写資料）」（東京経済大学所蔵史料）1940年11月の項によれば、「米国の対日圧迫益々甚だしく、全面的に経済断交に発展の可能性大。商権拡張と商売転換のため、NY支店より中南米主要地に出張員を置くこと日賀田氏より提案。了承」とある。
16) 1940年6月12日「紐育支店発本社宛書翰」(E133/C1218)。
17) 1935年1月24日「陸軍航空機方面商売に関する件」(E131/C1031)。
18) 1938年6月2日「紐育支店発重役席発書翰」(E131/C1040)。
19) 1938年6月8日「ロッキード一二A型輸送機委託販売之件」(E131/C1040)。
20) 1938年6月13日「紐育支店発東京本社宛書翰」(E131/C1040)。
21) 1938年6月「ロッキード一二型輸送機委託販売並に米国国務省対日輸出航空器材輸出禁止之件」(E131/C1040)。
22) 1938年7月12日「国防省通告之件」(E131/C1040)。
23) 1938年6月15日「日本向け兵器輸出に関する件」(E131/C1040)。
24) 1938年10月13日「紐育支店発本社宛書翰」(E131/C1040)。
25) 「米国中立法の件」1939年2月2日（E131/C1040)。
26) 「陸軍造兵廠に関するレポート」「海軍工廠に関するレポート」（三輪宗弘編『米国司法省戦時経済局対日調査資料集』第2巻、日本図書センター、2008年）111～233頁。
27) 1941年1月14日「電報綴」(E132/C1214)。
28) 日本貿易報国連盟編『資産凍結令解説』（千倉書房、1931年)。
29) 「資金凍結問題の件」(E132/C1207)。
30) 31) 1940年8月26日「当店資金の件」(E132/C1207)。
32) 1940年12月5日「当店資金の件」(E132/C1207)。
33) 1940年11月29日「電報綴」(E132/C1209)。
34) 1940年12月27日「貴地駐在員増員に伴う連絡事務の件」(E133/C1218)。
35) 「資金の件」(E132/C1207)。
36) 「資金之件」(E133/C1218)。
37) 1941年6月15日「電報綴」(E132/C1210)。

38) 1941年6月23日「電報綴」(E132/C1210)。
39) 1941年6月27日「電報綴」(E132/C1210)。
40) 1941年7月21日「電報綴」(E132/C1210)。
41) 1941年7月25日「電報綴」(E132/C1210)。
42) 1941年8月1日「電報綴」(E132/C1210)。
43) 1941年7月29日「電報綴」(E132/C1210)。
44) 1941年3月7日「紐育支店業務及び事務状況の件」(E132/C1207)。
45) 1941年5月3日「電報綴」(E132/C1209)。
46) 1941年7月26日「電報綴」(E132/C1209)。
47) 1940年12月3日「電報綴」(E132/C1209)。
48) 「大倉商事株式会社重役会記録（筆写資料）」（東京経済大学所蔵大倉財閥資料目録）によると、1940年11月にベルリンへの増派6名を決定している。なお、目賀田重芳は1942年11月より重役会に出席している。
49) 1941年1月24日「電報綴」(E132/C1214)。

第9章　両大戦間期総合商社のリスク管理

大島　久幸

はじめに

　本章では、両大戦間期における総合商社のリスク管理について、取引先信用の管理の問題を取り上げる。1910年代後半における商社ブームの後、1920年恐慌の過程では増田屋や茂木商店、久原商事、古河商事など多くの商社が破綻した。その際、破綻の大きな要因となっていたのが1920年恐慌に伴う価格変動リスクであった。当該期には価格上昇を見込んだ投機的な見込商売が拡大して価格変動リスクを受けやすい状況にあり、その管理が商社の存続を左右する重要な要素となっていた。その後、20年恐慌の教訓によって見込商売の管理を強化した各社では、相場変動に伴う破綻リスクを減少させた[1]。
　しかし、両大戦間期にも商社の破綻は依然として相次ぐこととなった。関東大震災後には、機械の有力商社であった高田商会や穀物商社であった岩崎商業が破綻し、1927年には三井物産に比肩する規模を誇った鈴木商店が破綻した。日本綿花の場合、第一次大戦期の内部蓄積で、戦後恐慌の損失は比較的軽微に乗り切ったものの、関東大震災を境に急速に経営を悪化させ、昭和恐慌期には資本金の大幅減資や損失処理、人員整理、支店の縮小といった諸政策を断行せざるを得ないほどのきわめて深刻な経営危機に陥った。また同じく棉花商として有力であった江商は反動恐慌で財務体質を弱化させたうえに、昭和恐慌による損失で自力再建が不可能な経営危機を迎えることとなった[2]。

このように価格変動リスクが低下した1920年代以降にも引き続き商社の破綻リスクが高まっていたのはなぜか。この点について三菱商事の会長を務めていた三宅川百太郎は1928年に各店に送った通知文の中で次のように説明している。

> 惟フニ一概ニ取引上ノ危険ト云フト雖モ彼ノ相場変動ニ因ル危険（見込商売のリスク——引用者）ノ如キハ売買差額ノ損失ニ止マリ時機待ツニヨリ損失ヲ軽減スルノ途無キニ非サルモ売掛代金回収不能（取引先信用のリスク——引用者）ニ至リテハ多クハ所謂元モ子モ失フ結果トナリ其危険ノ度合ニ至リテハ寧ロ前者ニ比シ大ナルモノアリトス……当社ノ如キ薄口銭ヲ以テ取引ニ当ルモノニアリテハ特ニ此種損失ヲ極力避クルノ用意無クハ如何ニ積極的取引ノ増大ヲ計ルモ所期ノ成績ヲ収ムルコト難シト謂ハサル可カラス[3]

すなわち、両大戦間期には相場変動に伴うリスク以上に「売掛代金回収不能」といった取引先信用のリスクが商社の存続に大きな影響を与える要素となっており、商社の経営にとって「此種損失ヲ極力避クル用意」、言い換えれば、取引先信用リスク管理に関する制度の整備が極めて重要な意味をもったというのである。そこで以下では、両大戦間期における商社の取引先信用リスクに関する管理制度を取り上げたい。

分析にあたって論点を整理しておこう[4]。取引先信用リスクの管理上の問題としては、①支店がリスクに関する適切な情報を把握し本社に報告することと、②本社がそれら情報をもとに全社的に保有しうるリスクの量を適切に管理するという2つの問題がある。前者については、リスクが高いと思われているが実際にはそれほど高くない取引相手や、低いと考えられているが実際には高い取引相手について、支店はきちんと見分けられなければならない。商社にとって、支店で収集される取引先情報の質が商社の競争力に直結するからである。他方、本店では各店で良質な情報が収集されているか、また支店がリスクの高い相手を意図的に低く報告したりすることがないかモニターする必要があろう。ただし、本社にとって支店が把握する個別の取引先情報の質を吟味するには限界があり、モラルハザードの抑制が現実的な課題となろう。さらに本店は全社で保

有されるリスクの総量をコントロールする必要があり、場合によっては、支店にとって取引上、必要なリスクであっても全体のバランスから抑制を求めることもあるかも知れない。そしてこの場合、どのリスクを抑制するかという選択は高度な判断を要するといえよう。本章では以上の問題関心から、第一に支店が適切な情報を把握するためにどのような情報収集を行っていたのか、第二に本社（事業部）の支店に対するモニタリングがどのように行われていたのか、第三にマクロ環境の変化などリスクの総量が増大したときに支店の保有リスクをどう抑制したのかといった諸点に注目して分析を進める。

第1節　1920年代以降における取引先信用リスクの増大

(1) 取引先信用不安の拡大

①三井物産における滞貸金[5]処理

　三井物産では、1920年代前半に取引先信用不安の増大が大きな経営上のリスクとなっていた。こうした事態に対して、1922年には武村貞一郎常務から各支店長・各店勘定掛主任に宛てて「固定債権整理ノ事」が通達された。同書面では債権勘定のうち①「固定ノ性格ヲ有スルモノ、総額及其明細」、②「固定スレドモ担保又ハ確実ナル保証アリテ多少永引ケドモ回収確実ナルモノ、金額及其明細」、③「固定ノ結果回収ノ見込ナキモノ、金額及其明細」、④「回収見込ナキ各口ニ対スル貴店準備金ノ有無及其金額明細」の4点について報告を求めた。その理由として武村は「固定債権整理ノ事ハ取締役一同ニ於テモ肝要ノ事トシテ重視致居候、商売ノ方ハ御配慮ニ依リ漸次堅実トナリツヽアル如キモ此方（固定債権整理——引用者）ハ捗々敷進行ヲ見ズ、3月末ニ於ケル各店ノ報告ヲ総合スルニ2月末調ヨリ増加ヲ示シ居リ痛心ノ至リニ御座候」としている[6]。商況の回復の一方で、不良債権はむしろ増加しており、債権管理の徹底化が求められたのである。とくに同通達では④で損失処理のために各店にレザーブされた利益の詳細についても報告を求めており、債権整理に向けた幹部

表9-1　三井物産滞

	1916年下半季			1921年下半季	
大阪	松山電気軌道会社貸金勘定本店に移す貸金	372,500	上海	大正10年上半季現在北京政府国庫証券利息未収分	413,544
	大阪城東土地会社貸金¥496,572.30の内、打ち切り免除額	211,358	大阪	木下武兵衛商店滞貸金	379,158
台北	客燦波　売掛債権　手形債権	60,425	造船部	Marsila p. v. a 社滞貸金（修理費）	355,000
上海	漢冶萍貸金入金座違に付戻す	45,293	上海	盆記売掛滞貸に振替	273,973
営業部	営業部固定勘定に対する大正5年上半季中免除利子計算尻	36,626	門司	境兄弟商会に対する滞貸金	239,226
奉天	被服廠滞貸金	35,328	造船部	Marsila p. v. a 社滞貸金（追加修理費）	173,672
上海	漢冶萍貸金入金座違に付戻す	24,707	シドニー	S.W.Fotton Corwsacks 他5件に対する滞貸金	118,741
大阪	固定勘定免除利子	21,778	木材部	大久保□吉	110,194
漢口	固定勘定免除利子	15,805	上海	鴻裕号金物売掛金	106,765
その他		97,339	新嘉坡	Tor & Co 他6件（木材、燐寸、皮革）滞貸金	77,658
			台北	汕頭共和昌滞貸金	76,687
			香港	官煤局石炭売掛	71,077
			京城	馬場嘉蔵滞貸金	67,259
			大連	安東県出張員勘定高原逸太郎貸金本勘定に振替	60,409
			金物部	中田嘉夫受取手形勘定滞貸金に振替	58,290
			神戸	笹川喜三郎振替受取手形滞貸金に振替	54,842
			長崎	小山豊要に対する売渡金回収不能額滞貸金に振替	53,354
			台北	城崎彦五郎（当方貸金勘定）入金運延勝に付滞貸金に振替	50,000
			泗水	Choya & Co.	48,481
			台南	陳慶隣／施芳木滞貸金回収不能査定額	44,216
			三池	小宮惣太郎滞貸金	39,000
			新嘉坡	滞貸金 Jit Sin & Co.	38,389
			新嘉坡	Choya & Co.	33,907
			倫敦	倫敦穀肥支部関係戦時固定勘定（豆、油）	33,313
			香港	セメント廠石炭及機械	32,987
			奉天	東亜公司貸金勘定滞貸金へ振替／徳関公司貸金勘定滞貸金へ振替	30,559
			新嘉坡	Serember Several Agency に対する滞貸金	29,369
			台北	日本芳醇株式会社化成金勘定残高	29,357

第 9 章　両大戦間期総合商社のリスク管理　267

貸金明細（1万円以上）

(単位：円)

	1922年上半季				1922年下半季	
神戸	久原商事会社約定鉄材滞貸金	214,409	カルカッタ	Kissoeam Podder 滞貸金		3,997,382
シアトル	Harry Schwarty 滞貸金	187,376	紐育	Artheer Emmesich ,Gerscta Corp. Silk 外生糸貸金勘定より滞貸金に編入		1,888,834
カルカッタ	別口取引先勘定より滞貸金へ振替	100,352	石炭部	大日本炭礦株式会社滞貸金		1,435,197
倫敦	Trevanise Co. に対する滞貸金	92,637	蘭貢	蘭貢店滞貸金		1,413,797
上海	盆記貸金勘定内滞貸金に振替	84,732	紐育	伊藤商会外4件貸金に振替		816,324
カルカッタ	Barker Willium & Co 滞貸金	73,467	紐育	Rubber 勘定貸金滞貸金に移す		538,779
大連	前田安治郎　大六製材損失金滞貸	65,677	石炭部	東京石炭商会		212,269
門司	小倉製作所滞貸金	56,456	営業部	千島興業会社滞貸金		192,805
京城	桧田喜代八 a/c 新呉枕木代及前掛金回収不能に付滞貸金に振替	54,823	石炭部	渡部商事滞貸金		176,592
門司	米澤商店滞貸金	54,000	石炭部	中須商店滞貸金		165,947
上海	大正10年下季北京政府国庫証券利息未収分	48,362	シアトル	Harpen Marrhel Tompson Nagase Iwai, Kawahara 船賃残		133,443
門司	中馬合名滞貸金	41,000	木材部	倫敦木材戦時固定勘定尻		131,978
カルカッタ	Barker Willium & Co 滞貸金	40,529	営業部	水産鉱業滞貸金		130,945
木材部	小畑甚松滞貸金	35,609	三池	芹田小八滞貸金		115,000
小樽	石原良平滞貸金	34,433	紐育	Compania Commercial de France へ貸金滞貸金に振替		110,901
門司	中馬合名滞貸金	33,000	三池	小宮惣太郎滞貸金		100,000
京城	白石泰二煎合塩勘定滞貸金へ振替	27,680	三池	肥筑石炭実業会社滞貸金		80,061
営業部	長沢宏和不足金半額滞貸金	27,000	石炭部	江口倉之助滞貸金		75,173
シドニー	Vpage & Co. Cod oil 1,345タル代金支払不能に付き滞貸金に振替	26,139	紐育	Hardin Bag. Co. Slfalfa Co. 外麻袋勘定貸金より滞貸金に編入		64,911
木材部	高橋良一滞貸金編入額	21,117	石炭部	中島商事滞貸金		63,450
門司	米澤商店滞貸金	20,000	漢口	漢口糸廠出資額滞貸金に編入		62,870
木材部	大岩嘉助滞貸金	17,111	カルカッタ	Dey Nundy sleo 滞貸金		49,558
門司	妹尾万次郎滞貸金	17,000	漢口	漢口糸廠株券550中株主藤和祥外3名立替金滞貸金		48,681
倫敦	漢堡店戦前共同勘定為替差額	16,330	上海	大正11年上季北京政府国庫証券利息未収分		47,498
名古屋	織田商店滞貸金準備金に戻す	16,283	天津	中根洋行回収不能売掛金滞貸金に編入		44,828
上海	同慶貸金の内滞貸金に振替	16,129	三池	芹田小八滞貸金		44,634
シドニー	Phoenis Bos & Timber Co. 滞貸金	15,812	三池	福島清次滞貸金		39,800
小樽	久田長次郎滞貸金	15,631	三池	田中忠太郎滞貸金		35,900

		青島	西華公司前渡金滞貸金へ振替	26,897
		台北	入金遅延勝に付滞貸金に振替　高砂麦酒会社（当社手形貸金）	26,186
		大連	野中忠太滞貸金	26,176
		石炭部	磐越礦業株式会社滞貸金	25,927
		石炭部	浅見石炭商会滞貸金	21,462
		大阪	茂木合名会社延滞売掛金滞貸金へ振替分	21,196
		木材部	堀川松太郎	20,530
		台北	汕頭共和昌滞貸金	18,424
		台北	黄協豊貸金勘定	16,765
		浦塩	日露商会貸金残	15,102
		台北	高源発（当方貸金勘定）入金遅延勝に付滞貸金に振替	15,000
		京城	竜野三之助貸金滞貸金に振替	14,078
		倫敦	倫敦店戦時固定勘定穀肥勘定	13,396
		京城	東洋亜鉛社貸金滞貸金に振替	13,223
		石炭部	小松慎三郎滞貸金	12,477
		香港	宏義号滞貸金	12,216
		台北	栄興貸金勘定の内綿布値合金滞貸に振替	11,000
		名古屋	前□商店に対する貸金滞貸金に編入	10,800
		泗水	Prive Michre & Co.	10,631
		シアトル	F.M.Fair Bank. & Co. 渡青豌豆	10,151
		その他		322,505
合計		921,158	合計	3,763,574

出典：「三井物産元帳」より作成。

　の徹底的な姿勢が読み取れる。こうした指令を受けて、各店では不良債権の洗い出しとその処理を徹底化したが、結果として、同社の滞貸金の損失処理額は1916年下期に92万円であったのに対し、1921年下期には376万円、1922年上期が164万円、同下期には1,346万円と、3期合計で1,886万円という巨額に達した。表9-1は現存する元帳に挙がっている滞貸金のうち1万円以上の件名を示したものである。国内外の幅広い店舗で大量の滞貸金が発生している状況がみてとれよう。

　なお、1922年以降の帳簿が現存しないため滞貸金のその後の推移は不明だが、20年代半ばにかけて不良債権の額は高位で推移したと思われる。1926年の支店長会議での報告によれば、「営業各店ノ普通債権ノ内最モ重要ナルモノハ売掛ト手形ナリ、大正14年下期末ニ於ケル売掛金ト手形ノ総額ハ金1億1,800万円ニシテ、社外取扱高5億7,700万円ニ対シテ約2割ニ相当スル割合ナリ、而シテ其内延滞セル売掛金及継続手形ハ合計1,730万円、内3カ月以上売掛トシテ

小樽	秋野平蔵滞貸金	12,628	三池	羽犬塚石炭会社滞貸金		27,804
蘭貢	Mazooo Bros に対する滞貸金	12,189	長崎	松本文治滞貸金		26,000
大阪	井原由商店滞貸金	12,061	長崎	小山豊安滞貸金		25,431
カルカッタ	Spruff Bose & Co. 滞貸金	10,775	倫敦	ハンブルグ出張所勘定魚油		24,956
木材部	加藤貞祐滞貸金	10,422	京城	亀谷愛介滞貸金		22,498
上海	阿彦貸金勘定の内滞貸金に振替	10,000	石炭部	飯島辰四郎滞貸金		13,853
門司	大塚俊平滞貸金	10,000	京城	世泰輿滞貸金		13,490
その他		106,800	三池	七條熊十滞貸金		11,599
			上海	関口洋行貸付残滞貸金に編入		10,848
			その他			1,067,255
合計		1,637,967	合計			13,461,293

延滞セルモノ445万円ナ（り）」と報告されている[7]。このように三井物産では、1920年代前半に取引先信用に関するリスクの増大によって全社的な債権管理の問題が重要な経営上の課題となっていたのである。

②三菱商事における「不始末事件」

こうした状況は、戦後恐慌を乗り切った三菱商事の場合も同様であった。三菱商事でも1920年代には取引先の信用不安に伴う経営上のリスクが高まっていた。この点をこの時期経営上の問題となった同社の「不始末事件」をまとめた表9-2によって確認してみよう。同表に見られるように両大戦間期にかけて三菱商事ではたびたび取引先信用不安に基づく損失が社内で問題になっていた。このうち、1920年代の状況を確認するため大阪鉄管商会売掛金焦げ付き事件と大正製糖委託買付事件についてみよう。

大阪鉄管商会売掛金焦げ付き事件は八幡製鉄所鋼材取引に関連して発生した

表9-2 三菱商事における「不始末事件」一覧

時　期	件　名	場　所	摘　要
1919年12月・1920年3月	硫安取引不始末	名古屋支店	
1921年4月	砂糖取引不始末	漢口支店	
1920年	油脂取扱規定違反	神戸支店	2、3月頃油脂取引規定に反し制限外の取引をなし且制限外の報告をなさざりしもの
1922年12月	関東丸積荷保証事件	船舶部	
1922年6月以降	大阪鉄管商会売掛金こげつき事件	金属部・大阪支店	同商会に対し本部の承認を経ず制規外の取引をなし、巨額の売掛金を生じたにかかわらず同商会を妄信し、回収に機を誤り多大の社損を醸すに至れるもの
1923年	大正製糖委託買付糖事件	食品部	12月以降、大正製糖会社委託砂糖買付に付信用限度に関する制規に反し、独断の処置をなしたる結果、多大な社損を醸すに至れるもの
1927年	有芳部引渡不始末事件	上海支店	
1929年	謝錦春事件	上海支店	9月以降、錫取引に於て買弁および予約先保証人の信用調査を怠り漫然制規外の取引をなしたる結果売掛金回収不能に陥りたるもの
1931年	暹羅国蘭貢局納車亜鉛引板事件	新嘉坡支店	8月中在バンコクの仲介人より灌漑局納と称し亜鉛引板引合を受けたるがその虚構なるに気付かず仲介人を過信して現品を積送りたる結果多大の社損を被るに至れるもの
1932年	平壌出張員不始末事件	平壌出張員	8月以降硫安反石炭取引に於て出張員の専断により信用取引を敢てし、少なからず未回収金を生じたるもの
1933年	タイル取引不始末事件	上海支店	9月中支那へタイル売約に際し上司の承認を得難きため相手と通謀し、従来取引関係ある邦人商社へ売約するもののごとく装い現品引渡しの結果少なからず社損を醸すに至れるもの

出典：三菱商事［1986］170頁および「取引並信用限度運用ニ係ル件（早川茂三よりシアトル支店長宛書簡）」1935年7月17日（E42/C428）より作成。

「不始末事件」である。八幡製鉄所の鋼材払下げは、2、3カ月の先物を少数の大手商社が引き受け、これを傘下の東西問屋に売り繋ぐことになっていたので、下請問屋の有力筋と結びつかないと八幡品の引受けは不可能であった。三菱商事では、小泉澄の個人経営の色彩が濃かった資本金20万円の株式会社、大阪鉄管商会に対して、第一次大戦中に関係を深めるなかで取引量が増大した。三菱商事の大阪支店では大阪鉄管商会を利用して八幡先物買付を企図し、三井物産傘下の三井組合に対抗して大量の買付を行ったとされる。しかし同商会は関東大震災復興用鋼材の大量見込買付を行い、さらにその着荷が遅延するなかで、八幡、日本鋼管、東海鋼業等からも思惑取引を拡大したところ、市価崩落によって巨額の損失を蒙った。同社に対しては、同業者や銀行筋も警戒していたが、二重帳簿によって表面を糊塗していたこともあって、大阪支店では「巨額の売掛金を生じたるに拘らず同商会を妄信」した。その結果、1926年の破綻によって回収不能額が約200万円にも上ることとなった。そしてこの事件は、後述する同社の信用限度制度の制定の直接的なきっかけともなった[8]。

　次に大正製糖委託買付糖事件を見よう。同事件については加藤健太がその内容を詳しく分析している[9]。加藤に拠れば、三菱商事では1924年、砂糖取引の拡大を企図するなかでジャワ糖買付けの名人と称される中出久蔵によって急成長を遂げていた大正製糖に対して、150万円を限度にした90日サイトの手形支払を条件に新規取引を開始した。三菱商事では、スラバヤ出張所を独立させてジャワ糖買付けを本格化させた時期にあたる。しかし、大正製糖の高収益はごく短期間で終わり、25年以降、利益率は大幅な低下を余儀なくされた。同社の業況が厳しくなるなかで、同社に対して「支払振ハ最モ確実ナリキ」と評価していた三菱商事では、28年7月に中出社長から同社製品の内地および輸出一手販売と原料糖の一手買付の引受けと信用限度の増額の申請を受けて「諸種ノ事情ヲ考合シ篤ト研究ノ結果先方申出ヲ納ル、ヲ以テ当社今後ノ利益ヲ擁護スル唯一適切ノ途ナリシト思量シ」、一手取扱と信用限度の200万円までの増額を承諾した。しかし、三菱商事と一手販売契約を締結したわずか2カ月後の1928年9月に同社は破綻する。三菱商事では信用限度の増額に際して、貸し倒れリス

クの軽減を狙って担保の積み増しを画していたものの、工場はすでに政府と社債権者の手で押さえられており、実質的な担保価値は極めて低かった。結局、1929年7月時点における債権額は218万7,700円に及び、役員保証や自社名義となった物件・権利等の回収以外に、最終的な損失として180万円を計上することとなった。その責任は担当者の更迭という形で追求され、三宅川会長ほか高橋、加藤、山岸の常務3名が辞表を提出して山岸慶之助のみが受理され、さらに田中丸祐厚食品部長が「事情斟酌ノ上別ニ處罰ヲ行ハス依願解雇」となったほか、吉武徳三食品部副長、食品部在勤の川津勝雄と田中清三郎にはそれぞれ降等と譴責の処分が下されたとされる。この二つの事件からもわかるように商社の取引先信用の管理如何は役員処分をも伴う重要なリスクへと発展する可能性を有していたのである。

とりわけ三菱商事の場合、両事件ともに、後発商社として鉄鋼や砂糖など新規商権獲得のための参入過程で与信管理を誤って大きな損失を計上する結果となった点が注目されよう。

(2) 海外店舗ネットワークの拡大と信用調査機関

こうした商社独自の取引先信用制度が必要となった背景に海外における取引先信用情報把握のための制度である信用調査機関の不備があった。この点について、1921年の新聞は次のように伝えている。

　　近時一般経済界不況の為戦時中設立又は拡張された海外商社の信用状態の頗る怪しいものが少くなく英国マンチェスターでは印度其他の綿糸布輸入業者で支払の円滑でないものにつき黒表を作成して相互の参考に供している。殊に我国では組織立った海外商社の信用調査機関が欠乏し殆ど絶無という有様で海外に支店出張所のない中流以下の貿易業者に取っては近頃の不況時代にはその不便不安を感ずること最も深甚である。今迄は取引銀行又は興信所に依頼していたが銀行はその調査の結果の真否如何に就ては何等責任を負わずその調査の結果も23箇月の後ならでは入手することが出来ないのみならず高い料金を支払って電報にて調査方を依頼しても単に良

好なる状態財産相当又は潤沢等漠然たる回答しか得ることが出来ない。斯く銀行による信用調査も貿易業者の望む様な第一等の回答を得られない。興信所の報道も亦杜撰極まるもので到底安んじて取引出来ない。米国ではダン・ブラッド・ストリート等の発行せる信用調査簿、英国では信用紹介等が今の所英米取引先の唯一の拠るべき資料位なもので印度、爪哇、濠洲等に於ける商社の信用状態は到底判然と知り得ない現状である。我国にも農商務省の発行にかかる海外取引先紹介に関するもの例えば「内外商工時報」などあるが単に商社の名称所在地取扱商品名等を羅列するに止まっている。曩に農商務省で決定した商務官の報告が責任あり正確なるを要するのは勿論であるがこれのみを以てしては到底海外商館の十分な調査の出来よう筈がないから貿易業者相互に協同して何等かの方策を講究する必要があると謂われている[10]

　こうした状況を受けて世界各地で活動する商社では信用調査機関の情報を活用しつつも、積極的に独自の情報収集に努めていた。例えば、オーストラリア（シドニー）における取引先信用調査の方法について、三井物産シドニー支店の取引先信用を管理する勘定掛の引継書では次のように説明している。

　　当地興信所ハ R. G. Dun & Co. Merchandise and Traders Association ノ 2 軒ニシテ各々所定申込用紙ヲ送付シ来リ居ルヲ以テ必要アル時ハ之ニ取引先ヲ記入シテ申込ミ置ケバ間モナク之ニ対シテ Report ヲ送リ来ルナリ……此ノ報告ハ内地ノ興信所如クニハ参ラズ抽象的ニ記シ居ル事多ケレ共之ニヨリ商内ノ目安トシテ行ク事ニ先ヅ差支ハナキ様ナレ共調査課ノ限度申請書ノ如ク具体的数値ヲ要スルモノニハ物足ナキ感アリ、シカシ之丈ケガ当州ニ於ケル興信所ノ全部ナレバコノ方面ノ取調トシテハ是以上ハ如何トモ致方ナキ次第ナリ……信用調査ニ就テ銀行ニ問合ス場合ニモ事情ハ日本ニ於ケルガ如クニハ決シテ参ラズ不満足ナルモノナリ、之亦当地トシテハ止ムヲ得ザル処ナルベシ……同業者ノ風評ハ信用調査事務ノ上ニ重要ナル一ツノ項目ナリ、勿論之ハ勘定掛デハ出来ヌ事ニテ売買担当者ヲ信頼スルノ外ナシ、シカシ『セールスマン』ニ頼リ居ル事ハ往々ニシテ商売ヤ

リタサニ間違ツタ事ヲ聞イテ来ル恐レアルニヨリ勿論『セールスマン』ニモ色々聞クモ他方之ヲ丸呑込ニセヌ様チェックスル処ナカルベカラズ」[11]

このように海外店では、興信所の利用を前提とするものの、それら情報の不完全さを現地店での情報収集で補完していたのである。三井物産の本店側でも各支店に対して、後述する信用程度の申請に際して、「興信所調査報告書ハ可成本申請書ニ添付スベシ」として、興信所の情報の提出を求めていたが[12]、他方で、「取引先ノ信用調査ニ付テハ興信所ノ報告、取引銀行、仲買人、同業者ノ報告等ヲ参考トスベキハ勿論ナレ共之ヲ盲信スルコトナク咀嚼研究シテ取引先ノ真相ヲ知ルノ要アリ、随テ掛主任ガ克ク其店舗ヲ訪問シ其首脳者ニ接触スル機会ヲ多クシ尚其主要取引先ニ対シテハ支店長又ハ其代理者ニ於テモ親シク店舗訪問及首脳者接触ノ実行ニ努ムルコト肝要ナリ」とし、「興信所報告ノ資産負債ノ数字ニ古キモノ、特ニ修飾ヲナスモノアリ又取引銀行モ当社ト利害ヲ異ニスル場合等ニハ無責任ノ報告ヲナシ之ガ為メ大ニ誤マラレ損失ヲ蒙リタルコトアレバ之等ヲ鵜呑ニスルコトナク研究ヲ要ス」と利用に際しての注意を喚起していた[13]。

このように与信管理の前提となる信用把握のための外部制度が未整備な状況の中で、各地支店における信用把握能力は商社の競争力を規定する重要な役割を果たすこととなったのである。

第2節　取引先信用限度制度の確立

(1) 三菱商事における取引先信用限度制度の導入

三菱商事では相次ぐ「不祥事事件」を受けて1925年に取引限度および信用限度制度が新たに制定された[14]。この信用限度の骨子は①取引相手方に対して取引残高制限を設定し、受渡遅延・受渡不能・回収遅延・貸倒れ・相場変動などによる損失の発生を防止する（取引残高制限）。②個々の取引先に対して売・買それぞれ取引限度を設定し、信用取引の場合は、許容する残高総額および条

件を設定（取引先信用限度）する。③部長および場所長の裁量による取引・信用限度の設定（部長取引限度15万円、信用限度5万円）し、それを超える場合には常務取締役が決裁とするという内容であった。

とくに三菱商事の場合、信用限度の審査の主体は後述する三井物産が本店調査課であったのに対し、各商品部である点に特徴があった。例えば機械部の場合、1930年に同一の取引先に対して、たとえCash On Deliveryで与信がなくても買付・売約とも1万円を超える（欧米店舗を除く）取引に際しては本部（機械部）への伺出が必要となり[15]、さらに1931年には従来、規制が緩やかであった欧米各店舗における信用限度についても買付取引限度3万円（信用限度1万円）、売約取引限度2万円（信用限度3,000円）を超える取引については、「本部経由伺出ノ上常務取締役ノ承認ヲ受クルモノトス」とされた[16]。同社では、一定範囲での支店長裁量を容認しつつ「場所長（支店長）裁量範囲ヲ超過スルトキハ部長ハ常務取締役ノ又場所長（支店長）ハ部長ノ承認ヲ受ク可シ」[17]という原則の下、担当常務取締役が商品部部長を、商品部部長が場所長（支店長）を審査するという方法で取引先信用の管理制度が構築されていったのである。

ただし実態面で部によるモニタリングがどれだけの効果を挙げていたかについては考慮を要する。一例として穀肥部（農産部）によるシアトル支店に対して与信管理の改善を求めた事例をみよう[18]。1930年1月の書簡では、穀肥部長よりシアトル支店長に対して、「当方限度詮議ニ対シテハ何等カノ材料ナクシテハ之ガ適当ナリヤ否ヤヲ決定致兼ヌル次第ニ付限度設定被致度キ先ニ対スル資産信用状態其他ニ対スル調査書ハ無漏送附ノ事」と同支店の申請の不備を指摘していた。これに対する返信（4月）でシアトル支店長は「出来得可クバ各種調査書送付省略ノ事ニ付貴方御了解ヲ得度ク当方特殊ノ事情モ申述ベ置キタル次第ナルガ……今後ハ凡テ伺出ノ上御承認ヲ得ル事ニ致シ度ク」と応えた。しかしその後の農産部長の書信（12月）では「貴方御申立ヲ見ルニ限度設定先ハ63店ノ多キニ及ビ且各店夫々ノ限度モ相当多額ニ上リ居レルガ従来貴方取引実績ヲ見ルニ其引合先ハ僅ニ数店ニシテ亦一取引金額期間総額4、5万弗ニ不過……各地ニ於ケル斯業者ノ店名ヲ羅列シ其申立理由ハ勿論取引商品名見込取

引数量相手方信用状態等ニ付何等ノ説明ヲモ附セズ漫然御申立相成ルガ如キハ限度設定ノ趣旨ニ反スル」と再び改善の指摘を受けた。これに対する翌年のシアトル支店長の返信（2月）として「前回取引店多数ニ亘リ限度申請シタルハ穀類主トシテ豆類取引先多数アリ加フルニ一定ノ輸入商ヨリ買入ル、ト云フヨリモ少シニテモ安キ offer ヲ漁リ廻ルヲ普通トスル状態ニアリ其都度一々電信ニテ限度伺出ヲ為ス手数ト冗費ヲ節約スル趣旨ニ出デタルモノナルガ今後ハ貴方御指図ニ依リ予期セザル取引店取引額増加ニ関シテハ其都度限度追加申請ノ事ト（したい）」と答えている。本部からの指令に対して表面上は従う姿勢を示しつつも、たびたび改善要請を受ける支店の様子からは本部のモニタリングが必ずしも円滑に機能していない状況が読み取れる。

　こうした管理の状況について、同制度を取り上げた川辺信雄は、本社が各部および各事業単位長に対して取引先信用限度に関する指示をしばしば出したものの、遵守されなかった点を指摘し、その事例として、1935年に南太平洋および中国に存在する支店の活動を調査した検査官によって、複数の支店で信用限度を超えた取引が行われ、他の支店では支払期日を過ぎてもまだ債権を回収していなかった点が発覚した事実を挙げている[19]。

　ただ一方で信用限度制度も導入された20年代から30年代へと時期を経るに従って、部でも次第に審査能力を向上させつつあった状況も確認できる。例えば、先に取り上げた穀肥部からシアトル支店に向けた書簡には次のような指摘もある[20]。

　　貴方第22期取引並ニ信用限度ニ係ル1月18日附第17号貴信御申越ノ取引先中左記

　　Longview Grain & Elevator Co. Continental Grain Co. Louis Dreyfus & Co. Northern Grain Co. United Grain Growers ハ何レモ新規取引先ナルカ右ノ内 Dreyfus ノ如キ有力ナルモノト今日迄御取引相成ラザリシ事情如何、又右各取引先ノ旧鈴木商店トノ取引関係ハ如何相成リ居リタルヤ御取調ノ上御回示相煩度、尚申迄モナク吾社ノ取引方針ハ鈴木商店ガ採リ居タル方針トハ根本的ニ異リ居リ貴方小麦新規取引先ニ於テ吾社ノ取引方針ヲ鈴木

商店ノ夫ト同様ニ解シテ取引ヲナス如キモノニテモアラバ到底永続的取引不可能ナルノミナラズ延テ吾社小麦取引ノ円満ナル発展ヲ阻害スル事モ可有之旁気付カザル処ニ事故発生スルカ如キ事無キヲ保シ難シ……

支店からの情報を鵜呑みにするのではなく、具体的な取引先を挙げて、その内容を問い質す姿勢からは部による審査が続けられる過程で取引先情報が次第に蓄積されていった様子が見て取れよう。この点について、1930年代の台湾の三菱商事の動向を分析した谷ヶ城秀吉は、後発である三菱商事が当該地における競争力を向上させた理由として、高雄支店の肥料取引において信用程度の低い肥料商に対しても積極的に取引を拡張していた点に触れて、同社の取引先信用に関するリスク管理制度が機能していた点を指摘している[21]。この点については、次に三井物産の事例を検討しながら比較してみたい。

(2) 三井物産における取引先信用程度制度の強化

三井物産でも1923年には新たに「取引先信用調査事務取扱規程」が制定された。ただし、同社ではこれ以前にも与信管理に関する規定はすでに存在していた。同社における信用程度制度は、明治20年代後半から棉花・綿糸の取扱を通じて紡績会社と綿密な関係を結んだことに端を発している。この紡績会社に対する信用調査と信用程度の設定は、その後、その他の取引先にまで拡大され、明治34（1901）年に「取引先信用程度経伺規程」として制度化された。しかし、このときの「規程」は、まだ調査項目とそれに簡単な説明を付したものに過ぎず、全社的に取引先信用リスクを管理するものではなかった。その後、前述のように1923年になると、こうした取引先に対する信用調査の方法と信用程度設定が成文化され、「取引先信用調査事務取扱規程」が制定されたのである[22]。さらに1924年には販売先だけではなく、買付先についても取引先信用の管理の対象となって範囲が拡大した[23]。

三井物産の取引先信用の管理に関する制度の内容について、規定が比較的整理された1929年の改正時点を例に確認しよう[24]。三井物産では各支店が本店に対して申請する取引先の信用限度を「信用程度」と称したが、これら信用程度

には第一信用程度、第二信用程度、特別限度、臨時限度の4種があった。第一信用程度とは「売掛金及受取手形等当社債権ニ対シテ取引先ガ支払ヲ履行シ得ル安全且必要ナル最高限度ヲ定メ其回収不能ニ因ル損失ヲ防止セントスルモノ」であり、第二信用程度は「当社ノ売買約定残ニ対シ取引先ガ無事履行シ得ル安全且必要ナル最高ノ限度ヲ定メ其不履行ニヨル損失ヲ防止セントスルモノ」で、この二つが信用限度制度の中核を占めていた。その他、「根抵当（不動産）又ハ根担保（動産、有価証券）ヲ提供セル取引先」や「現金（保証金、積立金）ニ対シ普通信用程度ノ外ニ其範囲内ニ於テ更ニ信用ヲ与ヘントスル場合」の特別枠の特別限度と、「取引先ノ貯蔵スル原料製品」や「約定荷ヲ引渡シ之ヲ見返担保トシテ……既許可信用程度以外更ニ信用ヲ与ヘントスル場合」の臨時限度が存在した。三井物産の各支店では、取引先毎にこれら信用程度の限度額を申請の上、本店の了承を取る必要があった。なお、1929年の改正時より売掛金等の債権が1,000円以下のものや売買約定残高が3,000円以下のものについては、商品種別に一括してその合計金額に対して信用程度の申請をすることが可能となった。取引先の信用とは具体的には、「取引先ノ組織及当事者ノ内容」「取引先ノ営業並ニ資産負債状態」「取引先ノ人柄性格」「取引条件、支払条件」を指し、それら取引先の内容について、考査申請書を各店は定期的に提出し、審査を受けることとなっていた[25]。

　では、これら信用程度の管理はどのように行われていたのか。まずは、表9-3によって与信を管理する本店調査課の規模の推移から確認しよう。

　前述のように1920年代に入って過大な滞貸金が発生し、社内で経営上の危機が認識されており、厳格な管理が実施されたが、本店調査課はこうした管理強化の時勢に応じて大幅に強化された。表9-3によれば、第一次大戦後、三井物産全体の人員規模は大戦期に肥大化した人員の整理もあってその規模を縮小させたが、取引先信用を管理する調査課は18年の11名から21年には32名まで大幅に増員された。その結果、調査課職員の三井物産全体に占める比重は、大戦末に0.4％に過ぎなかったものが、1920年代半ばになると全体の1.5％程度占める主要部署の一つになっていった。しかも、1923年になると、調査課とは別に

表9-3 監督役・調査課人員数の推移

(単位:人、%)

	監督役	調査課(a)	本店本部(b)	全体(c)	a/b	a/c
1915年7月15日	—	11	83	1,603	13.3%	0.7%
1917年4月30日	—	10	93	2,246	10.8%	0.4%
1918年4月30日	—	11	128	2,799	8.6%	0.4%
1921年11月20日	—	32				
1923年10月31日	4	30	257	2,489	11.7%	1.2%
1924年10月31日	9	34	254	2,516	13.4%	1.4%
1925年10月31日	9	40	384	2,543	10.4%	1.6%
1926年10月31日	6	37	287	2,502	12.9%	1.5%
1927年10月31日	—	40	269	2,615	14.9%	1.5%
1928年10月31日	—	45	303	2,745	14.9%	1.6%
1929年10月31日	—	42	281	2,723	14.9%	1.5%
1930年10月31日	—	44	323	2,757	13.6%	1.6%
1931年10月31日	2	42	323	2,634	13.0%	1.6%

出典:各年度「三井物産株式会社職員録」より作成。
注:1)罷役、船員、造船部員を除く。
　　2)兼務者を含む。

　新たに監督役が設けられ、監督機能が強化された。監督役は1923年の職員録によれば、瀬古孝之助取締役が欧州在勤監督役を担当し、平田篤次郎取締役が米国在勤監督役、林徳太郎取締役が南洋、印度、豪州在勤監督役、丹羽義次が支那在勤監督役代理をそれぞれ担当しており、各役員が地区を分担して、与信管理にあたる体制が整えられた。取締役自らが出向いて実施検査を行うことでモニタリングの有効性を高めたのである。さらにこうした監督役役員による地域別管理の体制は翌年さらに強化され、新たに監督役附の職員が設置され、監督役の規模は1925年には9名にまで増員された。こうした監督役と調査課員による各支店のモニタリングの状況について、1926年の支店長会議では次のように説明している。

　　内外各地ニ散在セル部支店、出張所、出張員、派出員ハ其数実ニ125店ニシテ、而カモ世界ノ重要ナル市場ヲ『カバー』シ居ル次第ナレバ、調査課ノ限リアル課員ヲ以テ之ヲ定期ニ検査スルハ頗ル困難ナル事項ナルガ併シ近時ハ成ルベク繰合セ各店ヲ一年又ハ一年半ノ程度ニ於テ検査ヲ行ヒ居ル次第ナリ、尤モ印度ハ最近平田、林監督役巡回セラレ、親シク検査ヲ行

ハレタル事ニ付此方面ヘハ調査課ヨリハ派遣セザリシナリ[26]

　では、こうした与信管理は実際に機能していたのであろうか。滞貸金の徹底的処理が進められていた1922年の状況を確認するため、同年に行われたサンフランシスコ店（以下、桑港店と略す）のW. A. Plummer & Co.（以下、P社と略す）に対する申請過程を見てみよう[27]。

　同年、桑港支店では、P社に対して15万ドルの与信枠を申請していたが、その理由として次のような点を指摘していた。すなわち、同地における小麦袋商人が年々凋落し半減するなか大手筋に集約された結果、現存する大部分の小麦袋商はいわゆる「苦境ヲ切リ抜ケ云ハヾ精選セラレタルモノヽミニシテ直接消費者ト是等商人トノ間或ハ是等ト御得意先トノ間ニハ排他的ノ道筋通ジ容易ニ割リ込ミヲ許サヾルコト」を挙げて、これら大手筋との取引が必然であると訴えた。

　また、「P社ハ当地ニ於テBenns Bro Bag Co.及ビAmes Harris Neville Co.ト鼎立ノ姿ニ有之敏捷ノ点ニ於テハ白眉ト申可信用状態モ近来著シク増大シ特ニ経営者ハ極メテ着実、几帳面ナル点ハ稀ニ見ル所ニ有之候」とP社が主要3社の一角であることや「支払ハ常ニ正確ニシテ一回モ延滞ニ接シタルコトハ無之候」と同社の信用の確かさを挙げて、「太平洋沿岸ニ於ケル小麦袋ノ消費高600万弗ニ対シテ20万弗乃至21万弗位ノ信用限度ハP社ニ対シテ蓋シ過重ニ非ザル……当店ハ更ニ慎重ナル審議ヲ経テ之レヲ15万ニ削減シテ申請致候次第ニ御座候」と説明していた。

　結局、15万ドルの限度申請は5万ドルに減額されることになるが、桑港店は先の現状を訴えつつ、従来、本店がP社に対して許可した限度は1920年度が10万ドル、21年度8万ドル、22年度5万ドルと「暦年減少シ来リ居候次第　是レハ当地暦年売込事情ノ変化ト逆行スルガ如キ観有之遺憾ニ存候」と強い不満を表明していた。桑港店としては「小麦袋売リ込ミニ際シテ危険ノ分担ノ意味ヨリシテ出来得ル限リ多方面ニ亘リテ得意先ヲ持続シ各ニ得意先可及的平分ノ事、常ニ念頭ニ置キテ及申次第ニ有之候ガ上述ノ如キ売リ込ミ事情ノ変化ハ之レヲ完全ニ実行スル上ニ於テ多大ノ支障ヲ来スノミナラズ当店ノ最モ恐ル、所

ハ厳正ナル選択ヲ以テ得意先ニ危険ノ分担意ノ如ク行ハレズ、若シ危険ノ分担ニ重キヲ置クトキハ其分担却ツテ資金甚ダシキハ貸倒レヲ助長スルコト有之、健全ニシテ確実ナル少数商人ヲ除キテハ……季節ニ入リテ市場ノ動キノ取レザルモノ多ク……是等ニ対スル直接売リ込ミハ更ニ不測ノ危険ヲ伴フモノナルコト、当店既ニ3年前ニ経験セル所ニ有之、爾来是等ニ対シテハ直接且ツ現金引換ノ外一切取リ合ハザル方針ニ致居候」と厳格な制度の遵守を重視する余り、現実にそぐわず返ってリスクが増大する結果となることを切々と訴えた。

これに対して本店調査課次長から次のような書簡で5万ドルへの減額の理由を説明している。

　　W. A. Plummer & Co.ノ事　右社ノ件ニ付テハ南条取締役ノ命ニヨリ昨一日付弊状委細申上置候処、其後貴殿ヨリ武村取締役宛全社ノ事情御申越御承リ候由ニテ、全取締役ヨリモ篤ト相承リ候其趣一応御尤ニ存候ヘ共今全一ノ取引先ニ対シ余リニモ巨額ノ取引ヲ敢行スルト云フコトハ一朝相場変動ノ場合ヲ想像スレバ当社ノ損失ハ元ヨリ相手方亦立ツ可カラザル悲運ニ際会スル事モ可有之ニ付キ、夫ヨリハPlummer社ノ如キ貴店麻商売ニ対スル功労者ニ対シテハ永久ノ取引コソ望マシキ次第ナレバ、其ノ旨篤ト先方ニ御申聞ノ上、昨日弊状ノ通リ先方ノ取引先ト直接□更ノ事、全社ノ全意ヲ得難ク候ハバ……一定額ヲ限度ニ夫以上ノ荷物ハ貴店ニテ御保管ノ上、順次入金次第荷渡ヲ為シ新陳交替ヲ速ニシテ以テ全社ノ商売ヲ助ケ候様ノ御方針ニヨラレ候コト肝要カト存候、折角順調ニ運ビ居リ候全社トノ取引ヲ如何ナル場合ニ遭遇スルモ蹉跌スル事ナキ様互ニ飽クアデ確実ナル方法ヲトラレ度其段宜敷全社ト御交渉御□リ候様……[28]

最終的に桑港店のP社への申請は認められなかった[29]。この申請が行われた1922年は滞貸金が多額となるなかで全社的な保有リスクが高まり、監督役の新設など債権管理の徹底化が図られた時期にあたる。こうした時期にあっては、支店にとって取引上必要なリスクであってもその抑制が図られており、支店は本店の指示に従った。この点、先に三菱商事の穀肥部とシアトル店の往復書簡で確認したように後発の三菱商事が1920年代にはまだ充分なモニタリングが行

えなかった状況と比べると、三井物産の事例は対照的であるといえよう。

では、本店調査課は支店が保有する取引先信用情報の内容について、どこまで踏み込んだ審査を行っていたのか。三井文庫に所蔵される同社の廻議綴によって1924年3月以降の各支店からの申請がどのように処理されたのかを分析することが可能である30)。その結果をみると、現実には各店からの申請に対して、「妥当」として判断されるケースが多かったことがわかる。では、どのような場合に申請内容の訂正を求めたのか、1924年の申請からいくつか代表的なケースをみよう。第一は、当該地全般の経済状況から総合的に判断した結果、リスクの抑制が必要と判断したケースである。例えば、盤谷出張員の取引先信用程度申請に対して、「審査ノ結果同国財界ノ現状ニ鑑ミ又従来ノ取引振ニ徴シ稍々過大ト認メラル、モノモ有之候間別紙申請書ノ通リ訂正」するよう求めている。第二は、多数の店舗から集約した情報や過去に収集してきた情報によって一店舗の担当者が収集する以上に豊富な情報を有している場合である。例えば、香港支店の取引先信用程度申請に対して、「買付先集成（旧名協成）ハ商号ヲ変更シ居ル点並ニ其取引振ヨリ観察シテ同人トノ取引ハ見合セ度候」として、取引状況の経過から集成（協成）への申請の修正を求めたが、同年の漢口支店からの申請に対しても「同店新規売付先協成洋行賑房梁俊華ニ対シ第一信用程度銀壱両第二信用程度銀拾万両申請有之審査致候処右ハ確実ナル銀荘ノ荘票引換ニ荷渡ヲナスノ条件ヲ附スル必要アルモノト被認候」と協成洋行との取引に慎重な対応を求めたケースがこれにあたる。

(3) 支店による申請と本店の管理

しかし、最も質の高い取引先情報を保有する可能性を有しているのは支店であり、先に桑港店がP社の申請に際して訴えているように取引先信用を制限するだけでは将来性のある新規の取引先など事業拡大のチャンスを逃す結果ともなりうる。三井物産では、1927年には監督役も廃止され、この点で、滞貸金の一斉処理もある程度の進展をみたものと推察される。以下では、1930年代にかけて、支店が取引先の状況把握に努め、積極的にリスクを取って営業を拡大

していた状況について、1937年の桑港店の綿ボロ取引の信用限度申請書の状況を例に検討しよう[31]。

表9-4は桑港店の綿ボロの取引先の信用程度申請書を整理したものである。同表によれば、No. 40の取引先の自己資本が41万ドルに対して、No. 59の取引先は1,551万ドルとはるかに巨額であるが、取引年数が反映されて、No. 40の方が与信枠を大きく設定している。同様に No. 58の取引先は No. 55や No. 56の取引先に比して総資産は少ないが、前年度の資産増加と多年の取引関係を反映してリミットが増額（No. 55, 56より大きく）設定されている。とくに No. 48の取引先は過去に破産等の経験もあり、資産内容の公開もされておらず、No. 56と同程度の総資産しかもたないにもかかわらず、取引商品や取引額を大幅に増額している点が注目される。このように支店側も営業を拡張するため与信枠を獲得できるような情報収集に努め、多少のリスクがあっても営業を拡張できるような体制が確立していたのである。

実際、支店は限度枠の獲得に際して、どのような情報収集を行って信用枠の拡大に努めていたのか。以下では、1935年に申請されたシドニー支店ウィルミントン飯塚出張員による R. G. Kain 社（以下、K 社と略す）の申請過程を見よう。

まずは、シドニー支店の1935年度における同社の取引先考査信用程度申請書の内容は下記のとおりであった。

No. 55（Name）Kain. Reginald G. Ltd（Line of Business）Textile Merchants
新西蘭（ニュージーランド）市場ハ何レモ小都会ヨリ成ルヲ以テ之レニ適当ナル当社代理店物色中ノ処先般 Kain 社ヲ選定……（1）新西蘭市場ハ当地（シドニー）ト異ナリ小口商売多ク且ツ仲買人トシテ仕事ノ Risk ヲトリテ自己計算ニテ買取ルコトアリ（2）Kain 社ニ於テ製造工場ヲ持テル関係上之レヲ原料トシテ購入スル必要アリ（3）Kain 社ハ欧米諸国各□□□ノ十数□ノ新西蘭ニ於ケル代理店ヲナシ居リ何レモ90日乃至120日 Credit 商内条件

申請書ではニュージーランドの取引状況がシドニーと異なることから K 社

表9-4　1937年桑港信用

No.	Name (取引先)	Terms of Payment (契約条件)	Goods dealt with us (商品名)	Amount transacted (1935)	Amount transacted (1936)	Amount transacted (1937 Estimate)	No. 1 Limit of Credit Ordinary (1935)	No. 1 Limit of Credit (1936)	No. 1 Limit of Credit (1937 Applied for)	No. 2 Limit of Credit Ordinary (1935)
40	Dallas Waste Mills, Inc	60d/s T/A	Wiping/ Roofing Rags	15	—	40	5	—	15	25
55	A. U. Morse & Co.	90d/s sight under L/C which will be issued upon receipt of document □□後L/C □□ノ上90d/s saight draft ヲ取組ムコト ト成リ居ル為 メ、L/C入手 迄数日ヲ要ス	Wiping Rags	—	10	—	—	2	—
56	Kamen Wipe Material Co.	Sight drafut against Shippping Documents	Wiping Rags	—	—	10	—	—	—	—
59	Ruberoid Company	Net cash	Roofing Rags	—	14	30	—	10	10	—

第9章　両大戦間期総合商社のリスク管理　285

程度申請（綿ボロの一部）

(単位：1,000ドル)

No. 2 Limit of Credit (1936)	No. 21 Limit of Credit (1937 Applied for)	Rilation with us	Assets and Liabilities (単位ドル)				Recent Business Standing. Principal Customers and Their Reputation
			Fixed Assets	Current Assets	Internal Liabilities	Outward Liabilities	
—	40	多年来ノ当店 Rags 売付先ナリ	354,748	70,589	410,550	14,787	明治39年度ニ資本金4万弗ニテ創設セラレ次イデ大正5年40万弗ニ増資今日ニ及ブ。Woolen 及び Cotton waste ノ製造ニ従事スル Wiping Rags, Lintess 及 Mattress Stock 等ヲ取扱ヒ New Orleans, St. Louis, Chicago 及桑港北米国内有数ノ都市ニ支店ヲ有シ販売組織確立ス、幹部斯業ニ対スル経験ト相俟ツテ商況順調。火災ニ罹リタルコト二回、何レモ保険ニテ Cover セリ。現社長 Thomas 氏ハ会社ノ前身ヲ為ス上記商売ノ創始者ニテ昭和4年頃迄ハ同社経営ノ衝ニ当リ居タルモ
—	10	本年ヨリ新ニ開拓シタル取引先ナリ	3,154	85,680	58,910	29,924	Morse 氏ノ partnership ニテ昭和二十年小資本ヲ以テ創設、其後事業ハ引続キ好調ナリシ為メ、Morse 氏ハ相当ナ資産ヲ作リ殆ンド全部土地及株ニ投資現在時価約25万弗ヲ有ス。Cordage & Paper products 製造家代理店並ニ卸売リ成シ居ルモノニテ昭和五年以来全氏子息ガ当地ニ駐在太平洋岸商売ヲ監督シツヽアリ。Morse 氏ハ已ニ七十ヲ超エル老年ナルモ Kansas City ニ在住　全社事業ノ総監督ノ任ニ当リ居ルモノナリ。資本ハ大ナラザルモ製造家代理店トシテハ充分ノ資力アリ。Morse 氏自身
—	10	本年ヨリ新規開拓セル取引先ナリ	26,636	67,241	80,016	13,860	創立者 Kamen 氏ハ露西亜系帰化米人ニテ明治28年 Wichita Kansas 来リ屑物商売ニ従事其後事業益々順調…昭和4年ニハ Junk 商売ノ外ニ Plumbing Susupplier 及 Rags ノ新 Department ヲ開設自カラハ従来通リ Junk Business ヲ主催シ、子息…ヲシテ新設部門ノ経営ニ当ラシメツヽアリ、昭和10年度ニハ純益1万7千弗余ヲ出セリ。表記ノ如キ社名ハ昭和10年来ヨリ使用ス。多年ノ経験ヲ有シ信用厚シ。
30	30	昨年度ヨリ取引開始	10,721,693	5,805,693	15,508,984	1,018,401	社事業ハ1886年ニ開始サレ1921年ニ□□資本金 $2,400,000 トシ社名ヲ Ruberoid Co. ト変更現在ニ及ブ。建築用材料ノ製造販売ヲ業トシ、過去十ヶ年間ニ全種事業会社ヲ合併 control スルニ至リタルモノ五社ニ及ビ米国各地ニ二十余ノ工場ヲ有シ製品ハ広ク各方面建築同業者消費者ニ販売サレツヽアリ貿易会社ハ現在十一社ノ多キニ上

57	The Flintkate Company	Sight draft for 80% against document, balance Cash after inspection	Roofing Rags	—	—	30	—	—	10	—
58	Pink Suppy Co.	Sight draft against Rail B/L	Wiping Rags/ Cotton piece goods	—	4	15				—
48	U. S. Wiping Materials Corporation	Rags ノ取引ニハ net cash against D/O, Cotton Piece Goods ニ対シテハ10% cash advance, balance S/D or Cash against Documents.	Cotton Piece Goods/ Wiping Rags	4	8	50				5

出典：サンフランシスコ店「信用限度申請控」(1937～1938年) E67/C473より作成。

からの買取りが必要で、その際、サイトとして90日乃至120日の条件が必要であるとされている。この申請のもととなったウィルミントンの飯塚出張員からシドニー支店長へ宛てた書簡は次のようなものであった。

　　R. G. Kain terms of payment ノ事　Mr. Kain ガ貴役ヘ如何ナル sight ヲ許シ呉レ候ヤ書状シタリト申候、先日 Bank of New South Wales ヲ通ジ Kain ノ取引銀行 National Bank of N. Z ヘ毎月4,000磅宛ノ取引額トシ

						リ、更ニ最近…ヲ併合スルコトトセル由　基礎確実信用厚シ　当方ハ…全社支店ト主トシテ取引ヲ有ス
―	30	本年ヨリ開拓セル新取引先ナリ	3,702,916	5,514,397	8,143,206	1,074,106	Asphalt Roofing Material ノ世界的製造家ニシテ大正6年 Flintkate Manufacturing Co. of K. J. ノ事業ヲ継承今日ニ及ブ資本金＄6,346,437払込済ナリ。米国内、加奈陀及英国ニ傍系会社六社アリ。何レモ Roofing materials ノ製造並ニ販売ニ従事スルモノニテ全社ノ販売国ハ全世界ヲ cover スルト言フモ過言ニ非ザルベシ……豊富ナル資本、多年ノ経験並ニ確立セル販売網ニ依リ事業益々発展
5	15	多年来ノ当店 Rags 取引者ナリ		12,366 53,478		42,805 23,039	昨年度申請当時ニ比シ Total Assets ＄13,600余ノ増加ヲ示ス。Pink Suppy ナル社名ヲ其儘持続 Pink & Robbins 両氏ヨリ成ル Partnership ニシテ Wiping Cloths 其他 Towels、Sheets、Cotton Piece Goods 卸売業トス米国西北部ニ古キ得意先アリ。Pink 及 Robbins 両氏トモ Waste 及 Wiping Cloth ニ対シ深キ経験アリ、業者間ニ好評ナリ。両氏ハ相当ノ私財ヲ有スル由。
5	50	数年来ノ当店 Wiping Rags 取引先ニシテ昨年末ヨリ Cotton Piece Goods ノ取引ヲモ開始セリ。	詳細公表ナシ ※ Total assets ＄99,923 Liabilities ＄54,139		詳細公表ナシ		昨年申請書ニモ報告ノ通リ社長 Rosenburg 氏ハ弟ト共ニ Taits Inc 破産申請ノ際資産隠匿ノカドニヨリ Federal □□ヨリ□□ヲ受ケタルコトアリ又昭和9年末所得税滞納ノ為メ約1万5千磅ノ Penalty ヲ納付シタル等種々問題アリタルモ何レモ…処分解決。斯業ニ対スル多年ノ経験且熱心サニ依リ全社内容ハ昨年ニ比シ相当改善セラル。Rags 工場建設費ホボ全部他ヨリ融資ヲ仰ギタルモ現在＄18,000余ハ全部償却済ミ Current Liabilities ＄54,139ニ対シ Current Assets ＄68,2

テ此安否ヲ照会致候トコロ90d/s or 120 d/s ヲ与ヘルナラバ月4,000磅 All right 支払ノ出来ル見込アルニ非ザレバ Kain ハ商内ヲ進メヌノ意味ノ返事有之候、Mr. Kain ハ4 mos デナクトモ90d/s 位ヲ期待シ居ル風ニ候ガ斯様ニ長期ノ sight ヲ許ス事ハ同店ノ資本金10万磅年取引額7万磅乃至10万磅ヨリ考ヘテモ考物ニ候……Kain ノ4ツノ店ヲ一済ニ鞭撻、商内ノ増進ヲ計ル時ハ取引額ハ未ダ可ナリ増加スル見込充分ニアリ……60d/s ト腹ヲ

括リ置テ先ヅ『シドニー、メルボルン、Wellington 並々ニ30d/s ヲ許ス』
ト御返事置テハ如何ニ候ヤト愚考致申候……誰ニモ言ツテ呉レルナト申シ
テ話シテ呉レタルニ候ガ Paterson & CO ノ Mr. Paterson ト提携、資本増
加ヲ企テ居ル、Mr. Peterson ハ金持ニ有之、之ガ実現スレバ誠ニ結構ニ
テ……R. G. Kain 社ハ Management モ宜シク発展ノ見込多々アルト拙者
見受ケ候ガ資金潤沢ナラザル事ガ一ツノ欠点ニ候……本店ヘノ御申請書ハ
60d/s ト……希望……恐ク60d/s トセネバ出来マジクヤト考フルガ故ニ候

　K社について取引銀行に照会したところ、90日から120日のサイトが必要と
されたが、90日は同社の資本金に比して過大と判断するものの、他方、4つの
工場を持つ同社との取引は有望であり、同社の状況を考えると60日のサイトが
妥当であるとしている。ただしK社には30日と返答してはどうかとし、さら
に Paterson との提携による資本金の増加が秘密裏に進行しており、それが実
現すればさらに将来有望と指摘している。同申請の可否については史料上不明
だが、取引銀行や今後の提携関係など興信所からのレポートでは明らかになら
ないきめ細やかな情報を吸い上げて申請枠の獲得を目指す様子が読み取れよう。
その後、K社は Paterson との提携は難しかったようで、飯塚出張員は翌36年
の書簡でさらに Salgety 社との提携を試みるものの破談となったことに触れた
上で、K社では「Public Co. トナス計画ヲ立テ此程別冊ノ如キ Prospectus ヲ
配布」しており、「此増資計画ハ充分成立スル事ト信ゼラレ居当方モ其実現ヲ
……希望致居次第ニ候」と報告している[32]。

　以上の例からも明らかなように支店では相手先の条件の変更に関する情報を
積極的に挙げて取引先信用の申請枠の獲得のために尽力しており、先の桑港の
綿ボロの取引先信用の事例などはそうした支店による情報収集活動の結果を反
映したものといえよう。

　ただし、本店の側でもマクロ環境の変化など、全社的に保有しうるリスクの
総量を調整する必要が生じた際には、リミットの大幅な変更など全社的な条件
を変更して対応していた。この点を1930年の恐慌期とその後の回復過程の状況
から確認しよう。

1930年10月の取引先信用に関する注意書では、「財界非常時ニ於ケル信用程度ノ緊縮」と題して、次のように各店に指示が出された。

> 目下我財界ハ金解禁及世界的不景気ノ為メ物価転落止スル所ヲ知ラズ事業会社ノ蒙リタル打撃ハ実ニ惨状ヲ極メ今後容易ニ好転ヲ期待シ得ザルノミナラズ尚如何ナル大混乱ヲ現出スルヤモ計ラレザル際ナレバ当分ハ従来ヨリモ一層警戒ヲ加ヘ信用程度ニ付必要ナル緊縮ヲ心懸ラレタシ……支那、南洋、印度、欧米諸国何レモ近時一般不況ニシテ破綻者ヲ出シツヽアレバ従来ヨリ厳重ニ調査セラレタシ

この結果、1930年度の内地および台湾・朝鮮の信用限度について、「目下我財界ノ非常時ニ鑑ミ是等各店ノ信用程度ハ本年10月末限リ之ヲ撤回シ新年度分ヲ一新シ又取付中ノ担保ノ如キモ其実質及評価ヲ再審整理ノ上安全ノモノトセラレタク随テ至急新申請ヲナスベシ」としてこれまで許可されてきた申請の撤回と再申請を要請した。さらに特別限度の前提となる担保品についても「不動産ハ東京地方ニテ昨年来3割内外低下シ而モ買手僅少ナレバ場所ニヨリテハ今後一層ノ低落ヲ来スベキヲ以テ特別限度ノ引当ノ担保不動産ハ安全ナル評価ノ6割掛以下ニ止ムベシ」とし「有価証券特別限度ハ全払込済ノモノニテ第一流ノ確実ナルモノニ限リ時価ノ7掛以下ニ止ムベシ」とする指示が出された[33]。

しかし、金輸出禁止と為替下落に伴って日本経済がいち早く恐慌からの回復を果たすと、1932年10月の注意書では「財界ノ転換期ニ際シ信用程度伸縮刷新ノ事」と題して「昭和5年以降時局ニ鑑ミ特ニ信用程度引締方ヲ高調シ来リタルモ今ヤ我財界ハ金輸出禁止以来……大勢転換セントスルモノヽ如ク……当社取引先ノ信用程度申請ニ付テモ之等大勢ニ順応スル要アリ……限度ノ伸縮刷新、取引先ノ開拓ニ付キ特ニ注意ヲ払フベシ」と一転して新規取引先の開拓と「限度ノ伸縮刷新」など拡張路線を指示している。ただし、依然として景気回復が見られない米国市場については「同国ノ不況深刻ナリシ結果トシテ最近一ヶ年間ニ銀行商社ノ破綻セシモノ甚ダ多ク当社生糸等ノ取引先中有力ノ者ニシテ蹉跌ヲ来シタル者ヲ生ゼシハ注目ヲ要スル点ニシテ、今後同財界ノ好転ヲ見ルトモ尚急ニ警戒ヲ忽ガセニスベカラズサレバ『セールスマン』『クレヂットマン』

等ヲ一層鞭撻シ興信所、銀行ヲ利用シテ問合ヲナシ又特ニ貸借対照表ノ請求ニ努力スル等信用調査ニ付今一段ノ研究ヲ切望ス」と取引先信用の管理を徹底化するよう指示しており、また「満州国ニ於ケル信用程度」では「同国事業熱旺盛ノ結果引合ヲ増加スベシト雖モ一面資力薄弱ノ者、投機的ノ者モ多ク出現スベケレバ新規取引先ニ付テハ特ニ警戒ヲ要スベシ、殊ニ本邦商人ニ対シテ一層注意ノ事」と取引先国に応じてリスク管理に関する注意を促して個別の対応を進めた[34]。

　以上のように、三井物産の本店調査課では、全社的な対応が必要な大きな景気変動に際しては、地域ごとのリスクを把握して全社的な与信の方針を策定し、各店の与信を大枠変更して対応したのである。

おわりに

　1920年恐慌では激しい価格変動によって商社の破綻が相次いだが、それら価格変動リスクが低下した1920年代以降にも商社の破綻が続いた。その理由として、本章では取引先信用リスクに注目した。

　三井物産では1922年、各店に対して増加する固定債権を整理させる方針を通達して滞貸金の処理を進めたが、その額は22年下期だけで1,300万円以上に及んだ。こうした事態に対して、同社では翌23年に取引先信用規程を整備する一方、新たに監督役を設置し、20年代にかけて増強された本店調査課と合わせて各店へのモニタリング機能を強化した。他方、海外店では信用調査機関が十分に整備されていない状況下においては、商社独自の取引先情報の収集が競争力に直結する重要な要素であることから、各地で取引先情報の収集に努め、本社の認可を得て営業の拡張に勤めた。

　また本社では、こうした取引先信用に関するリスク管理制度の整備を通じて、20年代前半の固定債権整理や30年の世界恐慌の局面など全社的なリスク総量の増大に対応して、支店の保有リスクをコントロールしていた。

　新規商権の獲得のための参入過程で取引先信用の見誤りを数多く経験した三

菱商事でも、1925年、取引先信用リスクに関する管理制度が新たに制定された。冒頭の三宅川会長の引用文にも掲げたように同社ではこの時期、取引先信用のリスク管理の必要性が強く認識されていたのである。このように両大戦間期における商社にとって取引先信用リスクの管理は、その存続を左右する重要な要素となっていた。各地の支店では単なる興信所からの情報の把握といったレベル以上の取引先信用に関する情報を蓄積して個別のリスクを軽減しつつ取引先の拡大を図れる体制を整備する一方、世界的な規模で発生する大きな状況変化にも対応できるよう本社調査課（三井物産）や商品本部（三菱商事）のモニタリング機能の向上を図っていった。ただし、1920年代の三井物産と三菱商事を比較すると、両社の取引構成や組織、リスク選好やリスク許容度などの違いを考慮する必要があるものの、総じて本店調査課を中心に取引先信用制度を早期に確立した三井物産に対して、三菱商事ではそれら管理が徹底されない局面も見られ、相対的に劣位な状況がみられた。

注
1） 大島久幸「総合商社の展開」阿部武司・中村尚史『講座・日本経営史2　産業革命と企業経営　1882〜1914』（ミネルヴァ書房、2010年）197〜200頁。
2） 大島久幸・大森一宏・木山実編『総合商社の歴史』（関西学院大学出版会、2011年）111〜112頁。
3） 「売掛代金回収不能事件ニ係ル件（取締役会長三宅川百太郎よりシアトル支店長宛特別通知）」1928年7月13日（RG131/E42/C383）。
4） 総合商社の研究史、とりわけリスク管理に関しては、上山和雄『北米における総合商社の活動　1896〜1941年の三井物』（日本経済評論社、2005年）2〜10頁を参照のこと。
5） 三井物産における滞貸金については、粕谷誠『豪商の明治』（名古屋大学出版会、2002年）が1880〜1990年代について詳細に論じており（87〜108頁）、大正期については麻島昭一「戦前期三井物産の諸投資――明治末期〜大正中期の分析」『社会科学年報』（第41巻、2007年）がその処理を分析している（73〜74頁）。麻島によれば、滞貸金は合名会社期末に一旦整理された模様で、株式会社期になると元帳からその科目が消滅する。しかし、1916年下期には元帳に科目が登場し、その際、繰越がなくその期で処理が完結する仕組みに変わったとする（61頁）。

6） 「固定債権整理ノ事（武村貞一郎常務取締役から各支店長・各店勘定掛主任宛書簡）」1922年5月2日（E63/C1193）。
7） 三井物産『第9回三井物産支店長会議議事録』1926年、27～28頁。なお、同会議では普通債権のほかにも「固定債権ニ付テ見レバ本年上期末ノ現在高2,320万円、内1,060万円ハ対支債権ノ一部ニシテ、是レハ目下政府ニ於テ支那関税会議ニテ回収方法ヲ協議中ナレバ多分回収シ得ベキモ、永引ク見込ナレバ全部ノ回収ハ如何乎ト考フ」（28頁）と報告されている。
8） 三菱商事株式会社『立業貿易録』1958年、98～99頁。三菱商事株式会社『三菱商事社史』1986年、171頁。
9） 以下、加藤健太「大正製糖の経営破綻と利害関係者の選択──三菱商事と社債権者──」『三菱史料館論集』第11号、2010年、81～101頁。
10） 「海外信用調査」『大阪毎日新聞』1921年7月29日。
11） 三井物産「斯土寧支店勘定掛主任引継書」1928年。
12） 「附録　考査申請書記入作成上ノ注意」（「取引先信用程度ニ関スル一般注意事項（常務取締役出状附属書類）」所収）1927年9月30日（E71/C1426）附録5頁。
13） 本店調査課「取引先信用程度ニ関スル注意書追加事項（昭和8年度）」1932年10月15日（E71/C1426）5～6頁。
14） 前掲『三菱商事社史』171～172頁。
15） 機械部長「機械取引ニ対スル取引限度取扱方ノ件（機械部長より各場所長宛書簡）」1930年8月1日（E34/C653）。
16） 機械部長三島清「欧米各場所機械取引並ニ信用限度ニ係ル件（機械部長より各場所長宛書簡）」1931年3月16日（E34/C662）。
17） 機械部長三島清「売買両限度併置ノ場合ニ於ケル裁量限度ノ件（機械部長よりサンフランシスコ支店長宛書簡）」1933年10月20日（E34/C650）。
18） 穀肥部（1924年4月新設）は、1930年10月9日に廃止され、新たに農産部と肥料部が設置された。
19） 川辺信雄『総合商社の研究──戦前三菱商事の在米活動』（実教出版、1982年）123頁。
20） 「貴方小麦及小麦粉取引先ニ係ル件（穀肥部長よりシアトル支店長宛書簡）」1929年3月28日。
21） 谷ヶ城秀吉『帝国日本の流通ネットワーク──流通機構の変容と市場形成』（日本経済評論社、2012年）213頁。
22） なお、1925年度の信用程度の認可総額は買付先に関する第一信用程度が1億8,800万円、取引約定残を定めた第二信用程度が6億3,000万円、同じく買付先の

第一信用程度が1,300万円、第二信用程度が3億400万円の巨額にのぼっており、その使用額は25年末で売り掛け手形総額が1億1,400万円（使用率61％）、売約残が3億9,600万円（使用率63％）となっていた。

23）「従来信用程度ハ売付先ノミニ対シ与ヘラレタルモノナリシガ、大正13年ニ規則ヲ改正セラレ買付先ニ対シテモ信用程度ノ取調ヲ為シ且ツ売買約定残高ニ対シテモ最高限度ヲ定ムルコトヽナリ、随テ調査ノ範囲モ大ニ広メラレ各店ノ取調ベモ一層綿密トナリシハ誠ニ喜ブベキ現象ナリ、近来各店ノ信用程度ニ対スル考モ非常ニ進歩シ、其申請手続ニ付テモ大体ニ於テ規則ヲ遵守セラル、ニ至リ、其結果トシテ本支店ノ折衝モ次第ニ多キヲ加ヘ、為メニ本制度ニ対スル本支店間ノ意志モ大ニ疎通スルニ至リタルモノ、如シ」（三井物産『第9回支店長会議議事録』1926年、32頁）。

24）本店調査課「取引先信用程度ニ関スル一般注意書」1929年9月改正（E71/C1426）。

25）実際の考査報告書の様式ではその記入欄として、営業種類及当社取引商品名欄、契約書の支払条件及実際入金期間、信用程度申請額欄、取引高欄、特別限度欄、前年度当社取引特記事項欄、資産負債状態調、営業及金融状態欄、興信所調査報告書（場合により）が設けられていた。

26）三井物産『第9回三井物産支店長会議議事録』1926年、34～35頁。

27）以下、「W. A. Plummer & Co. 信用程度の事（桑港出張所長より本店調査課次長宛書簡）」1922年12月2日（E63/C1193）。

28）「W. A. Plummer & Co. の事（本店調査課次長より桑港出張所長宛書簡）」1922年12月2日（E63/C1193）。

29）「取引先信用程度ノ事　10月31日付貴状御申請シタル取引先12年度信用程度別紙合計……266弗ノ通リ認可□□候間御了承被□下度就中 W. A. Plummer & Co. ニ対シテハ12月1日及2日付当方出状ニ於テ□納得……御承知ノ事ト存候尚 Pacific fag Co. ノ代金支払期間欄ニ90 days T/A トノ御記載有之候へ共稍長期ニ失スルノ憾有之候ニ付充分御引締ノ上精々60日位ノ期間ニテ御取引御□リ候様致度……本店ノ所見陳述申上置キ候次第ニ御座候……尚々取引先ノ信用状態ハ常々変化ヲ免レサル次第ニ付キ……本店認可ノ信用程度ノミノ依頼スル事ナク御引合ノ都度必御考慮御□候様……取締役ノ命ニヨリ□□意置候也」（「本店調査課次長より桑港出張所長宛書簡」1922年12月9日（E63/C1193））。

30）ただし、1926年8月～27年8月末までの記録がなく、1927年9月以降の記述が大幅に簡素になっている。

31）三井物産における綿ボロ取引については前掲、上山『北米における総合商社の活動』が詳細に論じている（446～448頁）。コットンラグは、大きな木綿ボロを適

当な長さに切断し、機械・器具類の清掃用として消費されるワイピングラグだけであったが20年代に綿ボロを原料にルーフィングペーパーという建築材料向けの需要が急増すると日本からの輸出が急増した（同書446頁）。

32) 「R. G. Kain Ltd 増資計画ノ事 R. G. Kain Ltd. ハ資本金一万磅ノ Private Co ニ候処、利益金モ加ヘラレ居ルヲ以テ数実際ノ資本金ハ一万千磅ナルモ、四ケ所ニ店ヲ有シ積極的ニ商内ヲナシ居ルヲ以テ大抵銀行ニ三万五千磅位ノ over draft アリ資金ノ不足ヲ感ジ居ルモノニ候　先般　Salgety & Co トノ提携計画モ増資ノ為ニ有之、話ハ今一息ノ所迄進ミタルモ Salgety ニテ店ノ Control ヲ要求セルヲ以テ破談トナリタルガ其後 Kain ニテハ資本金七万五千磅ノ Public Co. トナス計画ヲ立テ此程別冊ノ如キ Prospectus ヲ配布致候　此増資計画ハ充分成立スル事ト信ゼラレ居当方モ其実現ヲ……希望致居次第ニ候」（1936年7月17日　ウェリントン飯塚よりシドニー支店長宛書簡）

33)　以上、本店調査課「取引先信用程度ニ関スル一般注意書追加事項」1930年10月11日（E71/C1426）。

34)　以上、本店調査課「取引先信用程度ニ関スル注意書追加事項（昭和8年度）」1932年10月15日（E71/C1426）。なお、同注意書では、中国に対しても「支那ニ於ル信用程度注意ノ事」として「排日ノ将来ハ満州国問題ノ根本的ニ解決スル迄ハ全ク未定ト云フノ外ナシ故ニ今後小康ヲ呈スルモ従来排日方法ノ深刻化シ故意ニ苦情ヲ付ケ荷受荷渡ヲ遅延セシムルモノアルニ鑑ミ取引先ノ系統素質ヲ調査シ徒ニ商内成立ニ焦ルコトナク、時局ノ推移ヲ考慮スベシ（南洋ノ排日亦之ニ準ズ）」と指摘している。

第10章　三井物産本店による支店モニタリング
——店内検査制度について——

吉川　容

はじめに

　本章では、アメリカ合衆国国立公文書館所蔵史料等を使って、三井物産の店内検査制度についてその概略を紹介し、それが支店統制において果した役割について考察する。

　支店の状況を適切に把握すること（モニタリング）は、支店に対する統制の前提であり、経営資源の効率的な配分やリスクの適切な管理のために不可欠なことであった。三井物産では、支店の状況を把握するために、支店からの諸報告（制度）、店内検査制度、本店から検査員を派遣しての検査制度などを設けていた。これらの制度を通じて、どのような情報が本店側に集約されていたのかを明かにすることは、本店本部（以下「本店」と略す）による支店統制のあり方、ないしは本店支店間関係のあり方を検討する基礎的な作業と位置づけられよう。

　本店においてモニタリングの中枢となっていた調査課の史料は残されていないので、モニタリングの実態は、支店側の史料から再現することになる。関連史料は支店史料の随所に分散しており、残念ながら現時点では、その総てを把握できてはいない。そのため、本章は、店内検査制度についてのラフスケッチに止まっていることをお断りしておきたい。

　なお、三井物産本店による支店モニタリングに関しては、藤田幸敏による明

治期を対象とした研究[1]がある。また、大島久幸の売越買越管理や信用限度管理についての一連の研究[2]のなかで、リスク情報の問題が論じられている。

第1節　店内検査制度の制定

(1) 店内検査規則の制定

　1910年1月8日付の達第2号によって店内検査規則が制定された[3]。設置の理由を語る資料は残念ながら見当らない。三井物産の株式会社への改組（1909年10月11日）直後の11月18日付で改定された営業規則では、第15条で「部長、支店長ハ少クモ毎月一回店内検査ヲ行ヒ其報告書ヲ本部ニ発送スヘシ」と定めていた[4]。それ以前の営業規則では、店内検査に関する規定は見当らないので、株式会社への改組と同時に、店内検査制度を導入することが決められたと見て良かろう。ちなみに三井銀行の場合、店内検査規定が制定されるのが、1903年10月であるから[5]、三井物産はやや遅れての制定ではあるが、それまでそうした制度がなかったとしても不思議ではない。なお、本章では取り上げないが、本店から派遣される検査員による検査は、1881年に臨時の制度として創設され、1886年に常置の制度となっている。

　制定された店内検査規則の全文は次の通りである[6]。

　　店内検査規則
　　　第一条　部長、支店長、出張所長、出張員首席ハ毎月一回店員中ヨリ検査員ヲ選ヒ当該店ノ業務並会計ノ検査ヲ行ハシムヘシ
　　　但本店ヨリ検査員ヲ派出シ検査ヲ実行シタル月並付属員ヲ有セサル出張員ニ在リテハ本文検査ヲ要セス
　　　第二条　検査員二名以上ヲ選定シタルトキハ内一名ヲ検査主任トス
　　　第三条　検査ハ左記ノ順序方法ニ依リ之ヲ行フヘシ
　　　但第二号以下ハ検査員ノ考案ニ依リ其順序ヲ変更スルコトヲ得
　　　　一、検査受命ノ即時現金並有価証券ヲ検査シ帳簿記載ノ残高ニ対照シ

テ相違ナキヤ否ヤヲ調査スル事
　二、銀行貸借並手形ノ受払ヲ検査シ帳簿記載ノ金高ニ対照シテ相違ナキヤ否ヤヲ調査スル事
　三、倉庫現在品ハ倉庫帳記載ノ残高ト符合スルヤ否ヤヲ検査シ併セテ在庫久シキニ亘ルモノハ其理由ヲ調査スル事
　四、許可ヲ受サル売越買越又ハ許可ノ範囲ヲ超越セル売越買越ナキヤ否ヤヲ調査スル事
　五、取引先ニ対シ信用程度ヲ超越セルモノナキヤ否ヤヲ調査スル事
　六、貸金、内貸金、前貸金、荷為替貸金、売掛金、約束手形ヲ検査シ併セテ性質不良ノモノナキヤ否ヤヲ調査スル事
第四条　検査員ハ検査結了後速ニ報告書ヲ調製シ部長、支店長、出張所長又ハ出張員首席ニ差出スヘシ
第五条　部長、支店長、出張所長又ハ出張員首席ハ前条報告書ニ意見ヲ付シテ社長ニ進達スヘシ

　部、支店、出張所、（付属員を有する）出張員を対象として、毎月 1 回の店内検査を義務づけている。店内検査の担当者については、店員中よりとあるのみで明確な指定はない。当時の各支店等の規程を見ると、上海支店のように勘定掛の取扱事務として店内検査を記している支店もあるが、それは例外的で、多くの支店等では規程には記載がない（勘定掛の事務として帳簿検査を記している支店等はいくつかある）。

(2) 1912 年の規則改定

　1912 年 4 月 29 日に店内検査規則の改定が行われた[7]。
　第 1 条、第 2 条、第 4 条、第 5 条については、従前のままで変更はなかった。検査事項を定めた第 3 条の「左記」部分について改定がなされた（第 3 条の本文と但書には変更なし）。「左記」の第一項、第二項は従前のままであったが、第 3 項、第 5 項、第 6 項が削除され、旧第 4 項が第 3 項に繰り上がり、新たな第 4 項として「其他部長、支店長、出張所長、出張員首席ニ於テ検査ノ必要ア

リト認ムル事項」が追加された。倉庫現在品、取引先信用程度、債権についての検査が明示されなくなったわけである。新規の第4項をどう解釈するかにもよるが、全体として簡略化されたと考えて良かろう。規則制定から1年3カ月余りの間施行してみて、支店等の現場が対応しきれなかったためではないかと推測される。ここで極力絞り込まれた検査対象は、現金と有価証券、銀行貸借と手形、そして売越買越であったということになる。

(3) 1910年代における店内検査制度の定着度合

制定された店内検査制度は定着したのか、支店長会議議事録から検討してみたい。1913年7月に開催された第2回支店長諮問会では、調査課長（人事課長兼務）・藤村義朗が調査課報告の中で「店内検査ハ極メテ必要ノモノナレトモ兎角形式ニ流レ易キ傾アレハ其辺宜シク注意ヲ煩ハシタシ、又或店ニテハ厳格ニ検査報告ヲ送ラル、モノアレトモ或店殊ニ大ナル店ニ於テハ此報告誠ニ後レ勝、若クハ全然送付ナキモノアリ」と発言している[8]。

店内検査規則制定から、3年半が経っているが、支店等の現場には十分定着していないことが伺われる。「形式ニ流レ」るという問題は、以後も繰り返し指摘されることになるが、規則が制定され本店からも言ってくるので形だけは実施するという支店側の対応が伺える。規模の大きな支店となると、報告の送付がひどく遅れたり、全く送付しない店もあるとのことである。大店の場合、業務が多様・複雑・大規模で検査の実施が大変だということもあろうが、実力も実績もある大店の支店長達は、店内検査なぞをしなくとも支店内を十分把握できるから問題はないと考えていた可能性もある。

1915年7月に開催された第3回支店長会議では、調査課長心得・田村實が、「……従来店内検査ハ甚タ不規則ニシテ之ヲ行フモノアリ或ハ全ク行ハサルモノアリシモ近来ニ至リテハ各店之ヲ励行セサルモノナク且ツ検査ノ仕方モ亦秩序整然トナレハ喜フヘキ事ト信ス、今後ハ可成実質ノ検査ヲ施コシ形式的ノ検査ニ流レサルト同時ニ店内検査書類ハ本店へ差出ス前支店長自ラ良ク之ヲ検閲シ正否共ニ事情ヲ知悉セラレテ店内検査ヲシテ益実効アラシムルコトニ勉メ

ラレンコトヲ希望ス」[9]と報告しており、この発言を信ずるならば、店内検査が各店で実施されるようになったことが伺える。今回も、店内検査が形式的検査に流れることを警戒している。また「店内検査書類ハ本店ヘ差出ス前支店長自ラ良ク之ヲ検閲シ正否共ニ事情ヲ知悉」するよう支店長の関与を要請している。

1919年9月の第7回支店長会議では、調査課報告の中で「店内検査ハ毎月一回励行シ報告書ハ店長検閲ノ上社長へ進達ノコトニ規定セラルルニ拘ラス兎角等閑ニ付シ励行セサル向キアリ、甚シキハ調査課ヨリノ督促ニ依リ申訳的ニ二ヶ月分ノ報告ヲ一時ニ調製送付シ来ルカ如キ有様ニテ形式ニ流レ殆ト効果ナキニ至レリ、唯門司、大阪、名古屋外数店ノ如キハ毎月多大ノ手数ヲ厭ワス模範的ノ店内検査ヲナシ報告書ヲ不欠送付シ来リツツアリ、店内検査ハ毎月一回厳重ニ励行シ直ニ報告書ヲ調製シテ本店ヘ提出セラレンコトヲ希望ス」[10]とある。まともに店内検査を行っているのは数店に限られているようであり、名前が挙げられているのは国内店のみである。門司、大阪、名古屋などは、国内支店の中でも中核店であり、本店との間の人の行き来も多く、本店からすれば、比較的状況のつかみやすい店である。本店として状況がより気になるであろう海外遠隔地の支店では、まともに取り組まれていなかった可能性が高い。一旦は定着した店内検査が、第一次世界大戦期の商売多忙のゆえになおざりにされるようになったとも考えられるが、あるいは先に紹介した1915年の会議での調査課報告が実態を反映していなかった可能性もある。第一次世界大戦直後の1919年2月から3月にかけて、各店の売越買越限度の実態について報告を求めたところ、従来の報告から本店が試算していた額の2倍以上の規模で売越買越が運営されていた実態が明らかとなり、それまでの各店による報告に「潤色細工」が施されていたことが露呈したが[11]、そうした限度超過や実態と乖離した報告を事後的にではあるがチェックする機能が一応期待されていた店内検査制度が、この時期には機能していなかったと見てよかろう。

なお、1916年の第4回、1917年の第5回、1918年の第6回、1921年の第8回の支店長会では、店内検査については特に触れられていない。

第 2 節　店内検査制度強化の試み

(1) 勘定掛主任事務取扱心得の制定

　1920年代に入ると、店内検査制度を実質的に機能させようとする本店側の取組みが打ち出される。

　その先駆けとして、1921年 7 月12日付で制定された「勘定掛主任任命並事務取扱心得」[12]と同日付の取締役出状「勘定掛主任任命並事務取扱心得制定ノ件」[13]によって、勘定係主任を店内検査の担当者とすることが明示された[14]。前者の「心得」において「四、勘定掛主任ハ必要アリト認ムルトキハ店長ノ同意ヲ得テ何時ニテモ店内検査ヲ実行スルコトヲ得此場合ニ於テハ速ニ検査報告書ヲ作成シテ店長、本部会計課長並調査課長ニ提出スヘシ」と定められ、これについて取締役出状では「是迄規則上常置検査員ヲ置キ得ル制度アリシモ適当ナル人ヲ得ルコト難ク、又之カ実行上ニモ困難有之候処、勘定掛主任ヲシテ店内検査ヲ実行セシメ（従来モ勘定掛ノ職務中店内検査ノ事項アルモノ多数ナリ）能ク之ヲ活用スルトキハ店長ノ店内監督上ニモ便利ナルヘク又常置検査ノ一部ノ目的ヲモ達シ得ヘク一挙両得ト存候」と説明している。また、この「勘定掛主任任命並事務取扱心得」において「一、各店勘定掛主任ハ総テ本店ニ於テ之ヲ任命シ本部会計課並調査課兼務トス」と定められた。これについて取締役出状は「勘定掛主任ハ従来トテモ本店ニ於テ之ヲ任命シタルモ此度本部会計課並調査課兼務ト為シタルハ会計課並調査課トノ連絡ヲ密ニシテ出来得ル丈無用ノ手数ヲ省キ度考ニ候」とやや曖昧な説明をしている。翌1922年 2 月に開催された第 3 回勘定掛主任会議における冒頭訓示の中で、常務取締役・武村貞一郎は「勘定掛主任ハ支店長ノ意思如何ニ依リテハ時ニ或ハ困難ナル立場ニ置カル、事アルベク之ヲ救済スル為メニハ其店内ノ勘定事務ニ関スル事ハ勿論業務ニ関スル事モ亦任意ニ検査シ得ルノ権能ヲ与フルノ必要ヲ認メテ更ニ諸君ヲ会計課並ニ調査課兼務ヲ命ジタル次第デアル」[15]と述べ、勘定掛主任の調査課兼

務には業務全般に関する検査の権限を与える意図があることを説明している。

(2) 1922年の規則改定

1922年以降、本店側の店内検査に対する姿勢は積極的なものとなる。

まず、1922年6月30日付で店内検査規則が改定された。以下がその全文である[16]。

店内検査規則

第一条　部長、支店長、出張所長、出張員首席ハ毎月一回調査事務主査及其他ノ者（但検査員自身ノ担当事務ニ就テハ他ノ者ヲシテ検査セシムルコト）ヲシテ業務並会計ノ検査ヲ行ハシムヘシ

但本店ヨリ検査員ヲ派出シ検査ヲ実行シタル月並付属員ヲ有セサル出張員ニ在リテハ本文検査ヲ要セス

第二条　検査員二名以上ヲ選定シタルトキハ内一名ヲ検査主任トス

第三条　検査ハ大体左記ノ順序方法ニ依リ之ヲ行フヘシ

一、検査受命ノ即時現金並有価証券ヲ検査シ帳簿記載ノ残高ニ対照シテ相違ナキヤ否ヤ

二、銀行貸借並手形ノ受払ヲ検査シ帳簿記載ノ金高ニ対照シテ相違ナキヤ否ヤ並手形及証書類ハ法律上ノ形式ヲ具備セルヤ否ヤ

三、許可ヲ受ケサル売越買越又ハ許可ノ範囲ヲ超越セル売買越ナキヤ否ヤ

四、売掛金等カ信用程度ニ超過シ居ラサルヤ否ヤ

五、売掛金、貸金、内渡金、立替金等ノ回収遅延又ハ不能ナキヤ否ヤ

六、長キニ亘ル在庫品、委託荷又ハ受託荷ナキヤ否ヤ

七、売買約定ニ対スル為替、運賃又ハ保険等カ適当ニ取扱ハレ居ルヤ否ヤ

八、各売買掛並勘定掛ノ記帳カ正確ニ且遅滞ナク行ハレ居ルヤ否ヤ

九、其他検査ノ必要アリト認ムル事項

第四条　検査員ハ検査結了後速ニ報告書ヲ調製シ部長、支店長、出張所

長、出張員首席及本部調査課長ニ差出スヘシ
　第五条　部長、支店長、出張所長又ハ出張員首席ハ前条報告書ニ関シ意見アルトキハ該意見ヲ付シテ社長ニ進達スヘシ

　第1条で、店内検査担当者について「調査事務主査及其他ノ者ヲシテ」との指定がなされた。これは、店内検査規則改定と同日に制定された「次長、副部長並常任代理者事務取扱心得」の「第二」において「次長、副部長又ハ常任代理者ハ当該店ニ於ケル調査事務主査タルヘキモノトス」と定められたことに対応したものである[17]。また同心得の「第五」では「次長、副部長又ハ常任代理者ハ店内検査規則ニ依ル定期検査ノ外必要アリト認ムルトキハ何時ニテモ店長ニ協議ノ上臨時ニ店内検査ヲ実行スルコトヲ得ヘク何レノ場合ニ於テモ速ニ検査報告書ヲ作成シテ店長並本部調査課長ニ提出スヘシ／但店内検査ヲ為ス場合ニハ勘定掛主任又ハ勘定掛員ヲ参加セシムヘシ」と定められた。これによって、店内検査の責任者は前年指定された勘定掛主任から「次長、副部長又ハ常任代理者」に変更されたわけである。これに対応して「勘定掛主任任命並事務取扱心得」の「四」は削除された[18]。形式的には店内検査の責任者の格は上がったと言えるが、店内検査に対して売買掛の意向が反映しやすくなった可能性もある。同時に、第1条では「但検査員自身ノ担当事務ニ就テハ他ノ者ヲシテ検査セシムルコト」との注記がなされた。これは検査を有効たらしめるためには当然の措置であろうが、これまで特に明記はされていなかった。

　第2条には変更はない。

　第3条では、「大体」の二文字が追加され、但書が削除された。具体的検査対象を指示する「左記」について見ると、第1項と第3項については変更はない。第2項は、末尾に「手形及証書類ハ法律上ノ形式ヲ具備セルヤ否ヤ」の文言が追加された。そして新たに「四」「五」「六」「七」「八」の5項目が追加された。1912年の改定で削除された、信用程度、債権、在庫関係の項目が復活し、為替・運賃・保険の措置と記帳事務遂行が新たに検査対象として明示されたわけである。旧第四項は「其他部長、支店長、出張所長、出張員首席ニ於テ」の文言が外されて新たな第9項となった。これは、必要性を認定する主体を支店

長等に限定しない（調査事務主査＝次長・副部長・常任代理者等をも想定する）ということであろう。

第4条では、報告書の差出し先に本部調査課長が追加された。店長を経由して（その意見も付して）社長へ提出し、それが調査課へ回るという従来のルート（これも第5条として残っている）とは別に、店長への提出と同時に本部調査課へ提出されることになった。これに店長による介入の余地を少なくするような実質的な意味があったかどうかは微妙である。

第5条では、「意見ヲ付シテ」が「意見アルトキハ該意見ヲ付シテ」に変更された。

(3) 1922・23年の本店からの指示

6月の規則改正後、翌年にかけて、本店から店内検査に関する指示が、立て続けに出されている。その第一弾が、1922年11月2日に取締役名で発せられた「店内検査執行上ニ関スル注意ノ事」である[19]。その全文は次の通りである。

　一、店内検査執行ニ関スル注意ノ事
　　店内検査ニ付テハ去ル六月三十日達令ニテ改定セラレシ候モ各店ノ報告ヲ見ルニ疎密区々ニシテ又兎角形式ニ流ル、傾有之候ニ付キ一層適切有効ノモノトナス為此度検査ノ方法程度等ニ付キ別紙ノ通相定メ候間御実行相成度殊ニ左ノ点御注意被下度候
　　　一、検査員ニ適任者ヲ選定シ機械的ニ流レサル様熱誠周到ニ検査ヲ行フコト
　　　二、検査期日ヲ一定セス変更シテ随時之ヲ行フコト
　　　　　検査開始及終了日ヲ報告書ニ記載スルコト
　　　三、検査員ハ検査当日ノ現在表ヲ作成セシムル代リニ定期ニ本店ニ差出ス最近ノ報告ヲ利用シ帳簿ト突合セ検査スルモ差支ナシ
　　　四、従来兎角各掛帳簿ヲ検閲セサル弊アリ仍テ之ヲ検査シ認印ヲ押スコト
　　　五、売買約定帳ト約定書ヲ突合スコト

六、為替運賃保険契約ノポジションハ数字ニテ示スコト
　店内検査ハ各店業務ノ実況ヲ斟酌シ検査規則ノ運用ニ努メラレ度候尚々右注意ノ点ニ付キ御実行出来難キモノ有之候ハヾ其事情並ニ貴見御申越被下度候

　上記文中に言う「別紙」は「店内検査執行ニ関スル注意」という文書で、全部で14項目に亘り、店内検査の手順、検査対象とすべき事項、突合は何と何についてなすべきかなどを具体的に提示している（章末史料として全文を掲載）。銀行勘定関係については、銀行の証明書を求め店内検査報告に添付するよう指示している。売越買越では、売買越現在高表に止まらず各売買約定帳簿に遡って「売買越高ノ正否」を検査するよう求めている。為替、運賃についても「当該掛ノ帳簿ニヨリ売買約定合計、為替運賃取極高合計並ニ其取極未済高若クハ取極過剰高幾何ト数字ヲ以テ示シ又保険モ同様当該掛ノ帳簿ニヨリ付保険物ノ価格ト保険金額トヲ対照報告ス可シ」とされた。さらに、帳簿記帳が的確になされているかのチェックも行うように求められている。このように具体的な検査方法が指示されたことによって、支店等としては、本店が求める店内検査の中身が明確となり取り組みやすくなった面もあろうが、これに従って毎月店内検査を行うことは、かなりの負担になったと思われる。

　さらに翌1923年3月23日の取締役出状「店内検査注意事項追加ノ件」で、上記の「店内検査執行ニ関スル注意」への追加が指示された[20]。

　一つは、第5項の銀行関係検査対象への8勘定の追加で、これによって検査対象とすべき銀行関係の勘定は、(1) 当座預金残高、(2) 当座借越残高、(3) Export a/c 前貸金残高、(4) 借入金残高、(5) 手形割引残高、(6) 為替約定残高、(7) 通知預金残高、(8) 取立手形残高、(9) 担保差入残高（有価証券／商品）、(10) 借入有価証券残高、(11) 銀行支払保証残高、(12) 当社支払保証状差入残高、(13) Trust receipt 差入残高、の13となった。この13勘定について、毎月末日現在残高に対する銀行証明書を取り付けて貸借対照表の残高と照合し、銀行証明書は店内検査報告書に添付するようにと指示された。

　いま一つは、第15項として「引合店貸借勘定残高ニ対シテハ必ズ相手店ノ承

認ヲ求メ報告書ニ添付ス可シ」が追加された。

さらに5月2日には、取締役名で「店内検査執行方ニ就テ」が出状された[21]。この取締役出状から、店内検査の現状、理念などが読みとれる。まず店内検査の現状については、以下の記述からその一端を窺い知ることができる。

　　店内検査執行方ニ就テハ段々各店ニ於テ御尽力ノ結果尚昨年十一月二日付及本年三月二十三日付ヲ以テ注意事項申置候以来各店検査方法モ漸次改善セラレ本店ノ趣旨ニ適合スル事ニ相成相当成績ヲ挙ゲ来リ候得共中ニハ一向要点ニ触レズ単ニ形式一遍ノモノモ有之遺憾ニ存候

　　不完全不徹底ナル店内検査ハ却テ人ヲ誤ラシムル結果ニ陥リ候ニ付是ハ是非共改良致度左ノ諸点注意御実行被下度候

　一、検査員ノ選任及其人数

　　検査員ニハ申ス迄モナク熱心ニシテ且是ヲ為ス資格アル者ヲ選定セラレタシ、其員数ハ店ノ大小ニ依リ必ズシモ一律ニハ参リ不申候得共少クトモ二名以上トシ店ノ事情ニ依リ一名以上繰合セ困難ノ場合ニハ店長自身是ニ携ハリ執行セラレ度マタ検査員自身ノ担当事務検査ニ就テハ他ノ者ヲシテ是ニ当ラシメラレタシ然ラザレバ其部分ニ対シ検査ノ意義ヲナサズ。

　二、検査ノ方法及検査員ノ指導

　　検査ノ方法ニ付テハ予テ当方注意事項ニ準拠シ特ニ検査ノ精神ヲ誤ラズ、且突合ヲ完全ニシ現実検査ノ結果ヲ報告シ徒ニ想像ヲ廻ラシ又曖昧ナル報告ヲナスベカラズ又特ニ理由アリテ検査ヲ省略シタルモノ、検査不能ノモノ及検査ノ結果判断ノ付カサル事柄等ニ付テハ明ニ其事情ヲ報告セシメラレタシ

　　又検査実行ニ際シテハ検査主任（又ハ調査主査）ヨリ其都度検査方法等ニ付夫々注意セラル可キモ店長ニ於テモ時々業務ノ実況ニ鑑ミ又実験上ヨリ割出シ調査上必要ノ希望、題目等ヲ課シ検査員ノ指導ニ努メラレタシ、検査員任セニセザル事

この文書を裏返すと、「一向要点ニ触レズ単ニ形式一遍ノモノモ有之遺憾」と評される店内検査の実態が浮び上がってくる。すなわち、必ずしも適任とは

言えぬ店員に検査が任せられたり検査員自身の担当事務も当人に検査させる場合があり、各種の突合がなおざりにされがちであり、想像を巡らした報告や曖昧な報告が横行し、検査事項が勝手に省略されたり、検査不能のものや判断の付かないものなどは放置されたりする、というような状況である。

　また店内検査の理念については、次のような記載がある。

　　六、要之店内検査ハ形式ニ流レズ精神ヲ籠メテスレバコソ始メテ真ノ価値ヲ発揮可致モノニ有之真面目ニ是ヲ実行スル事ニ依リ店長ハ店ノ実情ヲ明ニシ監督上多大ノ効果ヲ挙グル事ヲ得又本店ニテハ同報告書ニ依リテ各店ガ監督上如何ニ努力シツヽアリヤヲ観察致度趣旨ニ有之尚従来ノ経験ニ依レバ不測ノ損害ハ油断ト安心ノ余リ検査ヲ疎カニセシ店ニ起リシ事少ナカラザル次第ニ付平素特ニ此点御考慮ノ上実効アル検査御執行相成度候

この史料からわかる店内検査の狙いの一つは、店内検査を通じて店長の店内監督の意識を高めることであり、これは「検査報告ノ結果ニ付テハ其検査方法ノ当否並ニ其店ノ状態ガ果シテ安全ナリヤ否ヤ店長自ラ客観的ニ之ガ批評ヲ加ヘ有ノ儘ニ御報告被下度候」という店長の積極的な関与の要請に繋がっている。いま一つの狙いは、本店側が各店内部での監督上の努力や取り組む姿勢を観察する手段として役立てることである。

　本店は、一連の指示と併せて、店内検査の先進的参考事例としてロンドン支店の事例を各支店に向けて紹介している。1923年4月11日付・調査課次長出状「倫敦支店長起草店内検査補足注意事項ノ事」ならびに同年5月7日付・調査課次長出状「倫敦支店々内検査執行ニ就テ」である[22]。前者は「倫敦支店長ニ於テ自店並ニ所轄各店店内検査人並ニ其主人(ママ)ニ交付セラルヘキ心得書トシテ大正十一年十一月二日附取締役店内検査注意書ヲ実行スルタメ定メラレタルモノ」である。そこでは、検査員に任命された者は本務よりも検査を優先させるべきこと、店内同志による馴合いを排除するため「検査完了迄ノ間別人ノ感ヲ以テ事ニ当ル」べきこと、徹底した検査が不可能な事項については何故不可能なのかを報告すべきこと、検査員の人手不足を感じた場合には増員を要請すべきこと、「関係往復通信並ニ Original Voucher」の検閲を怠るべからざること、

「法律上ノ形式具備セルヤ否ヤ其他自身判断ニ苦シム事柄」については事務弁護士に相談すべきことなど、「不徹底ノ検査ハ単ニ無益ナルニ止マラズ有害ナリ」との見地に立ち徹底した検査を実行するための具体的指示が列挙されている。5月7日付の後者は、ロンド支店の「穀肥部店内検査ニ際シ支店長ヨリ検査員ニ与エタル指図事項」を紹介したもので、売買越限度超過の有無を確認するために精査すべき帳簿類の具体的指示、売掛金等回収遅延の有無確認のための具体的手順など、穀肥商品の取引に通じた立場からの指示が並んでいる。なお、これらの文書が作成された時期のロンドン支店長は、瀬古孝之助であった。瀬古は、第一次大戦期に北米を舞台に展開された売越買越限度を無視した支店の暴走事件、いわゆる「紐育事件」の当事者の一人（当時紐育支店長）であり、もう一人の当事者であった石田礼助（シアトル出張員首席）とともに、事件後、職を解任され本店へ呼び戻された経歴を持つ。それだけに、取締役・ロンドン支店長となり、全社的な観点から支店統制を考える位置に立ったとき、店内検査の重要性をひときわ強く認識するようになっていたのであろう。

(4) その後の規則改定と本店指示

1924年7月23日付で、店内検査規則の改定が行われた[23]。

改定の第1点は、支店等が所轄する出張所、出張員、派出員に対しては所轄の支店等から人を特派しての検査も時々行うようにと第1条を改めることであり、同時に監督役設置に対応した文言修正が行われ、新たな第1条は次の通りとなった。

　　第一条　部長、支店長並本店直轄ノ出張所長ハ毎月一回調査事務主査及其他ノ者（但検査員自身ノ担当事務ニ就テハ他ノ者ヲシテ検査セシムルコト）ヲシテ自店並其所轄出張所、出張員及派出員ノ業務並会計ノ検査ヲ行ハシムヘシ

　　但監督役又ハ本店検査員ノ検査ヲ実行シタル月ハ本文検査ヲ要セス

　　部長支店長並本店直轄ノ出張所長ハ前項ニ依リ其所轄出張所、出張員又ハ派出員在勤ノ者ヲシテ所定ノ検査ヲ行ハシムルニ止ラス時々自店ヨリ調

査事務主査又ハ其他ノ適任者ヲ特派シテ検査ヲ行ハシムルコトヲ要ス

さらに「在来ノ検査ハ兎角形式ニ流ル、傾キアルニ付実質上ノ検査ヲ実行シ所謂店内検査ノ真目的ヲ達成スル為メ第四条ヲ新設」し、旧第4条以下は、順次繰り下げられた。新設の第4条は、次の通りである。

　　　第四条　検査員ハ単ニ形式上ノ検査ヲ為シテ能事了レリト為サス必スヤ表裏内外ヨリ実質上ノ検査ヲ実行シ事ノ真相ヲ捕捉スルト同時ニ万一ノ過誤失錯等ヲ未然ニ防止センコトヲ努ムベシ

この条文自体は、抽象的な心構えを述べるに過ぎないが、先に見た一連の本店指示を総括して条文に盛りこんだものと言えよう。

1926年4月24日付で「店内検査ニ就テ」[24]という調査課長出状があり、「一、問題ヲ惹起スル虞アル事柄／一、苦情ノ付帯スル前渡金売掛金、約定残高／一、買付品ノ不渡／一、在庫久シキニ亘ルモノ、理由等」の4点について店内検査員の報告書に記述することを励行するように求め、また支店長等に対しても「貴役ニ於テモ実情御確カメノ上概略副申被下候ハゞ貴我共ニ一層注意ヲ喚起シ自然一致協力シテ損失ヲ未然ニ防キ可得トト存候」と要望している。

第3節　店内検査の実施状況

(1) 1926年支店長会議

1926（大正15）年6月に開催された第9回の支店長会議で、調査課長・市川純一は以下の発言をしている[25]。

　　　……店内検査ニ付テ述ブレハ、此検査ハ各店自治的ニ検査ヲ為サシムル趣旨ナルガ、大正十三年夏頃店内検査規則ヲ改正セラレ、其範囲ヲ拡張シ各店ニ於テモ検査ニ付テハ漸次発達シ、其方法モ大ニ進歩シ来リタルハ誠ニ喜ブ所ナリ、併ナガラ大ナル店ニ在リテハ一時ニ全般ノ検査ヲ為スコトハ人手ヲ節約シテ業務ヲ経営セザルベカラザル今日、或ハ困難ナル点モアラント察シ、検査事項ヲ分割シ又掛別ニ検査ヲ行ヒ差支ナキコトニ決定セ

ラレタリ、是レ検査ヲ軽クスルノ主旨ニ非ズシテ一層之ヲ緻密ニ且ツ徹底的ニ検査ヲ為ス主義ナルヲ以テ此点ハ誤解ナキ様願ヒタシ、而シテ店内検査ニ於テモ検査其者ハ誠ニ六ヶ敷ク之ヲ徹底的ニ為サザレハ其効果ナシ、然ルニ店内ハ兎角知人ノ間柄ナルヲ以テ動モスレハ放漫ニ流レ易キヲ以テ、此点ハ能ク検査員ヲ鞭撻シテ真面目ニ検査ヲ行ハシムル様希望ス又其報告ノ如キモ敢テ修飾セズ有ノ儘ヲ報告シ言ハントス欲スル所ヲ云ハシムルコソ支店長ノ参考トナル次第ニシテ、本店ニ於テハ假令其報告中手落ノ事ヲ摘発シアルトモ決シテ其店ノ信用ヲ害スルガ如キ事ナキヲ以テ此点ハ安心セラレタシ

発言後半を読むと、支店内部での馴合い、庇い合い、談合などがあり、検査報告が実態を正確には反映していないのではないかとの危惧を本店側がぬぐいえぬ様子がうかがえる。発言前半にある「検査事項ヲ分割シ又掛別ニ検査ヲ行ヒ差支ナキコト」がいつ決定され通達されたのかは、現時点では確認できていない。なお、検査範囲を拡張する規則改正は、先に見た通り、1922（大正11）年の改正なので、大正13年の規則改正云々というのは、市川の誤認であろう。

(2) シドニー支店勘定係引継書

本店側の積極的な働きかけに、支店側がどの程度応えたのかを把握することは難しいが、シドニー支店の「斯土寧支店勘定掛主任引継書」[26]が、一つの手がかりを与えてくれる。この引継書は、シドニー支店の勘定掛主任の前任者・村瀬新一郎（本店本部会計課へ転任）から後任者・榎本鉦二（本店営業部勘定掛次席から転任）への引継書で、1928年10月31日の日付がある。全4巻19章1263頁からなる破格の引継書である。そのうち第14章が店内検査に関する章とされ、第1節「検査概論」、第2節「店内検査事項」、第3節「店内検査時日」、第4節「店内検査員の任命」、第5節「勘定掛及庶務掛検査」、第6節「売買、受渡両掛の検査」、第7節「検査報告」、第8節「臨時検査」という構成になっている。

第1節「検査概論」では、監査（検査）についての村瀬の理解が整理されて

いる。それによると、監査には二つの系統、すなわち常任監査と臨時監査とがあり、常任監査は「常ニ一ツノ事務トシテ行ハレル処ノモノニシテ一ツノ形式ヲ作リソノ形式ニ従ッテ仕事ヲ行ヒ行ケバ自然ニ監査ガ行ハルルモノヲ言ヒ」、臨時監査は「不意ヲツキ、思ヒモヨラヌ方面ヲ取調ベ行ク事ナリ」とされる。店内検査は、常任監査の「性質ヲ多分ニ備ヘ居ルニ非ザルカ、少ナクトモ当豪州店ノ店内検査ニ於テハ著シクソノ傾向アル様ニ思ハル」「常任監査ノ重要ニシテ必要不可欠ナルハ言フヲ待タザルベシ殊ニ遠ク故国ヲ離レ調査課トハ一回ノ書状ノ往復ニモ三ヶ月ヲ要スルガ如キ当地ニ於テハソノ必要ヲ痛感スルモノナリ．常任監査ノ特色ハ一ツノ組織ヲ有スル事ナリ．例ヘバAトBトハ一致セザルベカラズトカ或ハ取調事項ヲ一定ノ型ニ入レ居ルトカノ類ナリ．勿論ソノ結果トシテ形式的ニ流ルル弊害ハ免レザル処ナレ共裏ヨリ言ヘバ形式ニ流レテモ差支ナキ様ニ型ヲ定ムル事ガコノ種監査ニハ最モ必要ナル事項ナリト筆者ハ信ズルモノナリ」「常任監査ガ突合事務ヲ中心トシテ行ハルルニ反シ臨時監査ハ人ノ意表ヲ突キ端倪スベカラザル処ニ効果アリ．之ハ目下ノ処当豪州店ニハソノ機関ヲ欠キ居ル様ニ思ハル或ハ本店ノ検査員ノ来豪ニ仰グベキ事項ナルカ或ハ又別ニ店内ニ於テソノ機関ヲ設クベキモノナルカ研究ノ余地アルベシ」とある。本店側からの指示などで「形式的ニ流ルル」ことがしばしば批判されていることを意識しているようだが、村瀬の言う「形式」の必要性は、本店側も否定するものではないであろう。

　第2節「店内検査事項」では、先に紹介をした1922年11月2日付の取締役来状「店内検査執行上ニ関スル注意ノ事」とその別紙「店内検査執行ニ関スル注意」そして1923年3月23日付「店内検査注意事項追加ノ件」を丸ごと転写した上で、「以上ハ、本店ヨリ命ゼラレタル店内検査ノ項目ナルガ当店検査亦コノ項目ニ従ヒテ之ヲ行ヒ居レリ」と記されている。

　第3節「店内検査時日」では、「店内検査ハ毎月一回之ヲ行ヒ居レリ只本店ヨリ検査員来豪ノ折ハ規則ニ従ヒ之ヲ行ハズ／大抵月末書類ノ出来上ル頃即チ月半ニ到リテ其前月ノ検査ヲ命ゼラルル習慣ナリ．支店長時期ヲ記憶シ居ラレテ命ゼラルル事モアレ共勘定掛主任ニ於テコノ時期ニハ支店長ヘ催促スル様ニ

努メ居レリ．蓋シ余リ時日ガ経ッテカラ前ニ遡ッテ検査スル事ハ徒ニ手数ヲ増スノミナラズ時ニハ無意味ニナル様ナ事モアレバナリ」とある．

　第4節「店内検査員の任命」では、「店内検査員ノ任命ハ売買・受渡両掛ノ検査員ハ勘定掛員ヲ、勘定・庶務両掛ノ検査員ハ勘定掛以外ヨリセラルベク同時ニメルボルン店ノ店内検査員ヲモ発表セラルベキニヨリ任命次第之ヲ調査課へ報告セザルベカラズ／尚毎半期一回シドニー店勘定掛員ヲメルボルン店へ出張セシメ売買、勘定全部ノ検査ヲ為サシメ同様ニ毎半期一回メルボルン店勘定掛ヲシドニーへ出張セシメテ勘定、売買、庶務、受渡全部ノ検査ヲ為サシムル習慣ニナリ居レリ」とある。本店からの指示にしたがった掛間の相互チェックのみならず、所轄のメルボルン店（出張員）との相互チェックの体制をとっている。

　第5節「勘定掛及庶務掛検査」では、「当掛ガ検査ヲ受クル立場」として検査のために用意すべき突合表が列挙され、本店勘定やロンドン勘定の場合には郵便日数だけ遅れるので、それについては保留として一旦報告書を提出し、突合表の到着を待って追加報告を為すべしという注意がなされている。

　第6節「売買、受渡両掛の検査」では、「大体ニ於テ数量ノ検査ヲ中枢観念トシテ進ムモノニシテ従ッテ庫入在庫品ニ就テハ一々現品又ハ庫入証券ト月末在庫表又ハ期末在荷表トノ突合ヲ為ス事ヲ要ス／最モ重要ナルハ羊毛ニシテ Storage Warrant 又ハ Shipping Receipt ノ合計ハ在庫表ノ数字ニ一致セザルベカラズ……」とあり、在庫品の厳密な数量検査を行っている。また「売買越ノ検査ハ当方約定帳ヲ入帳シ居ル以上当掛作製ノ売買越高トメルボルンノ売買越高トヲ併セタルモノガ限度ヲ超過シ居ルヤ否ヤヲ調ル以外ノ事ハ必要ナカルベシ」とあり、売越買越高については、シドニー支店の場合には、日常の記帳業務によって十分把握されているとの認識が示されている。一方で「滞貨ニ就テハ売抜期限トノ比較ヲ為シ一々ソノ理由ヲ明ニスル事ハ勿論ナルベシ」とあり、こちらはその数にもよろうが、いささか手間を要しそうである。以下、「受託荷委託荷」「運賃及保険料ノ取極」「火災保険」「売買掛ノ為替取極」「約定書ノ署名取付洩レ」「苦情及係争事件」「信用程度ト売掛及受手残及ビ約定残トノ

突合」「約定品ノ積渡シ」についての報告書作成方法が詳述され、「苦情付帯ノ約定、買付品ノ不渡シ、其他問題ヲ惹起スル虞アル事項アラバ之モ検査ヲ行フ」と注記し、最期に「商在庫品」についての報告表の様式を示している。

第 7 節「検査報告」では、「……報告書ハ検査員ヨリ支店長ノ捺印ヲ得タル上調査課長宛発送セラルルモ写一通勘定掛ヘ来ルベキニヨリ之ヲ熟覧シタル上改ムベキコトモシアラバ改ムベシ／殊ニ検査副書トシテ支店長限リ検査員トシテノ意見ヲ具陳セルモノアラバ特ニソノ意見ハ尊重シ採ルベキ意見ナラバ直ニ採ルベク採ルベカラザルモノナラバソノ意見書ヲ支店長ニ差出スベシ」とされ、店内検査結果を業務改善に反映させるべきことを強調している。

第 8 節「臨時検査」では、「此機関ヲ当店ニ欠キ居ル事、前ニ述ベタル通リナリ．之ハ突然人ノ意表ヲ突ク事ニ於テ妙味ヲ発揮スル訳ナルガ之ニ就テハ大正十二年五月七日調査課次長来状ニヨル倫敦支店穀肥支部検査ハ参考トナルベキ様思ハルルヲ以テ左ニ之ヲ掲ゲタリ」と述べ1923年5月7日調査課次長発「倫敦支店々内検査執行ニ就テ」を全文引用している。それに続けて「以上ハ倫敦ニ於テ行ハレタル一ツノ例ナルガ要スルニ適当ナル時期ニ或ル狭キ範囲内ニ於テ出来得ル限リ深ク検査スルニアリ、シカシナガラ時期ヲ誤リ又ハ指定事項ヲ誤ル時ハ全ク子供ダマシニ終リ何ノ効果モ挙ゲ難カルベシ／従ッテ如何ナル時ニ如何ナル公案ヲ授クベキヤ之ヲ見抜キ得ル人上ニアリテ時機ヲ誤タズ命ヲ下ス事肝要ニシテ同時ニ検査スル人ヲ撰択シテコノ人ニハコレヲヤラセコノ人ニハコノ公案ヲ授ケルト言フ様ナ人事上ノ頭脳モ必要ナルベシ、従ッテ何処ノ店ニモ一定ノ形式ノ事ヲヤラセル訳ニハ行カザル事ナリト思ハル」と述べ、こうした種類の店内検査を行うことは、シドニー支店では難しいとの認識を示している。ただ、「倫敦支店々内検査執行ニ就テ」を村瀬のように「臨時検査」の事例として理解することが適切か否かについては、疑問の余地がある。

シドニー支店において、この引継書に書かれている通りに店内検査が実施されていたとすれば、本店側の期待を十分に満足させるものであったろう。本店側からの一連の働きかけが功を奏したとも評価できよう。もちろん、これはシドニー支店の一事例にすぎず、また、村瀬という過剰なまでに生真面目と推測

される勘定主任がいたればこそその状況であったかも知れない。

(3) サンフランシスコ店の店内検査報告書

　三井物産全体での店内検査実施状況を把握できる史料は見つかっていない。北米支店関係でも、十分なデータは得られていないが、サンフランシスコ店については、1928年から32年の5年間に、少なくとも28カ月分の店内検査報告書が本店に提出されていたことが、現時点で確認できている。1928年が3、6、7の3カ月分、29年が5、6の2カ月分、30年が1、3、5、6、9、12の6カ月分、31年が1、2、5、6、8、9、11、12の8カ月分、32年が1、2、3、5、6、7、8、11、12の9カ月分である。

　店内検査担当者は、1928年3月から1930年6月までは、所長代理の兒馬重太郎と勘定掛主任の岩淵新治、1930年9月から1932年12月までは、所長代理の内田堯と勘定係主任の岩淵となっている。サンフランシスコ店の場合、この時期の支店職員（店限を除く）は、出張所長1名、所長代理1名、売買掛4名、勘定掛主任1名の全7名であり、店内検査規則に則して検査員を選出すると、上記の組合せ以外は考えられない。そのため、検査員をできるだけ固定しないという指示には応じられていない。

　検査の内容を見ると、現金並当座預金現在高の検査は総ての回で実施されている。本店指示に従って銀行取引関係の証明書も添付されている。それに次いで実施回数が多いのは、売買越の検査で18回おこなわれている。以下、借入金が13回、月末在庫品が11回と続く。各回ごとに適宜項目を取捨し、一定期間の間にほぼ満遍なく検査対象とされるように工夫しているようである。

　1930年代初頭のサンフランシスコ店においては、店内検査の励行が一応達成されていたと見てよかろう。

(4) 1931年の支店長会議と本店指示

　1931年7月に開催された第10回の支店長会議では、安川常務取締役が冒頭告辞の中で「店内事務ノ監督周匝ナルヲ要スルハ繁説ヲ須タザル所ナルモ、動モ

スレバ放漫ニ流レ為メニ不祥事ヲ惹起セル事例ナキニ非ズ、店長ハ日常商務ニ対スル監督ハ勿論、店内取締等ノ末ニ至ル迄適切ナル監督ヲ加ヘ、且店内検査ヲ有効ニ利用スル所勿ル可カラズ」と述べており、また事務関係の特別委員会の議題の一つとして「店内検査方法ヲ最モ有効ナラシムル方法如何」が諮問され、それに対し以下の答申がなされている[27]。

　　　店内検査ヲ最モ有効ナラシムル方法如何
　　　店内検査ノ主ナル目的ハ不測ノ損失ヲ生ゼザル為メ之ガ予防手段ヲ講ズルニ在リ
　　　之ヲ実行スルニハ店内率先シテ指導シ適当ナル人選ヲ為シ機宜ノ事項ヲ指定シ又適確有効ナル方法ノ下ニ検査ヲ為シ支店長ハ之ガ報告ニ接スル時ハ内容ヲ検討シ満足セザルモノアラバ之ヲ指摘シ要点ニ触レシムルニ在リ而シテ検査員ノ指摘宜シキヲ得タルモノハ之ヲ推奨シ直ニ実行スル事
　　　左ニ記載ノ点ハ検査実行上注意肝要ナリ
　　　一、店内検査ニ就テハ支店長ハ監督上自ラ頭ヲ使フ事、即検査事項ヲ指摘シ且其方法ヲモ教示スル事ハ検査上便宜多シ
　　　二、検査員ノ人選ニハ適材ヲ任命スルコト
　　　三、形式ニ流レズ狭ク深ク徹底的ニ取調ヲナス事
　　　四、突合ハ単ニ突合ヒタリト云フガ如キ報告ニ止マラズ何ト何ガ突合ヒタルヤヲ示スコト、実際ニ当リ突合方法宜シキヲ得ズシテ突合タリト報告セシモノニ誤リアリタル実例アリ
　　　五、店内検査ニツキ調査課ヨリ検査ノ方法、要点又ハ或店ニ於テ実行シタルモノニテ例トスベキモノ、其他検査ノ批評等ニツキ随時各店ニ垂示セラレタキコト（調査課ハ従来注意ヲ要スルモノニ就テハ夫々出状シ居レリト云フ）

　この答申が、どこまで支店長達の本音を反映したものであるかはわからぬが、店内検査を有効なものとするためには支店長の積極的な関与が必要なことが、あらためて強調されている。「狭ク深ク徹底的ニ」というのは何を言わんとしているのであろうか。すぐのちに見るように、本店からの実際の指示は、広く

かつある程度深く、であるように思われる。「五」については、先に紹介したように、1920年代の前半に調査課はかなり熱心に「検査ノ方法、要点又ハ或店ニ於テ実行シタルモノニテ例トスベキモノ」を各支店に提示しており、支店長会の特別委員会での検討を踏まえてこうした文章が出てくるということは、指示が出された後に就任した支店長には、そうした指示の存在は継承されていないということであろう。この答申の大要は、同年 8 月22日付業務課長出状で各支店長に通知され、さらに次に紹介する「店内検査注意事項」の付録として再録されている。

　支店長会議での常務取締役発言と特別委員会報告を踏まえた形で、1931年11月19日付で取締役出状「店内検査実行上注意点ニ就テ」が発せられた[28]。同状は、先般の支店長会議で特別委員を任命して店内検査を最も有効ならしむる方法について検討させたこと、その答申は 8 月に業務課出状として通知済であることを述べた上で、「今回為参考調査課長ヨリ『店内検査注意事項』一部送付為致置候間御参照ノ上今後店内検査ヲシテ形式ニ流レシメズ一層適確、有効ナラシムル様御配慮被下度候」と結んでいる。この「店内検査注意事項」[29] は、1922年の「店内検査執行ニ関スル注意」の改定版であるが、一段と精緻になっている。この精緻化が、支店側の負担の増加に繋がるのか、逆にやるべきことが明確となり取組みやすくなったのかは判断しかねる。第 7 項には「第一項出納事務ノ店内検査ハ必ズ毎月一回実行ヲ要スルモ其他ノ事項ニ付テハ臨機分割取捨ノ上施行スルモ差支ナシ但毎半期中ニハ少ナクトモ各掛ヲ一順セシムルコト」とあり、支店側の負担軽減への配慮が見られる。1931年の支店長会議とそれに続く本店からの指示を見ると、店内検査の励行自体は特に問題とされておらず、それを実効性あるものとするには何が必要かという話しとなっている。1930年代初頭には、先にみたサンフランシスコ店に限らず、全社的に店内検査が一応励行されるようになっていた可能性がある。

(5) 店内検査の督促

1934年12月14日付で、本店調査課長名で「各部、支店、出張所長並出張員首

席」宛てに発せられた「店内検査報告ニ就テ」という文書がある[30]。そこでは「前期間当方ヘ入手セル貴店々内検査報告ハ別紙ノ分丈ニ候、其以外ハ何等御報告ニ不接候ガ御検査相成居候哉伺上候／店内検査ニ就キテハ昭和六年十一月十九日付調査課内報第三号「店内検査注意事項」ヲ以テ得貴意置候通リニ付今期ヨリハ右注意事項ニ則リ検査御励行ノ上其結果ヲ御報告被下度願上候」と述べられている。この出状は「各部、支店、出張所長並出張員首席殿」と宛名がタイプされ、そこに「桑港」と支店名が押印される書式となっており、相当数の部・支店・出張所・出張員首席宛に発せられたものと推測できる。店内検査を励行させるためには、本店側からの継続的な働きかけが欠かせないようである。残念ながら「別紙」は見当らないので、サンフランシスコ出張所の店内検査報告がどの程度提出されていたのかは判明しない。

第4節　1930年代末の状況

(1) 規則改定と本店指示

1939年7月13日付で店内検査規則の改正がなされた[31]。この改正では、旧第2条が削除され、新第2条（旧第3条）の本文が「検査ハ大体左記項目中ヨリ適宜事項ヲ選定シ之ヲ行フヘシ」と改められ、同条の「左記」のうち、「二」の末尾に重要書類保管状態についての検査を追加し、同じく「左記」の「六」として「売買約定其他ノ契約ニシテ履行困難ナルモノナキヤ」が加えられた（以後の項は順次繰下がる）。また、新第3条として「前条中出納検査ハ毎半期三回以上之ヲ行ヒ内少ク共一回ハ月末以外ニ於テ随時之ヲ施行スヘシ、其他ノ項目ニ就テハ臨機分割取捨ノ上施行差支ナキモ毎半期中ニハ之ヲ一巡セシムヘシ」が加えられた。さらに、従来、検査結果に対する店長副申は取締役会長宛に提出していたものを監査部長宛に変更された。その他文言の修正が多数なされた。この改定は「現行店内検査規則ハ多忙ナル各店ノ実情ニ適セサル憾アルニ付事務簡捷ノ見地ヨリ」行うものと説明されている。

上記の規則改正に先立って、1939年1月23日付の本店調査課長出状「店内検査ノ内出納関係検査ニ就テ」[32]では、出納関係の検査については、毎月月末に限定せず随時検査を行うべきこと、そのために場合によっては出納検査を隔月執行としても差支えないとの通知がなされている。

本店監査部長「店内検査報告書ノ発送其他ニ就キ」[33] 1939年9月25日では、店内検査報告書に検査員の意見や注意を要する事項等の報告がある場合には、それに対して店長が採った処置または指図について必ず添書きをすること、検査報告の発送が遅延した場合にはその理由を明記すべきこと、検査の経過内容・検査員の所見はそのまま記載させ、もしその所見が妥当でないと店長が考えるときは添書きに記入すべきことなどが指示されている。また「時局事務繁多ト共ニ兎角多忙ニ取紛レ動モスレバ店内検査ガ軽視又ハ等閑視サル、倶有之候処斯ル場合ニ却テ種々不測ノ間違ヒ等生ジ易キモノニツキ一層御留意ノ程願上候」と注意を促している。

(2) サンフランシスコ店への督促

サンフランシスコ出張所に対して、1939年から40年にかけて、店内検査の督促がなされている。1939年4月7日付本店調査課長「貴店々内検査ノ事」[34]によると、サンフランシスコ出張所は「銀行残高証明書ハ引続キ毎月貸借対照表ニ添付御送付被下居候得共、店内検査報告書ハ一向御送付無之」状況であり、同年7月7日付本店監査部長「店内検査御励行相願度キ事」[35]によれば、「貴店々内検査ハ昨年六月ノ対社外約定残突合ヲ最后トシ其後当方ヨリ督促申上候得共一向報告書御送付無之候」とのことである。7月7日付の本店監査部長書状に対する返事が、サンフランシスコ出張所長から7月28日付で「店内検査励行方ニ付」[36]として出されている。それによると、本年度第1回分の店内検査報告書を6月27日付で発送し、第2回分を引き続き施行中であり完了次第送付すると述べている。実際に、1939年6月27日付「店内検査報告」[37]（検査員＝星野禮治・関喬一郎、受命6月6日、5月31日現在の検査）が残っている。本店からの督促を受けて、ほぼ11カ月ぶりに店内検査を実施したわけである。

翌1940年にも、似たようなやりとりが繰り返されている。サンフランシスコ出張所長出状「店内検査ノ事」[38]（1940年7月8日付、本店監査部長宛）によると「……当店々内検査報告書ハ昨年七月分以降御入手無之由御申越ニ接シ申候処其後十月三十一日現在ニテ／一、売買越ニシテ限度許可ヲ受ケザルモノ若シクハ限度超過又ハ売抜買埋期限経過ノモノナキヤ／二、各掛ノ記帳及ビ伝票其他関係事務ガ正確ニ且ツ遅滞ナク行ハレオルヤ／三、出納検査／右三項ニ就テ検査ヲ行ヒ本年一月十日付ヲ以テ御報告申上置候間何卒一度御取調被下度願上候尚為念検査報告書写一通爰許同封仕候／二伸　尚近日中別項目ニ就テ検査ヲナス予定ニ候間右御含置被下度候」とあり、本店からは昨年7月分以降店内検査報告が送られてきていないとの督促があったが、昨年10月31日現在で店内検査を行っており、その報告書を1月10日付で送付したはずだと反論し、その店内検査報告も添付している。昨年7月分以後途絶というのは本店の誤認であったようだが、1940年7月の時点で、直近の店内検査が前年10月末時点のものであり、その送付が1940年1月になってからという状態であった。

上記の昨年7月分の店内検査というのは、1939年7月末現在についての店内検査で、7月19日付で検査員（香川卓一・岸確一）を任命、7月末日現在について、「一、売掛金等ガ信用程度ニ超過シ居ラザルヤ否ヤ／二、売掛金、貸金、内渡金、立替金等ノ回収遅延又ハ不能ナキヤ否ヤ／三、長キニ亘ル在庫品、委托荷又ハ受托荷ナキヤ否ヤ」について店内検査を執行し、9月1日付で29頁に及ぶ詳細な報告書が店長へ提出され、10月3日付で本店へ発送されている[39]。

サンフランシスコ出張所の所長は、1938年11月22日付で宮崎清から今井精三に交替している[40]。上記の史料からすると、今井の就任後1940年7月までの間で、実施が確認できる店内検査は1939年5月分、7月分、10月分、実施された可能性があるのが1939年6月分、8月分、9月分ということになり、毎月の実施からはほど遠い。前任者宮崎の場合も、1938年6月分以降、サンフランシスコ出張所を離れる同年11月までの間、店内検査を行わせていない。準戦時期に入り、支店業務が多忙化するなかで、店内検査を実施する余裕がなくなったということであろうか。

おわりに

　支店の状況を適切に把握することは、支店に対する統制の前提であり、経営資源の効率的な配分やリスクの適切な監督のために不可欠なことであった。三井物産では、支店の状況を把握するために諸々の報告制度を設けていた。

　1904年には、「商品約定及受渡の報告を一定する」ため「売約定商品受渡月報」と「商品受渡月報及買付約定商品月末残高表」の様式が制定され、両表を翌月五日迄に本店調査課へ提出すべきことが通達された[41]。株式会社化後、本店への報告制度は、より詳細な報告を求める方向で整備されていった。1913年の支店長会議で小樽支店長・小田柿捨次郎は「近来調査課ニ於テハ東京ニ在リテ各店ノ状況ヲ手ニ取ル如ク知ランカ為メ種々ノ表類ヲ請求セラレ中ニハ随分面倒ナル表ヲ要求セラル、為メ小樽支店ノ如キハ之ヲ作製スル為メ一二人ノ者ニ専門之ニ当ラシメサルヘカラサル有様ナリ」と発言している[42]。

　しかしながら、第一世界大戦の戦中から戦後にかけての時期には、各支店が業務繁多となる中で報告類の提出を怠りがちとなり、また、報告を提出してもそれが実態を正確に反映していないことも多々あることが明らかとなった。さらに、仮に本当のところを報告して来るとしても、報告を作成し、それが本店に届くまでには、かなりの時間がかかり、本店側で問題を発見して是正を指示したとしても、緊急の事態には間に合わない恐れがあった[43]。とすれば、本店側に十分な情報が必要な速さでは伝わらない可能性を前提として、なおかつ不測の事態を生じさせないような監督の仕組を支店内部に作ることが必要となる。1920年代初頭に、三井物産の本店が直面したのはそうした課題であった[44]。

　そうした監督の仕組の第1の柱は、支店長による監督を強化することであった。そのためには、支店長に人を選ぶことがまず重要であるが、その上で支店長の意識を、商売の拡大だけではなく、店内監督にも向けさせることが必要であった。店内検査に関する本店指示のなかで、支店長の積極的な関与を求める指示が繰返し発せられているのは、そうした理由からであろう。

第2の柱は、相互チェックのシステムを作る（勘定掛と売買掛との間での相互チェック、場合によっては勘定掛主任などによる支店長に対するチェック）ことであった。勘定掛によって売買掛の業務をチェックさせようとする考えは、1914年に開催された第1回の勘定掛主任会議の時点ですでに見られるが、1920年代初頭には、それが制度化された。先に見たように、1922年に各支店勘定掛主任が本店調査課の指揮系統へも属することとされた。翌1923年に開催された第3回勘定掛主任会議で常務取締役・武村は勘定掛主任に向けて「所謂『ブックキーパー』デナク……『インスペクター』トシテ一層努力セラレンコトヲ切望スル」と述べ、勘定掛員の意識変革を促している[45]。また同じ会議で、調査課長・田村は、約定残高の報告に関連して「諸報告ノ本店ニ着キ其結果ヲ見ル時ハ既ニ幾多ノ時日ヲ経過シテ居ルカラ真ニ実績ヲ挙グルニハ是非共勘定掛ニ於テ約定当初ヨリ常ニ前述ノ点ニ留意セラレ応急ノ策ヲ講ジ以テ損失ヲ未然ニ防止シ非戦闘員トシテノ効果ヲ発揮スルト共ニ延イテ売買掛トノ連絡ヲ取ルコトニ深甚ノ注意方策ヲ願ヒタイノデアリマス」と述べている。店内検査は、勘定掛が直接関与しない分野も含めて支店業務全般に対する検査をおこなうものであり、その検査員に勘定掛が必ず加わるとされたことで、勘定掛の「インスペクター」としての立場が制度的にも確保された。

　本店側では、店内検査報告書を提出させることによって、支店長による監督や店内の相互チェックのシステムが機能しているかどうかを点検することができる。本店側にとっては、検査報告の中身自体の分析もさることながら、検査に取組む姿勢が支店にあるかどうかを点検することも重要であったと思われる。

　定期的諸報告や店内検査が遅滞なく執行されているかどうか、それらの報告が実態を適切に反映したものであるかどうかは、本店調査課員派遣による検査で事後的に点検されることになる。1920年代の半ばには、本店調査課員による検査の定期化が図られ[46]、さらに調査課員による検査とは別に、1923年7月に新設された監督役による各店への指導と検査も実施された。取締役から選任される監督役の設置は、監督強化に向けた本店の姿勢を各店に知らしめるものであったろう[47]。

本店からの一連の指示と、監督役などによる監督・指導の遂行によって、1920年代後半以降、店内検査制度は、各支店にある程度定着したのではないかと思われる。それが、不測の事態を回避するうえで実効性を有したのかを検討することは、今後の課題としたい。

史料：「店内検査執行ニ関スル注意」1922年11月2日（E63/C1307）

　店内検査執行ニ関スル注意
　一、店内検査員ニハ其店ノ調査事務主査、勘定掛主任及他ニ必要ナル適任者ヲ選任シ形式ニ流レザル様熱心周到ニ是ヲ執行セシメ其報告ハ実際ニ検閲セシ所ヲ有ノ侭報告セシム可シ
　二、検査時日
　検査日ハ毎月一定セズ変更シテ臨時執行セラル、事
　出納検査ハ必ズ予告ナシニ之ヲ執行シ出納掛以外ノ検査ハ各掛員ヲシテ検査当日ノ現在表ヲ調製セシメ必ズ之ヲ帳簿ト突合セ検閲セラレタシ
　但シ場合ニヨリ便宜上検査当日ノ現在表ヲ作成セシムル代リニ定期本店ヘ差出ス最近ノ報告ヲ利用シ帳簿ト突合セ検閲スルモ差支ナシ
　三、現金検査
　現金在高、出納掛保管現金ハ出納帳簿残高及勘定掛帳簿ト突合ス可シ
　但シ当日検査着手前現金ノ出入アリシ場合ニハ入帳未済ノ入金及支払伝票ヲ前日帳簿尻ニ加減シテ其残高ト突合シ小払金モ同様ノ方法ニテ小払帳ト突合ス可シ
　四、有価証券検査
　有価証券実物ヲ検査シ勘定掛ノ帳簿ト突合ス可シ
　保証金トシテ他ニ供託セルモノアル場合ニハ預証ヲ調査ス可シ
　五、銀行当座貸借並ニ輸出勘定ハ銀行通帳ト出納及勘定掛銀行勘定簿ト突合ヲナシ不突合ノ分ニ対シテハ其事由ヲ調査ス可シ
　受取手形所有高モ亦勘定掛ノ帳簿面ト突合ヲナシ又借入金ハ帳簿ト手形控（手形発行ノ場合）若クハ証書写（手形発行セザル場合）ト突合ス可シ
　銀行当座貸借輸出勘定ニ対シテハ夫々銀行帳簿残ノ証明ヲ求メ又借入金、手形割引高ニ対シテハ明細書ヲ送付シ銀行帳簿ト突合ヲ求メ此等ノ各証明書ヲ報告書ニ添付ス可シ
　六、法律上ノ形式適否検査
　受取手形、貸金証書、担保有価証券、動産、不動産関係書類等ニ就テ法律上ノ形式

完全ナルヤ否ヤヲ調査シ又印鑑署名ヲ注意セラル可シ

　七、商品売越、買越

　各商品売越、買越ノ検査ハ各売買掛調製ノ売買越現在高表ニ就テ其数量及金額ガ許可限度内ナルヤヲ調査スルニ止マラズ更ニ各売買約定帳簿ニ就キ右売買越高ノ正否ヲ検査ス可シ

　尚店ニヨリ Hedge 其他ノ必要上万一定期又ハ之ニ類似ノ方法ヲ利用シアルモノハ其詳細ヲ調査報告スルコト

　八、売掛金其他ノ債権ノ検査

　売掛金ハ信用程度超過シ居ルモノ若クハ信用程度ナキモノ及売掛金、貸金、前渡金、立替金等回収遅延セルモノ、主ナルモノニ付キ意見ヲ付シテ報告セラル可シ

　尚信用限度内ト雖モ相手方ガ信用十分ナルヤ否ヤモ同時ニ研究スルコト

　九、在庫品

　倉庫会社ヘ寄託セルモノハ預証ト帳簿トノ突合ヲナシ自店倉庫ニ保管ノモノハ現場ニ至リ或ル場合ニハ包装、保管方法、品質等ヲモ検査ス可シ

　十、為替、運賃、保険

　為替、運賃ハ単ニ適当ニ行ハレ居レリト云フガ如キ報告ニ止マラズ当該掛ノ帳簿ニヨリ売買約定合計、為替運賃取極高合計並ニ其取極未済高若クハ取極過剰高幾何ト数字ヲ以テ示シ又保険モ同様当該掛ノ帳簿ニヨリ付保険物ノ価格ト保険金額トヲ対照報告ス可シ

　十一、帳簿検査

　売買掛、勘定掛、受渡掛ノ重要帳簿ハ遅滞ナク記帳シアルヤ否ヤ又各帳簿ノ必要事項欄ハ洩レナク記載シアルヤ否ヤ等ヲ検査シ決算後ノ初メテノ検査ノトキニハ決算ニ際シ勘定掛精算帳ト各掛ノ売買帳簿トノ突合ヲ完全ニナセシヤ否ヤヲ調査ス可シ

　又売買掛約定帳ハ前検査日以後入帳ノモノヲ売買約定書ト突合セ記帳洩レノ有無ヲ検査ス可シ

　十二、諸帳簿検印

　第三、第四、第五、第七、第十一、ノ各項ノ検査ニ際シ帳簿ノ突合ヲナシ正確ナリト認メタルトキハ之ヲ証明スルタメ帳簿ノ最後ノ頁ニ捺印ス可シ

　十三、其他ノ検査

　以上各項ノ外必要ト認ムル事項ニ就キ検査執行セラレタシ假令ハ苦情、係争訴訟事件等ノ前検査後ニ発生セシモノアレバ其要点ヲ報告ス可シ

　十四、検査報告書ニハ検査開始日及終了日ヲ記載ス可シ

注

1) 藤田幸敏「商社の総合化と情報システム」（佐々木聡・藤井信幸編『情報と経営革新』同文舘出版、1997年）。
2) 大島久幸「第一大戦期における三井物産」（『三井文庫論叢』第38号、2004年）、大島久幸「両大戦間期総合商社のリスク管理」（本論集第9章）など。
3) 三井物産「達第2号」1910年1月8日（三井文庫所蔵・物産75）。
4) 三井物産「達第1号」1909年11月18日（物産75）。
5) 三井銀行「報知」1903年10月26日（三井文庫所蔵・銀行5-5）。
6) 前掲「達第2号」。
7) 三井物産「達第13号」1912年4月29日（物産76）。
8) 三井物産「第2回支店長諮問会議事録」1913年（物産198-2）207頁。なお、店内検査規則の制定後、最初に開催された支店長会議は、1911年8月開催の（株式会社期）第1回支店長諮問会で、この会議の「本店本部ヨリ提出議案」に「店内検査ニ関スル件」があるが、同会議の議事録は本文が失われており、その内容は不明である。
9) 三井物産「第3回支店長会議事録」1915年（物産198-3）、157頁。
10) 三井物産「第7回支店長会議事録」1919年（物産198-7）、320頁。
11) 大島久幸「第一大戦期における三井物産」（『三井文庫論叢』第38号、2004年）、同「総合商社の展開」（阿部武司・中村尚史『産業革命と企業経営』ミネルヴァ書房、2010年）。
12) 三井物産「達第26号」1921年7月12日（物産2093）。
13) 本店取締役「勘定掛主任任命並事務取扱心得制定ノ件」1921年7月12日（物産2093）。
14) 「勘定掛主任任命並事務取扱心得」については、麻島昭一が『戦前期三井物産の財務』（日本経済評論社、2005年）50～51頁で紹介し「勘定掛主任に一種の監督権を与え」たものと論じている。なお、同書で麻島は、1914年の「勘定掛服務心得」制定により、各支店の勘定掛から本部会計課長への直接の報告ルートが設定され、店長からの相対的独立性を持たせ、本部による会計面からの支店統括を勘定掛を通じて果たそうとしたのではないかという興味深い議論を展開している。
15) 三井物産「第三回勘定掛主任会議議事録」1922年（E109/C339）、2頁。この発言は、麻島前掲書59頁でも紹介されている。
16) 三井物産「達第34号」1922年6月30日（物産2093）。なお、大正11年頃まで加除が行われている「大正3年10月訂正増補・現行達令類集」（物産90-5）掲載の店内検査規則には「明治45年4月29日達第13号改定／大正11年6月30日達第34号改正」

と記されているので、この間には改定がなかったと見て良かろう。
17) 三井物産「達第32号」1922年6月30日（物産2093）。
18) 三井物産「達第33号」1922年6月30日（物産2093）。
19) 本店取締役「店内検査執行ニ関スル注意ノ事」1922年11月2日（E63/C1307）。
20) 本店取締役「店内検査注意事項追加ノ件」1923年3月23日（E63/C1307）。
21) 本店取締役「店内検査執行方ニ就テ」1923年5月2日（E63/C1307）。
22) 本店調査課次長「倫敦支店長起草店内検査補足注意事項ノ事」1923年4月11日（E62/C82*）、同「倫敦支店々内検査執行ニ就テ」1923年5月7日（E63/C1307）。
23) 三井物産「達第21号」1924年7月23日（物産2100）、「店内検査規則改正ノ件」1924年7月18日（三井物産「取締役会決議録」第227号、物産2034）。
24) 本店調査課長「店内検査ニ就テ」1926年4月24日（E62/84*）。
25) 三井物産「第9回支店長会議議事録」1926年（物産198-9）36〜37頁。
26) シドニー支店勘定掛主任「斯土寧支店勘定掛主任引継書」1928年（SP1101/1, Box74）。同史料については、大島久幸氏からご教示を得た。
27) 三井物産「第10回支店長会議議事録」1931年（物産198-10）、5頁、407頁。
28) 本店取締役「店内検査実行上注意点ニ就テ」1931年11月19日（E109/C353）。
29) 本店調査課長「店内検査注意事項」1931年11月19日（E109/C353）。
30) 本店調査課長「店内検査報告ニ就テ」1934年12月14日（E63/C1307）。
31) 三井物産「達第85号」1939年7月14日（物産2105）、「店内検査規則改正ノ件」1939年7月14日施行（三井物産「回議綴」物産2413）。
32) 本店調査課長「店内検査ノ内出納関係検査ニ就テ」1939年1月23日（E63/C1307）。
33) 本店監査部長「店内検査報告書ノ発送其他ニ就キ」1939年9月25日（E63/C1307）。
34) 本店調査課長「貴店々内検査ノ事」1939年4月7日（E63/C1307）。
35) 本店監査部長「店内検査御励行相願度キ事」1939年7月7日（E63/C1307）。なお、同年4月20日に三井物産本店の調査課は監査部へ改称された。
36) 桑港出張所長「店内検査励行方ニ付」1939年7月28日（E63/C1307）。
37) 検査員＝星野禮治・関喬一郎「店内検査報告」（E63/C1307）。
38) 桑港出張所長「店内検査ノ事」1940年7月8日（E63/C1307）。
39) 検査員＝香川卓一・岸碓一（桑港出張所長宛）「店内検査報告ノ事」1939年9月1日（E63/C1307）、桑港出張所長（本店監査部長宛）「店内検査報告書御送付之事」1939年10月3日（E63/C1307）。
40) 三井物産「社報」1938年11月24日（物産42-29）。
41) 三井物産「達第20号」1904年5月17日（物産70）。
42) 三井物産「第2回支店長諮問会議議事録」1913年（物産198-2）211頁。

43) シドニー支店の場合、前掲の1928年「勘定掛引継書」によれば本店調査課との一往復に3カ月かかると言う。第一次大戦期における各支店の売越買越しの限度逸脱とそれに関連する粉飾報告提出という事態を受けて、本店側では、売越買越の限度管理を集約化すると同時に、売越買越の現状について月2回の報告を各支店に指示している。その際、海外店に対しては、報告書の発送と同時に「主ナル商品別ニ其日ノ残高並ニ之ニ対スル損益見込高ヲ電信スル事」を指示しており（三井物産「第7回支店長会議議事録」1919年、物産198-7、338頁。）、最喫緊の情報については、電信をも利用した速報体制を築いているが、支店業務の全般についてそうした速報体制を敷くことは不可能であった。

44) 1921年の第8回支店長会議において、部制度の改革（支部制度の廃止）が提案され、三井物産の支店統制のあり方が、部によるコントロールの後退・支店の独立性強化の方向へ大きく変化することが、森川英正（『財閥の経営史的研究』東洋経済新報社、1980年、290～293頁）や上山和雄（『北米における総合商社の活動』日本経済評論社、2005年、110～111頁）によって指摘されている。森川は、経営合理化（経費節減）策としてこうした方針転換を理解している。確かに部制度による無駄な経費の発生も問題であったのであろうが、第一次世界大戦期の経験によって、中央集権的な支店統制が必ずしも合理的でないとの認識が生まれ、支店の独立性を強化しながら、適切な統制（とりわけリスク管理）をおこなう方法が、この時期模索されていたのではなかろうか。

45) 前掲、三井物産「第三回勘定掛主任会議議事録」。

46) 1920年代に本店調査課の体制が強化されたことについては、本書第9章の大島論文を参照されたい。

47) 「監督役ハ取締役中ヨリ」選任され、各店所在地を「本邦」（台湾、朝鮮を含む）「支那」（満州・ウラジオストック・香港・サイゴン・マニラを含む）「南洋印度豪州」「欧州」「米国」の5地域に区分し、各地域毎に1名ないし数名の監督役を置くこととされた。監督役は、「所轄地域内ニ於ケル各店ヲ監督シ店長ニ注意督励ヲ与ヘ又其協議ニ与リ之ヲ指導スル事」とともに、「監督役実地検査内規」に基づいて各店の業務並会計の実地検査を行うこととされた（以上は、三井物産「大正13年11月訂正増補・現行達令類集」物産2117-2）。なお、監督役は、1927年6月24日以降は不在となり、事実上廃止となっている。

岡部桂史（おかべ・けいし）〈第6章担当〉
　1974年生まれ
　最終学歴：大阪大学大学院経済学研究科博士後期課程修了　博士（経済学）
　現職：南山大学経営学部准教授
　主な業績：「久保田鉄工所と三菱商事」（『名城大学総合研究所紀要』第15号、2010年3月）
　　　　　「戦前期北米における安宅商会」（『名城大学総合研究所紀要』第16号、2011年3月）
　　　　　「戦時体制と総合商社」（大森一宏他編『総合商社の歴史』関西学院大学出版会、2011年）

中村尚史（なかむら・なおふみ）〈第7章担当〉
　1966年生まれ
　最終学歴：九州大学大学院文学研究科博士後期課程修了　博士（文学）
　現職：東京大学社会科学研究所教授
　主な業績：『日本鉄道業の形成』日本経済評論社、1998年
　　　　　『地方からの産業革命』名古屋大学出版会、2010年

落合　功（おちあい・こう）〈第8章担当〉
　1966年生まれ
　最終学歴：中央大学文学部博士後期課程修了　博士（史学）
　現職：広島修道大学商学部教授
　主な業績：『戦後、中手造船業の展開過程』広島修道大学学術叢書、2002年
　　　　　『大久保利通』日本経済評論社、2008年
　　　　　『近代塩業と商品流通』日本経済評論社、2012年

大島久幸（おおしま・ひさゆき）〈第9章担当〉
　1968年生まれ
　最終学歴：専修大学大学院経営学研究科博士後期課程修了　博士（経営学）
　現職：高千穂大学経営学部教授
　主な業績："Pre-war Shipping Markets and Trading Companies", *Japanese Research in Business History*, vol. 28, 2011
　　　　　『総合商社の歴史』共編著、関西学院大学出版会、2011年
　　　　　「総合商社の展開」（阿部武司・中村尚史編『産業革命と企業経営　1882〜1914』ミネルヴァ書房、2010年）

【執筆者紹介】〈執筆順〉

高村直助（たかむら・なおすけ）〈第2章担当〉
1936年生まれ
最終学歴：東京大学大学院人文科学研究科博士課程単位取得退学　文学博士
現職：横浜市ふるさと歴史財団理事長・東京大学名誉教授
主な業績：『日本紡績業史序説』上下、塙書房、1971年
『近代日本綿業と中国』東京大学出版会、1982年
「資本蓄積　軽工業」（大石嘉一郎編『日本帝国主義史』1・2、東京大学出版会、1985・87年）

老川慶喜（おいかわ・よしのぶ）〈第3章担当〉
1950年生まれ
最終学歴：立教大学大学院経済学研究科博士課程単位取得退学　経済学博士
現職：立教大学経済学部教授
主な業績：『近代日本の鉄道構想』日本経済評論社、2008年
『東京オリンピックの社会経済史』編著、日本経済評論社、2009年
『埼玉鉄道物語』日本経済評論社、2011年

大豆生田　稔（おおまめうだ・みのる）〈第4章担当〉
1954年生まれ
最終学歴：東京大学大学院人文科学研究科博士課程単位取得退学　博士（文学）
現職：東洋大学文学部教授
主な業績：『お米と食の近代史』吉川弘文館（歴史文化ライブラリー）、2007年
「日露戦後の防長米同業組合と阪神市場」（『東洋大学文学部紀要』第63集史学科篇第35号、2010年3月）
「1885年の深川恐慌」（『日本歴史』第773号、2012年10月）

市川大祐（いちかわ・だいすけ）〈第5章担当〉
1974年生まれ
最終学歴：東京大学大学院人文社会系研究科博士後期課程単位取得退学　修士（文学）
現職：北海学園大学経済学部准教授
主な業績：「明治期人造肥料特約販売網の成立と展開――茨城県・千葉県地域の事例――」（『土地制度史学』第173号、2001年10月）
「農業技術普及と勧業政策――茨城県の場合――」（高村直助編著『明治前期の日本経済――資本主義への道――』日本経済評論社、2004年）
「三菱商事在オーストラリア支店の活動について――羊毛取引を中心に――」（『三菱史料館論集』第11号、2010年3月）

【編著者略歴】

上山和雄（うえやま・かずお）〈序、第1章担当〉
　1946年生まれ
　最終学歴：東京大学大学院人文科学研究科博士課程単位取得退学　博士（文学）
　現職：國學院大學文学部教授
　主な業績：『北米における総合商社の活動』日本経済評論社、2005年
　　　　　　『対立と妥協——1930年代における日米通商関係——』共編著、第一法規、1994年
　　　　　　『帝都と軍隊』編著、日本経済評論社、2002年
　　　　　　『歴史の中の渋谷』編著、雄山閣、2011年

吉川　容（きっかわ・よう）〈序、第10章担当〉
　1959年生まれ
　最終学歴：一橋大学大学院経済学研究科博士課程単位取得退学　経済学修士
　現職：三井文庫主任研究員
　主な業績：「1890年東京株式取引所違約処分事件の新聞報道」（中村政則編『近現代日本の新視点』吉川弘文館、2000年）
　　　　　　『満州企業史研究』共著、日本経済評論社、2007年

戦前期北米の日本商社　在米接収史料による研究

2013年2月25日　第1刷発行　　　　定価（本体5400円＋税）

　　　　　　　　　編著者　上　山　和　雄
　　　　　　　　　　　　　吉　川　　　容
　　　　　　　　　発行者　栗　原　哲　也
　　　　　　　　　発行所　株式会社　日本経済評論社
　　　　　　　〒101-0051　東京都千代田区神田神保町3-2
　　　　　　　電話　03-3230-1661　FAX　03-3265-2993
　　　　　　　　　　info8188@nikkeihyo.co.jp
　　　　　　　　　URL：http://www.nikkeihyo.co.jp
装幀＊渡辺美知子　　　印刷＊文昇堂・製本＊高地製本所

乱丁・落丁本はお取替えいたします。　　Printed in Japan
© UEYAMA Kazuo & KIKKWA Yo et al., 2013　　ISBN978-4-8188-2241-2

・本書の複製権・翻訳権・上映権・譲渡権・公衆送信権（送信可能化権を含む）は、㈱日本経済評論社が保有します。
・JCOPY〈㈳出版者著作権管理機構　委託出版物〉
　本書の無断複写は著作権法上での例外を除き禁じられています。複写される場合は、そのつど事前に、㈳出版者著作権管理機構（電話03-3513-6969、FAX03-3513-6979、e-mail: info@jcopy.or.jp）の許諾を得てください。

上田和雄著 北米における総合商社の活動

A5判 七五〇〇円

日清戦争後から太平洋戦争開戦まで、三井物産は米国を中心とする南北アメリカとアジアにおいて、どのような商品を、いかなる組織によって、どのようにして集荷・輸送・販売したかを解明。

高村直助編著 明治前期の日本経済
―資本主義への道―

A5判 六〇〇〇円

一九世紀末の日本における産業革命はいかなる前提条件の下で達成されたか。政府の政策、諸産業の実態、経済活動を担う主体の三つの側面から実証的に解明する。

麻島昭一著 戦前期三井物産の機械取引

A5判 五六〇〇円

日本資本主義の発展に大きく貢献した総合商社の代表的存在である三井物産の機械取引に着目し、具体的な取引先、取引内容を検証し、機械需要者への対応を解明。

麻島昭一著 戦前期三井物産の財務

A5判 五四〇〇円

総合商社の営業活動は背後の補助部門により支えられたはずであるが、その実態は明らかでない。本書は三井物産について財務部門の役割を人材・機能面から実証的に解明する。

秋谷紀男著 戦前期日豪通商問題と日豪貿易
―一九三〇年代の日豪羊毛貿易を中心に―

A5判 八五〇〇円

英国および自治領たる豪州との関係をふまえ、兼松商店、三井物産、高島屋飯田、三菱商事など日本商社の豪州での羊毛買付動向を中心に分析する。

(価格は税抜)　日本経済評論社